# 逝年如水

——周有光百年口述

周有光 口述

浙江大学出版社
ZHEJIANG UNIVERSITY PRESS

周有光先生近照

（唐师曾摄于 2014 年 4 月 23 日）

周　耀
CHOU YAO

江蘇武進
Changchow, Kiangsu

文學士（政治學）
Bachelor of Arts (Political Science)

"為人格而戰為人道而戰為真理而戰"
——李石岑

周有光先生 1927 年光华大学毕业照

查?!郭锡良/唐钰章 出版 第一铁切, 即生 1892 @Giles 从 Wade 式改一切、

民众的拼方案：邢岛(雅山)拼音字母 1913 临即本, 邢江苏人、

刘池襄 "新华字" 1914, 刘也学人, 钟维 "新字四省切书"

1918 广东刊本, 钟也广东人、 周辨明 "中华音音字制" 1923、

王学者 "新国字拼音法及拼音法" 1944、 林世发 "新拼音字"

"口语拼音字母" 应谷期 "方言相反典"、"拼音电报书"

○ 1547-48 出版, sydx. 应化拼音容内台湾已划用于邮电电报

(见《语文字研究问题》 P.34, 张唐珍卷)、

刘记录典：《华国字样》中华艺术院即引 (1974) 访《词汇谱》用,

林世组发 ts͡r, ts͡rh, ts͡h, 1234 样调、《新化罗马字发音系统》

○ 用于《刘化汉英辞典》1978、《远山现代中日辞典》 纽发欤、左务

? ○ 吴瑜, 1978 出版、用汉语拼音式 (大体相同)

○) 用 "拼音" 的书：① de Francis 《Beginning Chinese (初级汉语课本)

② Fred Fangyu Wang (王方宇) Seton Hall University 即引的

Mandarin Chinese Dict. 新生总记额即

周有光先生手迹

# 编辑说明

　　《逝年如水——周有光百年口述》的主要内容来源于周有光先生在 1996—1997 年间对友人宋铁铮先生的口述。在他讲述过程中总共录下了 30 余盘磁带，周和庆女士根据这些录音录入电脑并打印成文，未作删节或改编。后面附录的是作者最近几年接受采访后整理的文章，对希望了解 1997 年以后周有光先生所思所想及研究方向的读者来说或许是一个补充。这些文章在收入本书前，有的已经全部或部分在媒体上发表。需要说明的是，本书作者长时间的讲述，原本是对友人和家人的"忆旧"，并未考虑到公开出版，讲述之前也无特定计划和大纲。

　　这里讲述的一些内容，作者此后几年中在接受各类采访时有所披露，由此引起了读者对于语言学以外的周有光先生的更多兴趣。越来越多的人从关注作者本人，也更多关注到中国以 20 世纪为主的这段依然缺乏充分研究的历史事实。作者讲述自己的人生经历时虽然已经 90 高龄，但仍具有惊人的记忆力和思考能力。处于自然放松的家庭环境之下的聊天，对事实的陈述未加刻意雕琢，使得这部口述作品带有某种即兴和漫谈性特点。即便如此，这里所展示的人生视野仍然十分广阔、生动。也许从某种意义上看，这并非严格意义上历史陈述，但却是十分重要的历史佐证和思考。

在编辑这部口述作品中，为了确保作品的原始性和真实性，在广泛征求了许多专家意见后，我们确定了以下编辑原则：

一、保留大部分口述习惯用语，最大限度地让读者了解作者的语言习惯，保留口述文本原有的语言特色。少数带有南方特色的语词，只要不影响读者对文本的理解，尽量予以保留。

二、不对原作的段落顺序进行随意性变动。尽管如此会造成某些内容或句子可能在不同地方出现，但基于作者聊天时的语气及思路所具有的特殊意义，在作者表示自己没有精力再做校改的情况下，维持原状的处理或许更为谨慎和负责，以便最大限度地保持作品的真实性。

三、必要的出版上的技术处理。我们对记录稿的编辑处理主要侧重于标点符号及对错别字进行更正；在不影响语义的情况下，谨慎删除个别重复、反复叙述的段落和句子，精简频繁使用的语气词、连接词；在保持原意的基础上，对个别口语词汇、句子略作调整，便于读者阅读时更为流畅。

四、资料核实及更正原则。

1. 我们对口述中绝大多数人名、地名、时间和事件等，进行了力所能及的背景资料、真实性及来源等方面的核实工作。

2. 对少数较为明显的问题，如日期、人名拼写等记忆偏差造成的错误，我们征得作者同意后直接予以了更正。

3. 口述中可能与其他史料不符、与事实有出入，或与某些理论常识有出入的地方，基本不做修改，仅加上编辑注解，作简要说明。

4. 作品涉及的大部分统计数据来源于 1996 年之前的公开报道，有些统计数据和作者所描述的情景与今天的现实已经有明显差异，编辑时保留原状。

5. 对书中涉及的某些重要事件我们在页下加上了注释，仅供读者参考。

五、为了使读者阅读时更易掌握作者的核心思想，我们根据文中的核心词和内容加上了章节标题。

六、编辑制作的人名索引只收入作者在本书中提及的人物，绝大部分只作简单说明。附在正文之后，按照拼音顺序排列，标示出现页码。其中有些人物暂时没有查询到更多资料，只能根据口述内容编制。

某些与作者有密切关系的人物或事件，因作者在本书中没有提及，人物索引就不予收入，有兴趣了解的读者可以参考作者其他作品。

七、为便于读者深入了解作者更多资料，我们在正文后面附有"周有光年谱简编"、"周有光著作一览"等，供有兴趣的读者了解。

这部作品中主体部分的叙述时间到今天已经又相隔 18 年之久，当时的录音磁带也是许多年以后复听并做文字记录的。令人遗憾的是，个别磁带上的内容已有缺失，造成个别地方口述内容不连贯，我们尊重作者和事实，不做补全。口述中有少数内容，因各种原因有删改，敬请读者谅解。

最后的"尾声"是编者根据周有光先生的讲述，在 2015 年出版前夕记录下来的，作为对正本的补充。这部书出版之前，我们专程为此征询周有光先生的意见，他诙谐地说，他现在要提倡"出错主义"，因为任何人或任何"主义"都不可能没有错误存在的，社会的发展也有赖于不断改正各种错误。一本书或一种观点有错误存在，就需要有批评指正，作者将因此有更多机会和读者交流。周有光先生表示他希望由此听到不同的意见，以便纠错。

我们诚挚希望读者在阅读这部书以后，不仅从中得到有益的启示，也有可能给我们提供更多宝贵资料和意见，在此一并致谢！

本书编辑

2014 年 7 月 31 日

# 百年沧桑笑谈间

葛剑雄

去年一月，在恭贺周有光先生 108 岁寿辰时，我写过这样一段话：

> 天之降大任于斯人，必予以优秀遗传基因，使之健康长寿，智力超常；须自幼接受良好而全面的教育，使之具备全面优良素质，掌握古今中外知识；给予历史机遇，既使其历尽艰辛，又获得发挥其智慧才能的机会。更重要的是，本人在大彻大悟之后，能奉献于民众、国家和全人类。古往今来多少伟人天才，具备这四方面条件者罕见记载。而周先生不仅具备，还创造了新的纪录。

这部《逝年如水——周有光百年口述》（以下简称《口述》），就是一项新的纪录。

《口述》的基本内容，是根据周先生在 1996—1997 年间的口述录音整理的，在 2014 年补充了一段"尾声"。周先生口述时已 91 岁，但他所说的内容并不止这91年,也追溯他的家世和见闻。而在补充"尾声"时,周先生已是109岁,称之为"百年口述"名副其实。

周先生的长寿、完成口述时的高龄、高龄时的记忆和思维能力世所罕见,这部回忆录内容的丰富程度在中外名人中是少有的。涉及的重大历史事件,从太平天国、五卅惨案、救国会、抗日战争、西迁大后方、民主运动、国共合作、太平洋战争、"二战"胜利、战后美国、思想改造、文字改革、《汉语拼音方案》的制定、"大跃进"、人民公社、"文化大革命"、"五七干校"、尼克松访华、唐山大地震、改革开放、早期国际交往、《简明大不列颠百科全书》的问世、国际标准化组织的活动等,涉及的地域有日本、美国、英国、法国、意大利、波兰、苏联、缅甸、新加坡和中国从东北到西南、西北到东南与香港等,涉及的人物有吕凤子、屠寄、刘天华、刘半农、孟宪承、陈训恕、张寿镛、胡适、沈从文、尚仲衣、陶行知、梁漱溟、聂绀弩、陈光甫、章乃器、赵君迈、吴大琨、沙千里、宋庆龄、胡子婴、邹韬奋、宋子文、张充和、卢作孚、翁文灏、何廉、梅兰芳、吴蕴初、杜重远、许涤新、陶大镛、徐特立、黄炎培、常书鸿、向达、李方桂、赵元任、罗常培、老舍、杨刚、刘尊棋、刘良模、范旭东、马凡陀(袁水拍)、潘汉年、村野辰雄、李荣、桥本万太郎、倪海曙、叶籁士、马寅初、叶圣陶、丁西林、胡愈之、陈毅、林汉达、姜椿芳、钱伟长、吉布尼、梅维恒、傅汉思、爱因斯坦等。

长寿的人未必经历丰富,经历丰富的人未必长寿,长寿而又经历丰富的人未必愿意并能够记录下来,周先生口述的价值不言而喻。

记录历史事件,发挥主导或决定性作用的人、处于重要或关键地位的人、亲身经历或掌握原始资料、证据的人,他们的作用是不可替代的。但他们往往有自己的政治立场、价值观念、切身利益,或为了保守机密,或出于法律限制,往往不愿或不能说实话,甚至自觉或不自觉地编造谎言,制造假象。局外人、无关者和普通人既无利害冲突也无顾虑，可惜他们了解的内容太少，一般不具备记录的自觉和能力，如果不具有一定的判断和正确立场，往往只留下片面的、甚至极端的印象，出于他们的回忆很可能以讹传讹而南辕北辙。周先生的优势正是介于两者之间，除了《汉语拼音方案》的制定和相关文字改革的工作，他都不属于这些历史事件的主角或主要人物，但他又一直以一位爱国者的忠诚、学者的睿智、知识分子的良心起着力所能及的作用，或者以锐利的目光、缜密的思维、细致的分析、客观的立场进行观察和记忆。因此他的回忆兼有两者之利，而又能避免两者之弊。

周先生对一些重大事件或人物的回忆只是从自己的亲身经历或见闻出发，而不求全面完整，也没有什么个人追求，更不会制造什么轰动效应。在我亲炙周先生的教益和见闻中，有些或许更重要的内容，或许更能显示周先生本人的影响和作用的事，并没有出现在他回忆中。就是他谈及的部分，也只涉及主要方面。如在口述中，他只谈到了一次与爱因斯坦的聊天，实际不止一次。他曾告诉我，那时爱因斯坦觉得无聊，很愿意与人聊天，所以在首次见面后，他们又聊过几次。周先生说："因为是他无聊才找我去的，所以后面几次谈了什么我早已忘了。"周先生绝不会因为爱因斯坦是世界名人，就会详细讲述无关紧要的内容。又如"反右"，是"文革"前中国政治生活中一件大事，也是知识分子刻骨铭心的记忆，但周先生因从上海调入北京、从经济学界转入新成立的文字改革委员会，有惊无险，因此他的讲述只用"不是一个重点单位，但是也必须按照比例划百分之几的右派，因此划了几个青年"一笔带过。章乃器是他的老朋友，周先生说："章乃器是抗日战争之前、抗日战争期间公认的上海左派。可是'反右'运动就定了他是右派。"在谈到沙千里取代章乃器的粮食部部长职务时，他提及当时一些附和"反右"运动的人说："章乃器是'七君子'之一，这是假君子；沙千里也是'七君子'之一，这是真君子。去掉一个假君子，来一个真君子，这就很好。"就像一幅白描，淡淡几笔再现了当时残酷的现实。周先生去看望戴着右派"帽子"的章乃器，由于不知房号，在一幢八层公寓中一间间敲门，直到最高一层时才找到，"他开出门来，跟我都相互不认识了"。章的前妻胡子婴，住在副部长级官员的大院里，"非常关心章乃器的事情，我跟胡子婴也经常来往"，但周先生看望章乃器后写给她的信，她居然没有收到。这些小事的背后，有多少值得后人想象或探究的残酷史实！正规的中国"反右"运动史或章乃器、胡子婴的传记大概不会有这些内容，但却是优秀的历史学家和传记作者所可望不可求的。再如，在"文革"后期和打倒"四人帮"后风传一时的江青接受美国记者维特克（Victor）采访和《红都女皇》一事，既有正式红头文件的传达，又有民间绘声绘色的故事，还有香港出版的书。但周先生在访美时从他的连襟傅汉思（Hans Frankle）处得知，维特克是他的学生，是纽约州立宾翰顿大学历史学教授，是位严肃的学者。周先生与维特克见面，听她讲了采访江青的情况，还看了维特克正式出版的《江青同志》，发现除了引用江青的谈话以外，这本书并没有对中国不友好的内容，用事实澄清了这个曾经流传海内外、轰动一时的传闻。

周先生当时的口述并非为了出版，主要是为了让后代和亲属们更多地了解自己一生的经历。因而有些我听到过的人和事就没有提到，如与周恩来等人的交往、参加接待达赖喇嘛、"文革"中的"反动言行"，等等，这是很可惜的，现在因周老年事已高，已无法请周老自己补充了。

也正因为如此，除了附录中的一篇短文和两篇采访稿外，周先生的口述主要是讲他的经历和涉及的人和事，而对自己的看法、建议、观念、思想并无专门的介绍或阐述。所以要了解周先生的学术贡献和思想观念，特别是他在 90 岁后不断思考和探索的新思想、新成果，还是要读他的相关论著。

在本书的"尾声"中，周先生说："我的口述史不完美，也不完整。我提倡'不怕错主义'，出现错误是正常现象，可以从批评指正中得到更为准确的意见，也可以增加读者与作者之间的交流。我非常愿意听到不同的意见和声音。"

我有幸受教于周先生已经 33 年了，我深知周先生的态度是真诚的。直到前几年趋谒时，他都会拿出打印好的新作或他感兴趣的材料："你看看是不是有道理?""我能看到的材料太少，你大概已看过了。"尽管周先生是罕见的人瑞，但他绝不希望、我们也不应该将他当成神。周先生的期望是他的口述"能让更多人关心中国的前途和历史，从中辨识出谬误和光明"。坦率地提出不同意见，认真纠正一位百岁老人回忆中难免的错漏，就是对周先生最诚挚的尊敬和最热情的祝福。

2014 年 5 月

# 我的爸爸

周晓平

上个世纪 90 年代后期,我爸爸对朋友宋铁铮先生讲述了他人生的故事,记在 30 多盘录音带上。当时并不是为了出版,只是想让我们后代了解一点他的经历,过后就把这事放在一边了。2002 年我妈妈张允和去世,我女儿周和庆从国外回来发现了这些带子,把它打成文字稿,但也没有想到要出版。后来赵诚先生为写爸爸的传记,看见了这个稿子,认为很值得出版。于是,在爸爸讲述 17 年以后,在许多朋友的帮助下,这份口述将成为他的一本新书,可以让他的亲属和朋友更好地了解我爸爸的一生。

在更多陪伴爸爸度过他晚年生活的过程中,我和爸爸之间在不知不觉中超越了一般意义上的亲情关系。就像我妈妈说的"多年父子成兄弟",我们总是可以平等地讨论各种事情,这让我这个从事大气研究的科学工作者也有机会更多地了解爸爸的思想。

在我年幼的时候,爸爸留给我的印象是很严肃的,他的严肃是他喜爱思考的一个特征。小时候,他常常牵着我的手走路,走着走着,他会突然捏紧了我的手,若有所思。这让我很吃惊,我会问,爸爸,是不是走错路了？他会惊醒过来，对我笑笑。但是，他虽然一直严肃，我却一点也不害怕他，这大概与他从来只说理、不打骂有关。当他与朋友在一起的时候，他总是谈笑风生、风趣幽默。那个时候我就很喜欢在一旁倾听爸爸的谈话，总是有新鲜感和收获。不过爸爸也有他难以抑制痛苦的时候，只是很少外露。我的妹妹在重庆因为没有及时得到急需药品的救治而去世时，他亲近了基督教，借此平复内心的伤痛。

爸爸很重视传统文化，但在家庭中他从不提倡孝道。他说："我不是要你对我孝，我是要你Fraternity（博爱），有博爱之心，你就会做得很好。我也不会留给你什么遗产，我希望你获得更多的知识，知识是最好的财富。"他一生很少浪费时间，但他也很会玩，但只玩最高级的。比如他在国外总是看最好的博物馆，听最好的西洋音乐，欣赏最美的油画，经常翻阅最权威的百科全书。但他不收集古董，即使他有这样的机会；他从不敛财或做投资方面的考虑，虽然他曾经是非常出色的银行从业人员。

他一生所积累的知识并不仅仅限于语言文字研究方面。他对社会科学的兴趣和研究是广泛而深入的，并且与他的信念有关。他认为先进的社会科学可以立国、可以为科学发展奠定坚实的基础。他是一个具有科学头脑的社会科学工作者，他认为中国需要不断的思想启蒙，普及常识可以帮助人们辨识真假。他在晚年获得很多赞美，但更在意有价值的反对之声，比如在文字改革方面来自宝岛台湾的中肯意见。他从来不回避纠正错误的机会，他认为他写的书是供参考的。他认为真正想了解中国就必须从世界眼光来观察中国的现实。

尽管他一直是严肃地对待生活、学问和研究，但我读他的书，和大家的感觉一样，发现他还是一个很有幽默感的作者。他研究社会科学，但绝不做枯燥乏味的表述。写作中他总是掩饰不住自己的幽默感，在这本口述中读者可以发现，即使在极其恶劣的现实下，这种幽默感总能帮助他发现生活中最有活力的迹象。

爸爸退休比一般人都晚很多，他退休只是把办公桌移到了家里而已。此后他集中精力研究世界各国各地区发展的几种常见模式，探索其形成的复杂原因，试图揭示某些社会发展规律，以此告诫国人少走弯路和鼓起勇气继续向前。

2013 年 12 月爸爸又一次从一场疾病恢复过来，让医生大感惊讶。自然，随着爸爸年龄的继续增长——2015 年他已经整整满 109 岁了，但他的体力已经不再允许他常年伏案工作，他的腰椎变形已经影响他的走路和睡觉，他必须借助助听器才能听清别人的话语。但是他依然关心这个他生活了 100 多年的国家，并且深爱他的同胞，同时从未失去对外部世界所发生的最新事件的浓厚兴趣。

爸爸做好了面向未来的所有准备，包括他希望捐献他的遗体供科学研究之用。他对生死早已置之度外，他头上的白发中依然生长着黑发，他依然充满幽默感和深思熟虑。虽然他的日常生活已经变得简单，他不需要荣华富贵来彰显他的人生价值，他只想他这一生没有虚度，并且与这本口述书里他讲的故事一样有趣。自然，爸爸也深深忧郁于未来——虽然他一直是乐观的。百年阅历让他明察现实的荒诞之处，不过他的朋友和崇敬者相信他的长寿是为见证历史和引导别人相信事实与真理。

或许，人们对他的故事会产生兴趣，如此的话，让我爸爸通过他的口述，将一切从头说起。

# 目录

4

# 我的家庭背景

我小的时候不注意我的家庭背景，大人也几乎没有给我讲。后来我进小学、中学、大学，基本上就离开家庭，因此知道家庭的背景非常少。现在我点点滴滴谈一些我小的时候从旁听到的我家里面的背景。

我的曾祖父①叫什么名字我不知道，我只知道我的曾祖父的号。因为从前的人名是不大讲的，小辈不能随便讲长辈的名字，可是过年呢要把长辈的"神像"（大幅挂像）挂出来，要磕头，这个时候呢长辈就讲这是什么公、什么公。我记得我的曾祖父叫"润之公"，他的大名我不知道。我听说，我的曾祖父润之公在清朝也做过官，可是呢他很早就不做官了。他就在本乡常州做生意，做什么生意呢？做两种大生意：一种就是开布厂，纺线织布，同时也开布店，就是这个布的生意从纺到织到卖，他都做，而且不止开一个厂。第二件生意呢是开

---

① 周有光曾祖父周赞襄。据常州地方史料记载："周赞襄，字润之。附贡生，应叙中书科中书，候选员外郎，以助饷如格，赏给举人，加捐户部郎中，改知府，咸丰十年假归。"

1

当店，就是当铺。我记得有一个当铺是开在常州乡下，叫"埠头"①，因为有的时候我听说叫"埠头当铺"这个名词。其他的工厂、当铺在哪里，我都不知道。由于我的曾祖父做大生意，他很有钱。后来遇到太平天国来了——那时不叫太平天国，叫"长毛"——"长毛"来了，我的曾祖父觉得形势非常紧张，就安排家庭成员赶快逃走。我不知道我的曾祖母这个时候在不在，我只知道我的曾祖父有一个姨太太——人家提起她的时候都叫她老姨太太——这个老姨太太就逃了。还有我的曾祖父有好几个女儿，有的出嫁，有的没有出嫁，也都逃了。大家带了能够带的所谓"细软"，就是动产，包括首饰、珍珠宝贝这些值钱的轻便的东西都带了逃走了。逃到哪里我也不知道。可是我的曾祖父呢他留下来守常州城，他不是军人，可是他有钱。常州城里面军人很少，听说就是临时组织起来守城。守城需要军费，军费主要是我曾祖父来负担，他就把他所有的能够留在常州的钱都拿出来作军费。可是这个城没有守住，城还是破了。城破以后，我的曾祖父就投水死了。他是投水在常州城里面的一条大河里面，还是投在另外一个小小的湖里，我不知道，反正是投水而死。这是我的曾祖父的情况，我只知道这么一点。

讲到这里，想插一个有趣味的话题。就是我的老伴我的妻子张允和②，她的曾祖父也是反对太平天国，反对"长毛"的。她的曾祖父

---

① 江南农村对水乡集镇的称呼，即码头的意思。作者所指现属常州市武进区湟里镇。

② 张允和（1909—2002），周有光夫人。安徽合肥人，祖籍江西（先祖早年迁至安徽），长于苏州。"合肥四姐妹"中排行第二。1933 年与周有光结婚，育一子小平，一女小禾（早夭）。毕业于上海光华大学历史系，曾为高中历史老师、人民教育出版社历史教材编辑，1952 年离职。1956—1964年任北京昆曲研习社联络小组组长，工作属义务性质，自称"家庭妇女"。晚年著有《最后的闺秀》、《昆曲日记》等，办家庭刊物《水》。

叫张树声①，是淮军的重要人物，他的名字在《辞海》里有的，是跟了李鸿章②打仗的。他们张家打"长毛"打胜了，这样子就起家了，家里做大官、发大财。她的曾祖父做过很多地方的官，做过两江总督、两广总督、直隶总督。后来第二次做两广总督的时候遇到法国人打越南，那时越南是中国的所谓的藩属国——越南在历史上差不多有一千年是从属于中国的一个部分。那时中国人就跟法国人在越南打仗，可是打败了。打败仗，军官当然要受处分，可是军官都是在两广总督的节制之下的，因此张允和的曾祖父也受处分，后来死在广东。大致情况就是这样。这个事情很有趣，因为我们周家是由于反对太平天国而败落下来的；他们张家却是由于反对太平天国而兴旺起来，都是反对太平天国的"反动派"！（笑）

我不知道我的祖父大名叫什么。我没有见到过我的曾祖父，也没有见到过我的祖父，我只见到过我的祖母，我出生的时候我的祖父已经去世了。我只记得过年时把祖宗神像拿出来，挂起来，磕头时说这是"逢吉公"。我祖父的号叫逢吉，意思是遇到好事情。我的祖父不是我的曾祖父亲生的，是我的曾祖父的侄儿。我的曾祖父死了之后，我的祖父就承继过来做曾祖父的儿子。因此，太平天国退出常州以后，我们家就回到常州。那个时候什么"动产"都没有了，可是剩了"不动产"。剩了常州城内城外当铺的房子和地基，我们叫它"当基"；还有工厂的房子和地基，有的打仗烧掉了，有的没有完全烧掉；还有城里面有几处房子，房子都不小。我的祖父呢他非常保守，他由于经过太平天国的打仗，就什么事情都不想积极去做，不想做官，也不想有功名，就是守住原来剩下来的一点财产，安定生

① 张树声（1824—1884），字振轩，安徽合肥人，淮军集团主要人物，曾任两广总督、署理直隶总督。

② 李鸿章（1823—1901），晚清重臣。

活就行了。回到常州时没有钱了，还有许多破房子，我的祖父就卖掉一处房子过好几年，再卖掉一处房子又过好几年。就这样呀一直到祖父死了，我的祖母跟父亲还是有的时候完全靠卖房子生活，有的时候一部分靠卖房子生活，都是依靠祖上传下来的一点不动产生活的。

我再讲我的祖母，我的祖母跟我很有关系。我小时候我的祖母很喜欢我，我是她唯一的孙子。我记得人家常讲我三岁的时候学唐诗，学唐诗是谁教我的呢？我的祖母教的。我的祖母是当时的女子当中很有学问的人，她下笔成文，能在打官司时写状子，她的文化水平在当时女子中间是佼佼者。我的祖母姓左，她是名门闺秀，关于她的情况，我以后还要再谈。

以上是我的家庭背景的第一部分，关于我的曾祖父、我的祖父和祖母。

# 祖母与常州旧家

　　现在我讲一点我小的时候祖母教我念唐诗的情况。我记得祖母教我的第一首唐诗就是"床前明月光……"，这首诗恐怕是所有的小孩开始读唐诗的第一首。我对祖母教我这首诗的印象特别深刻。什么原因呢？我的祖母住的房间我们叫它是"水阁"。水阁有三间，三间都有很大的玻璃窗，玻璃窗对着河，一条当时相当宽广的河，这条大河是经过城中心的。特别是晚上从玻璃窗看出去，有月亮的时候情况非常好。而且河的这一面，就是靠我们的这一面，房子是靠了河的，中间只有很窄的一条路，有码头。对面的情况不一样，对面河边是一条路，相当宽的一条路，路的那边才是房子。所以我们这边在有月亮的晚上从窗子看出去月光特别好，应该是"窗前明月光"，那"明月光"的确映进房子，映在床上，给我特别深刻的印象。就在这间房间里，我的祖母教我了许多唐诗，而且常常是在有月亮的晚上教我的。

　　我要谈一下我们家住的房子。我家住在常州的青果巷，青果巷在当时是常州比较好的居住区。它在城中心，青果巷里面很少店铺，都是住家，所以比较安静。我记得青果巷大概是从东到西的一条路，路走完了就到一条路叫大街。大街是从北到南的一条路，到了大街就到

5

了城市的商业中心了。青果巷里面有许多在当时算是比较好的房子。我们这所房子在青果巷的许多大房子里面不算最大的，但是我们的房子非常有名气，为什么有名气呢？因为几个原因：第一，我们这所房子是在明朝造的，不是清朝造的。我们家常常以能够住到明朝造的房子为光荣。因为我前面讲过，我们的曾祖父留下不少房子，可都是清朝造的，只有这一所是在明朝造的，这是一个特点。还有呢，从前每一所房子都有一个匾，这个匾上是讲什么堂什么堂，我们这个堂叫作"礼和堂"①。我小时候听说"礼和堂"这个匾是比曾祖父还要早的时代传下来的。能够得到这块匾，住在这个明朝的房子里面，是我们本家当中最幸运的。当然，明朝造的房子不如清朝，因为明朝的房子比较矮；还有一个缺点，明朝房子的窗子玻璃都很小，当中是一块小玻璃，四面是许多我们当时称为"明壳"的东西，就是贝壳做的。把贝壳里面和外面不透明的东西拿掉，变成当中一层透明的，有点像玻璃，可是透光没有玻璃那么好，一小格一小格都是用这种明壳做出来的，现在没有这个东西了。当时玻璃工业不发达，窗子当中是一块玻璃，四周呢都是这种明壳，整个窗子倒不小。我记得我们的房子叫"正廱"②，有五开间，大门不是太大。明朝的房子大门不很大，有点像今天在北京能够看到的两扇的石库门那么大，石库门就是石头门框当中两扇门。两扇门内就是第一进五间房子，都是门房，当中有一间房子是穿堂。走过这间房间又是门，这个门就比较大了，有四扇门。过了这四扇门就是天井，过了天井就是大厅了。过了大厅后面又是天井，天井后面是"女厅"。后面一路房子都是女眷住的，就是卧房。再后面又是一个天井，比较小一点，最后面是厨房和其他许多房子，

---

① 指明代唐顺之家建的唐氏八堂中的礼和堂，现存五堂，除八桂堂改修外，其他都由当地居民杂居。青果巷除唐八宅外还有唐朝宗室李氏留余堂等。

② "廱"是常州方言，读作"带"，是当地对房子式样的描述。

是靠河边。大门是坐南向北，后门是向着河流，朝南的。"正屝"房子的缺点是前向北，后向南。在"正屝"房子的东面连起来的有一路房子，这一路房子是清朝造的，可是大门是同一个，从大门进去到了大厅要走旁边另外一个门，再通过一个小夹道，又是一个门，才到这一路房子。这一路清朝造的房子没有明朝老房子那么宽，只有三间宽，可是造得比明朝的房子好。我们家就住在清朝的这一路房子里，把"正屝"的大房子租给人家住。大厅是公用的，五间门房也是公用的。清朝房子的最后三间是我的祖母住的，有大玻璃窗，向南、向着河流的。这幢清朝房子是"旁屝"，结构和"正屝"不一样，每间房的主要窗子都是向南的。当时就是这样一个局面。我记得有时我们的房客搬走了，新来看房子的人都希望住"旁屝"，就是我们自己住的房子，并不喜欢那个明朝的房子。我的祖母教我唐诗就在那个有向南大玻璃窗的清朝的房子里面，由此我就联想到我们住的房子的整个结构。

现在我想起要补充一些东西。我的祖母女儿多，儿子少。一共生六个孩子，第五个是儿子，就是我的父亲，所以我有大姑妈、二姑妈、三姑妈、四姑妈和六姑妈。我简单讲讲我几个姑妈的情况。之所以讲这些，是希望我的儿子和后代可以知道我们家庭背景的情况。

我讲过祖母姓左，她家里的教育水平很高。我祖母的第一个女儿，就是我的大姑妈又嫁回祖母的娘家左家了。我的大姑妈有几个儿子，第二个儿子叫左起庆[①]。据说他是第一批到日本千叶专门医学校去读医的，那个时候到日本去的人很少，读医的人更少。他毕业的时候得到了第一名。他在日本跟孙中山[②]认识了，参加了同盟会搞革命。孙中山回到南京，民国元年做临时大总统的时候，他是孙中山的

① 左起庆（？—?），早期留日学生，就读于日本千叶专门医学校。

② 孙中山（1866—1925），中国近代伟大的民主革命家。

"兵医总办"。"兵医总办"实际上就等于今天的卫生部部长这样一个地位，所以他在孙中山时代是相当有地位的。南京孙中山的临时政府结束以后，他就到常州开了一个医院。他在常州开的新式医院，是常州有史以来最早的一个西医医院。

我的第二个姑妈，她嫁的人家好像姓高。她有两个儿子，丈夫死得早，她家里很有钱。因为丈夫死得早，她对儿子太溺爱了，儿子就不争气，把家当都花光了。

三姑妈呢，我的三姑父很早就死了，所以她很苦，也没有孩子。后来三姑父的弟弟、弟媳夫妇两个也都死了，剩下三个孩子，一个男孩两个女孩，非常贫困。三姑妈就把这三个孩子领养过来，没有丈夫，他们过着非常贫困的生活，最困难的生活。她没有钱在外面租房子住，自己也没有房子。我们门房一带五间房子没有什么人住的，只是放点东西。于是收拾两间，还有"正屋"旁边的一间房子，当中还有一个很小的天井，天井中还有点假山，包括大厅旁边的一间大书房，那个大书房就是平日小孩跟着私塾老师读书的地方，让他们住在当时我们家里这些多余的房子里。我估计大概不要他们的房金或者是付很少的一点房租。他们是勤勤恳恳，过着最苦的生活。后来她的三个孩子都很好，读书很好，做事也很好。你看，穷生活对孩子好，我二姑妈的孩子太富了就不好。

还有四姑妈。我的四姑妈嫁在江阴。我的印象很深刻。我们有时候雇一个船，从后门下船，可以一直到四姑妈家的大门。四姑妈家的大门在河边，河边有一个很大的广场，可以在广场上处理农产品。从我们的后门到他们的大门，生活情景一下子就变了很多。我们是城里的生活，而他们是农村的生活了，他们是一个小地主的生活。我记得小时候到他们家去，乡下的情况我们城里看不见，觉得非常有趣味。他们家有个小姐姐，比我大一岁左右吧。她带我到田里去，最有趣味的是拔茅针——就是一种草，草中有一点白绒绒的小花，那个东西吃在嘴里有甜味，叫茅针。有点像芦苇那种样子，可是比芦苇小很多。拔出来在嘴里一吃有甜味，叫拔茅针、吃茅针。还有其他许多在田里面的玩意儿……所以我非常喜欢到我的四姑妈家里去。还有一个特点，他们在江阴，江阴人会吃河豚，河豚普通人不会烧，是有毒的，吃了要吃死的。他们知道怎么烧，要把肚子里面的东西拿干净，把血放干净，血是有毒的，河豚的籽也不能吃，也是有毒的。四姑妈家里给我的印象非常深刻。

六姑妈家我没有去过，她家在杭州。我只听说六姑妈家一个特点是喜欢搞"扶乩"。扶乩是一种迷信，两个人拿了一根棍子，下面吊一支笔，笔是硬的，在沙盘里画出字来，还可以作诗，一下子嘛济颠①僧来了，一下子嘛什么菩萨来了……

---

① 济颠，即民间所称的"济公"。

# 父亲与母亲

　　现在我谈谈我的父亲。上面我讲过我的父亲是祖母的第五个孩子。照从前的习惯，生多少女儿都不算，一定要生儿子。有了儿子才算有"后"，后就是后来的人，最重要的是要接继"香烟"，所谓香烟就是逢年过节拜祖宗烧香。所以我的父亲算独子，姐妹都不算。祖父死了以后，祖母对我的父亲是非常宝贝的。据说我的父亲读书读得还不错，很早就考上了秀才。我不太清楚那时的考试制度，考秀才是在常州府，可是考举人就要到江阴去考，大概江阴是个考试点，好多地方的人都要集中到那里去。那时从常州到江阴路不是太远，可以坐船去。我前面讲过我们都坐过船到江阴去看四姑妈。可是我的父亲坐船去江阴考试时很不幸遇到大风，船就发生灾难了。我记不清楚是船摇摆得太厉害还是船翻了，反正是遇到大风，父亲的行李都丢了，父亲也受到惊吓。惊吓使父亲得了一种病，老是打嗝，就没有办法去考了，只得放弃去江阴考试。回到本地还是打嗝，经过很长一段时期病才好的。祖母就说，算了吧，有了秀才就可以了，不一定要考这个举人了。看到从前做官的人有悲惨下场的也非常多，不要再做官了，就在本乡找点工作做做。

10

于是我的父亲就再没有去考举人，就在本乡教书。当然他教书是教古书，他的教书的历史很长。原来常州是没有新式学校的，只有私塾，他当然是以私塾方式来教的。后来常州有了两个新学校，一个是常州中学，一个是常州师范学校。后者也是中学性质，地点就在我们大门的斜对面，离我们家很近，于是我的父亲就在这个师范学校里面教书。后来我常常听说，这个师范学校是常州办的第一个新式的女子师范学校，校长是当时一个了不起的女子教育家，宜兴人，姓任，叫任学航。教员也是非常好的教员。有一个很有名的教图画的，叫吕凤子①，是丹阳人，他是个非常有名的画家，还有其他教员。虽然是中学，教师都是第一流的，我的父亲就在那里教书。后来隔了好多年，我的父亲就自己办了一个有点像国学专修馆性质的学堂，前后收了不少学生。几十年之后，我在北京还碰到一位有名的中医，他为我的母亲看病，谈起来知道我们是常州人家，问起我的父亲叫什么名字后，他大吃一惊，说我的父亲就是他的老师！我不大清楚我父亲的生活，什么原因呢？因为在我进中学的一年，我就跟着母亲从常州搬到苏州去住了，而我的父亲仍旧留在常州，那个时候我的父亲已经娶了一个姨太太，这个事情我以后还会讲。所以父亲的情况后来我就不太清楚，因为父亲很少来苏州，因此我们跟父亲非常疏远。

我只记得小时候的几件事情。我母亲住的房间是祖母房间的前面一路房间，祖母住的是三间河边的"水阁"，向北是一个天井，过了天井就是我母亲住的房子。我母亲住的房子也很有意思，是一个有长窗的大间，窗子像门一样，可以开了通到一个小天井，这个小天井与外界不通，别有天地。我记得这个天井里有几个特点，一个特点是墙上盘了许多花草，一面墙上盘的什么花草呢？是山药。山药会结那个北京人叫山药蛋的，采下来可以蒸蒸吃；另外一面盘的叫"十姊

---

① 吕凤子（1886—1959），江苏丹阳人，画家、美术教育家，吕叔湘之兄。

妹"，一种小的月季花，常常要开花的。母亲的房子的外面一间比较大，像个小厅，与里间隔断，常常用来接待客人。外面这间也有单独的小天井，这个小天井也很有趣味，我记得很清楚，天井里有一个很小的水池子，里面养了乌龟。我的母亲住的是楼房，下面两间，楼上也是两间。楼上的两间收拾得很好，可是平时没有人去。什么原因呢？因为早期我母亲嫁到我们家来的时候，家里还有一个老姨太太，就是我的曾祖父的姨太太，她没有生过孩子，住在楼上。她死了以后，楼上就没有人住了。两间中的一间供了一个大仙，就是狐仙——狐狸精的牌位。从前有许多关于大仙的神话，她死了以后，也就不讲了。因为楼上没有什么人去，我小时候也不大敢上去，有点害怕。后来比较大了，就上去了，干什么呢？去看书，非常清静。在我的母亲这幢两楼两底的建筑前面有一个门，走进去有一个小小的院落，院落里也有相当大的两间房，外面一间放了椅子，客人来了可以坐。里面一间也很大，用镂空的书架隔成两间，我们叫小书房。我父亲常常在那里看书，写字，写书。小书房的前面有个天井，里面也有一个很小的水池子，有棵树，是棵很大的白皮松。白皮松在北京不稀奇，很多公园里都有，可是在常州非常稀奇，尤其是这么大的，据说是明朝的树，听说白皮松长得很慢。在青果巷的路上就可以看到这棵树，它比围墙高很多，很大一棵树。白皮松经常要脱皮的，一块一块皮掉下来，我们把树皮保留好，因为这是一种中药，煎的汤可以治许多病。很多周围的人来问我们要白皮松的树皮去治病。我们小的时候很少到小书房去，可是每次去都觉得别有天地，别有风味，特别是许多书是用镂空的书架隔起来的，这一种情况在从前的常州还是不大多的。这就是父亲在那里读书工作的地方。

我的母亲是宜兴人，宜兴和常州关系非常密切。我们姓周的老祖宗是从宜兴搬到常州来的，大概有好几代了。在常州的一个祠堂里有家谱，但这个家谱要跟宜兴的总的家谱接谱，每年有一个接谱的工

12

作，每年要修谱。等于宜兴的家谱是一部书，我们这里是它的一个"续编"或者"分编"。从家谱来讲，我们周姓是起源于宜兴，大概是晋朝的吧，周处①是我们的老祖宗。戏文中有唱周处的——《除三害》，这出戏讲的就是周处。我们这位老祖宗很糟糕，他老做坏事情。京戏里的《除三害》这么讲，有一次他到一个地方，看见老百姓祷告拜菩萨，求菩萨为他们除三害。他问什么是三害，原来三害是山上一只猛虎老吃人、长桥水下的蛟龙害人，第三害就是周处，周处老要做坏事情。他听了大吃一惊，前两害对他来讲不惊讶，想不到第三害竟是他自己。这个时候他才知道自己是一个别人不喜欢的坏人，决心改邪归正，做一个好人，为人们做好事，上山除虎，下水抓龙。这件事写在我们家谱里。大概在20世纪50年代，在宜兴发现周处的墓，是个空的衣冠冢，可是墓里面东西不少，有许多古物，这些古物后来都陈列在南京的江苏历史博物馆里面，我还去看过的。我们家庭的这一族大概可以追溯到周处。

我们跟宜兴有许多亲戚的关系，我的妈妈就是宜兴人，嫁到常州来的。我小时候见过我的外公外婆，后来他们去世了。妈妈是老大，她有一个弟弟和一个妹妹。她的小妹妹叫八妹。我一直不清楚为什么他们只有三个姐弟妹，而妹妹叫八妹？那么当中还有许多人呢，那五个哪里去了？可能是小时候就没有长大了，也可能是用了大排行，我到今天还搞不清楚。我叫小八妹八阿姨。关于她的事也很有趣。八阿姨的丈夫是我的大姑妈的儿子，那么辈分不对呀！大姑妈的儿子跟我们是一辈的，而我的八阿姨比我要长一辈。从前结婚要讲究辈分。后来我听说大概是宜兴一个非常有地位的人做的媒，他的意思是说这个婚姻很好，为什么呢？因为虽然辈分不对，可是没有直接的血缘关

① 周处（236—299），魏晋时期人物，有"周处除三害"的传说，宜兴和常州一带周氏将其视为自己的远祖。

系，所以可以结婚。这样的婚姻在当时来讲，算是相当有"革命"性的，因为辈分在从前是很严格的。八阿姨结婚后我们很少见面，因为我们住在常州、苏州，而八阿姨长期住在天津。我的一个大姐姐后来在北京读书，常常到天津八阿姨家里去，我们没有机会看到她了。八阿姨的婚姻在我们家里是件有趣味的事情。我讲这些事情可以让我的儿子、第三代知道一点家里面的掌故。

我要讲一下我的父亲娶姨太太的故事。我的母亲跟父亲结婚以后，我们周家老生女儿，我的母亲生了大姐、二姐、三姐、四姐、五姐，连生五个女儿，还不生儿子。这下我的祖母就着急了，她托我们的一个亲戚找一个姨太太给我的父亲。我后来听说：我的亲戚说，找姨太太最好是找有规矩人家的丫头，不要找外面的"小家碧玉"。后来从湖北，大概是武汉汉口一个亲戚家里头找来一个丫头做我父亲的姨太太。来了以后，第二年春天就生了一个儿子，就是我的哥哥，年底①我的妈妈也生了一个儿子，就是我。我是妈妈生的第六个，大姐二姐小时候就夭折了，三姐四姐五姐长大成人，直到年纪相当大才去世的。这里有个迷信的故事，我的妈妈常常跟人家讲，她生我之前做了一个梦，说我的祖父来看她，给她一块玉，说这块玉是真的，你收好了吧！我以前买的一块玉是假的，上了当了。我母亲做了这个梦，也不知道这是什么意思。可是后来就发生问题了，我的哥哥跟我同年生的，他在年头我在年尾出生。我们两个人同时生麻疹，那时麻疹很难医的，死亡率很高。结果我的哥哥因为麻疹去世了，我却自然好起来了。那时没有办法医治麻疹，只有等待自然痊愈。所以我生下来时的名字很奇怪，我们常州、苏州的人喜欢叫男孩子什么官什么官，因为希望他长大了做官的。我的哥哥叫福官，有福气的官；我呢因为是第二个，叫双官，兄弟两个是一双嘛！结果哥哥很早就

_____

① 这里指阴历年。

去世了，也许只有几个月。后来我的母亲就想起了这个梦，从这个梦来看，是上帝安排了哥哥的去世，而我却留下这条命。很古怪，是不是？

我的父亲一生教书，可是在我很小的时候他也做了一点小小的官，真正是芝麻绿豆官。什么官呢？浙江有个地方，不知今天属于哪个县，这个镇叫埭溪①。埭溪是一个镇，他做这个镇的"镇长"大概做了三年，他一生只有这个阶段做官，这是什么时候呢？是清朝末年，大概是宣统元年，宣统三年就完了嘛。我后来听说一个故事，父亲在埭溪做芝麻绿豆官时跟老百姓的关系很好，被认为是一个好官。那个地方在当时强盗很多，大概这个地方是个多山的区域。父亲在任上的时候，我去过，可是因为太小，不记得了。父亲抓到了一个强盗头子，强盗头子磕头，请大老爷饶命，如果饶命他就保这块地方的治安。我父亲跟他说，假如你立誓改邪归正，我就放掉你。他果然立誓决不再做坏事情，我父亲就放了他。放了他以后，三年当中，没有出强盗案子。可是我的父亲不做了，卸任了。他已经把官的职务交掉了，仍在等船期，还没有动身，就出了一个很大的盗案。于是许多人讲，这就是这个强盗头子表示他遵守了他的诺言，在我父亲做官期间他不做坏事，待父亲卸任了他就做一件坏事显示他的神通广大。这个当时的传说表示我的父亲做官做得很好。

父亲从这个芝麻绿豆官的任上回来后仍旧是教书，没有钱。他一生就是教书，靠笔墨吃饭，有的时候生活很窘迫，钱不够用时就将祖上的房地产卖掉，来补贴家用。卖到后来卖完了，只剩了自己住的一幢房子了，这时情况就紧张了。但是这个时候在苏州还有一幢房子，这房子不太好，不过也相当大，大概在苏州的十梓街，这幢房子今天可能没有了。我母亲后来感觉到这个家庭越来越不能维持，因为家庭

---

① 埭溪隶属于原吴兴县，今属湖州市吴兴区。

越来越穷。可是还要维持一个绅士家庭的场面，常州的亲戚非常多，每天要因为人家生孩子、结婚、做寿、丧事等而送礼，要去祝贺、拜寿、吊唁，母亲觉得越来越没有意思。于是带了她自己生的孩子到苏州，住到苏州自己的房子里。可是没有钱了，到了苏州以后经济生活就越来越困难。跟常州分开了，实际上可以说跟常州的关系几乎断了。

父亲在常州要维持姨太太的家，姨太太又生了几个孩子，可以说经济的窘迫使我们的家庭变得不愉快，我的父亲与我的母亲的感情也越来越不好，母亲毅然决定搬到苏州，自力更生，另外想办法。后来我的三姐四姐五姐在我还在读书时候就出去工作了，她们用工作的津贴来补贴我母亲，这样子生活很勉强。我们的生活越来越穷，最后我们苏州的房子也不得不卖掉，租人家很小的房子住，省点钱。可以说我们的家从太平天国的时候就开始没落了，太平天国结束以后就靠卖祖上的房地产来过日子，到最后母亲搬到苏州，变得一贫如洗，什么都没有了。这是一个不断贫穷化的经过。我的母亲有时告诉我们，在常州我们不得不用一个男工，男工在从前叫二爷，这个人干什么呢？这个人拿一个拜盒，拜盒里面是送的礼，出去送礼，差不多每天都有事情。要花钱买东西，花钱雇人做这个无聊的事情。无论自己的情况如何，有时精神不好、事情忙，人家结婚、死人你还是要去应酬。所以我的母亲断然离开这样一种生活，她说我到苏州怎么样穷，也穷得很干净、很安静，既干净又安静。在常州是非太多，自己家里的是非，听到人家的是非都令人不愉快。后来我们不大到常州去了。

这里顺便讲一件小事情。大概在上世纪 80 年代的后期，哪一年我记不清楚了，可能是 1986 年，在常州举行瞿秋白①辞世 50 周年纪念会，这是一个全国性的学术会议，我是被邀参加的人之一。我算了

---

① 瞿秋白（1899—1935），生于江苏常州，祖籍宜兴，中共早期领导人。中国的拉丁化新文字运动发起人之一，主张废除汉字、制订拉丁文字方案。

算，纪念瞿秋白辞世 50 周年，我快 60 年没有到过常州了。这些年来，常常坐火车经过常州，却一向没有机会去家乡，这次我就去了。有几件小事情。我去了青果巷看看老家的房子怎么样了，一看啊，老家的大门被拆掉了，几乎门房这一进房子全拆掉了，第二进房子的大厅等也拆掉了，盖了许多临时的乱七八糟的小房子，没有重新建筑。听说这里面住了二十几家人家，我就没有进去。离开我们家很远有一顶桥，过了桥就是从我的祖母房间的大玻璃窗天天看出去的那条路，从那条路回过头来可以看到我祖母住的房间。所以我特别往那里去，我到那里去，仔细找，找到了。我们房子的后面部分没有被拆掉，祖母从前住的三间大玻璃窗的"水阁"还在，当然有些破旧的样子，可是基本上还是没有动，这是很有趣味的事情。这条河原来比较宽，海里船开进来，船头船尾被装饰得怪里怪气的样子，有的装成大鱼的样子，我小时候经常看见。后来这条河变得越来越小，所以海里的船不能进来了。后来我才知道，江苏的河流变化很大，常州的河小了，无锡的河却大了。本来常州有米市中心，常州府在常州，无锡属于常州府。后来无锡变成米市中心了，而且更晚的时候兴起了工业。无锡越来越大，常州越来越小。这条河给我的印象很深刻，从前河里的水是比较清的，比较干净的，可是现在河里的水都发黑了，污染得非常厉害。讲起这条河来，我小时候有段时间，要渡过这条河到小学校去上课。我的小学校是在东下塘，就是河的对面。河是在青果巷的南面，在河的南面是一条路，名称可能就叫下塘，我记不清楚了。当时河上没有桥，只有摆渡，叫渡桥，就是两个三个或者几个船连在一起，两边的船固定住的，不动的，当中的船是动的，在有船经过时移开，大船来时多开一点，小船来了少开一点，叫"开渡"。一下子"开渡"，一下子"不开渡"，人可以过去，但是有点危险，害怕掉到水里面。我每天上学过桥，家里常常派一个人照顾我，过了桥去上学……

# 小学和中学　世谊变亲家

　　刚才我讲到我渡过一个摆渡桥到对岸的下塘小学上学。现在我联想起小学的情况，我讲一点。在常州原来没有新式的小学。最早就办了一个小学，这个小学的名称好像叫"武阳公学"。大概是武进和阳湖，同时都在常州城里面，但这是两个县，学校是合办的。那个学校的地方在哪里，我记不清楚，我进的不是那个学校。大概那个学校先办，我们的小学办得晚。我们的小学叫育志①，教育的育，志向的志。育志小学大概在下塘，地点是一个庙，庙里的菩萨都被打掉了，改成了一个小学校。在小学校开办之前，我去看过，我记不得是谁带我去看的，人们用一根大的、很粗的绳子套在菩萨头上，许多人用力一拉呢，菩萨就倒下来了，倒下来大家哈哈大笑。这样就把小学校的菩萨都打掉了，收拾以后，这个庙就变成了小学了。我们的小学很有意思，是男女同校。那个时候男女同校不仅是大学、中学不可以的，小学也不可以的。那么这个小学男女同校怎么办呢？很有意思，这个

---

　　① 育志小学：创建于清光绪二十八年二月（1902 年），后改名为常州市新坊桥小学。现该校已停办，并入常州市延陵小学。

大门是一个，进了大门里面就完全分开，假如姐姐跟弟弟同进这个学校，一进大门也要分开。女孩子待在一个地方，男孩子不能去的；男孩子待在另外一个地方，女孩子也不能来的。上课呢，男孩子先进课堂，男孩子坐好以后，靠门的一路座位是女孩子的，因为女孩子数量比较少，大概女孩子只有男孩子的四分之一。男孩子统统坐齐了，然后由一个女老师领了女孩子进来坐在旁边留出来的空的一排座位上，之后老师再上课。上完了课，男孩子不许动，女孩子由老师领了出去，然后男孩子才可以出来。这样子一个办法就算是当时教育的现代化了。私塾就没有了。我记得在我进小学的时候，常州只有三个小学，一个是我刚刚讲过的武阳公学，一个就是我们的育志小学，还有一个小学的名字我忘掉了，记不清楚了。

那么谈到这里呢，我又想起常州的中学，以前常州没有小学，当然更没有中学。常州办中学是在什么时候办的呢？是在辛亥革命的前夜就准备的，我不知道是哪一年成立的，说不定是在辛亥革命以前成立的，也说不定是辛亥革命以后成立的。我不清楚，可是这个学校的成立的经过情况我知道。

常州有个名人叫屠寄①，他的号叫敬山。他是一个穷孩子，可是后来考秀才、举人，又去考状元、考进士，考上了进士，而且是进士当中地位比较高的。他是我们的亲戚，我的父亲年龄比他小，同时他比我的父亲高一辈，所以我们叫他敬山公公，他常到我们家来，他跟我的父亲很好。这个屠敬山后来到日本留学，那个时候清朝末年能到日本留学的人是很少的。中国受西方文化的影响起初主要是来自日本，并不全是直接从西方学来的，而是从日本间接学的。屠敬山他写了一部书，叫作《蒙兀儿史记》，就是蒙古史。为什么叫"蒙兀儿史

---

① 屠寄（1856—1921），江苏武进人，文学家、史学家，著有《蒙兀儿史记》。

记"而不叫"元史"呢？元史只讲中国的部分，他的《蒙兀儿史记》是整个蒙古帝国的历史，包括了蒙古其他的领土，也包括苏联的大部分都在里面。他参考了许多书，外国的书，有好几种文字的书。有的书他不懂那种文字，他就请懂那种文字的人给他讲，所以他这部书里面引了许多古书的材料，不仅有今天所谓欧洲的，还有东欧的、中东的那些书。他引的书里面的材料有些非常珍贵，因为那个原书今天已经找不到了。有人说要把《蒙兀儿史记》放在二十四史里面，变成二十五史，所以它在学术上有很高地位。《蒙兀儿史记》这部书是用木头版刻的，在他家里面我看见过，堆了几间房子的木头版。1949年以后，他的子孙把这些东西都捐给政府。听说现在在中国书店有卖原版书或者原版书的影印本，价钱非常贵。他是当时一个很开明的高级知识分子。

中国最早的一个新式大学叫京师大学堂[①]，地点就在北京沙滩，那里有一条路原来叫景山东街，后来改名叫沙滩后街。巧得很，1955年年底，我到北京来参加第一届中国文字改革会议，我就住在京师大学堂原来的房子里面。这个房子从京师大学堂到了民国元年就改成了北京大学了，1949年以后把北京大学搬到西郊的原来的燕京大学，合起来就变成今天的北京大学。原来的北京大学在沙滩，城中心。这个地方在清朝来讲房子是非常大，这里面很大，原来是一个驸马府、公主第。可是从今天看来，地方就太小了，搬出去还是对的。我最早是来开会住过，后来文字改革委员会就在这里办公，我北调到文字改革委员会工作，就在这个大门里面住了好多年。我看到大学的教科书，屠寄就是京师大学堂的高级教授，清朝的时候不叫教授，叫"教习"，他是"正教习"，等于今天的正教授或者是一级教授的地

---

① 1898 年戊戌变法时创立，北京大学前身，是中国近代最早的一所体制完备的高等学府。

20

位吧。我看过他写的物理学的教科书，不叫"物理学"，叫"格致学"，这个书是用汉字写的，从上而下的，许多公式不是"AB-CD"，而是用"甲乙丙丁"。这个教科书是很珍贵的，可是在"文化大革命"以后要想找这个书看已经是很难了，现在恐怕不容易找到这个书了。

屠敬山的大儿子叫屠元博[①]。由于他父亲是一个有学问的人，而且是有眼光的人，是清朝末年的革新派，屠元博很早就由父亲送到日本去读书，所以屠元博是很早的日本留学生。在日本，屠元博就认识了孙中山。北洋政府开始成立的时候有一个国会，国会中有不同政党的国会议员代表。根据外国的办法，同盟会组成一个党团，党团由一个人领头的，我想不起党团的领头人的名字，屠元博就是同盟会的国会议员党团的头头，所以他的地位是很高的。很可惜，他喜欢喝酒，据说后来被人家在酒里放了毒药把他毒死的。他呢，是常州中学的创办人。我常听到我们家里人和其他的老辈讲起他创办常州中学的故事。他在日本参加了同盟会，就学着日本人把辫子剪掉了，可是他常常秘密回常州，回常州时就装一条假的辫子，戴着一顶瓜皮帽。白天不敢出来，晚上出来要坐小轿。那个时候出门到哪里去都是坐轿子的，叫青衣小轿，很小的一顶轿子，四面都是蓝布盖起来的。他就是这样晚上装了假辫子、戴了帽子出去活动的，如果被清朝官府抓去了是要杀头的。常州中学是他创办的，起初当然是很不容易的，要捐钱，要找老师，地点是在玉梅桥。在纪念瞿秋白逝世 60 周年时，我到常州的时候特别去看了一下，看到纪念屠元博的一个碑，不很大，它还在。从前这个学校是靠近城墙，比较冷落的一个地方，从学校出来四周都不大有人家，人家很少。这个学校是屠元博办起来的，这是

———————————

① 屠元博（1879—1918），字宽，屠寄长子，社会活动家，常州中学创办人。

常州地方向现代化前进的一个步骤。屠敬山、屠元博都跟我的父亲非常好，因此我的父亲受了他们的影响，他的思想在旧的知识分子当中也是比较开明的。

屠元博的夫人跟我的母亲是好朋友，又是亲戚。一个有趣味的事情是，她们两个人肚子里有小孩了，就"指腹为婚"，说如果我们的孩子生下来是一男一女呢，就给他们配成夫妇。① 结果屠元博家生了一个儿子，我的母亲生了一个女儿，就是我的三姐。由于我母亲生的第一个、第二个女儿没有长成，三姐实际上就是我们的大姐。后来屠家在北京，屠元博在北京做国会议员，他们一家离开常州了。屠元博的儿子也去日本读书，叫屠伯范②，伯仲叔季的伯，模范的范。屠伯范在日本时与郭沫若是同学，他们在日本很熟悉。可是后来郭沫若走了政治道路，屠伯范一直从事化学工业，他们两人虽然是很接近的同学，由于职业的不同，后来就疏远了。屠伯范后来就成了我的三姐夫。当时屠伯范在日本，我的三姐在常州，两人都受了新式教育，那么这种"指腹为婚"还算数吗？我的三姐在常州的师范中学毕业以后，到北京进女子师范大学读书。当时的北京女子师范大学与男子的北京师范大学是分开的，后来很晚才合并的。那时屠元博的儿子在日本读书，我的姐姐在北京读书。屠元博的太太生了这个儿子，在月子里面生病死掉了，所以后来屠元博娶了第二个太太，姓朱，是北京很有名的人家的女儿，也受了很好的教育，而且思想相当开明。她就提出，我的姐姐人在北京，虽然没有结婚，但是可以到他们家里面来玩

---

① 屠元博在北京做国会议员时，续弦名门朱氏女。她受过很好的教育，在常州女子师范学校代校长期间，看中了才貌双全的周家三姐周同。屠伯范与周同也一见钟情，此时他们都是 14 岁，两家就定亲。他们的孩子是周家第一个小辈，取名屠乐平。

② 屠伯范（1897—1967），屠元博长子，化工专家、药学家。

玩呀，原来就是老亲戚嘛！有一个夏天，她把我的姐姐留在北京多待一阵，同时把日本的儿子召回来。她讲得很清楚，说你们两人见见面，谈得来将来做夫妇，谈不来解除婚约就是了，她很开明。屠伯范从日本回来，跟我的姐姐一见面就觉得非常好，因为我的姐姐受过很好的教育，同时我的姐姐也非常漂亮。我们兄弟姐妹当中最漂亮的就是我的三姐，三姐像我的妈妈，而我的妈妈在宜兴是有名的美女。这样子他们两人见面后感觉很好，屠伯范提议我的姐姐不必在北京师范大学读完，到日本去继续读书。得到我家里的同意后，我的三姐也到日本去了，他们在日本结婚，第一个孩子是在日本生的。

这些都是我家庭里的一些故事。在我讲述自己的情况之前，先讲讲与家庭有关系的事情。我认为这许多背景材料有当时的历史，特别是当时常州的历史。

我刚才讲到屠元博创办常州中学，就联想到常州中学的许多事情。后来我进了常州中学，我在那里读书。常州中学有一个特点，什么特点呢？上午是上课的，下午没有课。我记得上午上三堂课，九点到十点，十点到十一点，十一点到十二点。吃了饭以后，下午没有课。下午做什么呢？下午呀另外有游艺课，因为古代的孔夫子讲的游于艺嘛，游就是旅游的游，艺就是艺术的艺。这个游艺课不知道是谁创意的，不知是屠元博还是校长童伯章①创意的，我不清楚。大概这个学校最早是屠元博担任校长，后来就是童伯章担任校长，他也是宜兴一个有名的学者。游艺课有各种各样的课程，让学生自己选，特别注重艺术、劳动等课程。比如讲艺术课程，有音乐课，而且音乐课还分为中国的国乐课、西洋乐。西洋的音乐主要是军乐，当然也包括弹钢琴、拉小提琴，可是以军乐为主。为什么呢？因为音乐老师是从日

---

① 童伯章（1865—1931），江苏宜兴人，教育家，常州中学校长。

本回来的，今天是大名鼎鼎的，叫刘天华①。刘天华是在日本学军乐的，所以他的音乐课里军乐很重要。军乐课大概是下午两点到四点，游艺课通常是两小时。到四点钟上完的时候就要排队了，排队时就吹军乐进行曲，在学校里面绕一个大圈子，这很有意思，也是当时学校里的一个特点。在华东几省的中学每一年或两年开一次什么评比会——我记不清楚了，开会的时候军乐队都是我们学校的，非常出风头的。还有图画课，图画课里有中国画、西洋画。有书法课，由书法家来教你写字。有武术课，教拳术，而且有两派，一个老师教北拳，一个老师教南拳。还有读古书的课，主要是读《左传》。因为家里说，我从小进洋学堂，老国文底子不够好，所以有相当一段时间，在游艺课上我就选择读《左传》。还有好多其他课，我已经记不清楚了还有哪些。总之，他们只要能请到好的老师就开班。下午的课程都是自选的，如果你不想选任何课程也行，可是这两个小时你要待在自修室里面，自己自修，不能到外面去游逛。上午上课是规定的，下午很自由，这种教育方法很好。刘天华原来学军乐的，也会一点钢琴、小提琴，但是他不会国乐。国乐课是另外请了有名的教师来教，他借在学校之便，他就学，一面做教师，一面做学生。我记得他最早就学二胡，后来他的二胡拉得非常好，还创作了有名的二胡曲子，像《空山鸟语》呀等等，后来他从常州中学到北京来，在北京教书。刘天华是刘半农②的弟弟，他们有三兄弟，刘半农、刘天华，还有一个老三，叫刘寿慈③。刘寿慈比我大几岁，可是他跟我好得很，他也是常州中学的学生，现在不知道哪里去了。所以说，这个学校有很大的特点，当时常州府有一个中学，无锡没有中学，无锡的学生到常州中学来读

---

① 刘天华（1895—1932），江苏江阴人，音乐家、教育家。

② 刘半农（1891—1934），江苏江阴人，诗人、文学家、语言学家。

③ 刘寿慈（1903—1981），江苏江阴人，二胡演奏家、作曲家、教育家。

书，宜兴也没有中学，也要到常州中学来读书，江阴、丹阳都没有中学。镇江府有中学，南京府有中学，扬州府有中学，苏州府有中学，我知道的大概就是这几个，一个府有一个中学。起初叫常州中学，后来改名叫第五中学，以后又改回来叫常州中学。中学只要老师好，可以培养出很好的学生来。当时的中学，一进去就要住在学校里面，不能出校门。如果你的家庭在本地，礼拜六下午四点以后，可以回家，礼拜天下午再回学校，非常严格。直到今天我还认为，要培养一个青年，特别是在他中学时代必须住校，住读是最好的教育方法。书就可以读得比较好，而且人品可以教育得比较好。住读虽然跟社会隔断，但是可以不受社会的坏影响，我想这个住读制度还是值得提倡的。

中学毕业以后我报考了两个大学，都考取了。一个是上海圣约翰大学①，一个是南京东南高等师范学校，后来变成东南大学，以后又变成中央大学，今天是南京大学。为什么考两个大学呢？有几个比我高的同学劝我去考圣约翰大学，我到上海去考圣约翰大学，考取了。可是圣约翰大学贵得不得了，一个学期就要两百多块银元，我家里到我读大学是最穷的时候，没有钱。那时候每个大学考试的时间不一样，就再到南京去考，也考取了。南京东南高等师范学校不用学费，那么，我就准备去南京。我的姐姐在上海教书，她的同事朱毓君听说我考进了圣约翰大学不想读，她对我姐姐说："考圣约翰大学比考状元还难，你弟弟考进圣约翰大学又不进，太可惜了。我也没有钱，我去问我妈妈借，让他去上学，上了学以后再想办法。"她的妈妈说："我现在也没有钱，但是有皮箱，里面放了很多嫁妆，拿一个皮箱去当，就可以当两百多块钱。"她们家也在苏州，她妈妈很喜欢我，老

---

① 由美国圣公会上海主教施约瑟创建于 1879 年，设西学、国学和神学三门，1881 年开始完全用英语授课，是中国第一所全英语授课的学校。1905年在美国首都华盛顿注册，设文学院、理学院、医学院、神学院四所学院以及一所附属预科学校，成为获得美国政府认可的在华教会学校。

太太待我很好，她的箱子放在后房，多少年也没有去动它，没有用的。有出戏叫《借当》，借东西来当。这样我就上了圣约翰大学。

今天暂时谈到这个地方，以后再谈……

# "五卅运动"前后
# 圣约翰大学和光华大学

    今天我想回顾一下上海读圣约翰大学的时候发生的一件大事情，叫作"五卅惨案"①，那时一个工人叫顾正红②，被日本人杀掉了，引发整个上海工厂的罢工。由于工人的罢工引起学生的罢课、游行、示威，这个事情是在上海的一件大事，同时也是中国历史上的一件大事情。这不是一件偶然发生的事情，它是上海处在中国革命历史的转变时期必然发生的事情。那个时候，中国的民族主义抬头，跟帝国主义的势力发生严重对抗。这件事情在圣约翰大学发生一个想不到的反应。所有大学的学生都同情受压迫的工人，都同情工人运动。如果圣

---

    ① 1925 年 5 月 15 日，上海日商内外棉七厂资方关闭工厂，停发工资。工人顾正红在和资方交涉中被打死，此事引发上海各界的抗议活动。至 5 月 30 日，青岛、上海等地工人游行抗议，遭到开枪镇压，史称"五卅惨案"。后进一步引发全国性的抗议活动。

    ② 顾正红（1905—1925），江苏阜宁人，上海日商内外棉七厂工人，1925 年 5 月 15 日，在工潮中死难。这一事件成为"五卅运动"爆发的导火线。

约翰大学也是跟别的大学一样，不限制、不阻碍学生的活动，这个事情也可能很快就过去了。可是圣约翰大学不一样。圣约翰大学在当时是第一，名气最大，威望最高；第二，它是一个教会学校，而这个教会当时的主持人的思想在帝国主义分子当中是比较顽固的，因此就闹成一个"离校运动"，教师和学生纷纷离开学校。我目睹这件事情的经过的情况是这样的，学生要罢课，因为大学里面上课本来是稀稀落落的，罢课并没有很快就引起很严重的情绪。可是学生要到外面去游行，这跟学校当局就发生矛盾了。因为圣约翰大学平时是关了校门的，不许出去的，要到礼拜六下午才能出去。礼拜天早上还要做礼拜，做了礼拜才能出去，是这么一个情况。

也是偶然。在圣约翰大学的花园里面，又叫兆丰花园，花园里面竖了一根很大的旗杆，很高的旗杆。我记不清楚，好像是一个校友送来的，原来没有那么高的旗杆。当时学生坚持要在这个旗杆上面挂半旗，挂国旗来哀悼被杀的顾正红，学校当局不同意，说这个事情是要让我们的政府去管，学生不要管。他们所谓的"我们的政府"是什么政府呢，是当时的工部局，就是当时公共租界的警察的头头。当时的工部局主要是在英国人手掌之中的，可是美国人跟英国人利益是一致的。学生听了这个话就很不高兴，"我们的政府？我们的政府不是你们帝国主义的殖民地政府，我们的政府是中国人的政府！"这个已经是情绪上面对立了。而挂旗的时候学校来了几个人，不许挂，正在要挂上去的时候就被他们制止住了，就把这个旗子收了去。当时我所看到的情况并没有发生打起来呀，骂起来呀，还没有发生这个事情，对抗是很文明的对抗。这时候我的一个同班同学，他的名字叫聂光慈①，他这个人呢是情绪特别激动的，他看这个国旗被拿去了，不许

---

① 聂光慈（1904—1969），毕业于圣约翰附中，曾在圣约翰大学学习。积极参加"五卅运动"，后成为热力发电和蒸汽透平工程界的学者。

升半旗，非常气愤，他就叫起来了，就叫"打倒帝国主义"——这个口号学校里面向来不能这样子叫的。这一叫当时就乱起来了，一乱呢就是各人讲各人的话，也听不清楚了。这是一幕很激昂的对抗，可是学生还是很有秩序的对抗。

学生就开会，开会就讨论怎么办。当时学生会的会长叫张祖培①。张祖培做主席，召集学生会开会，讨论怎么办。学生当时的情绪非常激动，说我们不能在这个地方再读书了。那么这个时候呢，学校的外国领导、外国教授们也开会，当时外国人的决议是什么样子的详细情形我也不知道，反正开完了会他们一同出来，跟学生讲（学生也在那里开会）：不行，你可以在学校里面开会纪念，但不能出大门，不能参加外面的游行。这一来是火上浇油。当时外国教授们开会时没有把中国教授招进去，这显然是把中国教授、中国学生看成是另外一方面的人，那么中国教授们自然就不高兴，非常气愤。中国教授本来同情学生，同情反对帝国主义的，他们这么一来就表面化了。当时中国教授的头头就是中文部的主任孟宪承②。孟宪承在新中国成立以后做了华东师范大学的校长，这个人是个教育哲学家，对于教育学有很深的研究，是我非常钦佩的一个老师。他就跟中国教授们一同开会，并做出决议说：我们支持学生，如果学生离开这个学校，我们也离开这个学校。结果就在那一天，大概是下午六点钟左右吃晚饭之前，大家都离开了学校。

匆匆忙忙把铺盖打起来，人先走，这走到哪里去呢？就跟南洋公学联系。当时南洋公学还不叫南洋大学，后来才变成南洋大学，之后又改名交通大学。上海当时两个最有地位的学校，一个是圣约翰大

---

① 张祖培（？—？），"五卅运动"时圣约翰大学学生会会长，1949年后在华东师范大学任教。

② 孟宪承（1899—1967），江苏武进人，教育学家。

学，一个是南洋大学，就是南洋公学。南洋公学是热烈欢迎我们，支持我们的。我们全体就到南洋公学，他们把能够腾出来的地方都腾出来给我们，给我们住的地方，给我们活动的地方。圣约翰大学的学生离开学校是6月3日，叫"六三离校"。这件事情在中国人方面是非常一致的，反对离校而后来回到圣约翰大学的是很少很少几个人，主要是神学系的。这样子圣约翰大学就没有办法了，只能宣告停校。停办了一段时间，中断了相当长的一段时间。于是圣约翰大学的学生都离开了圣约翰。这件事情当时轰动上海，轰动全国，而且轰动世界。上海的学生运动在圣约翰学生离校的时候达到了高潮。这件事情不仅仅是一个学生运动，而且是整个社会到这个时候的一个转折点。军阀政治已经完了，国民党的势力就要到上海来了，而当时共产党的力量还是比较小。当时的情况大体来讲就是这样。

当时在学生当中最为难的就是快要毕业的学生，六月三日这个时候毕业班是什么事情都结束了，只等待发文凭了。他们怎么办呢？他们是留下来拿圣约翰的文凭呢，还是离开圣约翰呢？他们当时开会决议，毅然离开圣约翰，不要这张文凭了。要知道当时圣约翰一张文凭是非常重要的，在社会上就业是很重要的一个条件。他们决意离开。这里面有几个积极分子，一个就是史乃康①——后来他的笔名叫作史耐耕，还有一个是陈训恕②。他们两个人是非常重要的。陈训恕是陈布雷③的弟弟，陈布雷后来是蒋介石重要的秘书，是《大公报》的主编、主笔。他们这两个人也是后来成立光华大学的重要人物。

离校以后怎么办？离校的老师们跟学生们就共同商议，义无反

---

① 史乃康（？—？），又名史耐耕，江苏宜兴人。学者，圣约翰大学学生，光华大学的筹办人之一。

② 陈训恕（1905—1931），浙江慈溪人，陈布雷之弟，1931年病逝。

③ 陈布雷（1890—1948），浙江慈溪人，长期为蒋介石代笔撰文。

顾，不能再回圣约翰大学了。当时只有两条路：一个就是散开，各人去找出路，学生去找学校，老师去找工作；另外就是团结起来，办一个新的大学。后来，除老师、学生之外，还有社会上面的许多爱国人士、有地位的人来支持这件工作，大家商议决定办一个学校，就是后来成立的光华大学①。当时想办这个学校，用什么名字呢？想了好多个名字，最终决定"光华"两个字比较好。

办光华大学要有物质条件，当时中国政府不会拿出多少钱来办，要私人拿钱。办学得到两个经济的支柱。一个是我的同班同学的父亲，姓王，我的同班同学有兄弟两个都在我们一班的。他们的父亲是上海的一个大地主，他在大西路那面有好多地。当时的大西路是城市边缘以外，但是边缘以外不算很远，他大概捐出一百亩地——"百亩良田"呀，当时那个地方还是田呵，还没有什么房子——他捐出这个地皮来做校舍。另外江苏省的财政厅长兼上海一个行政公署管财政的叫张寿镛②，他是北洋军阀到国民党时代的一个大的官员，是理财的，后来跟宋子文③很有关系。理财的，想办法搞财政的，从前搞理财的人要有能力去搞到钱为政府所用。他出来支持办这个学校，所以这个资金的来源主要是由他去想办法。张寿镛是一个旧知识分子，他提倡文化，拿出钱来翻印古书。由于他不仅是一个理财家，同时是一个热心提倡文化的人，所以大家推他做校长。

---

① 1925年"五卅惨案"后，圣约翰大学及附中的师生组织罢课抗议，遭到校方阻挠。6月3日，学生553人以及全体华籍教师19人，集体宣誓脱离圣约翰大学。6月4日，离校学生教师集会商议自行设校事宜，在短短三个月内就成立了新的"光华大学"。1929年学校经教育部批准立案。

② 张寿镛（1876—1945），浙江鄞县（今属宁波）人，张煌言后人，学者、教育家、藏书家，光华大学首任校长。

③ 宋子文（1894—1971），广东文昌（今属海南）人，曾任中华民国政府行政院院长、财政部部长、外交部部长。

要办这个学校，不仅是要有钱，还要有人才来经营，学校有许多经营的工作、管理的工作，谁来做呢？这个工作是很繁重的啦，主要就是史乃康和陈训恕两个人。当然许多同学都可以帮忙，可是大部分同学在短时间运动以后就先回家了，以后再联络、再想办法。当然有的人是不愿意到光华大学，因为新办的大学的社会地位不是那么高的，有的人就转学到别的学校去了。可是绝大多数人后来都到光华大学来读书，不仅是来读书，还是来支持这个学校的，当时是要给中国人争一口气。我们中国人也能办大学，而且一定要把它办好，是这么一个情绪。在这个时候不需要很多人做工作，所以只留下一个小组的人做工作，人是不多的。

　　我呢，当时就发生一个很大的困难，因为我的经济情况非常坏，在圣约翰读了两年已经是"弹尽粮绝"。有的人劝我：算了吧，就不要再读大学了，找个工作，使家庭的生活稳定下来再说吧。于是我就回到苏州家里面，考虑这个事情，跟家里商量。当时我的父亲在常州不管事，只有母亲在苏州管我们这个家，我的母亲也没有什么特别的意见，她认为我找工作也好，继续读书也好，只要学费有办法还是可以继续读书。在苏州的这个暑假，我无法决定何去何从，情绪非常坏。我在苏州家里跟我认识的人、有关系的人通信，想找一个工作维持生活、维持家庭。有几个方面来信欢迎我去，这个时候的思想斗争得很厉害，因为如果我去做工作，当然生活可以维持，家庭也可以稍微稳定一点，不至于在经济方面那么紧张。但是恐怕人生前进的希望、上升的希望就没有了，就停留在此了。在这么一个情形之下再要想前进、再要想读书就很困难。所以这个时候倒不是说不容易找工作，我找工作，几封信出去反应都相当好，但是我彷徨在人生的十字路口——究竟往这一条路走呢还是另外一条路走，所以我迟迟没有决定接受哪一个工作。就在左右彷徨、感觉到很不愉快的时候，留在上海做筹备工作的史乃康来信给我，他说筹备工作现在越来越紧张，需要增加两个人。筹备工作是没有钱的，大家尽义务，他希望我很快能到上海去。他说光华大学办起来，我在光华大学读书的学费问题比较好解决，他说在圣约翰大学的学费问题比较难解决，到了光华大学就比较好解决。在这个情形之下，我在苏州待了一段时间，迟疑了一段时间之后，决定到上海，帮助筹备光华大学。

光华大学的筹备处在当时的上海法租界霞飞路——就是现在的淮海中路——租的房子里面。一个大学要办起来是很复杂的，有了地皮，还要有钱造房子，大学的房子不是普通的民房呀，花钱很多的呀。那怎么办呢？我们同学当中很多是华侨，当时中华民族的确是觉醒了，圣约翰大学这件事情，要办光华大学这件事情，不仅国内同情的人很多，华侨里面同情的人也很多。我的华侨同学就得到国外华侨大资本家们的很好响应，于是就决定推派几个人出去募集。到华侨那面去募集资金。募集不是零零星星的募集，要募集一所房子，要募集一个大学的大楼的建设资金，这数目在当时相当大。出去募集的成效很好，我记得特别好的是马尼拉，就是菲律宾，菲律宾的华侨特别支持。大概当时在国内也募集到一部分钱，先造三个大楼。记不顶清楚，好像主楼——最主要一个楼是菲律宾马尼拉华侨捐出来的。当时整个社会情绪很高昂，虽然情况很困难，但是大家都是抱非常乐观的一个革命精神在进行工作。现在想起来那样的情况是很不容易，非常宝贵的，在当时的确是一个民族觉醒，醒过来了，"睡狮"啊，一个狮子睡了许多年觉醒过来了。

当时决定先开学，不要等到房子造好了再开学。怎么办呢？就在租界里面租一点房子开学。所以，光华大学筹备初期是分了三个小阶段：第一个小阶段在租界里面租房子上学；第二个小阶段在光华的土地上造那个临时建筑——像今天的工棚这样子的，主要是竹竿竿、竹皮皮，芦席棚这样子的——在芦席棚里面办大学；第三个阶段是房子造好了，搬到新房子里面上学。这样三个阶段。

那个时候的确是朝气蓬勃。开学以后请来的教授都是国内第一流的，以教授的声望、教授的水平来讲，是胜过圣约翰大学的教授们，当时的情况的确是不错的，很不错的。不过一个新办的学校，社会上面有许多保守思想的人总觉得它的前途还不知道怎么样，所以少数同学就没有到光华大学来，而是到其他有名的大学去了。因为圣约翰大学的学生出来转到其他的学校去是很容易通过转学考试的，而且别的大学都很欢迎。

基本上是靠中国人，包括一部分华侨的力量而没有靠政府给多少钱，来办成一个私立大学，时间那么短，开学以后的情况相当好，这是很不容易的。这件工作，孟宪承他出了很大的力量，但是他说开学以后他不能在光华大学教书，他要避开嫌疑，因为是他领导了圣约翰大学的这些老师离开圣约翰大学的，他要避开这个嫌疑，不要同教会对抗。所以他就到别的学校——好像是到南京大学，当时叫中央大学——去教书了。但是请许多教师、请好的教师，他在后面帮了很大的忙。大致是这么一个经过的情形。

# 我的几位同学

我常常在空下来静下来的时候，想到我中学大学的一些同学。中学的同学，以前我谈过一个人叫史松培①。中学时在自修室里，他是跟我坐同一张桌子的人。中学时候，我受他的影响，每天清早大概五点钟起来念古文。我没有进过私塾，他进过私塾，他读的古书比我多得多，而且许多都能背出来，我非常羡慕他。受了他的影响，我就自修，不懂的地方就问他。他是我的同学，也是我的老师。可是中学毕业之后，他进了东吴大学，我在上海，他在苏州，我们的联系就不多了。他大学毕业了，回到溧阳——他的家乡，听说是去做教育工作的，可是后来就一直没有消息。我对他一直是念念不忘。

中学还有两个同学，一个叫姚璋②，一个叫朱其旭③，他们两人

---

① 史松培（？—1978），江苏溧阳人，周有光中学同学，一生从事中学教育事业。

② 姚璋（？—?），又名姚舜卿，周有光中学同学，曾任光华大学教授。

③ 朱其旭（？—?），周有光中学同学，曾在英国人管理的盐务局从事经济工作。

跟我是一同考取圣约翰大学的。在那个时候考取圣约翰大学，被认为是一件非常非常困难的事情，他们两个与我，是我们中学毕业生当中仅有的三个考取圣约翰大学的。据说在圣约翰大学的招考历史上，这样的情况也是不多的。因为圣约翰大学的学生，大部分都是从特别有关系的附属学校里面选拔出来的。

我先讲姚璋——他的号叫舜卿。这个人并不聪明，可是他用努力来胜过别人。我和一些同学，花一天工夫能读的书，他至少要花两天或者一天半。这个人非常忠诚老实，他到圣约翰，后来到光华，从光华毕业以后一直留在光华教书。他编了许多教材，很有水平，在教育界很有地位，可惜他很早就死了。

还有一位叫朱其旭。他也是到了圣约翰大学，在光华大学毕业。毕业以后他去考盐务局。那个时候吃的盐是专卖的，由于中国政府欠了外国的债，盐务是由外国人来管的。外国人设了一个盐务局，用外国的管理方法来管这个盐务，用人都是要经过考试的。当时考进盐务局被认为是很困难的，待遇也比较好。朱其旭这个人是很聪明很能干的，他考上了。考上以后他一直安安稳稳地在盐务局里工作，因为那个时候盐务局和许多外国办的机构都是每年要加 1/10 的工资的，结婚生孩子更要加工资。光华大学和光华中学在抗日战争之前也是这样做的，每年都加。他在盐务局，待遇比较优厚。那个时候有几个机构待遇是好的：海关、盐务局、银行，这些都是外国人管的机构，或者是模仿外国的方法来办事情的机构。这些机构待遇都很好，且很安定，因此，里面的工作人员是不大愿意离开的，而且每一个人都愿意勤勤恳恳工作。这是朱其旭呵，由于他到了盐务局，跟外界的联系就不多了。我们一直为他感到可惜。

在大学同学当中还有三个人，这三个人也都是由常州中学——也就是第五中学——毕业而考进圣约翰大学的，是常州中学第一次有学生考取圣约翰大学的。通常，内地的学校要考取圣约翰大学是很困难的，主要原因就是英文不行。这几个人都考取了，但是比我高两届。其中一个是史乃康，后来他的别名写成史耐耕。这个人非常能干，英文中文都非常好，口才也很好，笔底下也很好，光华大学的成立没有他是不行的。他从圣约翰大学毕业，但却没有拿圣约翰大学的文凭就参加光华大学的建设。他本来有机会到外国去，但他放弃机会，留下来办光华大学。当时在光华有许多名义任职的，比如校长、校董会主任这些。还有几位是在学术界很有地位的，像孟宪承、廖茂如，等等。可是真正要办事情，办一个大学的事情很复杂的，有很多方面的工作。主要工作谁来做呢？就是史乃康！没有他，这个学校是很难办起来的。这个人办法很多，联络群众的能力很强。"五卅运动"以后，他的思想越来越激进，这跟我们中学同学中许多激进的共产主义者是有密切联系的。其中有一个人，他的名字叫万益①，这个人是老共产党员。他后来在宜兴宣布成立苏维埃政府，国民党就把他抓了枪毙掉了——听说1949年后他已经定为烈士。史乃康这样一个能干的人，可惜后来身体不好，生肺结核病而去世了。这也是我常常怀念的一个人。

还有一个人叫郭赣生②。他可能是生在江西的，我不是很清楚。这个人呵是不声不响地做工作，不出头露面的。我进圣约翰大学之后，他给我帮助很大，但也非常可惜，不多几年他就生病去世了。

刚刚讲的那两个是比我高两届的。还有一个比我高一届的，叫陈志云③。这个人是一位美少年，非常漂亮，他的理想是做一个教育家。他说我做教育家，我要办教育，不办大学要办中学，因为中学办不好，一个国家的大学也是办不好的，教育的基础在中学。所以他很

---

① 万益（1902—1927），江苏宜兴人，1927年"宜兴暴动"领导人。

② 郭赣生（？—？），毕业于圣约翰大学，后长期从事教育工作。

③ 陈志云（？—？），毕业于圣约翰大学，后长期从事教育工作。

乐观地去做教师。大学毕业了，天津南开大学附属中学——那是一个非常有名的学校，选择教师也是非常严格的——就选到了他，请他去做教师。很可惜，不多几年他也去世了。

我的许多老朋友一个个都去世，这个使我精神上感觉到很难受。中国有句老话，说"好人不留世"，这个话有一定道理，让我常常想起他们。

此外，大家知道，蒋介石时代有一位财政部长叫宋子文，是蒋介石的一个非常重要的管财政的人。广东人开玩笑说，宋子文的名字用广东话来念叫"送几文"①。"送几文"就是送几个钱的意思，就是说他做财政部长，人家都要送他几个钱；同时，又讽刺他把几个钱呀都送光了。这是讥讽他的，取笑他的，也是讲玩笑话的。他的弟弟没有他的姐妹有名。他是兄弟中的老大。他的大姐是宋霭龄②，是孔祥熙③的夫人；二姐宋庆龄④是孙中山的夫人；还有一个妹妹宋美龄⑤——就是后来嫁给蒋介石的。为什么我要讲到宋美龄呢？因为我联想到她的弟弟是在圣约翰读书。她有个弟弟叫宋子安，在圣约翰读书，比我高一届。有一段时间，我跟他住在一个宿舍楼里面，是斜对门。再隔两个门住了另外一位同学，也是比我高一届的——这个人的姓名我一下子想不起来了。这个人是上海人所谓的比较 smart 的一个人，他通过宋子安跟宋美龄很熟悉，恋爱了一段时间，甚至准备大学毕业就结婚。这个人很漂亮，可是他的牙齿有一点不平，他为了更美

---

① "送几文"似指当时宋子文及家族为蒋介石北伐提供资金。

② 宋霭龄（1889—1973），广东文昌（今属海南）人，孔祥熙夫人。

③ 孔祥熙（1880—1967），山西太谷人，银行家，曾任国民政府行政院院长、财政部部长。

④ 宋庆龄（1893—1981），广东文昌（今属海南）人，孙中山夫人，中共党员、中华人民共和国名誉主席。

⑤ 宋美龄（1897—2003），广东文昌（今属海南）人，蒋介石的妻子。

就把一口牙齿都拔掉了，全部装了假牙。同学就背后暗中笑他，为了娶一位美人，居然把牙齿都重新换过。可是，非常遗憾，不久宋美龄就嫁给蒋介石了——这是一个政治婚姻，于是他的恋爱当然是结束了。

当时宋庆龄常常同宋美龄在礼拜六下午一起坐了汽车来看宋子安，把宋子安接出去——在上海有家的学生，周末都可以回家的。所以，我们常常看到宋庆龄和宋美龄，想不到后来宋美龄变成蒋介石的夫人。这也是一段跟我的个人历史没有关系的事情，可是人们常常提起这件事情，人家一提起，我也就回想起这件事情来了，所以我就顺便谈一谈。

# 开始交女朋友
# 跟随孟宪承办民众教育

可是就在这个时候呢，我在无意当中有了女朋友了。这个女朋友就是认识的一个女孩子，我觉得她很好，我也愿意跟她接近，但是毫无意思要跟她恋爱或者将来跟她结婚，还没有这个想法。我当时的基础的想法是要上进，结婚要阻碍我的上进，甚至在当时有一种错误的思想，认为在中学教英语这也阻碍我的上进。我要上进，又不做上进的积极的努力，又没有冒险探险的精神，这是一种很懦弱的性格，但是又有强烈的上进的欲望，所以这就是矛盾的。

这个女朋友是怎么认识的呢？我有一个小妹妹，起初在苏州进了景海女子师范学校①，是教会学校。后来她因为耳朵中耳炎老发病，常常要请假，就没有办法继续读下去。后来病好了呢，她就改变方针，进另外一个女子中学，那是一个私立中学，叫作苏州乐益女子中学——乐益女中。她进了这个学校，她有个同班同学，姓张，叫张允和——就是现在我的妻子。我的妹妹经常同这个女朋友到我家里来玩。

这位张小姐家里是很有钱的——这个乐益女中是私人办的，全部

---

① 苏州景海女子师范学校，原为景海女塾，为美国基督教监理公会女传教士海淑德在光绪二十八年（1902 年）创办。后因景仰海淑德，故名。

的钱、全部的房子、全部的学校设备都是这位张小姐的父亲拿出来的。张小姐的父亲是安徽的一个财主。张小姐的曾祖父叫张树声，是清朝的大官，做过两江总督、两广总督、直隶总督，办理过越南跟法国人的外交、台湾跟荷兰人的"外交"、朝鲜跟日本人的外交。官做得非常大。张树声的儿子也做大官，不过没有那么大，只做到川东道，川东道是相当于今天的一个省长那么大。所以她家里有钱，这位张小姐的父亲受了新思潮的影响，第一是不愿意住在他的本乡；第二呢，这个钱呢不愿意留给儿女来花，而是把这个钱拿出来办学校。张小姐的父亲叫张冀牖①，别名张吉友。他在苏州办了一个男子中学，一个女子中学，花了很多钱。后来钱不够了，这个男子中学停办了，因为男子中学后来慢慢多起来了，而女子中学很少，所以他一直办女子中学。他死了以后这个学校还在办，一直到新中国成立后，整个教育制度改革，所有私立学校都归国家收了去，到那个时候才结束。而张冀牖的小儿子叫张寰和②，还继续做这个学校的校长。今天张寰和还在苏州，在苏州来讲，他是一位有名的教育家。

当时我的妹妹常常带这位张小姐到我们家里来玩，我们家在当时已经变成一个穷的人家了，住的房子很挤，很紧张，已经没有什么空的房间了。可是这位张小姐，她家里条件那么好，她一点都没有觉得你们家穷，你们家条件不好就不来，她交朋友完全不按贫富来考虑。她到我家来，有的时候我在家就碰上了，碰上了呢就随便讲点话。起初我在上海，她在苏州读书，所以只是放了假回到苏州才有机会碰到。后来呢，情况慢慢地变了，她到上海去读书了，进了吴淞的中国

---

① 张冀牖（1889—1938），安徽合肥人，张允和父亲，曾创办乐益女子中学和平林中学。

② 张寰和（1918—2014），张冀牖第九子，张允和之弟，终生从事教育事业。

公学①，这个学校很小，但是当时相当有名气。中国公学的校长是谁呢？胡适②，胡适之。里面的教授有许多有名的人，其中一个教授呢就是沈从文③，沈从文就是在这个学校教中国现代文学的。由于我在上海工作，她在上海读书，虽然她在吴淞，我在大西路光华大学，隔得比较远，也不通信，也不打电话。可是开学放学后，有的时候我回苏州，有的时候她回苏州，来回家里有的时候托她带点东西给我，有的时候她们家里托我带点东西给她，就这样子有一点往来。因为带东西或者传递消息，我们也写过信，信是很简单的信。慢慢地跟她接触比较多了，多了以后就慢慢地有点像朋友了，可是还不是什么恋爱的关系。可是就这样，我们也不避人，她来看我，人家看见，我的同事等都看见，那人家话就更多了，更可以证明我生的病是相思病。

这个当然是有点开玩笑的讲法，不过我在当时的确是有忧郁症，是摆脱不开。当时也没有心理医生——我也向来不知道有心理医生，也向来没有去找过心理医生。可能当时还没有心理医生，我不知道。

这个情形到什么时候有转机了呢？是这样的：到了教第二年书的时候，有一天刚刚放学的时候，我以前的老师孟宪承来找我——孟宪承在苏州有家，可是他不大在苏州。他来找我干什么呢？他说他不做大学教授了，要去办一个普及教育的实验学校，这个学校也相当于大学水平，但不是一般的大学。这个学校在哪里呢？在无锡乡下，叫社桥。这个学校的名称前后改了几次，后来改为江苏教育学院。孟宪承

---

① 中国公学是中国最早的大学之一，光绪三十二年（1906年）创立于上海，同年4月10日正式开学，共招收学生318人，分大学班、中学班、师范速成班、理化专修班。1906年至1909年，胡适曾在这里读书。1928年4月至1933年，胡适在这里担任校长。

② 胡适（1891—1962），字适之，安徽绩溪人，学者。

③ 沈从文（1902—1988），湖南凤凰人，文学家、考古学专家，张兆和丈夫。

说他要找以前在圣约翰读书的两个人，一个是我，还有一个姓严的——我的同班同学。姓严的是学生物学的，找我呢还是去教英语。我跟他说我对教英语不感兴趣，想做点旁的工作，他告诉我"可以"，只要我用一部分时间教英语就行。另外他说这个学校里面可以做的工作很多。他就给我讲，他办这个学校的目的就是要办民众教育，当时这个学校的名称好像就叫民众教育院——起初大概叫民众教育学校。这个学校是由江苏教育厅出钱，但是按照孟宪承的设计来办的。到了这个学校，因为有孟宪承的影响，我就看了许多外国办民众教育的书，思想打开了一点，不再像以前那么打不开想不开，觉得教育工作可以为社会做大事情。这里面看的最重要的是外国介绍丹麦一个教育家的事业，这个教育家是叫格隆维①，他是丹麦的一个大教育家，丹麦人把他当圣人看的。后来我看了整个欧洲的社会发展史，我才理解当时——19世纪——的丹麦，是英国的"农村"。英国工业化了，工业化需要一个农村来支持它，用什么支持呢，用农产品支持。工业化的英国没有农产品，要丹麦支持它。而丹麦由于英国的工业化，它的农村就发达起来了，农产品的价钱就不断上升，农民生活就好起来了。但是农民缺少文化。格隆维他有一套农村大众教育的理论和实践，当中最重要的一点是他在农村里面推广教育，根据农民实际情况来办教育，让农民在有空的时候充分利用时间来学习。学习的主要不是技术，而是常识，常识当中最重要的是历史，要学习丹麦历史、欧洲的历史、人类的历史。当然语言文字是很重要的，技术也有，可是拿重要性来讲还不是技术。格隆维认为一个人，他有了语文

---

① 格隆维（N. F. S. Grundtvig, 1783—1872），丹麦教育家，1844年创建了第一所为成人设立的民众高等学校。他认为对青年教育——即是成人教育，不仅是技能和职业教育，而且应是一种生活教育，一种使他们能在离校以后继续自修的教育。

知识，有了基本的文化知识特别是历史知识，他就会为了社会，为了自己的国家，为了人类来做出有益的工作，他自己就会自动去学技术并且去改进技术，这里面首先是改进农业技术。所以后来的丹麦变成农业工业化、农产品加工在全世界最先进的国家。这个农业科学化在丹麦是走得比较早的，这里面格隆维的教育很有影响，启发了他们，使混混沌沌的农民觉醒起来，主动掌握自己的命运，为国家为人类的福利而奋斗。丹麦人把格隆维看成是了不起的人物，当时每一个家庭都挂格隆维的照片，这是农民自发来做的，不是国家来提倡的。孟宪承觉得格隆维在丹麦这个模式很有价值，我们应当向他学习，当然我们还需要根据自己的条件，根据东方的条件来创造一些大众教育的方法。孟宪承的理想打开了我的思路，我就跟了他到无锡去。那时常常有人请他做翻译工作——那个翻译跟我从前的翻译不一样，都是有关教育特别是有关群众教育的外国著作——他来不及翻译，就叫我帮他翻译。他非常照顾我，他知道我很穷，他是个有名的学者，翻译的稿费高，我翻译的稿费少得多，当时是这样规定的。于是他说，让我翻译了用他的名义发表，就可以拿更多的稿费，但稿费全给我（笑）。这些都是小事情，最重要的就是孟宪承觉得要使中国走上现代化的道路，当中一件重要的事情就是群众教育，而最大的群众在农村。诸如此类，这种启蒙的思想、启蒙的教育工作使我感觉到非常有意义，那么这一个江苏教育学院的工作就是培养一班教师来做这个工作，这个学校是培养教师的，不是直接去教农民的。但是办了许多班，作为实验班，来读书的人有两种水平，一种是初中毕业可以来考，一种是高中毕业可以来考。

孟宪承在无锡大概待了一年多，后来浙江非常感兴趣，也想要办一个这样的学校，就在杭州办了一个浙江民众教育学校。当时也要称"浙江教育学院"，但孟宪承就不喜欢"学院"这种名称，也不喜欢"大学"这种名称，就叫"学校"，其实是一个学院或者是一个大学。

办法也是一样，初中毕业、高中毕业都可以来。隔了一年左右，孟宪承到杭州去办杭州的民众学校，他又把我和这个同学带了去。为什么要带一个搞生物学的呢？因为当时的欧洲流行这样一种教育思想，认为生物学当中包括进化论，是每一个人需要有的知识，是基础知识，所以他带了一个我的同学是学生物的，我们两人都是由他带到无锡，又由他带到杭州。在他的带领之下，我知道了更多社会、历史、世界的情况，所以他对我的影响很大。由于这个原因，不知不觉中我的忧郁症就好了，到了无锡以后忧郁症就好了。可是我内心要上进这个思想还是存在的，我感觉到我可以通过奋斗来逐步达到。虽然由于我的种种条件，特别是穷、家庭问题、家庭负担大等，稍微比人家困难一点，但是有前途。不是那么前途茫茫，好像眼前一片黑暗，这样的思想没有了。慢慢地有了一种通过教育改革社会、促进人类进步这样一种思想。由于他的引导，我慢慢地明白了许多事情，这一个时候可以说是我大学毕业以后做教育工作的第二个阶段。这个阶段不仅是教书并且做一些教育的研究工作，是抱着一种理想来做的，跟盲目地做就不一样了。在杭州也差不多是两年时间，这个精神生活跟无锡又不一样。无锡那个地方真是农村，跟外界很少接触；而杭州是一个大城市，跟外界接触就比较多，所以生活更活跃。

这个事情呵有许多变化，不是个人能够预料的。在我在杭州的时候，我的朋友张允和也到了杭州。她怎么到杭州的呢？江苏的军阀打仗，后来日本人又跟地方上的军队打仗，在这个情形之下，她原来读书的地方没有办法继续读书了，吴淞这地方变了战场了，她就到杭州的之江大学①这个教会学校来读书——那个时代，大学之间可以借读，叫"借读生"——准备时局平静以后再回到本校去。她在之江大学读书，而我在杭州，这样子接触就多起来了。接触多起来之后，跟她的朋友关系也就越来越密切，慢慢地就有一点恋爱的味道，可是仍然保持一定的距离，彼此都非常严格地保持距离。

在杭州，学校里面有青年女教师，这些女教师都是杭州当地小学教师中非常优秀的人，被提拔到我们学校来做教育实验工作的。而学生呢，大体来讲，一半男生一半女生，这些学生思想很活跃，完全不是圣约翰、光华的学生味道，也不是无锡学校里面学生那种味道，这些学生的思想非常活跃，而且越来越多有社会主义思想。当时国民党从广州到上海，到南京，后来北伐到了北方。人家说"军事北伐，政治南伐"，就是说国民党的军事由蒋介石带头一路打胜仗打到北京；可是政治上慢慢地落后，往后退，从受共产主义影响退到民主主义，又快要退到封建主义。就是受了北方政治的影响，所以叫"军事北伐，政治南伐"，当时这一种讲法是相当说明问题的。这个时候，青年的思想越来越活跃，青年已经不能满足于早期的一种民主革命思想，社会主义思想越来越抬头。当时阅读的书、写的文章比较自由、比较开放，所以在杭州的学生中，有的人的思想是相当激进的。这是杭州生活的一个方面。

另外一个方面呢，这些杭州学生也好，青年老师也好，都在找朋友准备结婚——这件事情呢也是生活当中的一件重要的事。而我

①　之江大学：亦称之江文理学院，是基督教美北长老会和美南长老会在杭州联合创办的一所教会大学，也是民国时期 13 所基督教大学之一。知名校友有束星北、林汉达、金仲华、朱生豪等。1952 年因院系调整解散，被拆分至浙江师范学院、浙江大学、复旦大学等。现为浙江大学之江校区。张允和于 1931—1934 年曾"借读"于此。

在杭州，于是人家问我有没有女朋友，我说我没有。起初张允和还没有到杭州，他们不知道，同时我心理上的确不把她当成一个恋爱的对象，就是一个普通的朋友而已，所以我说我没有，因为他们问我有没有朋友，就是有没有恋爱的对象。那么就发生许多有趣味的事情。一件事情就是我的妹妹呀，耳朵有毛病老不好，杭州有个有名的耳科医生，是耳科专家。于是我说，你索性跟学校里面请假，到杭州来根治这个毛病。她就到杭州来了。到杭州来了，就住在女子青年会①——当时住女子青年会比较便宜。女子青年会里面几个女干事也是青年人，跟她好得不得了，跟她做了朋友，她来看我，这个青年会的女干事也一起来看我。当中有一位女干事从我妹妹那儿打听我，问我有没有朋友。我妹妹告诉她，我同这位张小姐做朋友，但是没有恋爱和结婚的迹象。因为我的妹妹知道我还不想结婚，我还想上进。另外张小姐家里太有钱，我们太穷，是不可能恋爱结婚的。那么这位女干事呢，她就托我的妹妹做媒。我妹妹说，我给哥哥做媒不太好做，最好请另外一个人做媒。当时她们常到我学校里来，我也常到女子青年会去看我的妹妹。有一位年纪稍微大一点已经结婚的女干事，非常能干，她就跟我谈，她想要介绍这一位女干事。这位小姐的姓我现在讲出来也无所谓，她姓谢，这个人是很能干的，杭州人。她对我的确很好，她到我学校里面，到我的房间——那时我一个人一个房间，看到我的脏衣服包起来放在床下面也不很快拿去洗，她就拿去洗。青年会有洗衣的设备，她就给我洗好了再拿回来，我非常感谢她（笑）。但是

<hr />

① 青年会：即基督教青年会，1844 年由英国商人乔治·威廉创立于伦敦。1851 年传到美国后，逐渐从单纯以宗教活动为号召的青年团体，发展成以"德、智、体、群"四育为宗旨的社会活动机构。中国基督教青年会创建于 1895 年，主要分以职业青年为主的城市青年会和以学生为主的学校青年会。

我的确没有想要结婚，我还是那样一个思想：结婚会阻碍我的前进。这是一个小的插曲。

再说另外一个小的插曲。我们的女同事当中有两位青年，是杭州最有名的小学里面最有名的两位教师，调到我们学校里面来。其中一位，到了我们学校以后，就由人家介绍跟一个有名的国民党军官订了婚约，还没有结婚；另外一位，她觉得我是很好的一个选择对象，所以跟我比较亲近，但是我对她也是一样——保持严格的距离。这时候我们同事当中有一位姓程的音乐教师，叫程与松①，他是《三民主义歌》的创作人。当时《三民主义歌》是拿孙中山的话作歌词，来征求作曲。这个程与松是在日本学音乐的，他就作了这个曲，看看不大好，就扔在字纸篓里面了。他夫人劝他，你既然作了曲呢，就投稿去竞选嘛，选不上也没有关系嘛！他就从字纸篓里面捡起来拿出去竞选。他们告诉我，从字纸篓里面捡出来的纸皱了不平，不平拿手摸摸也不见得平整。就这么皱的一张纸花三分邮票寄了去，居然得了第一名，中选了。这样程与松就变成了一个小小有名的音乐家了。他当时就在我们学校里面教音乐。我们的确很喜欢他，他的音乐很好，理论、实践、作曲都很好。他的夫人在我们学校里担任一点工作，大概是女学生宿舍的一种监理工作吧。他们夫妇跟我非常好，也跟那一位年轻同事很好。程与松的夫人就多次劝我，说你到了结婚年龄应当结婚，你将来上进还是可以上进，上进是没有止境的，可以不断上进的，而结婚与年龄有一定关系的。她这样子劝我，可是我没有被她说服。后来这一位女同事很失望，她就跟另外一位同事订婚了。

另外还有两位女学生，也对我很好。我的确觉得这两位学生好得很，特别是当中有一位实在好，假如要结婚，选这样的对象是非常理

---

① 程与松（1900—1957），江西新建人，音乐家，《三民主义歌》谱曲者。

想的。但我当时就没有要结婚的想法，我认为我还没有结婚的条件，跟人家恋爱而不结婚对不住人家。这两位女学生后来跟我长期有通信的来往，的确是很好。

就在这个时候，我的其他的青年同事闹恋爱闹得很有趣味。当中有一位姓刘的同事，他是教现代文学的，会写诗写文，写得都很好。他跟一位女同学恋爱，恋爱诗常常在《杭州日报》①的副刊里面发表，引起轰动。后来他们结婚了。他所恋爱的这位女同学非常漂亮，很有意思。在人生的这个时候，就是努力学习、努力工作、闹恋爱，青年就是忙于这些事情。

就在这个时候凑巧我的女朋友张小姐到杭州之江大学来读书了。那么她到了这里，自然会来看我。当然许多人都看见她来看我，这一来就轰动了，"噢，原来你有女朋友，难怪我们给你介绍你都不要"。其实呢，那个话不完全是这样子的。这是一点。第二点呢，这位张小姐在上海是非常活跃的，她后来到光华大学读书，她的照片登在上海一个叫作《良友》②的杂志——这个《良友》是一个大型杂志，有现在两个普通杂志那么大，像《中国画报》那么大——的封面上，变成封面女郎。当时我们学校里有这个杂志，大家就看到了，这下子就轰动了（笑）。

这许多插曲是青年时代必然有的。在杭州这一段时间也不算长。

---

① 此处或指《杭州民国日报》。

② 《良友》画报 1926 年由伍联德创办。

# 在杭州开"新闻学"课程

这里我还要继续谈一谈我在杭州差不多两年时间的一些情况。

第一件事情呢，我要谈一个同事。这个同事姓尚，名叫仲衣。这个人是河南人，是北方人——从江浙角度来看是北方人，其实是中国中部。他高高的个儿，人非常漂亮。他是美国的教育学博士，孟宪承对他非常欣赏，觉得他的博士论文写得很好，叫我们都看他的博士论文。孟宪承请他来，起初在学校里面教课，教的课程主要是教育学。他来了以后跟我很要好，谈学问，谈国家的前途，谈国际形势，大家都很谈得来的。他娶的夫人，是钢琴家，华侨，钢琴弹得非常好。这位夫人一定要每两年回美国去一次——她娘家在美国。她回去不是玩，主要也不是探亲，而是回去补修钢琴课、演奏钢琴。她说："我如果老不回去，我的钢琴水平在国际上就要落后。"这个也是很值得我们钦佩的。当然，像这样一个女钢琴家，她的脾气是很大的，很多人她都看不起，比较骄傲，凶得很，对她的丈夫凶极了，她的丈夫很怕她。他们有一个有趣的事情。他们生了一个孩子——一个女孩。他们说，既然生了一个，我们一定要生两个。为什么呢，因为一个小孩太孤单，没有陪伴。果然，第二年又生了一个儿子，一女一男。

小孩要有一个同伴，不然孤单，脾气不好的，许多心理状态就不健康，这在心理学上是有这个道理的。所以只生一个，于心理健康不好。中国今天计划生育只能生一个，那是因为从人口总数来看，不得不如此；但是从家庭幸福、儿童心理等来考虑呢，生一个不好，生两个才好。

孟宪承请他来以后，很快就产生一个想法，把这个学校交给他，孟宪承自己要离开这个学校。孟宪承是有外国教授的那一种性格，不愿意在一个学校里待得时间长，不愿意在一个地方待得时间长。为什么呢？待长了人就会产生了惰性，他的思想就慢慢地麻木，思想就不够敏捷，慢慢就缺少开拓精神。我在杭州差不多两年——也可能一年多或者不到一年，我记不清楚了——孟宪承就决然离开杭州，把这个学校交给尚仲衣①。这个学校是浙江省教育厅办的。孟宪承选择离开，不是因为他跟教育厅有什么不愉快的事情，而是由于他个人的看法是这样子的，所以他就决然离开了。所以后来我就跟尚仲衣在一起，尚仲衣对我是好极了，他对我非常好。很可惜，后来尚仲衣坐长途汽车遭遇车祸——长途汽车从山上翻下来，跌死了好几个人，他是死掉的人当中的一个。这是非常可惜的事情。这是一件事情我想要谈的。

另外一件事情也是意外的事情。在杭州的时候，这个学校办一个杂志，叫《民众教育杂志》，小小的杂志，可是销路很好，当时各方面的人都愿意看。孟宪承是这个杂志的主编，我是帮他编的，有的时候我在上面也写点文章——特别是一种报告性的文章，孟宪承要我写。比如这一个月或者两三个月当中，国内国外的教育动态，特别是

① 尚仲衣（1902—1939），河南罗山人，教育家、社会活动家。"一二·九"运动任北大与北平学联联系的负责人。

民众教育动态。那个时候，民众教育慢慢地在中国各地变成一件大家都很关注的事情。有一个人大家都知道，陶行知①——起初他叫陶知行，他也是办农村教育、乡村教育的，他有一套办法。还有一个在山东邹平办乡村教育的哲学家，我现在一下子想不起他的名字②，等会儿想起来再补充他的名字吧。他写了一本书叫《东西文化及其哲学》，这本书在当时是非常红的。孟宪承可以说是另外一派。这三派的方法是不一样的，个人的观点也不一样，但都有一个共同的目标，都是要把知识教给农民的子弟。

后来，学校要开办一个课程新闻学。什么是新闻，怎么做新闻记者，新闻学、新闻在现代社会里占据什么地位，这件事情在今天叫作"传媒"。现在这个 Mass media——群众传媒已变成一个大事情了，那个时候是刚刚开头。美国学校有新闻课，我在大学的时候也上过这门新闻课，所以我在杂志上写过一些有点新闻味道的报道文章，人家说我写得还不错，但我在当时并不在意这件事情。尚仲衣知道了这件事情后，就要求我来开一门"新闻学"的课，说我们学校缺少这个课程，找不到人来教。我说我不是专业搞这个东西的，我虽然读过新闻学，但后来就不搞这个东西了。他说没关系，一定要我来教这个课。这个课是选修课，不是必修课，是高年级的选修课，来选课的人还不少。

开课以后学生觉得非常有兴趣，特别是在这个课上，我不仅教给他们一些原理，叫他们看一点中国的、外国的材料，还经常要他们写新闻。学校里有一个小报，这个小报就是这个新闻课的一个实验园地。教学生怎么写新闻，一件事情应该怎么报道，内容怎么报道，文章要怎么写。比如说吧，一个新闻总要有一个题目，这个题目怎么

---

① 陶行知（1891—1946），安徽歙县人，教育家。

② 这里说的应该是梁漱溟先生。

写，按照新闻学的要求，这个题目要给读者信息，这个题目要说清楚内容是什么，不能像写小说那样，看了题目不知道内容是什么东西——小说是不一样的，跟新闻文章不一样。还有呢，新闻文章要求第一段只能有一句或者两句三句，不能长，要把内容概括一下，使读者看了题目和开头一两句就知道这个问题的大概情况，要讲什么东西。这个很像八股文的破题，诸如此类。

今天我看我们的报纸完全不讲究这些。我几乎每天——在报纸上看新闻报道，看了题目完全不知道它要讲什么，看了第一段根本不知道内容是什么。甚至，今天有许多报纸报道一件事情，什么时间发生，在什么地点发生，这里面重要的人是谁，都可以不报道清楚的。即使从那时看——在几十年之前，在杭州我开这个新闻课的时候看，这也是不对的。新闻一定要把时间、地点、人物、内容讲清楚。比如说，不久前在我们的大报上有一段新闻，报道国家奖励许多位有杰出贡献的科学家，开了一个会，有某某领导、某某重要人物来参加。那么我想要知道这些科学家是谁呢，他们做了什么贡献呢，一句话也没有讲。报道的人物是领导，而没有科学家，可是会议是为了奖励科学家的。这样的新闻报道在我们那个时代认为是不合适的，可是今天很流行。

因为那个小报是每个礼拜出一次，他们都有机会写新闻报道，练习写东西发表，所以他们兴趣很高。这个课程只有半年，不是一年的课程，对我来讲，不是我的主要工作，是我的一个旁支工作。可是后来这个课堂上出问题了，到半年结束的时候出事情了。出什么事情呢？当时国民党跟共产党暗中斗争已经很厉害了，杭州是暗中斗争的一个重要地方。当时杭州有好些共产党，后来知道，特别是在当时的《浙江日报》① 副刊写文章的人，有许多是共产党员。比如有一名很

① 此处同上，亦指《杭州民国日报》。

有名气的共产党员叫聂绀弩①，他写的文章很受欢迎，他的思想是革命的。这种东西在杭州能出版，国民党对此是很不高兴的，但国民党控制学校是暗中控制的，明里面一点都看不见。我的课堂上发生什么问题呢？在学期终了的时候，要考试，于是我就出了题目，但我当时不巧生病了，就请一位同事代我去监考。学生在考试的时候就说我的题目太难，拒考，很多人交白卷。等我病好了——我的病不是大病，短期间就好了，我才知道他们交白卷的事情。我非常纳闷，因为他们原本跟我关系很好，而且对这个课程是很有兴趣的，这个课程对他们的毕业考试的分数等，关系也不是很大，比重占得比较小的，为什么在这个课堂上会闹这种事？我一直想不清楚。隔了好多年，才有人告诉我，大概那个时候我们这个学校——特别是在尚仲衣接手以后，整个气氛越来越"左"，国民党就布置了一些秘密党员，来反对"左派"的教师，他们把我也看成是"左派"的教师之一，因此就借这么一个机会来捣乱。这个人告诉我这样一个背景，是不是对，我不知道，我也没有去核对，以前也没有跟任何人谈过。

这件事情发生以后，我就决心不再教书了，想到美国去读书，去进修。我本来想在中国再做一点事情，当时感觉，既然到了这样一个地步，我在国内教书的阶段应当结束了。我心里当然也不太高兴，尚仲衣和其他同事都来安慰我、劝我。他们都说，大家都觉得我做的工作很好，这样一件胡闹的事情，可能是少数一两个人挑拨起来的，劝我不要介意。我下了决心，我倒不是因为这件事情生气，我觉得这件交白卷的事情提醒了我，提醒我不能再糊里糊涂过下去，应当继续我从前所想的要上进的努力。这么一件事情，应当说是我碰到的一个小小的、不幸的事情，同时也给我一个推动。这件事情大概发生在1932年下半年，因此我就决心离开这个学校，准备到外国去读书，

---

① 聂绀弩（1903—1986），湖北京山人，诗人、作家。

不要再耽误了。

在这个学校时，在教学方面得到许多经验，也看了很多书。同时工资越来越高，在经济方面，我的生活慢慢地好一点了。讲到工资问题，我要补充一点。在20世纪20年代的初期中期，拿上海来讲，几个大学的毕业生有价钱的，这个价钱不是学校定的，而是社会给定的。圣约翰大学的毕业生价钱最高，一般来讲毕业时是90块钱一个月，每年都要加。光华大学的毕业生就次一点，80块。可是那个时候圣约翰大学已经停办了，没有90块了。南洋公学的毕业生也是80块，这个是第一等的。其他学校的都是70块、60块。当时我是留在光华大学在中学教书的人之一，由于学校刚刚兴办，情况还是困难，大家决议都愿意主动把工资减少一点。本应是80块，但我们只拿70块，10块给学校。可是其他在光华外面教书或工作的同学，起码都是80块。当时光华中学、光华大学都有年终加俸这么一个制度，第一年是70块，第二年就是80块。为什么第二年是80块呢？因为每年加1/10，那么应当77块，不足10块，补足10块，所以第二年就80块了。这待遇呀在当时不算低。工资逐年增加，到了杭州，自然就更高了。我记得我离开杭州的时候已经加到160块钱一个月，当时吃饭3块一月，2荤2素1汤，小菜已经相当好。在杭州，很少几个教授——恐怕只有两个——工资有160块的。校长是180块，尚仲衣说那不行，教授的待遇不应当低于校长，把我们也加到180块。那我们——我记得我是当中一个——就说，不要这样子了，老加我们不好，我们对工资已经很满意了。

当时生活费用是很低的，反过来说是生活水平比较高。比如杭州到上海的火车票是很便宜的——具体多少钱我记不清楚，我只记得上海到苏州的，因为我常常来来去去。上海到苏州一张火车票是两毛钱，后来涨到两毛二分或者两毛四分。而且有一段时间可以买经济票，就是买一本票子，可以用一星期两个星期，走一趟就撕一张，这样子等于上电车，很便宜。火车都是有座位的，所以这个费用非常便宜。我记得在上海的最贵的消费是看外国电影。在最好的电影院，外国电影上映第一轮是两块银元一张票，那是很贵的，有点贵族味道了；普通的两毛钱一张票，五毛钱的就是很贵的了。在苏州看电影更方便，同样的电影在苏州放映比较晚，可是价钱很便宜，一毛两毛。因此当时工资160块钱是很够用的了。这是我顺便谈的一点。

后来我就跟尚仲衣以及几个和我要好的同事讲，我说我并不是因为生气而离开——我的确有一点生气，但是我离开的真正原因不是生气。我说，我觉得这样再拖下去不行，我说我一定要奋斗，为前途而奋斗，准备要出去读书。

# 东北旅行　简朴而随意的婚礼

　　这个时候，我的姐姐——在日本读书的三姐——和姐夫，他们到了东北长春做工作。我的姐夫也长期在日本读书，是搞医药化学的。当时中国铁路最发达的是东三省。东三省的铁路系统人很多，有一个铁路中心医院在长春，这个铁路医院附设一个制造药品的部门，就请我的姐夫去工作，待遇很好。我姐姐、姐夫就对我说，你如果到外国去读书，可能要好几年才能回来，趁现在没有事，可以到东北来看看。他们不仅把我请去，也把我妈妈请去。因为他们有优待，有家庭团体票，有了这个票，坐火车就可以不要钱，可以一直坐到长春。到了长春，在东北范围内，到哪里去都不要钱。这样我就去玩了一个短时间。

　　这个短时间的东北旅游使我开了眼界。我看到东北是一个没有被开发的地区，资源特别丰富，特别是森林好极了——不像今天，森林都被破坏了。铁道在森林里面穿来穿去，实在是很有意义很有意义的生活。这次旅游，走铁路都不要花钱，所以是又舒服又不花钱。在这次旅游中，我当时这样想：中国自然条件很好，应该怎么开发，怎么发展经济。我就思考这些问题，并且查看一些资料，看外国怎么发展经济，因此在东北这次旅游是很有趣味的。对我来讲，这不仅是一次旅游，更是在旅游当中对"怎么开发中国经济"的问题的一次研究。

我的妈妈也随我同去，我妈妈那个时候身体非常好，年纪也很轻。她跟了我一同旅游，但是有许多太冷僻的地方她就不去，只跟了我到了一些比较大的地方。东北非常大，与欧洲相比，东北真像是一个大的国家。在东北遇到几件有趣的小事情。其中一件小事情呢，是那个时候长春有很多日本人，有好几个地区都有日本人的小市场，特别是夜市。这个夜市完全是日本风格，有日本人开店，也有许多中国人开店，中国人在那里开店也按照日本的模式，完全是日本风格，点了蜡烛来卖，晚上好玩极了。住呢，我们住在铁路宿舍区。我妈妈发现，当时日本人吃莴苣笋，只吃叶子不吃那个柄柄。这个柄柄就是莴苣笋嘛，我们今天主要是吃这个柄柄——把皮削掉了，里面就是莴苣，叶子倒是不吃或者是次要的。他们就吃这个叶子，把莴苣笋都扔掉了。那个时候铁路宿舍的小区里面非常干净，可以说垃圾箱都非常非常干净。我妈妈看见天天有好多莴苣没有削皮就扔在那面，太可惜了，就把它捡回来，一大堆，用削皮的工具把皮削掉，变了一条一条很长的莴苣。我妈妈会做菜，把莴苣削了皮以后晾干，晾干了再用盐腌，腌了以后就盘成一个一个盘子，盘子当中放玫瑰花。就这样子一盘一盘放在坛子里面，压紧了，上面用盖子盖起来，密封了。这样她做了好多坛子腌莴苣笋，在当地也吃不完，后来都带到南方带到苏州，吃了好久好久。味道好极了，放了玫瑰花，一股香味。这也是在东北的一个小插曲。

那个时候去东北还不很冷，后来天冷了，我姐姐就留我们多住一阵，说东北的冬天非常冷，可是特别有趣，因为在其他地方看不见像这样的一个冷天的风景。在冷天，我就跟其他的年轻人到江上——这条江是不是松花江，我都记不清楚了，江上都冻了冰了，人在冰上走来走去走，溜冰玩。跟我同去玩的人，他带了一个铁的工具，还带了篮子。干什么呢？就是把这个冰上凿一个洞，洞不是很大，可以将一个小篮子放下去。一会儿就把它拎上来，就是一篮鱼。这样子打鱼好玩极了。于是我就学他，也拿了篮子，打一个洞，钓鱼回来吃——这个鱼还是活的。这一种景象是非常有趣。

后来1949年以后，大概在1983或1982年，我又到东北，又到长春，再去看这个江啊，污染了，江水变黑了，变臭了，根本没有鱼了。这个变化真大！长春也变得穷得不得了，很富有的城市变得穷得一塌糊涂。东北先后的变化，使人感慨万千。

后来我才知道，我姐姐要把我留一阵是另有打算。什么打算呢？她打算想办法解决我的婚姻问题。她跟我母亲说，我跟那位叫张允和的小姐，做了那么多年的朋友，究竟准备不准备结婚？不准备结婚的话，要早一点告诉人家，不要耽误人家的青春；如果准备结婚，就早一点结婚，结了婚要到外国就一同出去，这样拖下去不好。这个婚姻问题，我的母亲向来不跟我谈，她害怕我听了不高兴。但是现在我母亲就不得不跟我讲了。我母亲跟我讲了以后呵，我说我也不是绝对不考虑，现在经济情况比以前是好了一点，但是我出去以后经济情况会不会坏下来，就很难说。还有，假如说我们家里面同意我跟张小姐结婚，那么张小姐的父母同意不同意呢？当时我的姐姐她已经做了工作，她想办法从熟悉张家的人那里打听情况。熟悉的人都说，他们张家对儿女的婚约是不过问的，她的父母同意或者不同意是一个形式问题，本人同意就行了。于是我当时估计，我如果提出结婚的问题，张小姐是会同意——虽然我向来没有提出过这样的问题。因为经过杭州的一段时间，张小姐跟我是越来越接近，慢慢地有一点恋爱的那种味道。

后来我姐姐到上海，又到苏州打听。找到谁呢？找到这位张小姐的妹妹，第四个女孩——她们有四姐妹，我的这个朋友是二小姐。大小姐呢不太在家里，二小姐实际是在家的最大的一个小姐，三小姐是只管读书、工作不管其他事情的。这个四小姐呢，因为过继到另外一房，从小跟父母不住在一起。可这个时候四小姐回到自己的原来父母那面来了，因为过继的那一房的父母都死了。那边还有个奶奶，奶奶带着她，后来奶奶也死了，所以她回来了。我三姐就跟她——我们叫她四妹——一商量，四妹说，这很好嘛，我陪你去跟我爸爸妈妈讲，成功就成功了，不成功就算了，估计爸爸妈妈会同意的，只要二姐不反对。于是我三姐就与这个四妹张充和①——现在在美国，她后来嫁了一个外国人，他们夫妇都在美国耶鲁大学教书——去看她的爸爸妈妈。很有趣的事情！我的姐姐跑去讲呀，她的爸爸妈妈非常高兴地接待了。我姐姐讲的时候，这个张小姐的爸爸呢就老是笑，不讲话。她的妈妈呢就一口答应了，妈妈答应了，爸爸就点头，简单得不得了，一讲就成功！这也是意料之外的事情。事后四妹就告诉我的姐姐，她说他的爸爸妈妈已经知道了，已经跟他们讲了，他们很愿意、很高兴。

这真是一件意外的事情接着另外一件意外的事情。第一件意外的事情就是杭州的事情，它使我决心离开杭州，准备一个人到外国去；第二件意外的事情呢，就是我姐姐请我到东北去旅游，实际上她是筹备我的婚姻，结果意外地顺利。

当时张允和的四妹——也是她的小妹妹，很喜欢穿红衣服，常常穿一身红的。今天穿红呵不稀奇，穿的人很多的，那个时候穿红的人不是顶多的。因为四妹喜欢穿红衣服，她又同我姐姐一同去做媒做成功了，所以人家叫她"小红娘"。

我们决定结婚以后，就要筹备怎么样结婚，因为我们结了婚不想在中国度蜜月。我们那个时候的思想也受了新思潮的影响，对于礼节

---

① 张充和（1914—），张允和之妹，"合肥四姐妹"中排行第四，书法家，丈夫是汉学家傅汉思。

上的奢靡浪费——浪费时间、浪费金钱、浪费精力，我们都反对，所以我们决定结了婚就出国。因此对结婚住的地方、家具设备等，一概不考虑，打算用最简单的方法来解决，新衣服也不做。结婚那一天我穿了一身新西装，不是好的，中等的。当时在上海一身好的西装要50块银元，而我那一身只要二十几块，是上海北四川路做的，是便宜货——贵的要在大马路做。她呢，觉得结婚时候穿的婚礼服装，就穿这么一次，浪费，她决心不做，结婚的那天就去租了一套，也是比较便宜的。反正我们是尽量省钱，把钱省下来去读书用。

我们是在上海结婚的，在上海，我们选了一个举行婚礼最便宜的地方——青年会！这个青年会1949年后都被取消了，因为它是教会办的，其实这是一个社会事业，现在也不反对了。青年会住的地方最便宜，很干净、很卫生，吃的也很便宜。青年会有礼堂，可以举行婚礼，举行其他的活动，相对来讲也是很便宜的。因为教会办青年会是一种社会活动，它不以营利为目的，所以尽管它也赚一点钱，但是赚得很少。我们租青年会的礼堂——一个不太大的礼堂，可以容下一百多个人。所以我们的婚礼也很简单，在当时上海的婚礼中，算是最简单的。

她的爸爸妈妈都来了。她妈妈是后母，因为她的母亲是大概在她十一二岁的时候就去世了。我的母亲来了，我的父亲没有来。结婚的时候大家觉得有意思的是有一位小姑娘——其实也不算是小姑娘了，是年纪非常轻的大学生，她是我姐姐在音乐学院的同学，是俄罗斯——白俄人，叫ORA。她的钢琴弹得很好，在上海当时很有名的。她来奏一曲，这是婚礼当中最有意思的事情。这个婚礼是在中午举行，时间非常短。接下来就在青年会礼堂里吃饭，西餐，吃一客算一客，没有浪费。点的这些菜，在当时也是最节俭的。

我们的亲戚不少，他们的亲戚更多。当时的习惯，结婚的时候亲戚送礼呀，一般都是送两个银元，两个银元在婚礼结束以后吃顿饭，吃西餐花不了两个银元。当时她的亲戚当中有许多有钱的亲戚送的礼送得比较重，他们知道我们没有钱，多数人都送钱。那个时候有一种礼券，大的公司都有礼券，他们把礼券送给你，上面写的多少块钱，你可以用这个礼券到大百货公司去买东西；也可以去兑换现钱；还可以把这个礼券存到银行，存在你存款户头上。于是我们把这个礼券都去存了。

婚礼结束以后，我们收到的礼金跟我们的支出相比较，算起来我们还"赚"了钱，这是很有意思的。因为我们尽量节俭，这么一个大大方方的婚礼，完全没有那种铺张浪费的情况。吃饭在青年会，是上海最便宜的，可是也算是堂皇的地方，这也是想不到的。我们事前想，多少总要贴点钱，结果没有贴钱，还"赚"了钱。我们就把这些钱保存起来，准备读书时用。此外还有，她的爸爸妈妈在我们结婚那天给了我们"彩礼"——他们没有问男家要彩礼，而是女家给了礼，也可以说是彩礼吧，等于是给他们女儿的嫁妆。给了多少钱呢？给了很多，2000个银元，这数目在当时算是大的。她爸爸给的，女儿当然不能不收，当然用不着推。所以我们忽然有了很多钱，但是我们这些钱一个都不随便用，都留了，预备读书之用。

婚礼举行以后，我们在上海一个旅馆里住了一晚，因为当天来不及回苏州。大概是第二天吧，我们就回到苏州。我们那个时候在苏州住的地方也很有意思。我们是租人家的房子，当时我们家已经不住在以前讲的阔家头巷了。那个房子是一个开饭店的老板赚了钱造的。那个饭店呢现在可能还在，叫"天来福"——天上来的福气，因为这个老板是信教的。他赚了钱就在饭店的后面一个小胡同里安家，这个小胡同的名字好像叫"孝义坊"，我记不清楚了。这个胡同现在还在，跟现在苏州的"人民路"——从前叫"护龙街"——是相近的。这个地方虽然跟闹市相近，但是闹中取静。后来这个饭店的老板死了，老板的太太有了一点钱，就是她的丈夫遗留下来的。这个老板太太太不住在苏州，经常住在上海，所以她就把这个房子出租。这个房子有两层楼，楼下当中一个大客厅，一面有两间屋子。她留了两间屋子，其他都租给我们。楼上房子比较好，我把楼上房子留给我妈妈住，我的姐姐回来时也可以有地方好住。我们就住在楼下两间。那个时候我年纪轻，会装电灯，电灯不行，我自己装。我们没有买家具，这个新房里没有新的家具。我就把家里的旧家具马马虎虎安排一下，加一层油漆，就这样子啊很简单的，因为我们准备很快要到国外去。

这件事情在当时也有一点提倡新风气的作用，因为当时上海靡费之风也很厉害。比如我的妻子张允和，她的堂房哥哥家里也是比较有钱，他结婚就花了很多钱，大概花掉5000个银元。5000个银元在当时是很厉害、很大的一个数目，豪华得不得了。新郎新娘都买最豪华的衣服，有四个傧相，每个傧相又都是买最上等的衣服。那婚礼之隆重豪华，在当时上海算是第一流的。但是他们结婚不到三年，就闹翻了，后来男的也找不到合适的工作，女的生气回娘家，闹得很不愉快。她这个堂房哥哥很有一点所谓纨绔子弟的习气，有了钱不当回事，因为钱不是他自己挣来的，是家里的钱。我们很不以为然，我们当时就想——我的想法跟张允和的想法一样，我们的婚礼是最平凡的，就是寒酸一点也无所谓，可是生活要安定，要能够长期地愉快。我们坚持这样一个原则，把钱用在更重要的促使人向上的地方。

这种向上的思想不一定对，新中国成立以后是被批判的——认为这种"向上爬"的思想是错误的，拼命要读书，也算是一种"白专"道路①。可在大半个世纪之前不是这样的，在我们结婚的时候，不是这么认为的。

---

① "白专"特指那些专注于学术研究不问或不关心政治的人。走"白专"道路专指这类人只研究学术、对政治缺乏热情的行为，"文革"时他们往往因此而遭受批判。

我们当时准备到国外去，准备到美国去。可是由于我的丈人给了2000块钱，当时就这样想，这两千块钱你到美国去是不够用的，到了美国你找工作打工有没有把握，那个时候不很清楚。而我的姐姐我的姐夫他们都是日本留学的，他们认为日文很有用处，一个人既能懂英文又能懂日文，在当时看起来是必要的，单懂英文不懂日文在当时觉得还是一个缺憾。我没有读过日文，可是我自修日文，已经到了能够看书甚至于能够翻译的程度。但是我日文的听说能力不行。所以我的姐姐、姐夫他们帮我们计划，说还是到日本读书，到日本读书费用少，比较有把握，地方近，有什么事情一会儿就可以回来。先在日本读几年，再到美国去，那就更方便了，你样样基础都更好了。我们想，也对，到美国去风险大一点，到日本去没有什么风险，所以我们就改变了计划。

事情是很奇怪的，如果没有这两千块钱，很穷，倒是准备到美国去冒险；现在有了这两千块钱，这个冒险心反而退缩了，我们就打算到日本去了。那个时候中国到日本去，方便得不得了，不用什么签证，买一张船票，今天下午开船，明天早上就到了日本了。一封信寄到日本，只要三分钱邮票，从日本寄到中国，也是三分钱邮票。当时日本钱三分跟中国三分价钱差不多的。

现在我再讲我们结婚时候的几件小事情。第一件事情呢，是结婚要定一个日期。我们就选了一个礼拜天，考虑到亲戚朋友要来很方便。张允和有一个姑妈，住在上海，姑父姓刘，也是圣约翰大学毕业的，比我高几届。这个姑妈是张树声的孙女，就是张允和祖父的嫡亲孙女儿。她在张家的地位非常高，声望很高，所以她讲话呢大家都是非常重视的。她说这个日期不好，什么道理呢？这个日期是阴历一个月的最后一天，叫作"尽头日子"，是不吉利的。她要我们换一个日期，那我们就换一个日期，换到另外一个礼拜天，她同意了。很有意思，婚礼以后的若干天，有人告诉我们，换的日期按阴历来讲不是月底，不是"尽头日"，但是按阳历来讲是"尽头日"，因为阳历 4 月 30 日，也是月底，也是一个"尽头日"。可是姑妈她们是讲阴历的，不重视阳历的，所以没有问题。这是一个小的、有趣味的事情。

第二件事情呢，我们是不相信算命，向来没有主动算过命，也不知道自己的时辰八字。可是张允和家有好多个干干（妈妈）——就是带孩子的保姆，其中有一个干干非常关心我们的幸福，她就偷偷地去算了一个命。我们不知道她怎么样得到我们的时辰八字，连我们自己都不知道。她算了这个命大吃一惊，算命先生说哇，这一对夫妇不行，这两个人如果结了婚就不能长寿，只能活到 35 岁左右。她非常吃惊，可是她不敢对主人说，她只敢在保姆当中讲这个事情，所以没有影响到我们的结婚。但事后慢慢就传到我们耳朵里来了，当然我们是不会相信这样的事情。后来的几十年的历史证明，我们两个活到 35 岁还不止。现在我已经 91 岁了，张允和已经 88 岁了，① 这说明这个算命并不准确。这也是一个小插曲。

————————

① 指周有光先生口述这段经历的时间 1996 年。

# 留学日本

　　我们结了婚以后很快就到了日本，那是 1933 年的年初，大概是天很冷的时候。从上海到日本比上海到北京要方便得多，所以上海当时有很多日本人，东京也有很多上海人。这个时候有一件事情可以顺便讲一下。我们买到日本的船票是下午的时候，一下子就买到了，一下子就上船了，大概在吃晚饭以后，船就开了。天气很好，但是天很冷，大概是 1933 年年初吧。船开到一半就起风了，浪越来越大，但没有下雨。这个风一刮起来船就晃动，晃动得旅客都晕船。我的妻子张允和她晕船，晕得很厉害，动也不能动，也不想吃。我一点也不晕船，在舱里待着觉得无聊，就出来看看。那个月亮好极了，海上什么都看不见，月亮特别亮。风浪大得不得了，一个大浪可以一直打到轮船的顶上。所以我就跑到轮船顶上的甲板上去看海洋，看月亮。啊呀，这一晚的海上冒险，在我人生当中印象是非常深刻的。当时船上的水手劝我："你下去吧，这儿有危险。"我说："不要紧，我会抓住栏杆的。"我不愿意下去，他们也就让我待在上面。他们有工作的时候在甲板上走来走去。后来，有一个船上的水手来告诉我说，你还是下去吧，这个船摇晃得很厉害。这个船是烧煤的，锅炉里的煤炭都漏出来了，摇晃到这么一个程度，漏出来的煤炭把锅炉旁边的东西烧起来了。他们刚刚把火扑灭了，虽然排除了险情，但说明船的摇晃几乎快要到 45 度了。这样我就下来了，在舱里什么也看不见，无聊得不得了，后来风浪停了一点我又上去了。所以这一晚的大风，让我几乎没有怎么睡觉，就看这个风浪。我觉得这是很伟大的自然现象。第二天早上到了神户，后来就到东京，以后的情形我再讲。

上面我讲到我们坐了轮船，一夜工夫就到了日本了。到了日本，由于别人的介绍，我们先住在日本的中国青年会，既便宜又方便。中国青年会每天晚上开班学日语，有高班、中班、低班，随便你选，我们就选择住在那里。但是住在那里的人都是过渡性的，不打算长住的，等找到了适当的房子，就会住到日本人家里去。为什么要住到日本人家里去呢？因为那样不仅可以了解日本的生活，而且学日语更容易进步。

我们住进去之后，就立刻参加日语的学习班。参加日语的学习班以后，我觉得没有意思。因为我的日语能力已经能够阅读，甚至还能够翻译一些东西，所以再去听这个日语课，便觉得索然无味，还不如自修。张允和因为以前没有学过日语，所以她是比较认真学习的。

我们当时觉得，住在青年会里虽然很简单，但是非常干净，非常便宜。从学生的角度来看，在东京住这样的居所很合适，非常便宜，而且这个环境是一个有文化知识的环境。

# 考入京都帝国大学

不久大学招生考试，那我就准备去考。日本的朋友给我建议，让我考两个大学，一个是早稻田大学，一个是东京帝国大学——现在已经改名叫东京大学。我那个时候的思想有点左倾幼稚病，我在中国看了日本的一些经济学的书，对河上肇①特别崇拜，而河上肇是京都帝国大学——现在改名称叫京都大学——的教授，不是东京大学的教授。所以我没有听我的朋友的意见，就去投考京都帝国大学。那个时候日本的大学考试日期不是在同一天，不是在同一个时期考的，有的早、有的迟，而且有的大学考两次。我就先去考京都帝国大学，考京都帝国大学要到京都去考。我到了京都才发现河上肇早已被日本政府软禁，没有自由了，政府不让他在大学里教书了。因为他那个社会主

---

① 河上肇（1879—1946），日本经济学家、作家、社会运动参与者。曾在日本京都帝国大学教学研究，后辞教授职投入共产主义的实践活动，因有人检举他参加了日本共产党而被日本当局关进监狱。翻译了马克思的《资本论》，著有小说《贫乏物语》、《第二贫乏物语》等。他的著作和译作影响了当时许多日本革命青年和中国留日青年。

义、共产主义的观点很强，影响很大，在政治上他处在反对当时政府的一个地位，因此事实上他失去了学术自由，甚至失去了行动自由。我呢，消息不灵通，都不知道这个情况。可是我也不管，反正京都帝国大学是有他的一个传统，所以我还是去考了。

考试相当严格，不是一天，而是两三天。考的时候我才发现，这些题目——特别是专业方面的，我如果用日文来回答就比较困难。我想这糟糕了，那怎么办呢？我当时就用英文回答。我知道用中文回答不行的，但日本人很重视英文，我就用英文回答。我想反正这一次考试没有希望了。

刚才我讲到去考京都帝国大学。在京都我没有朋友，在东京我还有朋友。那我考试时，有许多我觉得用日文解答比较困难的地方，我就用英文解答，这使我觉得我的考试一定会失败。考完了，我看看京都就回东京了。想不到隔了不久，发榜出来，我被录取了！我在东京的许多朋友、老留学生们大吃一惊，他们说考京都帝国大学非常困难，在那个时候甚至比考东京帝国大学还要困难，我居然考上了。呀，这件事情倒是出乎我预料，同时也给我出了一个难题。去呢，我是冲着河上肇去的，现在河上肇已经不在那里了。还有第二个问题，我到日本去本打算考毕业生院（即研究生院），可是去了才知道不行。大学毕业生考它的毕业生院，外国大学毕业的不行，日本大学毕业的可以。何况我在中国是光华大学毕业的，这个学校是一个新办的大学。在日本人的眼中，新办的大学还要经过长期的考验才行，所以他们只能录取我读本科。本科大概要读四年，有许多科目我都读过了，可以免修。所以京都帝国大学的同学告诉我，如果我去读京都帝国大学大概可以少读一年。这个事情使我很为难，因为我要去读书本打算要读研究生院的，结果研究生院不能录取我。

后来我才知道，即使到东京帝国大学，也是不行的，甚至早稻田大学也是不行的。许多中国大学生在国内读完了，再到那边去读大学，尽管也可以从课程里得到知识，但是意义不大。所以这个时候我就非常踌躇。怎么办？好在从考试到上学还有相当长一段时间，不是考完了就去上课。而且由于选科制度，你晚一点去也没有关系，晚半年也没有关系。于是我就这么想，我既然在日本就应该补习我的日语，使我的日语变成能用的第二种外国语，这对于将来学习和工作都有好处。

这个时候又发生一件事情，我的妻子怀孕了。那个时候中国和日本的青年对避孕这个事情都很不了解，而且避孕在当时是一个秘密的事情，不能告诉人家，也不能去问。怀孕以后怎么办？一个办法就是继续在日本，让孩子生在日本，那么在生育前后张允和和我都可以读书，由于生育而耽搁的时间也不会很长。但是有一个困难，带孩子读书会发生许多不方便。那么我们就写信回家，告诉家里张允和怀孕的事情。我的母亲主张让张允和回到国内去生产，因为条件好——张家的条件很好，我家的条件在当时也好起来了。于是我们就商量，决定让张允和回上海，因为在上海的条件的确好，比在日本好。而且，到了日本之后，她觉得在日本读书学不到自己想要的那些知识。

到了日本之后，我们才慢慢了解，我们到日本去留学的计划是错误的。当初之所以选择到日本而没有到美国，因为到美国去风险比较大，而到日本去路又近费用又省，风险比较小。但是到了日本才知道这个计划是错误了，因为到美国去，我们可以考大学的研究生院。光华大学虽然不是教会学校，可是一切都是跟美国教育制度衔接的，跟日本教育制度不衔接。我们到了日本更了解，美国对中国学生没有歧视。虽然对中国的学校——特别是新办的光华大学之类的，美国不一定承认，但是它不会完全不承认你的学分。而且你可以报考，只要考得上它就承认。可日本不是这样，日本的限制比较大。

当时青年会有一位老的留学生——这个人的姓名我忘掉了。他比我们年纪大，这个人非常好，学问也很好，对新去的留学生照顾得非常好，做我们的顾问。他就分析我们的问题，觉得我们两个人跑到日本来留学是错误的，路子不对；但是既然来了，就要考虑一下，也不应随便地离开，留日有留日好的一面。他主张我的妻子回到上海去生产。我妻子也倾向回上海去生产，她对留在日本读书的兴趣大大下降，我还有点兴趣。上海方面的亲戚朋友又一再劝她回去生产，所以决定她先回去，先回到上海。后来她就回到上海去生产了。

她回去的路上是一个人走的。她的日文不太行，应付还有困难，她就用英语。日本当时许多知识分子都会英语，她一路实际上是用英语一个人回到上海的，没有遇到什么困难。途中还遇到几个年老的长者，也会英语，跟她谈得很投机。有些字眼用英语表达也不容易，写下方块字，日本人就认识；日本人写下方块字，中国人也认识。所以她一个人回去的路上很愉快，很顺利就回到上海了。她回到上海觉得比在日本舒服，就不太想再到日本去了。因为那个时候上海到东京往来太方便，就好像上海到南京往来一样。因此我就一个人留在那边。

青年会的这位留学生——大概是总干事，我记不清楚了——就劝我，既然考上了京都帝国大学，你就去上学，也花不了很多钱。他说你不一定要在京都帝国大学毕业，因为你已经有了大学毕业文凭了，你拿两张大学文凭回中国，意义也不大。他说你就是不毕业也可以读一段时间，这样既可以了解日本大学的情况，跟一些学者、教授接触，同时还可以学一点你想学的东西，扩大你的眼界。他说既然考上了，不去也很可惜，从日本人的角度来看，能考上京都帝国大学在当时是一个了不起的事情。我就听了他的忠告。在张允和走了之后，我在东京待了一段时间，到开学时就到京都去了。

当时东京是非常热闹的，跟上海一样。京都呢，冷冷清清的，没有什么人，非常安静，人口很少，几条大的路上一点也不拥挤。我当初去京都考试时，跟一些人接触，讲日语用东京话，没有问题，所以我以为京都话跟东京话是差不多的。这次到了京都，我就不住旅馆，也不住青年会，而由朋友介绍住在一个老太太家里面。这个老太太她有一所房子，有好多间空闲下来，就专门租给留学生以及日本学生住。她对我们很好。我住进之后，跟老太太有了交往，才知道京都话跟东京话差了很多，还不好懂。比如大家知道，"谢谢你"叫"A－LI－MA－SUN"——这是东京话，京都话呢叫"A－LA－HEN"，这就差得很多了。好多话都是差得很多。我住在这个老太太家里，老太太教我许多日本的生活方式。日本方式的洗澡是在一个桶里面，好像蒸锅一样，蒸得满身大汗，这种洗澡方式在东京的青年会也有。可是有一件事情是到了京都才知道的。这个老太太呀清早拿了一小桶滚热的水，什么呢？是磨豆腐、煮豆腐的水，叫豆腐水。这个老太太告诉我，豆腐水洗脸呀不仅干净，而且皮肤会白嫩、健康。啊哈，这对我来讲倒是一个新鲜的东西！在中国还没有这个习惯。用豆腐水来洗脸，这是一件很有意思的事情。这件事情我记忆很深刻。

接下来就上课。按照京都帝国大学当时的规定，上课之前你要先选课，被承认以后你就得去买讲义。很奇怪，不是向学校买讲义，而是向学校外面的小店——许多专门卖讲义的小店。这些小店把教授们一两年前甚至三年前的讲稿的记录油印出来——还不是打字的，拿出来卖。油印本印得非常好。每一个人都这样买，买了就能看前两年的老师是怎么教的，内容大概都知道。这样，上课的时候就比较方便了。尽管他们每年都要加一些新东西，可是基本上跟以前是一样的。

所以一到京都呢，我就买讲义，买了讲义就拼命看，从早到晚拼命看。看了之后，我就觉得很有意思。我有一个感觉，当时在中国有许多从日本翻译的书，日本有名的大学的讲义差不多都有翻译，但是不一定称讲义，而是用"某某学"之类的。我在中国看过这样的书，跟在日本看到的这些日文书相比，差别不是很大。老师上课时讲的内容，也跟这个讲义差不太多。我就产生一个想法，我想这样学习等于自修，无所谓上学，上学跟自修的不同就是可以拿几个学分，以便将来拿一张文凭，就产生了这样一种觉得"学习主要靠自修"的想法。当时学校也提倡自修，提倡自读自修。我看到我的同学们也是这样，好多的同学——特别是高年级的同学，他们把这个大学上课作为次要的事情，把自修当作主要的事情，自己做翻译、卖稿子赚钱，或者兼做些别的工作，等于是半工半读。当然在学校有一个好处，就是你可以去访问某个教授，跟他约好时间，当面问他问题，他回答你。这是很好的。在当时的京都帝国大学，读书的情况是非常自由的，但是考试非常严格。平时读书很松散，考试非常严格，它把关就把在考试这一关。当时的情形就是这样。

历史的变化很大。那是 30 年代的初期——我到京都，大概是 1934 年。隔了几十年之后，1986 年，我到日本又到京都。京都大学东方文学文化系有几位教授请我去座谈，谈得非常愉快。哎呀，我完全不敢相信，京都热闹、拥挤得跟东京一样，以前的清静完全没有了。以前那个清静、干净的气氛真好！当时的情况跟从前很不一样，日本的变化也非常大。

到日本，到京都，这些事情说明我当时想要奋斗出一条道路，可这个道路是曲曲折折的，我也不知道前面是怎么一回事，很盲目的，有点乱闯的感觉。因为没有人指导我，我自己也不会指导自己，这一种方式是不对的。在京都待了一年之后，我就下决心不再在京都待下去了，这张大学文凭拿了也没有意思，我决心回上海，回上海之后重新计划，重新想办法到美国去读书。当时这个生活好像是自主，是自己在走路，实际上我是盲目的，是环境在左右我。不过有一件事情还是对的，就是读书求知识要靠自修，不能靠学校。这一个看法还是对的。这一点我自己没有放松，一直在扩大自己的知识面。

得知我决心回到上海，我妻子张允和非常高兴，她也觉得待在日本没有什么意思。我的妈妈当然也非常高兴，张允和的父母亲虽然采取放任主义，可是他们也觉得我们没有必要再到日本去。这段时间里，无论在杭州还是在日本，我和张允和都努力自修，比进学校还要好得多。这件事情我们没有错。当时的青年思想动荡，因为社会在动荡，时代在动荡，但这是盲目的、幼稚的。没有一种指导使我们真正走出黑暗，跑向光明，没有这么一个指导，这是我们的一个很大的缺陷。我决心提前从日本回来，回到上海，准备冒险到美国读书。我的姐姐告诉我，如果我没有力量承担家里母亲的全部开销，她们可以帮我承担部分。

# 身兼两职：进入江苏银行和光华大学

　　事情的变化常常不是人所能预料的，我回到上海就碰到我的一个同学。我这个同学他在江苏银行工作，这个银行名气不大。但是这个银行在上海银行界是有地位的。为什么呢？它是民国元年成立的，在中国的银行当中它是资格很老的。最早曾经有一位银行家叫陈光甫①，大家都知道的，他是上海商业储蓄银行的创办人。这个陈光甫最初在江苏银行是负责过一段时间，他让这个银行完全按照现代银行的规矩来办，不是旧式钱庄那种方式。后来陈光甫去办上海商业储蓄银行，就离开江苏银行了，因此江苏银行和上海商业储蓄银行的关系非常好。这时候江苏银行的总负责人姓许，叫许伯明②，这个人是一个忠厚长者，但是他在银行业务上不是很内行。他就请了我的一个同学杨成一③来帮他办这个银行。当时我这个同学的实际职位有点像秘

---

　　① 陈光甫（1881—1976），江苏镇江人、银行家、企业家，上海商业储蓄银行创办人。

　　② 许伯明（1877—1957），浙江海宁人，银行家、曾任江苏银行行长。

　　③ 杨成一（？—？），20世纪30年代任江苏银行分行行长，后定居香港。

书长。许是总经理，有什么重要事情，他都是跟我的这个同学商量。我这个同学觉得，这家银行基础很好，很有前途，但是人手还不够。而且这个银行的班底比较旧式，职员年纪都比较大，都是老式钱庄出身、经过新的训练之后来搞新的银行的。所以我一回来碰到他时，他就劝我到江苏银行去。

我告诉他，我这个时候还不想找工作，我想要到美国去读书。我说，我到日本去了一个短时间，可能考虑错了——其实也不算全错。不错在哪里呢？让我更了解了日本，让我学到一些我想学的东西，同时也长进了日文知识。错的是什么呢？错的是我的学历跟日本的教育制度不容易衔接上——不仅是我，当时所有的中国大学生到日本去都是不合适的。最好是小学毕业了就去，或者是初中毕业了就去，进他们的中学、高等学校。他们那一套大学制度跟中国的是不衔接的。

我的同学跟我说，现在有这么好的一个机会，你到美国去了几年回来也不容易找到，机会是难得的。他说你帮助我办这个江苏银行，办它几年有了经验，再到美国去进修不是更好吗？因为在美国读大学是没有什么年龄限制的，任何年龄都可以读书。听他这样地跟我讲，我于是就跟我一些亲密的朋友，以及跟我特别亲近的亲戚们商量。他们都劝我，说这个机会很好。

就在这段时间，我又碰到在光华大学教书的同班同学，他们劝我到光华大学去教书。我说，我读书还没有读完，现在不想教书，将来教书倒是有兴趣。他们劝我呵，你如果回到光华教书，先教一两年，有了更多的教学经验，再到美国去读书也会更方便。

在那个时候，大学生比较少。能写文章且发表过文章，又有教书经验的大学生，更少。所以我一下子有两个机会。我就跟双方商量：我跟学校说，我在银行兼职行不行？他们说当然行——那个时候在大学里教书的教授有许多都在外面兼职工作的，是没有限制的；对银行方面呢，我问我兼职教课行不行？他们说完全行，不过教课不要太多，太多了会妨碍银行的工作。于是有这样一个两全其美的机会，我就接受下来：一边在银行工作，一边在学校教书。

江苏银行跟江苏省政府有特别关系，但是它不是江苏省政府的"省银行"。当时有好多省都在办"省银行"，完全由省里来投资，由省里来控制。但江苏银行的情况不一样，江苏银行代理江苏省的财政、收付等等，但是它并不是完全受江苏省政府的控制。它完全按照美国银行的办法来管理，受董事会的控制。江苏省政府派有董事在江苏银行董事会里，江苏银行的资本江苏省政府给了一部分，但大部分是私人的股份，是一个商业银行兼有"省银行"的功能，所以它不叫"江苏省银行"①。它资格很老，尽管规模不大，可是基础很扎实，所以很早就得到了发行钞票的特权。但是江苏银行非常稳健，在我入职之前就已经自动放弃这个发行纸币的权利，因为发行纸币有好处，但是也有风险、有责任。当时在上海银行界，有八家银行是最有地位的，与银行业相关的集体性活动，常常都是由这八家银行来代表，而江苏银行是其中一个，因为它的资格很老。

我一进江苏银行呢，就考虑改进银行内部的一些具体办法、具体制度，想使它更现代化。同时我经常代表江苏银行参加外面银行集团的活动。这样一个地位在当时是不容易的，的确是一个非常好的机会。江苏银行的工资跟当时银行界差不多，表面上看工资并不高，但是一年会发放一年半的工资；还有特别优厚的存款利息——你存一块钱，公司再贴补你一块钱。尽管这笔钱平时不能支取，当你有特别需要的时候——生大病或者是离开银行的时候，可以拿来用。另外，银行按照老的规矩，在一年结算时会发放特别奖金，数目相当大。所以到了江苏银行，我的生活在经济上就非常安定了。

我在光华，开头做了两年中学教师，但是我常常在大学部讲一门

① 1946年10月，江苏银行改称为"江苏省银行"。

课程。后来是完全在大学讲课，担任的课程虽然不多，但我非常重视这个教课，所以得到同事以及学生的反映是比较好的。慢慢地有其他的大学也请我去兼课，我就越来越忙，可以说是搞得很疲劳。总的来说，这个时候由于工作的顺利，经济问题暂时解决了。这是工作方面的情况。

另外一方面呢，1935 年前后，这个时期是中国青年一代思想发生巨大变化的时期。思想怎么会发生变化呢？就是因为日本占领东三省之后，一步一步向中国内地前进，形势越来越紧张。由于爱国心，青年反对日本帝国主义的思想非常强烈，这个思想推动了许多的青年活动⋯⋯

# 章乃器及救国会诸君子

这个时候，由于我在银行界，就认识了银行界的一位活动人士章乃器，当时我们觉得他是一个了不起的人才。他代表浙江实业银行，我代表江苏银行。当时上海的银行主要有八家到十家，这些银行的代表常常开会，解决许多公共的事情。其中一件事情就是成立中国征信所。这个征信所就是今天所谓的信息机构，它的工作是调查各种企业情况，比如商业企业、工业企业等的经营情况，所谓信用情况、信用标准。这是每一个银行都需要的资料，并以此作为它们放款考虑的重要依据。中国征信所是一个独立机构，它的资金是由所有参加的银行来分担的，有八个到十个董事，都是这几家重要的银行的代表。我就代表江苏银行做征信所的董事。这个董事会推举浙江实业银行的代表章乃器①，做董事会的董事长，所以这个征信所实际上是章乃器主管的。而我们仅仅是业余帮他工作，另外还有全职的工作人员。

---

① 章乃器（1897—1977），浙江青田人，银行家、社会活动家，救国会七君子之一，民主建国会创始人之一。

我们这个董事会的工作是怎么做的呢？很有意思的，一个礼拜中我们有几天一起吃中饭，一面吃中饭，一面商量工作，是这样一个工作方法。这件事情在当时是一个新的事业，完全按照美国方式来进行的。当时的中国的银行，都是从原有的旧式钱庄转向现代化企业。

这个章乃器做事情很有魄力，不仅对整个银行事业很有贡献。另外他对政治问题非常敏感。当时，在 1935 年——大概是下半年，具体月份我记不清楚——上海各界酝酿成立救国会。这个救国会的目的，说得很清楚，就是要推动政府、推动全国人民、推动各党派抵抗日本，进行抗战。这件事情在当时是一个很危险的工作。为什么呢？国民党不让群众搞这个活动。国民党说他们是要抗战的，但是先要安定内部——也就是先要消灭共产党，叫"攘外必先安内"。我们的看法不一样，我们认为现在日本一步步向我们中国内地进逼，再不抗战不行了，我们要团结各方面力量来抗战，而不是先安内后攘外。要团结所有的力量一同来抗战，自然是要团结共产党。但是国民党北伐到了上海之后，很快就收复了华北，它就想把与国民党敌对的势力消灭，不仅消灭共产党，还要消灭其他的势力。这个救国会的事情是得到了许多方面的同情的，尤其是广大群众的同情。

救国会有好多小组，我们所在的小组是银行界，而银行界的救国会小组就是由章乃器负责的。由于他的推动，我参加了这个小组。同时参加的还有几个重要的人，一个是中国银行的，叫蔡承新①；另一个不是银行界，但是跟我们联络很密切，是湖南大军阀赵恒惕②的弟

---

① 蔡承新（？—？），曾任中国银行副经理，国民政府经济部农本局协理。

② 赵恒惕（1880—1971），湖南衡山人。1920—1926 年任湖南军政首领，国民党内反孙中山派系的代表人物之一。

弟，叫赵君迈①；还有一个叫彭石年②，也是中国银行的，不过地位比蔡承新要低一点；还有一两个人，等我慢慢地记起来再讲。这个救国会的工作我们都是夜里做的，有的时候在银行里面吃晚饭。银行的高级职员可以利用银行的厨房请客，是不受外面干扰的。当时的银行有特别的地位，警察不敢随便跑进来。而且蔡承新在中国银行提供了一个非常重要的条件，就是他能控制中国银行的无线电台。因此我们跟各界的救国会联络有一个重要的工具，就是电台，可以打密电。当时中国共产党在延安，受种种的封锁，要跟外面联络是很不方便的，而我们能利用这一个特别的条件跟延安通电报。当然不能通得很多，通得多了让国民党知道是很麻烦的。蔡承新把这个密电交给电报房打，是冒了很大的危险。这是他作了很大的贡献。

当时，江苏银行在五楼给我一个小房间睡午觉，这个小房间里是没有人来的，别人不知道有这么个小房间，也不知道我在那里睡。我呢，利用我在江苏银行的地位，在这个小房间里面，放一些秘密材料。还有些秘密文件不能让外面知道的，也放在我这个小房间。当时认为这样最安全，因为我在当时没有什么名气；章乃器不行，章乃器的名气已经很大，是人家注意的一个目标。我参加救国会，做活动，许多人都不知道。所以我们约好，救国会的事情，我不公开出面组织，由章乃器公开出面。

我们在救国会方面做了许多工作。一个就是宣传抗日。我们一般在大学里面做演讲，宣传抗日，有的时候难得到中学。我们写文章，用笔名写文章，主张抗日救国。当时这样一点自由还是有的。我们还有一个机关报，这个机关报的名称好像叫《救亡情报》，负责的编辑

---

① 赵君迈（1901—1988），湖南衡山人，赵恒惕的堂弟。

② 彭石年（？—？），中国保险公司（中国银行筹建）的董事。

叫吴大琨①——今天是全国人民代表大会的常务委员，那个时候他年纪轻。我们的小组开会，他不能来参加，但是有什么消息都告诉他，由他发表在《救亡情报》里面。这个《救亡情报》是由章乃器直接控制的。

所以我回到上海以后，一方面忙于银行和教书，一方面忙于救亡工作。现在想起来，那个时候是社会拖着我走，而不是我推动社会。我想要安排一个自己的日程表，好像是不大可能了，就跟了社会的需要走，因此想到美国去读书的计划又搁下来了。这个国际的形势变得非常快，中国青年的思想也越来越左倾。这好比是海里面起了大的风、生了大的浪，谁都不能不跟了这个浪潮而前进。

很快，1936 年就发生"西安事变"，蒋介石被抓起来。在蒋介石被抓之前，国民党对救国会的限制越来越严格，终于把救国会几个头头抓起来了。第一名是沈钧儒②，第二名就是章乃器。抓起来的"七君子"当中有沈钧儒、章乃器、沙千里③——沙千里是共产党员，可是他这个人表面上不声不响，谁都不知道他是共产党员。还有王造时④，他是大学教授；李公朴⑤，大家都知道他是一个激进的抗日的

---

① 吴大琨（1916—2007），江苏吴县（今苏州市境内）人，经济学家。早在中学时就参加共产党的外围组织，1945 年入党。1936 年曾参与营救"七君子"。

② 沈钧儒（1875—1963），浙江嘉兴人，社会活动家、律师，救国会"七君子"之一。新中国成立后，任最高人民法院首任院长。

③ 沙千里（1901—1982），原籍江苏苏州，出生于上海，实业家、社会活动家、中共党员，救国会"七君子"之一，曾任全国政协副主席。

④ 王造时（1903—1971），江西安福人，政治学家，救国会"七君子"之一。1957 年被划为"右派"，"文革"中死于看守所。

⑤ 李公朴（1900—1946），江苏武进人，民盟的早期领导人之一，救国会"七君子"之一。1946 年遇刺身亡。

提倡者；还有一个女的，史良①。抓进去的是六个男的一个女的。被抓的七个人呢，都关到苏州的监狱里面。

我们家住在苏州——我在上海的小家庭只是为了工作方便，我的妻子不太到上海来，她主要在苏州，我的小孩也在苏州，我的母亲也住在苏州。我至少一个礼拜回苏州一次，那个时候来回非常方便。当时七个人被抓在苏州的监牢里，需要有人给他们提供东西，需要一个联络站。于是我的家庭就变成了联络站和供应站。这个"六君子"——"七君子"除了史良之外——的夫人都以我们家作为联络落脚的地方。她们到苏州就住在我们家里，需要什么东西，我们就给她们办。章乃器的夫人叫胡子婴②——后来离婚了。胡子婴在上海跟我已经认识了，可是跟我的妻子张允和当时还不认识。由我介绍，她就到苏州，为了避开人家的注意，坐夜车到苏州。她半夜里就找到我家，住在我家。她当时非常紧张，不知道国民党对这几个人将要做什么事情。她住在我家的第一晚，睡不着觉，就拼命抽烟。我的妻子告诉我，早上她打开门去看她，看到屋子里全是烟，人都看不清楚。胡子婴后来就告诉我，说她到了苏州不敢跟我的妻子随便商量事情，但是见面以后很快就了解，我的妻子为人非常开明，而且对国家形势、国际形势都很了解，所以后来很多重要事情她都跟我妻子商量怎么办，跟我妻子变成非常要好的朋友。就这样，我的家变成一个联络站和供应站。这是在"西安事变"的前夜发生的。

"西安事变"发生以后，我非常紧张，估计有两个可能：一个可能是国民党与共产党进一步打仗，国民党另外推举出一个头头代替蒋介石，牺牲蒋介石，那么很可能就会把"七君子"枪毙掉；另外一

---

① 史良（1900—1985），江苏常州人，律师、社会运动家，救国会"七君子"之一。1949年后司法部首任部长。

② 胡子婴（1909—1982），原名胡晓春，浙江上虞人，章乃器前妻。

个可能就是国民党和共产党合作，那"七君子"一定会被释放。结果最终还是合作了，但是合作之前，国民党方面都是用非常强硬的口气来掩护这个软弱的妥协。

这一个时期整个注意力是中日的关系、国共的关系，同时这也是世界的问题。所以其他的个人事情都放在第二位了。这个形势的变化不是个人可以控制的，也不是个人能够预料到的。但是当时人们的情绪是非常积极的，每一个人都觉得，即使有非常大的危险，只要奋斗，只要敢于斗争，中国是有前途的。的确，当时的青年一代是觉醒了，觉醒了！要起来创造自己的时代了，虽然带着很大的盲目性，但是行动起来了，不是静止状态了。国民党的统治已经控制不住青年一代了。

刚才我讲这个"七君子"六个男的少讲了一个，叫邹韬奋①。邹韬奋与我是圣约翰的先后同学，他跟我的妻子张允和的姑父刘凤生②是同班同学，而且是非常要好的朋友。刘凤生家里面比较有钱，邹韬奋很穷，邹韬奋读圣约翰大学时也是经常没有钱，读书的费用基本上是由刘凤生来补贴他的。刘凤生家里面给的钱比较多，他就用最节省的办法节省下钱来，相当于家里给一个人的学费，他拿来做两个人的用，另外再想点办法。所以邹韬奋跟刘凤生是非常要好的。我结了婚以后，由于刘凤生的关系，跟邹韬奋联系也很密切。当时每个礼拜从礼拜一到礼拜六紧张地工作，而在银行、大学等机构礼拜六下午是不太工作的。所以我们在礼拜六吃了晚饭以后就约了刘凤生、邹韬奋，还有一两个人，携了夫人到高级的跳舞场去跳舞，去喝杯咖啡轻松一

---

① 邹韬奋（1895—1944），祖籍江西余江，出生在福建永安，记者、出版家、社会活动家，生活书店（三联书店的前身之一）的创始人，救国会"七君子"之一。

② 刘凤生（？—？），张允和的姑父，曾资助邹韬奋在圣约翰大学学习。

下，因为礼拜天我们还要工作。所以邹韬奋在那个时候表面上是我们跳舞的朋友。他的夫人是不去跳舞的，他的夫人比较保守。我的夫人去跳舞，刘凤生的夫人——就是我的妻子张允和的姑妈，她也不去跳舞，她也是比较保守的。关于邹韬奋，当然还有许多话可以讲，以后我还要谈他同我们的关系以及他的风格。

这个时期的工作、社会活动、思想都是处于紧张的状态，也可以说是处于前进的状态，处于一个变幻甚至是升华的状态。这种状态在历史上并不多见，这种状态的发生，主要是由于这个时候，一方面许多国家迫使老牌帝国主义国家放弃殖民主义控制，在往后退；但是有的帝国主义如日本，是拼命向前推进。拼命向前推进的当时还有意大利，后来还有希特勒①的德国。现在想，"多难兴邦"这个话是有一定道理的，因为国家有困难、受侵略，就会激起人民的奋斗意志，这样国家就会兴起来。所以当时的青年不怕跟日本人打仗，不怕吃败仗，不怕苦，也不怕破坏，自信心很强。这对当时的中国来讲，是有希望的很好的条件。但是这个盲目性——甚至说盲动性，还是很大的。这种盲目性越到后来越可以看得清楚，在当时是感觉不到的。

---

① 希特勒（Adolf Hitler，1889—1945），法西斯德国元首。

# 夫妇互补　弃家逃难

我有一次在上海花了四块钱买了两张票，请张允和去听当时上海最高贵的音乐欣赏会。她对西洋音乐不感兴趣，勉强陪了我去，听到一半她睡着了，我没有办法。在兆丰花园听这个音乐你随时可以离开，于是等她睡了一会儿醒了，没有听完，我就陪她离开了。这个说明她爱好音乐爱好戏剧，我也爱好，可是爱好有所不同。

她还有一个特点，鼻子比较高，别人都说她是外国人，特别是她穿了西式的服装，别人一看就认为她是外国人。从前有一次在杭州，我同她去灵隐寺玩。那个时候的灵隐寺没有被破坏，有好多主建筑，大殿二殿三殿四殿五殿旁殿，主建筑旁边有好多好多房子，是一个很大的建筑群。庙宇之外，四周有许多民房，这些民房里面住的农民跟庙宇都有工作、生产的关系。我们去灵隐寺玩，她穿的是旗袍，并没有穿西装。有一个和尚就跟随着我们走，离我们有一段距离，跟了很远一段路。后来我们坐下来休息的时候，和尚就问我说，这个外国人到中国来了几年啦？我说，来了六年了。他说，哦，怪不得她的中国话讲得这样好。她被当作外国人的事情一直到 1949 年后还会碰到。"文化大革命"之后，杭州旅游开放了。好多年，快十年，人们都不敢出去旅游。这个时候张允和就约了她几个亲戚朋友到杭州去玩了三天。当时"文化大革命"之后刚开放，也有一些外国人开始来中国旅游。她坐火车去的。下火车的时候，乘客被分成两路，一路是外国人走的，一路是中国人走的。工作人员就把她拦在外国人走的一边，不让她跟亲戚朋友一同走中国人的一边。她坚持要走中国人的一边，火车站管理人员不让她走，说外国人一律要走这一边。这也是一个笑话，把她看作外国人，其实呢她也没有穿外国衣服，也没有穿西装。而我常常穿了西装，但是人家一看我就觉得我是一个很土的中国人。她很少穿西装，主要是穿中国装，穿旗袍，可是别人一看就觉得她是一个洋人。

从表面上看，是她"洋"我"土"；从文化的欣赏方面看，是我喜欢"洋"她喜欢"土"。这个状况应当说是很不调和的，可是我认为这不是不调和，而是正好互补的。她可以把她对昆曲的欣赏传给我，我可以把我对西洋音乐的欣赏传给她。于是这个不一样一直影响到其他的文化生活，常常是我喜欢的，她不一定喜欢，她喜欢的，我不一定喜欢。比如我喜欢研究拉丁化运动，喜欢搞速记，她一点兴趣都没有。可是这并不妨碍我们两人的共同生活。我认为夫妇两人的兴趣不可能完全相同的，完全相同了可能反倒单调了；有所不同可以互补，那样生活情趣可能会更多。

中日开战以后，我们离开上海，继而离开苏州，把整个家都丢掉，带了我的母亲和两个孩子，逃难到四川。在这之前，我虽然在上海工作，但是在苏州也安了一个家。为什么在苏州安家呢？首先是为了我的母亲。她不喜欢上海生活，觉得苏州清静。而张允和呢，也非常喜欢苏州，她的娘家就在苏州。另外呢，苏州生活便宜，样样便宜，在苏州可以享受到在上海能享受的东西，而且价钱便宜得多。特别是有了孩子——起初有一个儿子，后来还有一个女儿——之后，她更愿意住在苏州。

在苏州，我们很幸运，租到一所房子，在苏州的所谓南园。这个南园是在城的东南角，因为它在东南角，叫作"乌鹊桥弄"，比较冷清，这个地方别人不喜欢住。所以尽管这个房子很好，相当大，但是价钱比较便宜。大门一开，不是街道，而是田地、田园。种什么东西呢？有的时候农民种油菜，有的时候农民种玫瑰花，因为这个田地都是农民租了种的。种玫瑰花最有意思啦，大门一打开，一股玫瑰香，满眼的玫瑰花，一大片玫瑰花，好大好大。再往远一点就是城墙了，是东南角那个地方。我一般都是礼拜六回家，在苏州住一晚，礼拜天下午回上海工作。在这个一晚一天的时间当中，精神非常愉快，空气也非常好，而上海的空气很不好，很脏。所以大家都说这个地方，"此地在城如在野"。这个地方在城里面，好像是在野外一样，其实它在城墙以内。可是今天不一样了，今天这个地方呀，所有的田都造了房子了，密密麻麻的房子，已经没有当年的乐趣了。

这个地方我们一直住到离开长江下游到长江上游，这个家就丢掉了。我们离开的时候，以为至多两年就能够回来，所以把这个家交给为我们烧饭的一位师傅照管，他跟我们关系很好。可是八年以后，等抗战胜利之后我们从四川回来，这个地方已经破破烂烂，家里什么东西都没有了。给我们看房子的这位厨师，也不知道哪里去了。有人说，我们家里的东西是他拿出去卖掉的。即使是这样，我们也不怪他。我们后来没有找到他这个人。我们是找他的，不是要跟他算账，我们找他是因为我们还是怀念他。抗战时期丢掉苏州的家，那是我们丢掉家的许多次中的一次。

所以我的一生还是在战争动乱当中过的时期比较多，不是处于一个太平时代。这个时代的特点影响了我的思想行动，但是由于我是"温吞水"的性格，所以我在这么一个动乱的时代——"时势造英雄"的时代，没有成就，我不是英雄，我是非常平凡的一个人。我今天在讲回忆录，不是说我有什么值得讲的东西，没有，一点也没有。

我是这样想，我讲了，是为了留给我的后代——如果有后代的话——空下来消遣。千千万万的人都是平凡的人，都是没有大作为的人，都是随波逐流的人，我就是其中一个。那随波逐流的人也需要有点记录，或许我可以代表一部分随波逐流的人。从前有一次我从一位喜欢文学的朋友那里看到一本书——《浮生六记》，我就借来看了，一晚就把它看完了。我当时觉得这本书无聊之至，它讲的都是生活上的细节，这个作者也是平凡的、没有出息、没有作为的一个人。可是这本书现在变成非常受国际上重视的一本书，听说已经被拍成电影，已经被翻译成许多种文字。我的瑞士朋友告诉我，这本书的法文本非常受欢迎。可见人们一方面关心伟大人物、英雄豪杰；另外一方面也关心平凡的人，因为平凡的人是人类当中最多的人。平凡的人怎么生活，这是一门科学，也是一门艺术。我对这门科学和艺术没有贡献，不过我的一生倒是有平凡生活的经验，如此而已。

# 张家兄弟姐妹

抗日战争发生了，"七七事变"，表明中国与日本将要有一场大战。我呢，决心去重庆。这时候我的姐妹，还有张允和的兄弟姐妹，大家都将分散。这里，我先谈一下张允和的兄弟姐妹。张允和兄弟姐妹有十个，前面四个是女的，后面六个是男的。我跟张允和结婚时，张允和的大姐姐还没有结婚，张允和的妹妹也没有结婚，所以张允和是张家姐妹中最早结婚的一个。张允和有一位弟弟跟我开玩笑，说我们十个兄弟姐妹是一个家庭，一直非常愉快，就是你不好，破坏了我们这个家庭，使我们分开来了，分散了。他是开玩笑讲的，可是这话也反映了当时的现实。

大姐姐叫张元和①。她是大夏大学②毕业的，是大夏大学的校花。她非常漂亮，那个时候学生选女学生当皇后，她老是被选中的。可

---

① 张元和（1907—2003），"合肥四姐妹"中的大姐，丈夫是昆曲名家顾传玠。1972 年移居美国。

② 1924 年厦门大学 300 余位教师和学生由于学潮离校赴上海成立大夏大学，校长为马君武。

是，她为什么在我们后面结婚呢？原因我想有两个：一个原因是在当时的情况之下，一个女孩子名气太大、太漂亮，而且家里又很有钱，别人都不敢轻易跟她接近，所以说红颜不一定是有福的。第二个原因，在大夏大学里，女子宿舍有一个舍监，这位老师姓凌，对她非常好，对她热心极了。这位老师非常能干，没有嫁人，始终没有嫁人。在张元和大学毕业以后，这位老师也离开了这个大学，在她本乡海门办了一个中学校，请张元和去做校长。同时她在本乡办了许多农场，办了养蜂场，还有其他什么的农场，请张元和去做董事。这本来是很好，交通上也并不困难，但是海门这个地方离大城市虽然不很远，但从社交关系上看好像很远。因此张元和就跟大城市的人的往来就少了，这样就缺少了交际机会，也就耽误了这个结婚的事情。

后来我们到了四川，她才跟一位有名的昆曲演员，演小生的顾传玠结婚。这件事情她事先写信向张允和征求意见，张允和赞成她结婚。当时特别是在上世纪30年代的上海，戏剧虽然非常发达，但是演员不受人们重视。这是一个时代的错误，这个错误是中国传统的，一直到1949年以后才改过来。张元和当时决定跟顾传玠结婚，这件事是非常勇敢的，从社会发展角度来看，应当说她是走在社会发展的前列的。但是当时上海的风气一时改不过来，而张元和在上海非常有名，画报、小报经常刊登她的消息，她的一举一动——她哪天去看什么人的戏，人家都在小报上登出来。忽然传闻她要跟一个演员结婚，那是轰动上海的消息了。消息都传到在重庆的我们耳朵里，但是我们当时不知道详细情况，那时在打仗，上海跟重庆要通消息是非常困难的。后来打完了仗，我回到上海。我有一个同学，他对张元和是非常钦佩的。上海当时小报多得不得了，种类繁多。凡是有张元和的消息的报纸他都收集了，很多很多。我们回到上海后，就从他那里借来，他从很多报纸里面选出来的精品，已经不少。看了才知道，这事情当时在上海有多轰动。这位叫顾传玠的演员，以前我见过他，张允和也见过他，张允和也非常喜欢昆曲，张元和更是喜欢昆曲，而且她演出昆曲是很地道的。他们的结婚生活虽然被外面议论纷纷，可是很幸福。一直到国共内战，解放军快要渡长江之前，顾传玠先生感觉到不适合再待在上海——其实他也许估计错误了。他不仅演戏，还经营一些生意，他害怕经营生意是共产党不允许的，当时他们不了解，就在那时匆匆坐了轮船到台湾去了。他们夫妇一直在台湾，后来顾传玠去世了，张元和到美国，现在还在美国。她八九十岁还经常演出，不仅是清唱，还化妆上台演出。

张允和家有四姐妹，最大张元和，第二是张允和，第三是张兆和①，第四是张充和，每人名字中间的字都有简化的"儿"字。我那时跟张允和讲笑话，我说你们姐妹的名字都有这个"儿"字，下面有两个脚，女孩子不应当用的，因为这两个脚是表示要跟人跑走的。当然这是开玩笑的话。

还有一件事，就是张允和的三妹妹张兆和结婚的事情。三妹是在吴淞的中国公学读书，中国公学大概是在民国元年就开办了，我记不清楚了，胡适做校长。这里有一位有名的小说家沈从文，教白话文学，主要讲小说，他的小说写得很有名，大家都知道。沈从文不断给张兆和写信，张兆和拿了他的信，有的时候拆开来看，有的时候不拆开看，一封一封都保存在那里。后来沈从文很着急，就找胡适，请他帮忙。胡适就找张兆和谈话。胡适说：沈先生非常爱你，很执着地爱你，你理都不理他，你究竟是什么想法呢？张兆和说：他执着地爱我，我执着地不爱他。胡适的谈话没有结果，但是沈从文的确是很执着，无论什么波折，无论她理不理他，他还是一

---

① 张兆和（1910—2003），张允和之妹，"合肥四姐妹"中排行第三，沈从文夫人。

封信一封信地写。他的信写得真好，真美，最后还是感动了张兆和。

后来沈从文到苏州求婚。怎么样求婚呢？沈从文请张允和帮忙。因为张允和也在中国公学读过书，不过后来她就离开，换到别的学校了。张允和在中国公学做过女同学会的会长，因此女同学都知道张允和。张允和到光华大学读书，又被推为光华大学女同学会的会长。沈从文就是通过张允和的帮忙，间接地向张家父母提出求婚。他们的父母采取放任主义，只要张兆和同意，那就没有问题。当时沈从文跟张兆和约好了，假如父母同意，就由张兆和打一个电报给沈从文，因为沈从文当时在青岛的山东大学教书。这个电报呢也很怪，他们约好的，这个电报要说"乡下人请喝一杯甜酒吧"，这是一封白话电报。苏州电报局看了这个电报，觉得没有见过这样的电报，电报都是用文言的，怎么能用白话呢，而且这句话是什么意思呢？张兆和自己去打这个电报时，电报局当面就把这个电报退给她，说这个电报我不能给你发。张兆和搞得脸红耳赤，就解释说是什么什么意思，后来电报局才勉强收下来发出去。张允和得到这个消息以后，非常高兴，也打了一个电报给沈从文，电报除了地名人名之外只有一个字——"允"，既是允许的意思，也是张允和的署名。这个字一半表示允许了，一半又是署名，所以这个电报除了名字以外只有半个字，叫作"半个字的电报"。隔了几十年，张允和想起这件事情，写了一篇短的文章，就叫《半个字的电报》。大家对于这件事情，都非常感兴趣。这两个电报都是非常有趣味的。沈从文是个艺术家，张兆和也是一个对文学很有修养的人，她在中国公学读英国文学系，对于中国文学知道得很多，所以他们的生活也是文学的、风趣的。

那时张允和的四妹张充和还没有结婚。允和的几个弟弟年纪比较小，有的刚刚大学毕业，都没有结婚，也到了四川。允和的父母没有到四川去，就避开大城市到安徽合肥西乡——现在叫作肥西县。那个地方有个大圩子，叫张家大圩子，是她的曾祖父传下来的，他们就在那面过乡村生活，一直过到抗战胜利。

这是张允和家的大致情况。

# 周家兄弟姐妹

　　我们周家的情况比较复杂了。我的母亲和我、允和和我们的两个孩子——一个儿子和一个女儿，都到四川。我母亲生的头两个女儿早逝，三姐周慧兼（周同）成为家中最大的孩子。大姐与大姐夫屠伯范俩人 14 岁定亲，自常州女子师范毕业后，到北京女子高等师范读绘画专业。伯范 17 岁即去日本东京帝国大学留学，学习化学专业。大姐师范毕业后也赴东京女子美术学校，攻读西洋画专业。回国后，大姐夫先在吉长铁路医院任药剂师主任，后到天津任化工研究员，抗日战争爆发后到上海工作。他主要研究香料，在化工界有"中国一鼻"之称。

　　我的第二个姐姐——就是四姐周慧言，在缅甸仰光做女子中学校长。后来日本发动太平洋战争，扩大了战争面，一直打到缅甸。日本占领了缅甸，威胁中国的后方，那个时候我的四姐就没有办法，不得不回中国来了。回来以后她就做社会活动，做抗日宣传等工作。我的这个四姐，她一直没有结婚。

　　我的第三个姐姐周心闲——我们叫她五姐，她比我大一点点，她在日本读书，在日本结婚。抗日战争发生后，她在日本待不下去了。

她的丈夫是日本华侨的儿子，但是也不算日本人——在那时是不容易入日本籍的，就一起回到上海。五姐有一女两男三个孩子。大女儿是受了我这五姐的影响，喜欢艺术喜欢音乐，后来喜欢戏剧，考上了上海戏剧学院，现在还在戏剧学院工作。大儿子呢，高中毕业就响应国家支援边疆的号召，到了新疆。他还是个小青年，没有进大学，中学毕业就去支援边疆了。新疆那边搞一个什么运动，说他认识一个特务，这个特务逃到香港去了，要他交代，交代不出来就把他逼死了。听说他饿得不得了，没有东西吃，就吃自己棉袍子里面的棉花絮。他死了以后尸体被解剖，胃里面全是棉絮。这是一个冤狱，但是人死掉了没有人去申冤了。小儿子进入北京轻工业学院，学习造纸技术，毕业以后分配到南京造纸厂工作，现在在南京工业厅工作，大概是一个高级工程师。

我们的家，我父亲和我母亲事实上是分居的。我的父亲有一位姨太太，是我们的庶母。他们住在常州，我母亲跟她自己的孩子住在苏州。他们在常州的情况，我们不是很了解，后来才知道我的庶母生了两个儿子、两个女儿。

庶母生的两个儿子一个今天在上海。她这个儿子，也是我的弟弟，我到抗日战争胜利以后才见面，由于老不在一起，就不那么亲近了。这个人温文尔雅，娶了一个太太，是宜兴人。可能也是宜兴的娘家人那边的姊妹，——我不清楚，就这么一个女儿，嫁给我这个弟弟，所以生活很优裕。我大概是在抗日战争胜利后见了他们一面，具体时间我都记不清楚了。一直到1949年以后，在一段不长的时间里我们都住在上海。这个弟媳妇非常好，她是很有钱人家的女儿，但是吃苦耐劳、温文尔雅。他们有好多孩子，很辛苦，真是了不起。

再说另外一个小弟弟。这个小弟弟有一个奶妈，他的奶妈非常喜欢他。这个奶妈家里情况很好——我不太清楚她是做奶妈时家里就好呢还是后来才好的，在农村里算一个很过得去的人家。他们家就把我的小弟弟领了去，作为她的干儿子，让他常常住在他们家里。住在农村里面，也很舒服。不幸，新中国成立后不知哪一年去世了。

庶母还有两个女儿。一个大女儿，我小的时候就认识的，比我小一点，比我的小妹妹还大一岁呢，叫周埭①——"埭"就是"埭溪"的"埭"，她生在埭溪。后来结婚，嫁给一个医生，这个医生新中国成立后担任湖南医学院的教授。湖南医学院就是原来的湘雅医学院，是美国人办的。湘雅医院和湘雅医学院最初都是美国人办的，新中国成立后就成为湖南医学院。我这个妹夫是湖南医学院的教授，姓陈。现在我的这个妹妹和妹夫都去世了。

我这个妹妹有一个儿子，以前在湖北，现在在哪里我不清楚了。

他们还有两个女儿。一个大女儿陈大曼是妇产科医生，嫁一个丈夫也是医生，是外科。他们夫妇两个曾经在湖南医院——就是原来的湘雅医院，一个做外科主任，一个做妇产科主任。"文化大革命"之后，改革开放，他们到香港去了。为什么呢？因为我这个外甥女婿的父母是住在香港的。不幸的是，他们到了香港不久，父母都去世了。后来他们在香港待了一段时间，就都到美国去了。因为他是外科大夫，对烧伤学很有研究，发表了很有分量的文章，美国军医院特意请他去，所以现在他们是入了美国国籍了。

还有一个小女儿叫陈小曼，她今天还住在北京。她原来的丈夫唐亮欣是个汽车坦克工程师，已经去世了。隔了几年，她跟另外一位工程师结婚，后来的丈夫叫任弥高。陈小曼育有一儿一女。女儿唐红嫁给一个墨西哥的画家，去了墨西哥城，现在还在墨西哥城，听说她已经跟这个墨西哥丈夫离婚了。这个唐红学的是连环画，她很有绘画天才。这个小孩从小就喜欢绘画，不喜欢读别的书，她家人老跟她闹，可她仍然坚持。在北京想考进中央美术学院是很困难的。她第一年考了，

---

① 周埭（1897—1984），周有光同父异母之妹。

没考上；第二年再考，又没考上；第三年就考上了。她很有毅力，画图画也是非常有天才。他们还有一个儿子，现在我也搞不清楚他现在在北京还是到墨西哥去了，反正他们在墨西哥城是已经扎下根来了。

我的大姐有四个孩子：两个儿子，两个女儿。大儿子屠乐平①是北京农业大学毕业的。这个人很有趣味。他有两个志愿，一个志愿是一定要进清华大学，一个志愿是要读农业化学——因为他的父亲是读化学的，他想读农业化学。于是他考上了清华大学农业化学系最后一届。但是新中国成立之后，这个农业系整个被并到北京农业大学了，所以他没有能够完成他读清华大学的志愿，尽管完成了学农业化学的志愿。他毕业后做了云南的农业研究所的研究员，在中国农业化学上面他还是很有地位的。

大姐姐的二儿子，读了一年大学就参加抗美援朝了，在航校教课。复员以后，在上海一个中学校教书，他太太是演员，生了两个孩子，一男一女。男孩先到德国后来到美国，女孩也去了美国。这两个孩子读书都很好。

大姐的大女儿叫屠乐勤②，新中国成立前在光华大学附中高中毕业。新中国成立后大学统一招生，考入上海复旦大学，以后一直从事教育工作。小女儿屠式玫③，也是复旦大学毕业，从事化学专业。

我的妹妹——我母亲生的妹妹，我们叫她九妹，她的名字叫周俊人，④ 也称周俊。九妹的丈夫是一个生物学家，在上海研究酿造化学，

① 屠乐平（1929—），屠伯范之子。

② 屠乐勤（1931—），曾任职南汽集团教育中心，终身从事教育工作。

③ 屠式玫（1935—），曾任职上海医药研究院，从事科研工作。

④ 周俊人（1911—2007），又名周俊，周有光二妹，家庭内称九妹。江苏常州人，毕业于苏州景海幼儿师范学校。在苏州乐益女中上学时与张允和是同学，张允和常到周家玩，由此认识周有光，所以九妹周俊也成了哥嫂这对伉俪的红娘。

1949年后对国家很有贡献。抗战时他们在上海，我们在四川，隔断了好多年，很难通消息。他们有很多孩子。大儿子毛子迈①学医的，大学毕业以后就在天津铁路医院工作，后来在铁路医院做副院长，到坦桑尼亚去支援医疗服务两年，现在还在天津。第二个儿子毛子迅②支边、参军，当了几年兵以后，回来在浙江金华一个印染厂做销售。第三个儿子毛子远③也是支边，支援边疆到了新疆，跟新疆一个汉族干部的女儿结婚，后来调到南京了。还有一个小儿子毛子逸④在上海，参加黄浦江的地下隧道诸如此类的工程，生有一个女儿。大女儿毛晓帆⑤学的是师范专业，大概是浙江师范大学毕业的，毕业以后就在浙江永康做教员，一直做到现在。第二个女儿毛晓园⑥进了南开大学化学系，现在在北京冶金部建筑研究总院做研究员，她发明了一样东西，得过国家奖。还有一个女儿毛晓舫⑦在南京钢铁厂工作。他们的下一代发生一个问题，前面几个年纪大的，都读了大学，后面几个年纪小的呢，都没有读大学——因为"文化大革命"来了。

　　大体的情形就是这样。

---

　　① 毛子迈（1939—），周俊长子，周有光外甥，浙江余姚人，毕业于南京铁道医学院，曾任天津铁路结核病院主任大夫，副院长。

　　② 毛子迅（1945—），周俊第二子，曾在金华印染厂做销售。

　　③ 毛子远（1948—），周俊第三子，周有光外甥，浙江余姚人，中学时从上海到新疆建设兵团支边，之后曾任南钢集团职工业余大学教师。

　　④ 毛子逸（1950—），周俊第四子，周有光外甥，浙江余姚人，曾在南浦大桥集团公司就职，曾任汽修厂管理人员。

　　⑤ 毛晓帆（1937—），周俊长女，周有光外甥女，浙江余姚人，毕业于浙江师范学院，曾任永康一中教师。

　　⑥ 毛晓园（1942—），周俊次女，周有光外甥女，浙江余姚人，毕业于南开大学，曾任冶金部建筑研究总院教授级高工。

　　⑦ 毛晓舫（1946—），周俊三女，曾在南京钢铁厂任会计。

# 抗战前的上海生活

　　抗日战争之前和抗日战争以后，是我个人、家庭以及整个中国历史和生活的两个不同阶段。抗日战争是一个分界线。我现在再谈一点抗日战争之前的小事情。

　　抗日战争之前，大概两年的时间，我在上海，工作很忙，娱乐很少，星期六去跳舞也不是每个星期都去。有的时候有好的电影，我还是去看，看好的电影一般是星期天下午。有两部电影在我印象里面很深刻，都是美国电影。那个时候看的电影几乎99%是美国电影。当时的电影没有翻译成中文，但是懂一点英文的人不难看懂。什么道理呢？那是无声电影，一段画面接下来插入一句话或几句话，代替演员的讲话，这个语句都编得很简练扼要，而且有的时候编得好极了，有诗意，很美，出现在荧幕上的时间不是那么短暂。今天的电影电视，有的时候出现一点字幕，速度都很快，来不及思考就过去了。那个时候字幕播放不是那么快，因此不难看懂。不仅大学生能看懂，很多中学生都能看懂。这样的话，当时的电影院里是不是静悄悄的呢？也并不是这样，电影院里有乐队，奏音乐。上海的乐队通常都是从菲律宾来的，是菲律宾人在电影演出的时候配上音乐，有的时候配得很好。

当然，虽然有音乐，大家还是觉得很安静，不会闹得叫你难受。今天的卡拉 OK 这种激烈的运动，当时没有。

有两部电影在我印象中很深刻。一部电影叫作《七重天》(Seventh Heaven)。它描写一个青年女人，很穷困，为生活而斗争，每天晚上要走上七层楼回到家里——她的家在最高一层，也就是最简陋的一层楼。那个时候没有电梯，要爬上"七重天"——七层楼，是比较辛苦的。在今天来讲，七层楼当然不算高，但那个时候就觉得很高了。这个电影很感人，而且由于它在群众中留下了那么好的印象，所以后来又有了有声电影重新上映，依旧很受欢迎。从无声电影到有声电影，这个变化使菲律宾的音乐工作者受了很大的打击。他们一班人只能坐船回菲律宾——没有工作了，电影院不要他们了。

还有一部电影给我们很深刻的印象，这部电影我看得比较晚，因为我是先听到同学都讲这个电影好。什么电影呢？它有一个中文名字叫《铸情》，英文名是 *Romeo And Juliet*①。当时许多人讲这个电影多么好，那个时候我正跟张允和交朋友，就约她去看。电影院大概在北四川路，离上海市中心比较远。电影确实非常好，它把莎士比亚的戏剧用现代的英语表演出来，使现代人能理解，又非常切合莎士比亚所要求的情节描写，演得非常好。女主角也是非常漂亮。这样的爱情故事演得那么好，这是很不容易的。我想，把莎士比亚的剧本演成那样一个电影，就好比我们把古书译成白话一样。现在我们还有人反对把古书翻译成白话，认为翻译成白话就把古书上的神情失掉了。我回想那个《铸情》，这个剧本改编成一部现代的电影，那么成功，这可以

---

① 即《罗密欧与朱丽叶》(当时译为《铸情》)，由美国派拉蒙电影公司于 1936 年推出，乔治·库克导演，莱斯利·霍华德 (Leslie Howard) 与瑙玛·希拉 (Norma S hearer) 主演。这是第一部由莎翁原著改编的电影，上映之后风靡全世界，在中国尤受欢迎。

说是英文的文言翻译成白话……

我的记忆可能有的时候记得不清楚，那么以后再由张允和来纠正我。按照张允和的记忆，我们在北四川路看的不是《罗密欧与朱丽叶》，而是看的一部《浮士德》，歌德的。这一次电影看完的时候，电影院里面电灯亮了，四周一看呢，有几个我们的亲戚也在看。于是他们就跟我们打招呼，对我们笑，这个笑就是笑我们还没有结婚就同去看电影。今天这样的事情不稀奇，那个时候呵还是比较少的。

有的时候，礼拜天我约了张允和，吃过了饭，到吴淞去看她。她在中国公学，吴淞在海边，那里的海边有很大的石头，是防浪的。我们就在大石头上坐下来谈谈天，看看海，看看天。那些大石头很不平，走在上面很有趣味，带几分害怕，怕跌跟头。在吴淞海边散步的次数并不多，时间也是很短的，但是给我们留下很深刻的印象，是难以忘掉的回忆。1945 年在重庆，我们正在思考胜利以后要回到上海——那个时候抗日战争胜利已经很有希望了，几乎可以说很有把握了。这个时候我又想起在吴淞的生活，当时的情绪是很不一样了。经过八年的抗日战争，什么事情都改变了，情绪也变了。在抗战胜利后即将回到上海去的希望当中，我感觉到一种失望的惆怅。我不懂文学，很少写文艺的东西。但是在那个时候，我写了一首白话诗。这个白话诗呵我现在把它念出来，我给它取了一个题目叫《失落了的欢欣》，是说欢欣失落了，下面我注一个副标题"1945 年，抗战胜利在望，重庆"。我这样写道：

> 当我游乐在吴淞江滨，
> ——那时我正青春
> 跳跃的海波戏弄着
> 　飞舞的鸥群。
> 低回的白云拥抱住

娇艳的夕曛。
青草抚摸我的脚，
海风狂吻我的头。
我高唱——
　　"生命是欢欣，欢欣是生命。"
海风卷起歌声，
　　一片片吹落在海滨。
　　……
今天，我踯躅在重庆的街心，
　　——八年了，我追踪着战争——
崎岖的山坡颠簸着
倔强的车轮。
昏沉的烟雾笼罩住
失神的早晨。
泥浆拖住我的脚，
雨丝乱打我的头。
哪里去了——
"生命的欢欣，欢欣的生命。"
唉！我叹息一声，
轻轻地不愿叫人听闻。
　　……
我要回到吴淞江滨，
去寻那失落了的欢欣，
那失落了的欢欣。
可是我怕——
海波已经枯冷，
海鸥已经飘零，

白云黯淡，
夕阳黄昏。
啊！明年——
春风苏醒，
春草再生。
能否寻——
当年的脚印，
难忘的温情。

　　我写的白话诗非常幼稚，一直也不敢给人看。一直到"文化大革命"结束之后好多年，有一个报纸希望我给他们写点东西，我就把这一首诗交给他们。可是他们把这个诗退还给我，因为这样的诗跟这个时代已经不合时宜了。可见我不是一个诗人，我不会写诗，我的感情跟时代也脱节了。这是一个有趣的事情，在这里谈谈就是了。

　　我为什么要念这首诗呢？因为这首诗它联系了三个时期：一个是在抗日战争之前比较平静的时期，我同张允和在吴淞江滨散步；另外一个时期，是经过八年战争在重庆，胜利在望，但是这个战争破坏了物质，破坏了精神；第三个时期是"文化大革命"结束之后，我想起这首诗，并且找到了它，送给人家，人家不欢迎我这个诗。这个不欢迎很有意思，如果欢迎了反倒没有意思了。不欢迎，这说明我跟这个时代的隔阂，也说明这首诗——没有发表过的诗，反而可以反映这三个完全不同的时代，完全不同的心境。这首诗写的是五十多年以前的事情，这首诗是1945年写的，距今五十多年了。这半个世纪是我的人生中非常重要的一个阶段，而且是最动乱、最难以为自己为别人创造什么东西的时代。唯一可能就是去打仗，而我不会打仗。这个时期是帝国主义战争时期，接下来又爆发了许多许多战争，真是一个战争的时代。我看将来的历史要说这个时期是一个大动乱的时代。

# 逃难：苏州　合肥　汉口

现在开始讲抗战八年。

首先讲从上海、苏州到重庆去的经过。抗战开始了，日本人开始进攻上海，形势非常紧张，这个战争形势发展之快出乎预料。我呢，当时家庭已经在苏州了，不在上海，我一个人在上海。这个时候我要决定一件事情：是留在上海，还是离开上海到四川去？当时上海有很多人有这样一个看法：日本人一定要占领上海，但是占领上海以后，上海的租界还是一个特殊的地区，还是可以待在里面做一定的工作。我在上海本来有工作，有收入。很多人对我说：你离开了上海，就离开了这样的生活条件了；你到四川去之后，那么多人都到四川去了，你怎么找工作，怎么生活？到四川去，就意味着要丢掉工作，就要冒失业的危险。

当时我就跟张允和商量这件事情，马上就决定一定要离开上海。为什么呢？在上海只有老的租界还是一个特别的地区，但是完全笼罩在日本军事势力之下，他要你怎么样就怎么样，我们留在上海的话实际上就是做俘虏！在上海只有两件工作可选：一是参加抗日战争，这不可能，我又不是军人；第二呢，学校、教书、银行的工作，我看都

105

不可能正常延续下去。当时这个抗日的情绪非常强烈。该怎么样参加抗日工作呢？我就很为难。军人嘛跑到前线——上海就是前线，可以打仗，但我不是军人，没有方法留在上海。你想抗战，在上海不是军人也没有方法进行呵。所以我们决定离开上海。那么离开上海到哪里去呢？南京靠不住，我们估计，照这个形势南京很快要被日本人占领。到重庆，是退，不是进。那么抗战时候你应当进嘛，怎么能退呢？想来想去呵，最后还是决定要到重庆，到重庆去参加抗日工作。因为打仗必须要有一个后方，后方要有人工作。我们不是军人，不会在前方打仗，而后方需要人做工作。我们估计，到了后方虽然不一定能找到好工作，但是打仗时后方的工作是很多的，我们能在这方面做出一些贡献来。所以我们很快就下定决心，义无反顾。那个时候抗日情绪非常高，的确是把个人的利益、个人的存亡都置之度外。

怎么走呢？有几个问题需要考虑。第一呢，我母亲年纪大了，怎么办？当时还有两个孩子——一个儿子一个女儿，都很小，怎么办？我们决定一定要一同走。而且当时还有另外一个问题，我的大姐周同——她的号叫慧兼——和她的四个孩子都在上海。我的姐夫因为工作的关系，在东北，还没有到上海来。那怎么办？我有责任照顾我的姐姐。当时我姐姐说：你们到四川去，我跟了你们到四川去。我们商量以后说：好，你跟我们一同到四川去。这是一个问题。另外还有一个问题。我们在苏州的家里还有一个客人——实际上是房客，就是张允和的四姑妈。她有几个孩子，但是在打仗刚开始时，她的孩子都没有方法照顾她。她不愿意留在苏州，因为我们走了之后，苏州就没有人照顾她了——她在苏州是我们照顾她的。那怎么办呢？她说她要跟我们走。我们说：好，那就一同走。因此，我家要走，不是一个简单的问题，既要带上我姐姐一家，还要带上姑妈。姑妈不是一家，好像还有一个小女儿跟随我们一同走的——我现在记得不是很清楚。于是就这样决定下来，这个决定是很匆忙的。我们就是在一个义无反顾的情绪之下决定的。

从现在的角度来看，我们苏州的家还是有些底子。现在要走了，很多东西都不好带，长途跋涉，这怎么好带呢？只带了睡觉的被窝，很少的替换衣服——这是需要带的。现款要带，此外家里值钱的东西都没有方法带，因此我们带的行李是很少的。尽管每个人行李很少，因为有相当多的人，加起来也就不少了。我们决定第一步先到苏州，第二步到南京，第三步到芜湖。为什么要到芜湖呢？因为到四川去，当时没有铁路，更没有公路，唯一的办法就是坐船。去上海坐船已经不可能了，一方面是上海有军事行动，另一方面是上海已经乱得一塌糊涂了。芜湖是一个码头，我们可以在芜湖乘船经武汉，第一步到宜昌，第二步到重庆，打算一步步这样子走。当时江苏银行在芜湖有一个分行，我兼芜湖分行的经理，所以从芜湖走呢，我有些人事的关系，比较方便。就这样打算，我们先一步步到芜湖。

临走的时候，苏州的家交给谁呢？因为苏州的亲戚朋友也都在考虑逃难，没有人好托付。我们就托付给一个为我们烧饭的厨子，这个厨子叫小吴，跟我们关系很好，我们是很相信他的。我们请他代我们看家，并安排好了他两年的生活费用——他的家庭需要的开支费用。我们就把整个家，相当大的一个家，很多很多的东西，还有别人寄存在我们家的东西，都托付给他。

就这样，我们匆匆忙忙到了芜湖。到了芜湖第一件事情要买船票，但是一到芜湖才知道，芜湖的票也很难买了。轮船已经紧张到一个什么程度呢？许多轮船都不敢停靠码头，只要靠了码头，逃难的人就涌上去，他们就害怕。轮船都害怕客人了，情势紧张到了这个程度。我们通过特别的关系，跟轮船公司打好招呼，不在普通码头上船，而在一个小码头。也不在通常的时间，而在讲好的半夜里的一个时间上船。这样我才带了很多人上轮船。即使在这种特别约定的时间和地点去上轮船，轮船上早已经坐满了人了。这真是一个大逃难的场面，不是进军，不是抗战的场面，而是这么一个局面。但是不到四川就很难参加抗战的机构，我们必须到安定的后方去，才能做工作，这一点是肯定的；第二点，我们必须做对于抗战有帮助的工作。

在从芜湖到四川之前，还有一个小的插曲。我们家里人全部到了芜湖之后，要等买到票才能继续走，还有一些事情要办，不是三两天能办得完。这个时候，我们就到张允和的老家去看看，因为芜湖跟合肥比较近，就打算到合肥去看看。到了合肥，我们住在张允和老家的一个祠堂里面。这个祠堂是纪念他们的曾祖父的，地点在合肥叫龙门巷的一条街上。合肥，我很早就知道，它又是张允和的出生地，但是我没有去过。张允和离开合肥时只有一岁，离开以后，再也没有回去过。对合肥的这个印象很一般，它当时只是一个普通的小城市，现在听说有很大的改变。我们的目的地不是合肥，而是合肥西郊——合肥城之西，他们的老家在城西。

他们老家有两个圩子。一个叫新圩子，一个叫老圩子。我以前也听说这个圩子的情况，但是具体情况知道得很少。这一次，到了圩子里呵，我就觉得是到了另外一个天地了。几乎难以想象，就在离上海、南京这么近的地方，还保留了我所了解的中世纪——甚至比中世纪还要久远一点的时代的情形。所谓圩子就是乡下的一个城堡，有矮矮的城墙，里面住了许多人家。张家的老圩子因为人越来越多，里面住不下了，后来就建了一个新圩子，只是古老的一种居留地，农业发展以后最原始的一种城市，在中国至少有两千多年了。根据历史的记载和考古发现，在美索不达米亚（Mesopotamia）这个地方，类似的城堡已经有 5500 多年了。这个圩子就像一个城堡，里面住着一些在这个地区有政治势力、经济力量的人；圩子外面有许多可以耕种的田地，种田的人都隶属于他们。假如有敌人来侵犯，他们有保卫堡外农民的义务，农民就跑到圩子里面躲起来。圩子是这样一个机构，从外表看就是这么一回事。

我刚结婚不久，是所谓"新姑爷"，而且这个姑奶奶的新姑爷又是从外地来的。从圩子里的人的角度来看，从上海、南京、苏州这一带来的，在那个时候看起来几乎有点像今天从外国来的一样，我们穿的衣服、讲的话，一举一动都跟他们很不一样。我们大概在新圩子里住了三天，后来又到老圩子，在老圩子可能也住了两三天，时间不长。我很快就回到芜湖去办理事情，而我的家人呢，留在圩子里多住了几天。圩子给我的印象，像是一个古老的农业社会，而且是一个典型的封建社会。里面的生活、思想、行为、节奏，几乎所有东西都跟南京、上海这样的大城市很不一样。这一个小小的插曲，给我的印象很深刻。

后来，我在芜湖把乘船到四川去的问题解决了。怎么解决的呢？就是联系到一条船，这条船不是正常运载客人的船，是运煤的，但是它有一些空置的地方可以搭载乘客。在那个时候，为了逃难，本来不能载人的地方也都载人了。我们预先联系好了，不在芜湖上船，船如果到了芜湖靠岸，抢着上船的人会太多，就很困难。这个船停在芜湖长江的对岸一个叫峪溪口的地方——听说峪溪口到芜湖现在已经架了一座桥了，从前是没有桥的，峪溪口以前是很冷落的。我们半夜里在峪溪口上船。就是这样一个船呢，到了码头我们才发现已经有好些人在等着了，不是我们一家。可见能登上这个船已经很不容易了。当时只能买到到汉口的船位，想要直达重庆是不可能的，想要直达宜昌也不可能。那么我们先到汉口再说，一步一步这样上去。就这样我们半夜里上船，这个经过是非常紧张。我的记忆不好，张允和她的记忆比我好一点，以后可以补充。

然后我把眷属安置好了，陪他们一同到汉口。我记得不是很清楚，大概我跟我母亲、张允和、两个孩子以及两个保姆，是一同走的。另外，我姐姐和她四个孩子，张允和的姑妈和她一个女儿，她们也是我安排的，安排乘另外的船走的，好像是另外分两三批走的。应当说非常狼狈，能带的东西很少。整个的家，整个家乡我们都丢了就走，不丢不行。这样子就离开了，大大小小一家人都从峪溪口上这个煤船，这个船实在不像一个轮船，是一个大的木船加上一些马达，如此而已。可是能登上这样一个船到汉口去，在当时就已经很不容易了。上了船，有一个地方能躺下来就是很大的幸福了。等到家里老老小小都躺下来以后呢，我的心啊就安定了，紧张忙碌暂时告一个段落。

天亮了，船行驶在长江当中，一路到汉口。长江很宽，两岸的江山很美。坐在长江上的一个小船上——也算是轮船，这个时候我的思绪波动得很厉害，感触非常大。我感觉到个人非常渺小，广阔的江山当中一条长江，宽阔的长江当中一条小船，一条小船里，我们一家占据一个可以放铺盖的地方。但是这个时候我一点也不失望，而是抱了很大的希望，相信到后方可以找到一份工作参加抗日战争。我一面看长江的风景，一面想将来抗战胜利以后怎样建国，就想这些国家大事，家庭个人在当时的确是放在脑后的。

我记不清楚，经过了多少天终于到了汉口。到了汉口，我首先就去看一些认识的、有联系的朋友，从他们那里又知道了其他许多人的动静。最大的消息就是南京失守了！南京是当时的国民党政府所在地，是中国的中心，失守了！这真是叫兵败如山倒。这时，我在上海、南京等地方认识的以及我不认识而知道他们姓名的许多人，都集中在汉口。每一个人都处在彷徨之中，但是我感觉到大家的情绪很好，精神很好，都是赞同一致抗日的，觉得中国的前途还是有希望的。虽然抗日是艰苦的，但是大家都愿意去为抗日而工作，愿意为抗日而牺牲。

在汉口，最大的事情就是要买到重庆去的船票。当时在长江上游只有一个轮船公司还在运输往来，这个公司叫民生公司。我们到了汉口，因为汉口有亲戚朋友，勉强安顿下来。住下来之后，我立刻要做的一件事情就是到民生公司去买票。一到民生公司买票的地方，我发现挤满了人，要从大门挤到售票窗口不容易。等我好不容易挤到售票的窗口了，就看到贴的通知，说票已售罄，这个月都没有船票了，下个月有没有船票也不知道，也不能预先订的。许多人就站在这个售票房的前面，不知道怎么办。我第一天去了，他们根本没有票卖，看了这个情形，我只能回去。第二天我又去，看看这个情形究竟怎么样，有没有什么变化。还是一样，挤满了人，卖票的窗口根本不开。我还不死心，第三天还是去，同时打听一下除民生公司之外是否有其他的方法能买到船票。

第三天，我正在许多人当中观望，忽然有一个人在我背后拍拍我的肩膀。我回过头去看，这个人说："你认识我吗?"哎呀，我看了看说："脸很熟，但我说不出你的姓名来了，我不记得了。"他说："我叫童少生①，童咸昌，我们是同班同学，圣约翰的同班同学。"他接着说："你到我办公室来坐一坐好吗?"我说："好。"我就跟了他拐了一个弯，来到一个很小的办公室。这个办公室是民生公司的办公室，可我看见没有什么人，就是他一个人。他问我："你要到哪里去呵?"我说："我要到重庆去。"他说："票子很难买呀。"我说："是啊。"他说："我是民生公司的副总经理，我给你想办法。你明天在吃中饭之前，再到我这个小办公室来。"就这样呢，我出乎预料地得到这么一个机会。到了第二天，我照约定时间去看他，他不在。房间里有其他的人，不像是办公的人，好像是做清洁工、维持房子之类的人。我就问他："有一位叫童咸昌的先生，在吗?"他说不知道。我继续问："他今天会来吗?"他还是说不知道。我说："他约我这个时候来的。"他们说："大概不会来了吧。"一点眉目都没有，但是我仍

---

① 童少生（1903—1984），原名童咸昌，重庆人，周有光大学同学，曾在民生公司任职。

然不走，就待在那面等他。等了一会儿，他终于来了。他对我说："现在船票非常紧张，我买不到完全满足你们需要的那么多票子，只能给你一个大舱间的一个小间，里面有一张床，你们可以把铺盖铺在地上睡，床上睡两个人，地上睡四个人，挤一下。这个票子就不用再在宜昌中转了。多数的船到了宜昌还要下来，要另外买票中转，那就非常麻烦。"他话里带着一些抱歉，担心不能满足我的需要。其实我呢，是出乎预料地得到了船票，高兴得不得了。我真感谢他，无法用语言讲。真是感激老同学的交情呵。接着他说他的事情很忙，立刻就要走。他就给我一个条子——还不是票子，是他写的一个条子，叫我第二天——还不是当天，到什么什么一个地方去拿船票。我就按照他的吩咐，第二天就拿到了船票。

拿到了船票一看，大概是一个礼拜以后的一个船次，叫"民×轮"——这个船名我现在记不清楚了，船位是一个大舱间的一个小间。哎哟，这在当时是一个天大的福气呀。千千万万的人要买船票，想挤在舱肚子里面，挤在运货的地方都不容易，我居然能够拿到一个大舱间里的一个小间的票子，那个真是一个了不起的幸福！而且售价是按照规定的价钱，没有收什么额外的费用，否则买外面一张黑市的船票那是要多少倍的价钱啊。我就觉得很感谢他。就这样子，床上可以睡两个人，地板上可以睡四个人——地板上实际上可以放两个铺。为什么是四个人呢，我们的两个保姆带着两个孩子。床上就是我妈妈和我的老婆。这样子六个人，至少床位的问题就解决了。我自己怎么办呢？我自己有一些变化。

在汉口的时候，我每天出去打听消息，打听打仗的情况，打听军事的情况，跟朋友——特别是遇到的从前在上海救国会的朋友，商量下一步怎么办。听了好多人的意见，都认为汉口守不住，迟早要沦陷，但是没有那么快，所以汉口的机构迟早都要准备撤退。我有一个同在救国会的老朋友，是中国银行的，以前在上海总行工作。这时中国银行也要准备从上海撤退，他就奉命调到中国银行长沙分行去做经理。他听说我在汉口，就来找我。他对我讲，长沙中国银行是很小的，没有工作给我做，但是他在长沙认识一个报馆，叫作《力报》① ——从前上海还有一个《立报》②。他说这家报纸是进步的，这个报馆需要有人写文章，特别是需要有人写每天的社论，篇幅不长的。他问我愿不愿意去做这个工作。这个报纸是鼓吹抗日战争的，并且是对怎么样来抗战有一种指导性。他说，你呀在这个报馆写文章跟那个抗日战争比较接近，也可以说是一种在前线做的工作。不仅是他，在汉口的其他朋友，都劝我不必立刻就去重庆，可以先把家庭送到重庆，那么就安定了。可以自己留在武汉，或者去长沙做一点工作，然后根据形势再往后退。大家估计这个战争是要一步步退的，当时都估计长沙不会被占领，而汉口是将要被占领的。所以在这种情形下，我觉得有一个很好的机会可以发挥自己抗日战争的主张，所以我就答应下来。这样呢，我就把家庭安排在船上，送到重庆。在重庆那边呢，有我的老朋友接洽，他们会到轮船上面来接我的家人，帮助安置我的家庭。于是，我就一个人到长沙去了。

---

① 《力报》：1936 年 9 月 15 日在长沙创刊发行，1938 年 "文夕大火" 后迁邵阳。1940 年 5 月 13 日，邵阳《力报》被湖南省政府以 "言论荒谬，内部复杂" 为由查封。

② 《立报》：中国现代较有影响的小型报纸。1935 年 9 月 20 日创刊于上海。创办人有成舍我、严谔声等人。以 "立己" "立人" "立国" 为使命。抗日救亡高潮中，该报详细刊登 "一二·九" 运动和 "七君子事件" 等消息。

# 长沙办报　三峡遇险　合川团聚

我一个人到了长沙。长沙这个地方当时已经有很多人，他们都是从南京、上海逃到汉口，再到长沙的。

《力报》这个报馆，小得不得了。编辑室是一间大的屋子，里面放了两个帆布小床，给两位主要编辑睡觉用的。我睡一张，另外一个编辑睡另一张。其他人都是工作完了，回家睡觉。这样一份报纸，在当时的长沙还是很有影响的，人家很重视，因为当时长沙没有几份报纸。另外还有一两份报纸，不那么重要。我就每天为这个报纸写文章，写的文章不长，每天写一两千字。这些文章都是估计抗战形势的，指出我们应该如何抗战。我收集其他报纸以及其他各方面的意见，归纳起来，我认为是对的意见，就发表在上面。这样，我的生活就大大改变了。我以前虽然常写文章，但是不是每天都写，不是以写文章作为主要生活的，这个时候，每天都写文章了。写这种文章，我每天要阅读能读到的很多报纸，并且加以评估。

我到了长沙，才知道这个报纸，是在中国银行支持之下办的，当然还有其他方面也给它支持。当时的报社都很穷，报社的编辑也都穷得不得了，没有工资，给你包吃住，那就很了不起了。我也不管有没有工资，就这样子，每天就埋头写文章。这些文章的主要目的就是鼓吹抗战，唤起同胞共同抗战，向大家说清楚，非抗战不可，告诉大家这个抗战是艰苦的、长期的，但是是有希望的。我自己的确也是这么想的。这些文章我今天都记不清楚，假如能够找到回来看看，一定是很幼稚的。但是在当时我写的这样的文章，还是引起了读者很大的共鸣。当时的长沙，由于许多外地人的到来，成了除汉口之外的一个撤退人群聚集的地方，所以已经不再是一个地方小城了，不仅是一个省城了，实际上是一个区域的信息中心了。我那时写文章没有用真名——我的真名叫周耀平，而是用"周有光"。有的时候还用另外一个笔名，我今天都记不清楚了。

我在长沙，住在报馆里，可以说生活是太困难了。于是长沙中国银行的经理就给我安排一个住的地方，在长沙青年会找到了一间小房间，于是后来我就搬到青年会去住了。长沙地方小，青年会规模也不大，但是住到青年会使我有了一些感想。首先长沙的电灯很暗，晚上家里的电灯、办公室的电灯，真是像鬼火一样，勉强可以看到一点光，行动时不至于碰到桌子、碰到门，但是晚上要依靠电灯来写字、看书，不太可能的，所以每家还要另外准备火油灯。火油灯倒是可以拿来照明写文章、看书的，电灯反倒不行，这也是一件怪事情。而且我后来发现，不仅在长沙是这种情况，在西南各省的许多地方，都是这样的情况。但是奇怪的是，青年会却不是这样！小小一个青年会，是一个单独的楼房，大概有三层楼。这个青年会的电灯是亮的，整个长沙的电灯就只有青年会的是亮的！他们怎么办到的呢？青年会自己有一个发电机！他们的发电机是怎么发电的呢？噢，他们在屋顶上装了一个风车，风吹动这个风车，就可以发电了。这一件事情给我的印象很深刻。同时长沙当时没有自来水，青年会却有自来水，而且很干净。怎么办到的呢？青年会也是自己打井的，靠这个风车的电力把这个水抽上来。所以当时长沙青年会有一个风车，就解决了水电的问题了。后来我去美国，在沙漠地区看到也是这样的。沙漠地区一家一家的农民，孤零零住在沙漠当中，也是靠一个风车来发电、取水。这件事情给我的启发是什么呢？长沙这样一个古老的城市——在西南，在湖南不能算不重要，可是却只有青年会有明亮的电灯，有干净的自来水。有人说这个青年会是基督教的一个工具，我们过去一直把它当成是帝国主义侵略殖民地的先锋，可是它把文明带到了落后地区。在中国，长沙不是落后地区，甚至可以说是古文明的一个城市，但是跟西洋文化一比呵，有明显的差距。晚上的电灯、干净的自来水是明显的对比。这使我感觉到中国必须向现代化前进，在当时就有这样的想法。

还有一件小事情值得说说。在长沙，当时抗战的情绪使每一个人都很紧张，所以空闲的时候我也不大想出去参观，更不想到饭店里去吃饭。但有个朋友来请我吃饭，可能是湖南的一个军阀赵恒惕的一个弟弟，叫赵君迈。大概是赵君迈到长沙来，打听知道我在长沙，就来找我，请我吃了一顿饭。在哪里吃饭呢？在一个叫作"李合盛"的饭店。这个"李合盛"是一个清真店，专门吃牛肉的。它的特点是，所有的菜都是牛身上的，但是菜的名称一概用素菜来表达。比如说，牛的胃叫作百叶，百叶是一种豆腐做的素菜；牛的脑子呢就叫豆腐；诸如此类。客人当中有我，还有另外两个人我记不清楚，他们也是初次到长沙。我们就问这个饭店的老板："你的菜全是荤的，为什么都用素菜的名字呢？这是很文雅的事情呀！"这个老板说："呵，我们天天杀牛，吃牛肉，罪孽深重。我们做荤菜，而给它一个素菜的名称呢，是想心理上减少了一点罪孽。"讲完他哈哈大笑。我觉得，这虽然是一件小事情，但表现出长沙的文化传统，把荤菜用素菜的名字来表示，这本身是一件很文艺、很有文化的事情。还有，"李合盛"这个吃饭的桌子大得不得了。主人约了 13 个客人，一共 14 个人，14 个人坐一个圆桌子还觉得很宽松。他们说，这里普通一个桌子能坐 16

个人。每盘菜端上来都是很大很大的盘子，这种大盘子在别的地方不太使用的。桌子大，盘子大，距离也就长了，那个筷子长得不得了，差不多有普通筷子一倍那么长，夹菜很方便。但是呢，夹菜、吃饭的时候，这个筷子就嫌太长了。嫌太长了，你可以要一双短的筷子；你也可以用长的筷子来吃。他们就教我怎么用长的筷子来吃。这件事情也给我很深刻的印象。可以说，"李合盛"给我的印象是中国的传统文化，而青年会给我的是西洋的新文化。在这两件小事中，我就看到西洋文化和中国文化并存在一个地方。

当时的长沙，电报还是很方便的。我接到重庆的电报，知道我的家人到了重庆，一路平安，觉得很高兴。这时，重庆已经慢慢地变成了抗战后方的中心了，因为当时的国民政府宣布重庆为陪都，等于是一个后方的都城。我在长沙差不多待了一个月，战争的形势越来越紧张，汉口的形势也是越来越紧张。

有一个朋友——我一下子想不起他的名字了，他也是退到了汉口再到长沙的，在长沙汉口之间来来往往。有一天他来找我，他说："我看你还是早一点到重庆去，你待在长沙写文章虽然有一定意义，但是不能全面开展工作，这个工作是局部的；你到了重庆才能够开展工作，因为重庆是领导全国进行抗战的。"他劝了我之后，我就听了他的话，再回到汉口。由于我是一个人走，买票也好或者是用其他方法找一艘轮船去重庆也好，还是比较容易的。我到了汉口，仍然想找我的同学童咸昌，但是找不到了，大概他已经离开汉口了。我去民生公司找他呵，他们不告诉我，也不告诉我他去了什么地方，没有办法找。

要补充一句，这个民生公司的总经理叫卢作孚①。卢作孚是四川人，童咸昌也是四川人。卢作孚是四川一个很现代化的资本家，他的

---

① 卢作孚（1893—1952），重庆人，企业家，民生轮船公司创办人。

后台是四川的军阀，所以能做一些大的事业。在抗日战争时期，这个民生公司是后方交通的主要动脉，所以后来这个卢作孚成了国民政府的重要人物。他做这个交通工作是对抗战起了很大作用的。

这样，我就结束了在长沙的一个小小的插曲，又经过汉口再去重庆。我第二次到汉口，在准备到重庆去之前，汉口聚集的人更多了，我的亲戚朋友大多也到了汉口。

下面我讲我一个人从汉口到重庆的经过。我第二次到汉口，找不到童少生，没有方法通过正规的方法买到民生公司的船票。后来有银行界的朋友代我买到一张船票，是从汉口到重庆，但这个船不是民生公司的。上船以后总算还好，我在舱里找到一个地方，可以把铺盖摊在地上睡觉。就在这么一个船里，我就一个人上四川。从汉口到宜昌，这一段水程这个轮船走得比较平稳，没有发生什么意外的事情。我在船上，听到许多乘客谈天——不是讲给我听，而是他们相互之间在讲，我在旁边听，因为一个舱里睡了许多人。听大家谈天，我知道这个时候汉口以及汉口四周已经比较乱了，汉口人已经在逃难了，人们都觉得汉口肯定要被日本人占领。不过日本这时还不能立刻就到汉口，因为他们这个军事前进要有一个步子。不过几乎日本人要到哪里就能到哪里，当时没有军事力量可以阻挡它。

我坐的船到了宜昌，忽然宣布，说这个船不到重庆去了，要回到汉口重新接乘客。这一来呀，乘客们都很紧张。怎么办呢，大家的目的地是重庆啊。这个船属于一个很小的轮船公司，他们就答应客人，有两种办法：一种是想办法换船到重庆；另外有一些人不是到重庆，而是到重庆附近的地方，他们就让这些人自己转乘汽车或小船到目的地。通过这个办法，就把这批乘客分成为两部分，这样到重庆去的乘客总数就减少了。这样，在宜昌耽搁了一天，由于心绪不定，我就匆匆忙忙稍稍看了看城市，今天来回想，印象已经不深了。

幸好，第二天晚上，的确来了一个船。这个船已经很拥挤了，但是我们这批人还是硬挤了上去。船的甲板上本来是不许睡人的，但是现在这个甲板上睡满了人，真是一个逃难船。我还算比较幸运的，被安排在舱里面，在一个更狭小的空间，铺盖可以勉强铺起来。这个船在第三天早上开了。这样，我就有了乘坐小轮船在长江里航行的经验了。这个船航行的特点是白天开，晚上基本上不开。为什么呢？它要经过三峡，必须安排在白天而不是晚上行驶，因为船小，担心马力不够，晚上航行有困难。这样我们就有机会在白天看三峡。

船经过三峡，非常惊险，我们都能感觉到这个水冲下来的巨大力量。这个船上行的动力本就非常小，而且要跟水往下流的力量做斗争，要克服这个水往下流的力量，所以走得很慢。因此我们看三峡倒是看得很清楚。在舱里，许多地方看不到三峡，因为视线给挡住了。而我在的地方倒还比较幸运，有一条缝，我可以看到三峡。这个船的工作人员——那个时候叫"茶房"——就高声叫："不要跑到甲板上去看三峡，危险得很。上面重，下面轻，船容易倾翻，这个地方翻了船是没有救的呀。"这样，有些想要到甲板上去的人，也就不敢去了。经过三峡，我就体会到，唐诗里所讲的"蜀道之难，难于上青天"，在今天还是如此。我所谓"今天"，是指那个时候——抗日战争的时候。当时虽然有了轮船，但是在长江里航行还是很困难的，运输量很小，而且很惊险。好，三峡过了，那就比较平稳了，船走得稍微快了。

但是有一天晚上，这个船忽然产生很大的震动，很可怕。当时许多人叫喊："触礁了！触礁了！"夜里真的触礁了。这个船碰到一个什么礁，有什么危险，我没有办法了解，只感觉这个船在咕隆隆、咕隆隆地响。他们就把这个船往后退，退出来之后再往岸边开，使这个船搁在浅滩上，不会沉下去。但是船上的工作人员不告诉我们当时的危险情况，于是船搁在浅滩之后，就不动了。等到天亮之后，我们才知道，这个船真是触礁了，不能再开了。那怎么办呢？这个船上的乘客大部分都是四川人，他们就纷纷议论，说不要再等这个轮船了，还是自己想办法坐小木船，或者走公路到目的地，因为这个船上的人大部分不是到重庆去的。

触礁的地方是什么地方呢？离丰都相近。丰都是有名的鬼城啊。在船上，我们有几个人是认识的，都是到重庆去的，都是从上海、南京来的——四川人叫作"下江佬"。触礁以后呢，我们就说，既然到了这个地方，就去看看丰都城，去看看这个鬼城是怎么一回事。上岸后，我们想办法搞到了当地很土的交通工具，到这个鬼城丰都去看了一看。看了以后呢，觉得很可怜。我们觉得丰都城——这是一个鬼都——是没落、破烂不堪的，一点没有小说中丰都的气概，所以大家也不感兴趣。不过从这个丰都城看呢，就看到真正的四川。这个地方跟万县很不一样。因为我们的船曾经在万县这个地方停了一天，不是因为有什么困难，而是它要卸货。把货物卸下之后，还有货物要装上来，所以待了一天。我们看了一看，万县还像有点现代城市的味道，而丰都是一点现代城市的味道都没有。看来在四川内地，也就沿江几个大码头有点发展，小地方大多是贫苦落后的，这个情况是非常明显的。

当时我就有一点感想，觉得拿这个四川如此落后的一个地方做根据地来抵抗日本，怎么可能打胜仗？我想，依靠四川为根据地来抗战而要得到胜利是很困难的，必须要有其他的办法。这时候呢，我就觉得，中国自己虽然没有力量可以打败日本，但我还是相信这个抗战一定会胜利。因为这个时候战争是在扩大，欧洲的形势很紧张。大家都认为，日本打中国，中国只要不投降，打败仗后退不要紧，我们只要有地方好退，只要坚持抗战，就一定有越来越多的国家跟我们一起反对日本和德国——当时德国还没有开战，可是欧洲形势已经非常紧张了。

这个时候，运气还算好，来了一个船。这个船也是从下游开往重庆的，原不准备在丰都附近停靠码头的。但是，我们坐的这艘船上的工作人员，他们与那艘船大概有点相熟，就求他们停下来，让要到重庆去的一些乘客登上他们的船。于是，那艘船就停下来。但是停的地方跟我们的船有一段距离，因为我们的船是勉强搁在长江边的，而他们的船要停在一个适当的地方才行。这样我们每一个人就拿了铺盖——当然很狼狈，行李主要靠自己背，只有少部分东西可以让轮船上的人代我们运——就登上了那艘船。这两个船的名字我当时都记得，现在我已经忘记了。这样呢，我们就换了一艘船——这艘船比较大，一路就坐了到重庆。

到了重庆，心想，真是谢天谢地呀！古代的蜀道不容易走呵，今天的蜀道要经过长江，也不容易走。到重庆的时候，我记得是刚天亮。看到重庆那个城市的第一印象，就是在轮船停的地方。抬起头来看，整个城市在山上，码头高得不得了，一步一步像是登天一般，从码头到重庆城区是爬一个高山。还算好，因为我有一个朋友，也是以前的同事，姓许，他是江苏银行以前的总经理许伯明的侄儿——可能是堂房侄儿，叫许云台①。在我兼任芜湖江苏银行经理的时候，他是我的文书主任，跟我关系很好。他是江苏泰县人，因为许伯明也是泰县人。我们事前约好了，他到码头上来接我，出乎预料的是，除他之外，还有我银行界的老朋友也来接我。之前我就是委托他，在我的家人到达重庆时，接待并帮助安置我的家人的。他告诉我，我的家人到重庆，一路平安，非常顺利。在当时那个逃难时期，像我的家人一样，从汉口到重庆，那么顺利地到达重庆的，还是不多的。而且他们乘坐的船比较好，那么好的船后来越来越难买到票了。假如没有童少生的帮忙，是不可能的。后来无论我怎么找，也无法联系到童少生了。

---

① 许云台（？—?），许伯明之侄。

好，到了重庆了，心定了。重庆这个地方已经聚集了不少从上海、南京等地来的人。到了重庆呵，我的亲戚朋友比汉口还多，这也是一件愉快的事情。等我一个人到达重庆的时候，我的家庭——就是我的母亲、我的妻子、我的儿子，那个时候还有一个女儿，还有两个保姆——都已经从重庆搬到了重庆北面一个小城，叫合川。因为张允和有一个同学，叫戴洁①。戴洁有一个亲戚，叫杜蜀娥②，是合川人。合川是一个小城市，很安定的一个小城市。他们家在合川的郊区，有自己的房子，他们就把我的家人接到杜蜀娥的家里暂住。后来我的家人在合川也租到一个房子，在那个地方也就可以安定了下来。为什么要到合川呢？合川是一个小地方，日本的飞机不太会来轰炸，而重庆肯定要被轰炸。我初到重庆的时候，重庆还没有被轰炸，后来就不断遭受轰炸了。

从重庆到合川，有一个离合川比较近的地方叫作北碚。北碚这个地方是一个风景区、温泉区。

我的家庭安置在合川这个地方，非常适合，我就定下心了。如果住在重庆，我就不定心，因为万一来轰炸就很麻烦。那么我到了重庆之后，就到合川去看他们。在合川，我住了一两天，就回到重庆来：我要寻找我的工作。

---

① 戴洁（？—？），女，张允和同学。
② 杜蜀娥（？—？），女，戴洁亲戚。

# 从成都光华大学到重庆农本局

回到重庆，我碰到一个人。这个人叫谢霖甫①。谢霖甫是我的同乡，常州人，年龄比我大，可以说是我的老师一辈。他是中国第一个会计师，他拿的会计师执照是第一号，他常常给人看。他的会计事务所叫正则会计事务所。他这个会计师的执照，不是在国民党时候拿的，而是在北洋政府时候拿的，可见会计师制度在中国发展得还比较早。不过以前很少人能拿到这个会计师执照，因为拿会计师执照的条件在以前是相当严格的。这个制度在新中国成立后被破坏了，中国改革开放以后重新建立这个制度。

谢霖甫的大名叫谢霖，是光华大学的教授，教会计学的，有很强的活动能力。我也在光华大学教过书，所以他是我的同事，我是把他当老师看待的。他告诉我，上海沦陷之后，上海的几个大学就不能正常运行了。他说他决定要到成都去，他认识一些四川的有钱人，想请他们捐钱——不是问政府要钱，而是向四川的有钱人，包括四川的资

---

① 谢霖甫（1885—1969），江苏常州人，会计学家，中国会计学创始人之一。

本家和一些所谓的军阀——在成都办一个光华大学分校。如果上海的光华大学停办了，就在成都重办一个光华大学——后来这个大学就叫成都光华大学。他约我一同到成都去，帮他筹备这个大学。同时他告诉我，他已经约好了以前光华大学的几个重要的教师和搞行政的人，都到成都去办光华大学。这个大学办在成都的理由是：成都作为一个大城市，作为一个教育的中心，条件比重庆好；还有，成都离敌人比较远，当时估计成都是不可能被日本人占领的。

当时我在重庆呢，正好也要找工作，而恰好碰到他，他有这么一个计划，而且这个计划不是空泛的，他已经跟四川的——特别是川西的——一部分有钱人讲好了。因为四川当时的大学很少，缺少学校，而谢霖甫又是相当有名气的一个人物，所以四川人也很欢迎。这样，我就答应到成都去。他既要办一个光华大学，同时还要办一个光华中学。我得到张允和的同意，与张允和一同到成都去，她去教书，我也去教书。这样，我到了重庆之后，又到了成都。我当时这么想，在后方办一个大学，培养中国的建设人才，培养中国的抗日战争的人才，这也算是有益于抗日战争的工作。起初是筹备阶段，先租了很多房子上课，后来是同时造房子。成都光华大学是有相当规模的，在当时来讲，是师资人员、物质条件都比较好的一个大学。这是谢霖甫做的工作之一。

至今我还能记得在成都光华大学教书的几个人。一个叫薛迪靖①，是从圣约翰大学到光华大学的老教授，教经济学的。还有其他几个人。关于光华大学的情况呢，我还要请张允和来做补充。

到了成都，我们起初就想在成都安顿下来。可是到了成都，我接到许多朋友来信，说在成都办大学是一个好事情，但是重庆方面非常

---

① 薛迪靖（？—？），圣约翰大学及光华大学教授。

需要人做更迫切的工作。"七七事变"① 以后，这个战争是不可避免了。上海有一批爱国的资本家把上海的工厂搬迁到了重庆，这是有组织的大规模搬家。这些工厂叫作"迁川工厂"——迁移到四川的工厂。那么多机器怎么搬迁呢？由民生公司包办，所以民生公司在抗日战争的时候是很有功劳的。迁川工厂大部分都迁移到重庆郊区或远郊区，不是集中在城市里面——但是它们的办事处都留在重庆。抗战之前跟我一起在救国会工作的章乃器，是非常积极于这项工作的。他是浙江实业银行的副经理，迁川工厂的经费要由银行来支持。章乃器在重庆创办了一个工业经济研究所，因为这么多工厂需要有一个研究所。他担任这个研究所的所长，邀请我做副所长。

此外，还有其他的朋友写信给我，也劝我到重庆去。因为重庆是陪都，是一个政治中心，有更多的工作可以做，而成都比较偏僻一点，所以他们都劝我回到重庆。这样，我在成都教书就不安心了。所以不多久，估计是学校开学后一两个月，我就决定先去重庆看看。一到重庆呢，许多朋友都不让我再回到成都去了。于是，我就决定把工作岗位放在重庆，而不是成都。但是张允和还是留在成都，为什么呢？大家庭这时在成都，因为重庆很不安全，打仗时被轰炸的可能性是非常大的。

事情变化很快。国民党政府——当时叫作国民政府——也搬到重庆，这时后方的工作最重要的是经济，因为跟日本人打仗要有后方经济的支持。这个后方的经济要保证两件大事：第一是要有粮食吃，要依靠四川的粮食来支持西南，解决抗日战争时期整个军队和人民的吃饭问题；第二件事情呢，要保证穿衣，要有棉花，要纺纱织布。这两

---

① "七七事变"：又称"卢沟桥事变"，1937 年 7 月 7 日，日军以士兵失踪为由挑衅，遭拒后于 7 月 8 日凌晨向驻宛平县城和卢沟桥的国军发动进攻，全面抗战爆发。

件事情，四川条件特别好。但是当时的四川种粮食和棉花缺少一个计划，缺少一个帮助农民的机构。所以国民政府决定成立一个金融机构来支持粮食生产、棉花生产，以及粮食和棉花的运输。这三件大事情，是当时后方的经济工作，所谓后勤工作的最重要的事情。

这个机构是在国民党的经济部下面成立的，叫作农本局①，是政府机构，但它的工作方式跟银行是差不多的。因为是政府机构，所以不叫银行，叫"局"。"农本"的意思就是"农业的资本"、"农业的根本"。这个农本局的组织跟银行不完全一样，它是按照行政区域来组织的。后方每一个省有一个农本局专员办事处，每一省有一个专员，每个专员有一个办事处。下面每一个县有一个合作金库，它的工作结构、方式与银行基本是一样的，是按照美国经济学家设计的合作银行的方法来办的——但是叫"合作金库"，不叫"合作银行"，实际是承担银行的某些职能。所以这个专员办事处相当于是一个省的农业银行的管理机构。

说到这件事情，得提一下国民党时候的南京金陵大学②。这个大学是一所教会学校，有一个系③，专门培养这一方面的人才。这些学生毕业之后呢，原来不能很好地发挥作用。现在却巧，好了，他们这一批人可以让他们发挥作用了。农本局做什么工作呢？这个机构根据当地农业的需要，把钱借给农民。在农民买种子、肥料以及生产过程当中需要资金的时候，帮助他们。同时农本局聘任了专家——农业经

---

① 农本局，1936年由南京国民政府设立，目的是促进农村资金流通和调整农产品运销，建立新式农村金融体系，抗战中为稳定后方经济起到了积极的作用。

② 金陵大学（1888—1952）：是美国基督教会卫斯理会在南京创办的教会大学。1928年向国民政府教育部呈请立案，是第一个向中国政府请求立案并获批准的教会大学。

③ 这里或指金陵大学农学院农业经济系。

济专家、农业技术专家——来指导他们。当时国民政府经济部的部长是翁文灏①，是行政院院长兼经济部部长，因为这个部是最重要的。经济部还有一位次长——国民政府的每个部都有一位部长和一位次长，不叫副部长。这个次长是何廉②，他的号叫何淬廉。何廉是何许人呢？他是南开大学经济系的系主任，是当时名气最大的经济学家，是在美国学经济学的。由何廉这个次长来兼农本局局长，可见农本局之重要。国民党时代的副职是设置得很少的，设置很多副职的做法是到了共产党的时候才有的。当时次长或者副职都是一个——顶多两个，两个是例外。农本局的副局长是蔡承新。蔡承新也是上海中国银行的副行长，叫作副理。

蔡承新和我，是与章乃器一起搞救国会的。当时我们那个小组，有章乃器，有蔡承新，还有彭石年，以及其他人。其他人当中，我以前讲过了一个叫赵君迈，是湖南军阀赵恒惕的弟弟，他是在美国学陆军的，是美国 West Point——西点军校的毕业生。

蔡承新做副局长，后方的几个省都设有一个专员办事处，有专员和副专员——相当于主任和副主任。当时在后方最重要的几个省是哪些呢？第一个是四川，第二是广西，因为这两个地方，日本人是不容易打进来的。重庆农本局的专员叫徐仲迪③，他是金陵大学负责培养农业经济人才的教授，这个人很有学问。他是宜兴人，比我大概大20岁，是我的前辈。我的妈妈也姓徐，也是宜兴人，他算是我妈妈的本家。宜兴的徐姓都是本家，但是他们的关系我就不知道了，他大

① 翁文灏（1889—1971），浙江鄞县人，地质学家。曾任国民政府资源委员会主任和行政院院长。

② 何廉（1895—1975），湖南邵阳人，经济学家、教育家。曾任国民政府行政院农本局总经理、农产调整委员会主任。

③ 徐仲迪（？—？），曾任国民政府农本局农资处处长和中国银行四川分行行长。

概是我的舅舅或者是舅公一辈的。他负责四川这么大的地方，需要有一个副职，一个副专员——也就是办事处的副主任——来协助他，但当时找不到适当的人。我到了重庆，忙于我的工作。在一次重庆的迁川工厂的聚餐会上——当时迁川工厂的负责人每两个礼拜，后来是一个礼拜搞一次聚餐，几个人一起吃顿饭，同时商讨许多跟抗战有直接关系的共同问题，我又碰上了蔡承新。蔡承新见到我，就立刻跟我说，他们那儿需要我帮忙，要我去做农本局驻四川专员办事处的副专员，负责四川的几十个合作金库的工作。这样，我就为难了：我究竟做什么工作好呢？跟朋友们商量以后，我决定到农本局去，因为农本局是当时的国家机构，它后面有强大的经济力量，可以为抗日战争发挥重要的后勤作用。而迁川工厂这一个团体，当然也很重要，但是比起来呵，作用没有农本局重要。

农本局总部的办事处在重庆，同时又设了一个驻重庆专员办事处——它的名称是四川办事处。而农本局驻广西的办事处，叫作驻桂林专员办事处，不叫广西办事处。这样我就在农本局做了好几年。这算是我在抗日战争当中做的跟抗战比较有直接关系的工作，尽管是后勤工作。

做了这个工作之后我才知道，这个工作对后方的粮食、棉花、纱布的购销运输发挥了很大作用。基本原理是，由民间来生产和销售，政府帮助他们规划、组织，不是代替，不是国营，不是农业的国有和统购统销，这个与新中国成立后的粮食棉花购销政策完全不一样，是私营性质，政府只是提供必要的帮助。

# 抗战时期农本局的作用及贡献

这里我要继续讲一下农本局的工作职能。农本局首先通过资金来保证粮食的生产。四川的确是天府之国，粮食生产——主要是大米——的条件很好。但是，原来由于资金的问题，生产常常会发生许多问题；现在由农本局给农民调剂资金，可以使生产更平稳地发展——这是第一个职能。第二呢，粮食生产以后就有加工的问题、运输的问题，那么农本局就在原来的基础上做联络和组织工作。比如，一条很长的运输线，原来衔接得不好，那我们可以统筹规划，这样一来运输工作就可以比较顺利。

此外，比较次要的职能，就是促进农业的其他产品如经济作物的生产和销售。举一个例子，四川产的广柑非常好，比美国的广柑还好。美国的广柑大概是一百多年前从中国传过去的，后来美国加以改良，变成一个很大的产业。上海人一向是吃美国广柑的，而吃不到四川的广柑，为什么呢？因为美国广柑从美国运到上海很方便，虽然隔着太平洋远一点，但是海运途中不要缴什么税；而四川的广柑呢，从四川运到上海很不方便，运费比美国还贵，而且一路都要缴税——所谓"厘金制度"①。因此上海人只能买到美国广柑，吃不到四川广柑，但四川广柑在四川是非常便宜的。

顺带说一个有趣的故事。在重庆，我们家住在客栈的时候，看这个广柑很好，就想买点广柑吃。以前的客栈里的服务人员都是男的，叫作"茶房"。茶房就是给客人冲茶倒茶这么一个工作，相当于是做服务员，各种杂活都是要服务的。四川的东西，在上海人看来是非常便宜的，我们就给茶房两个银元让他去买点广柑——那个时候用银元，也用钞票，两样都用。一会儿，茶房买来了两竹篓广柑！这个竹篓子是圆桶的形状，有一两尺高，直径有五六寸。那么大的竹篓，居然买了两竹篓的广柑回来。我们就说："你怎么买这么多呀？"他说："你们不是叫我买两块钱吗？一块钱一竹篓。"真便宜呵，出乎我们预料。

四川的广柑质量非常好哇。重庆附近出产的广柑还不是最好的，最好的是金堂的。金堂县的广柑是又大又好，又香又甜，好极了。可是呢，除农业种植之外，有许多相关的加工工作，中国人不会做。比如广柑采摘之后怎么保鲜、怎么分等级，以及包装的问题、运输的问题，这一系列的技术都没有人会做。当时金陵大学的农业经济系，就有这个技术，帮他们把广柑种植搞成现代化产业。对农本局来讲，这不是主要的工作，但是成绩非常好。

此外还有一件大事，就是棉花。棉花种植、生产的过程中，有许多环节，包括怎样防治虫害，棉花的收购、包装、运输，一直到把棉花交到纺纱厂为止。这些环节，农本局都要负责的，不是代替商人，也不是代替农民，而是在整个环节帮助他们。特别是棉花，很多是山区里面出产的，运输有很大的困难。怎么运呢？有许多地方没有好的

---

① "厘金制度"，1931年已经取消，这里可能指地方军阀割据下产生的不合理收费。

公路，许多地方没有汽车，用马车运输就算是条件好的了。没有马的地方，就用骆驼或人背。有的地方有河流呢，就用船运。从骆驼、马、骡子等等到船啦，一段一段地运输，这一系列的运输有个总的名称叫"驮运"。这个驮运由农本局来设计，有一个机构专门来管理这些，也是同样的原则，就是不能代替他们，只是帮助他们。他们运输的衔接有困难，有的地方没有仓库，我们就建造仓库给他们存放，并解决相关诸多的问题。这样的驮运方式，在今天看起来是一种很慢、很笨的办法，是很落后的运输方式，但是在当时解决了很大问题。所以说，农本局做这两件大事情，就是保证粮食和棉花——也就是吃和穿。这是农本局所做的主要工作，也因此抗战时期的后方没有发生吃穿的大问题。

再谈一下我上面讲到的合作金库。合作金库就是农本局下面设立的许多小银行，每个县里面设一个。我是驻重庆专员办事处的副专员，管四川的。我常常要出差，一个县一个县地去查看合作金库的运作，看他们办得怎么样，因此我有机会看到四川许多地方。四川在中国历史上是比较发达的地方，看了这些地方以后呢，我有两种感觉。第一个感觉呢，从中国的西北、西南地区来看，四川是比较先进发达的地区，经济文化都比较先进；另外一个方面，拿四川跟上海等现代城市来比，那就显得很落后了。我们初到四川，在重庆看不出来——重庆是一个比较大的城市，到小的地方去就看出来了。小的地方贫富悬殊，地主阶级、封建军阀生活得非常好，而许多老百姓呢就没有工作，没有饭吃。我离开重庆到内地去，最初常常在路边看到饿死的人。由于国民政府的力量到四川了，做了许多经济工作，到第二年就没有发现饿死人的事情了。第二年四川的经济就好起来了，情况大体是这样。

农本局下面管棉花的机构，不是管理棉花购销的金融问题，而是帮助他们怎么样收购和运输，主要是解决这两大问题的。当时有一个商业机构叫作福生庄——用的是商业机构的名称，它实际上是农本局办的，这里面有棉花方面的专家。这项工作在当时来讲是做得不错的。当时这个棉花的事情不仅牵涉到四川，还牵涉到云南——云南的棉花产量也是很大的。这是农本局大致的工作。

农本局这个工作，当时与后方经济有很重要的关系，对抗战是有意义的，所以我参加这个工作做得很积极。我个人在工作中也采用了一些新的管理办法。比如说，我在办公室里做了一个鱼鳞册。什么叫鱼鳞册呢？就是拿布叠起来，叠了一层一层，再缝起来，相当于有了很多小口袋，每一个口袋里可以放一个或几个小卡片，重要的事情用几个字记录在上面——现在看起来是不稀奇的，以前这样的方法是很少的。农本局的总部常常要打电话来问许多相关情况，我在电话里面立刻就能告诉他们。他们觉得很奇怪，就说你要慢慢地查了告诉我嘛，不要记错了。我说不会错，我都有记录。这是一个小事情，一个提高工作效率的小事情。银行是讲究工作效率的，如果它没有工作效率，那生意就被人家抢去了。可是官厅一向不讲究工作效率的，我就用这些方法来提高效率。当时我们这个农本局驻重庆专员办事处下面管了几十个合作金库，假如管理的方法是很慢很老的话，那办事情就会把时间拖得很长，要耽误事情的。农本局在各地办事处的人——尤其在重要位子上的人，绝大多数都是金陵大学农业经济系的毕业生。此外呢，还有许多从上海退下来的银行界的青年职员，所以当时的工作是朝气蓬勃的，这一点是很好的。

# 空袭重庆　南溪遇盗　居转搬家

　　可是好景不长，不到半年，情况就变化了。不是内部的变化，而是日本人轰炸重庆，越来越厉害，搞得我们不能好好地工作。我记忆当中的轰炸最厉害有两次。一次我同几个人到远郊区的农村去察看农业的情况。早上去，夜里回来。回来发现，我的办事处已经被日本人炸光了，没有了！这一次给我的印象很深刻。还有一次呢，是我的家遭到轰炸。当时我的家住在上清寺，这个情况张允和知道得更清楚。张允和住在上清寺（张允和在旁插话：带了小禾）——小孩不在上清寺，小孩在乡下（张允和：不，小禾在我身边）——她可能带了一个孩子在身边。当时她们那里有防空洞，轰炸的时候她就躲到防空洞里面去了。轰炸完了，大半天才敢出来，发现自己的家没有了，家变成一堆瓦砾，所有东西都埋在瓦砾堆里。而且重庆时常下雨，轰炸之后也正好下雨，等到雨停了、天晴了，有人把瓦砾堆扒开，看看里面还有什么东西可用。但是全都烂掉了，就剩了一双橡皮套鞋没有烂。所以这个轰炸对后方的影响是很大的，影响工作、影响生活。有一次轰炸得很厉害，重庆起了大火，整个城市都在大火当中燃烧。当时的房子大多数是木头造的，重庆是建在一个个山头上的，所以大火之后，有的整个山头上没有房子了。有房子的时候，人在马路上两边只看到房子，看不到其他东西。等房子烧光以后呵，人站在马路上，等于站在山头上，可以看到两面都是江，可以看到很远的风景。整个变成一个光头的山了。

因为重庆是国民党政府的陪都，是抗日战争的指挥中心，也是一个后方经济的计划中心，所以日本人拼命轰炸，轰炸得越来越厉害。因此，我们的工作就很难开展。后来农本局想出一个办法，让我们这个驻重庆专员办事处搬家，不要设在重庆。搬到哪里去呢？放在宜宾。宜宾就是从重庆沿江而上，从重庆到宜宾，川江这一段是比较宽的。宜宾在当时来讲呢，在内地，是重庆的内地，是一个重要的地方。当时在四川，重庆、成都、宜宾三个地方是最重要的。从路程方面来讲，在宜宾管理四川各县与在重庆管理各县，是差不多的，但是宜宾遭到的轰炸少。我们搬去的时候还没有遭到轰炸，所以通信联络比较方便。仅仅是一个工作地点的变动，其他都是一样的。

我附带谈谈在宜宾时一些生活上的事情。当时从重庆到宜宾一般要坐轮船，非常慢。但是通信有航空信，宜宾到重庆有一个小飞机每天飞去飞来。这个小飞机上也可以坐几个乘客，一般能坐两个人，有的时候只能坐一个人。这种飞机现在是没有了，很有趣味。我因为工作关系，常常要坐这个飞机从重庆到宜宾，或者从宜宾到重庆。这个飞机的机翼是两层的，是用绸子做的，机身像一个很小很小的船（张允和插话：蜻蜓飞机）。它是水上飞机，可以停在水面上，不是停在陆地上的，所以在川江上飞来飞去比较方便。这个飞机一般配有一个机械师——就是驾驶员，还有一个助手，后面的位置要放两桶汽油。有的时候把放汽油桶的地方挤一挤，助手就能坐在汽油桶旁边，这样这个助手的座位可以出售。我常常坐这个座位来来去去。这个飞机飞得很低，几乎是接近水面。从宜宾到重庆的川江的水在当时是干净极了，清而透明，我在飞机上可以看到江里的草、江里的鱼，清清楚楚。坐这个飞机，假如有心看两岸的风景呵，那实在是好。当时的飞机当然飞得比较慢，不像今天的飞机飞得又高又快，什么都看不见了。

农本局驻重庆专员办事处搬到宜宾以后，要找一个办公的地方。宜宾当时是一个比较重要的城市，但是房子并不多，城市也并不很大。到哪里去找房子呢？这是一个很困难的情况。后来有一个机会，使房子的问题很快就解决了。宜宾有一个县衙门，是清朝遗留下来的，经过不断地修理、补充，虽然有点破烂，但是房子很大，没有人使用。县衙门里的人害怕轰炸，早已离开，搬到农村去了。所以我们就租县衙门的一小部分做办事处。当地的人对我们说——可能也是笑话——说将来中央政府如果在重庆站不住，可能也要搬到宜宾来。你们搬到宜宾来，就是中央政府搬到宜宾来的先遣部队（大笑）。但是宜宾没有遭受轰炸的这个有利条件很快就过去了。没多久，日本的飞机到宜宾来轰炸了。到宜宾来轰炸有两大目标。一个目标是宜宾的飞机场，这个飞机场离城区相当远。这个飞机场不仅是民用的，主要是军用的，所以它来轰炸。另外一个目标是轰炸城市，县衙门当然是首选目标了，因为县衙门当时是宜宾的中心，从飞机上看是很清楚的。因此我们准备也要搬到农村去。可是怎么搬呢？商量下来，决定先在农村预备一个办公的地方——当然更小喽，平时人还是在城里办公，同时把担心被轰炸破坏的东西放在防空洞里，必要的时候可以搬到农村去，有一个退路，是这样一个办法。

我们家在重庆的时候，起初在合川找了一个安顿的地方，觉得合川是好地方，也比较安定，几乎没有被轰炸的危险。当然后来也被轰炸了，不过轰炸次数不多，破坏也不是很大。被轰炸得厉害的倒是我以前讲过的北碚，北碚这个地方是一个旅游胜地，许多重要人物住在那里。日本人消息灵通，合川虽然比较大，但重要人物不在合川，北碚虽然比较小，但是北碚有重要人物，所以后来常常轰炸北碚。

那个时候，我和家庭隔得远呵，心里总归是不安定。而且合川有一个不利的条件，就是万一我的母亲生病，小孩生病了，而合川的医疗条件当时是不大好的——所以合川的人有了病也到重庆来看。为了跟家庭联络方便，经过别人的建议，我们就再次搬家了，搬到南温泉。去南温泉要从重庆渡江，过了南面的江渡，还要上山。南温泉这个地方很好，条件和北碚差不多。我要到重庆办公，就是上山下山有点麻烦，但防空等条件都很好。不仅我们家搬去，许多从上海、南京来的人和在政府里工作的人，也都搬了去，所以南温泉越来越变成一个重要的居住地方。日本人的消息很灵通，搬去南温泉的人一多，它就来轰炸了。到南温泉去，要自己走路爬山，很累。如果有时赶时间，或者疲劳了，过江有轮渡，过了轮渡有滑竿，可以坐滑竿回家——上山下山都可以坐滑竿。所谓滑竿就是两根竹竿，当中一块布，人就坐在这块布上。有一次，我坐了滑竿下山，刚刚走到江边，正从滑竿里出来，这时飞机来了！一颗炸弹就在离我非常近的地方炸了！我看到了这个炸弹爆炸，而且看到了这个炸弹破坏了好些东西，把牛也炸伤了。当时我没有看到炸死人，可是一会儿救护队就抬了几个被炸伤的人经过。那个时候，几乎每天都能看见被日本飞机炸死的人，的确需要将生死置之度外。

在抗日战争的后方，生活非常艰苦，但是大家抗战的精神非常好。大家一致觉得必须抗战，只要长期抗战，一定会取得胜利。连普通老百姓都是这样一个想法。后来蒋介石在南温泉也搞了一个住的地方，常常住在那里。蒋介石呢，他偶尔会出来散步买点小东西——特别是在星期天。我没有遇到过他，不过我的儿子——那个时候五六岁吧——遇到过他。他在电影中常常看到蒋委员长，看到电影中的人见了蒋委员长，都跟蒋委员长行礼，所以就认识了蒋委员长了。有一天清早，我的保姆带我儿子出去买菜，我儿子就跟了她出去玩儿。他们走到半路，就碰到蒋介石了。我儿子就学了电影里面的情形，向他行了一个礼，并且嘴里面也讲："蒋委员长，敬礼!"蒋介石很高兴，笑笑说："这个孩子真好!"就这么一回，后来就没有机会再碰到。这是当时的许多花絮之一，我是随便想到哪里就谈到哪里。

日本人的轰炸越来越厉害，大概是蒋介石住在南温泉的消息被日本人知道了。日本人对南温泉的轰炸越来越频繁，搞得我们的家也没有办法继续待在南温泉，南温泉的许多其他住户也只好搬家。搬到哪里去呢？我有一个老同事，年纪比较轻，他在农本局在四川办的合作金库工作，是一个小金库的经理。他的金库在哪里呢？沿着川江从重庆到宜宾，在比较接近宜宾的地点，有一个地方叫作南溪，这个地方很小。他说南溪这个地方比较安全，政治经济地位都不重要，日本飞机决计不会来轰炸，老人小孩可以安静地住在那里；而且他在那边工作，可以附带给我们一点照顾。

我们觉得很好呵，就坐了轮船到南溪。除了我的母亲、我的妻子、两个孩子和两个保姆，大概同去的还有我姐姐和她的几个孩子——我记得不是很清楚。到了那里，我这位同事他事前已经给我们租好了房子，有好几间呢。我们大概是下午到的，把行李弄下来之后，人相当疲倦，吃了晚饭，大家很早就都睡了。

这一晚出事情了。那天我们大家都很疲劳，睡得很沉，完全没了警觉。第二天早上天亮，唉，发现这个房门开着!这时保姆、孩子还没有起床，我们就叫他们起床。大家起来一看呵，发现偷东西的人把一个个房间的箱子都偷走了。跑出去一看，箱子都被打开了，我们的衣服和其他的东西被扔了满地。他们是从屋顶上爬出去的——大门没有开，屋顶上也有我们的衣服。后来我们再到外面去看，才发现，路上也有我们的东西丢在那里。后来当地的警察都来了，才知道我们的东西都被偷了。被偷的东西并不多，因为他们不喜欢我们的衣服，我们那种衣服都是"下江佬"——从长江下游去的人都被这样称呼——穿的，对他们不合适，他们不要。他们以为我们很有钱，一定有值钱的东西，不明白我们是来逃难的，逃难逃得什么值钱的东西都没有了，就只剩下生活必需的东西。我们当时是有一点钱，但钱都存在银行，不放在身上，不是随身携带的。我们的箱子也很破旧，有的他们就丢了，连我们的箱子也不要。隔了相当长的时间以后，有人告诉我们，这种贼入室以后，放了迷魂药，我们睡了就不容易醒过来。否则他们拿了那么多东西，我们全家人不会都不知道——一个都没有听到，一直到天亮。我们没有证据证明他们用了迷魂药，但是事后想起来，他们很可能用了迷魂药，否则我们不会睡得那么沉，睡得那么久。所以说这个逃难呵，一路上会遇到许多惊险的事情。

由于在南溪发生了这个事情，所以我们在南溪住了一阵以后呢，心里始终觉得不安定。

后来又搬，搬到哪里去呢？张允和的弟弟叫张定和①，是音乐家，他参加了一个戏剧学校②。这个戏剧学校本来是在南京，抗日战争时期就搬到后方一个叫江安的地方。江安这个地方并不小，在重庆到宜宾当中的川江边上，算是一个相对中等的城市。这个城市没有遭到破坏，还是清朝的老样子。由于张允和的弟弟在那边，可以照应我们，这样我们一家就搬到江安去了。在江安住的时间比较长一点。江安还有小孩子读书的地方，有幼儿园、小学，条件还比较好。所以江安给我们留下来的记忆，都算是比较愉快的。在江安时，我们住在一个绅士家里。这个绅士他们家里有人中过进士，在当地算是一个了不起的人家。他们的房子也比较多，都是老式房子。江安也有我们农本

---

① 张定和（1916—2011），张允和之弟，作曲家、乐队指挥。

② 指国立戏剧专科学校。原名"国立戏剧学校"。又称"南京国立戏剧专科学校"，是中国现代第一所戏剧专科学校。1935 年秋创建于南京，是当时的戏剧最高学府。剧专办校 14 年，校址几经迁徙，而在江安办学达 6 年之久，时间最长。曹禺、吴祖光等的一些代表作都是在江安写成的。

局的合作金库，这个金库的经理跟我虽然也很友好，可是不像南溪的经理那样原来跟我们家庭就有联系。

在这里有许多有趣的事情。我的儿子当时大概是五六岁吧，他听说合作金库里存的钱有利息——比如存了十块钱隔了很久呢就变了十一块了。那么这一块钱是从哪里来的呢，他觉得非常奇怪。有一次他就到这个金库，去问经理。他说："叔叔，我们的钱存在金库里面，存在什么地方，你给我看看好吗？"他要看什么呢？原来他想金库里面真的有一个地方，把存的钱放在那里，钱就会慢慢地多起来——他就要看这个秘密。这件事情在当时传为一个笑谈。

在江安的这个戏剧学校，万家宝——曹禺①，他在这里教书。张定和也在里面教书，同时作曲。这个学校，抗日战争胜利以后变成一个话剧学校，中国最重要的一个话剧学校，一直到新中国成立，并在这个基础上后来发展成北京的中央戏剧学院。这里面最重要、最有名的一个剧作家就是曹禺。我们在江安，就跟曹禺、曹禺的夫人和他们的孩子非常熟悉，经常往来，关系非常密切。一直到曹禺后来跟他夫人离婚——他们是新中国成立后离婚的。他的夫人经常到我们家来，是我们最要好的朋友之一。所以，我们这个逃难生活在江安一段是比较愉快的。

---

① 曹禺（1910—1996），湖北潜江人，出生于天津，剧作家、戏剧教育家。

# 通货膨胀　生活艰难

在抗日战争时期，头几年情况不错，后方政治经济很有发展，搞得越来越好。可是好景不长。所谓好景不长主要不是因为日本人的轰炸，主要是打仗很费钱，就不得不印发钞票，引起通货膨胀。我们起初到四川，工资是上海、南京的标准，比四川高得多，所以我们的生活在经济上毫无问题。我记得很清楚，头两年，在重庆请客，吃鱼翅，一桌多少钱呢？八块钱，这是非常便宜的。当时国民党货币钞票的 8 块钱，也等于 8 块钱的银元。当时四川还流行一种大的铜板——上海的铜板是小的，大概四川一个铜板抵到上海的两个铜板。可是四川的东西非常便宜，所以我们初到四川时经济上是没有问题的，但是后来不行了，通货膨胀越来越厉害。

这个通货膨胀的破坏力非常可怕，通货膨胀越来越厉害，就影响了农本局，农本局放出去的钱收回来就不值钱了。通货膨胀把农本局搞得差不多是破产了。但是，不要紧，因为它是政府机构，有政府做后盾，我们经济有困难，政府给钱。但是后来通货膨胀很厉害，我们放一点款子，借一点钱给农民，农民都不在乎了——这点钱对农民没有什么用处了。物价拼命涨，涨得快得惊人，这是打仗时候很难免的情况。这个通货膨胀对政府机构里的职员影响很大，因为工资虽然也在加，但是无论如何跟不上物价。对那些拿工资的——那时叫薪金生活者，这点薪金根本不够了。我们农本局的对象是农民，农民手里虽然没有钱，但手里有粮食、有棉花，有实际的东西。通货膨胀，实际的东西就随着涨价。那个时候虽然也有一些措施来控制物价，但是不是像1949年后那样控制，当时是控制不住的。因为粮食也好、棉花也好，都是在农民、商人等个人手里，所以一通货膨胀这些东西就涨价。农民在当时受到的影响并不大，甚而有些农民因此反而赚了钱了。但是农本局的工作就越来越困难，因为农本局的放款不能跟了物价涨——那就对农民没有多大帮助了。这个情形变化很大，越来越恶化，甚至导致农本局的作用越来越小。在这种情况之下，一方面，农本局的作用越来越小；另一方面，做国家的公务员，拿到的薪金不够用，要用自己带到四川去的存款补贴生活。

在这个时候，我们家在宜宾又发生一件小小的事情。什么事情呢？张允和生病了，突然发急性痢疾，非常厉害，一天要拉很多次。宜宾没有好的医生，怎么办呢？农本局的协理蔡承新，他给我帮了很大的忙。他认识重庆一个有名的医生，是日本留学生。于是就请他。由于蔡承新的面子，他就坐了这个小飞机——长江上的水上飞机——飞到宜宾来给张允和看病。他来看诊每次待一两天，回去之后隔两天再来，病情可以通过电报告诉他。这样一个非常非常危险的痢疾，经过他多次诊治，张允和总算救过来了。假如没有他来治疗呢，那是肯定没有命了。所以说，当时通货膨胀的压力，再加上又有医疗卫生的问题——四川的卫生条件是不大好的，我们的生活很艰难。

我们在江安时也发生一件事情。我们有两个保姆，一个上年纪的保姆叫钟妈，一个年轻的叫"小老姐"。安徽话"老"是"小"的意思，"小老姐"就是兄妹中最小的女孩，也是女孩中最小的妹妹。这个钟妈生病，得了疟疾。四川的疟疾是很厉害的，疟疾一发作起来人就完全不省人事了。那怎么办呢？江安的医院是教会办的，我们是相信科学、相信教会，于是就把她送到医院去，想不到这个医院对疟疾也没有办法。不多几天——我记得不清楚，也不知道是三天五天，她就死了。这给我们的精神打击太大了。后来有人说，你们错了，应当找一个中医来看，中医能够治呵，西医不能治呵。这些话是不是对？我当然是将信将疑。可是我们对钟妈的感情非常深，她的去世是我们在四川遭受的一个很大的打击。

关于农本局，我还要讲几句。在通货膨胀以后，农本局遇到的困难在金融的部分。因为这个通货一膨胀，农本局的资金虽然有增加，但实际的价值大大地减少了，所以能借给农民的钱不能像以前那样充分。农本局的钱对农民来说，还是有需要的，但是不能充分满足他们的要求了。另外一方面，农民的手里有粮食、棉花等物资，他们的实物拿货币来计算，相对来说价值是大大地增加了。所以说他们富了，我们穷了。所以当时报纸上评论这件事，批评政府不是东西，每一个政策都是向老百姓要钱的，只有农本局是把钱借给农民，甚至是把钱送给农民，这件事情对农民是有利的。农民是人民的大多数。后方的农民保证了抗战时期的粮食、棉花，就是保证了吃饭、穿衣，一直到战争结束，后方的吃穿基本上没有问题。这是一件很了不起的事情，所以大家认为农本局是有贡献的。这不仅是少数人的看法，不仅是政府的看法，而是多数人公认的看法。所以"农本局"三个字在抗日战争的后方，名誉是好的。

不过，随着通货膨胀越来越厉害，合作金库的意义就越来越小，这是一件令人头痛的事情。但是农本局下面的福生庄——它是经营运销，不是帮助生产，不是金融环节——的工作仍旧继续。福生庄通过政府力量来组织的"驮运"在当时来说，应当是很成功的。什么是"驮运"呢？当时后方——云南、四川、贵州、广西——有些地方的运输是使用人力或用马、骡子的。福生庄就把这些"驮运"组织起来，加上火车、汽车、船只，整个运输线就能有计划地沟通起来。同时在运货的途中设置一些仓库和吃饭、休息的地方——像小旅馆一样。这件事情呢，做得很成功。当然这个运输方法是比较落后的，但在当时是发挥了很大的作用。当时西南的后方铁路是很少的——在抗日战争时期要建造铁路也是不大可能的，但是公路交通大有改进。西南地区——特别是四川——本来只是名义上算国民政府的一部分，蒋介石的军队、蒋介石的力量不能干预他们的，实际是处于军阀地方割据的状态。但是由于抗战，南京政府搬到重庆，那么蒋介石的中央政府的权力就可以实际控制他们了。应当说，当时地方和中央的合作基本上是好的，这也是有利于抗日战争的。

# 再进江苏银行　四川印象

　　这时候，我感觉到在宜宾再待下去意义不大了。当时我常常要去重庆汇报工作、商量工作。到重庆的时候呢，有一位老先生来找我，他叫许伯明，是江苏银行的总经理。抗战爆发之前，他本来已经不担任这个总经理了，由另外一个人接替了。江苏银行的总行在上海，分行有的在江苏，有的在安徽，有的在浙江北部，抗日战争爆发之后，都处于日本的控制之下。接替许伯明的那个总经理，也无法开展银行的工作了。后来，江苏沦陷了，江苏省的省政府就逃难，也来到了重庆——当时有好多个省政府都逃到重庆。当然，逃到重庆之后的省政府都是象征性的，顶多两三个人维持一下现状，方便战争结束之后着手光复工作。这个江苏省政府得到了当时财政部的同意，要在重庆成立一个江苏银行的办事处，同时邀请许伯明来重新担任江苏银行的总经理。因此许伯明这时就到了重庆，筹备成立办事处。这个办事处是不准备有门面的，不做门面的生意，但是可以经营一点上海和重庆之间的汇兑之类的业务，主要是策划战争结束之后怎样恢复银行的工作。他们要聘一个办事处的主任，这个主任不仅仅是负责在重庆办理业务，还要计划将来整个工作怎么开展。于是许伯明就来找我，希望我担任这个主任。我告诉他我在农本局有工作。他说没有关系，可以兼这个工作，不过希望我人要待在重庆。这样，农本局就同意我离开宜宾，调到重庆，兼任江苏银行办事处的主任。这个办事处实际上像一个家庭一样，有一套公寓房子——在当时有这么几间房子，在重庆已经是很不容易的。

我顺便讲一个有趣的事情。这个许伯明呢，他业余爱好昆曲和京戏，特别是爱好京戏，他对新兴的、有希望的京剧演员的帮助是很大的。有一位年轻的京剧演员叫赵荣琛①，是安徽人，也是张允和的同乡，讲起来有点远亲关系。赵荣琛有一个远房的堂弟，在农本局我那里工作的。因为这些关系，赵荣琛经常来看许伯明。我记不清楚赵荣琛当时家住在什么地方了，但他到重庆城里来，就住在我那个办事处。这个办事处有两间房间给我用的，里面一间我住，外面一间是会客的，那么他来时就住在会客的房间。当时银行界有很多人是支持、提倡京戏的——当时的说法叫作"捧戏子"，实际是支持某个演员，无微不至地帮助这个演员发展，这对于京戏的发展是有帮助的。今天就不用这种字眼了，"捧戏子"，好像字面意思不大好。江苏银行有一个董事会，董事长叫冯耿光②。冯耿光在银行界是赫赫有名的，他是中国银行董事长兼江苏银行董事长③。冯耿光是捧梅兰芳④的，梅兰芳的成长后面冯耿光的贡献是不小的。许伯明呢，特别在抗日战争时期，主要是捧这个赵荣琛。赵荣琛每次来城里，都住在我这里，他跟我们有一点亲戚关系，所以跟我的关系很好。

---

① 赵荣琛（1916—1996），安徽太湖人，京剧（程派）演员。

② 冯耿光（1882—1975），广东番禺人，银行家。曾任新华银行董事长和中国银行总裁。

③ 据现有资料查证，冯耿光当时是中国银行的常务董事兼新华银行的董事长，未在江苏银行任职。

④ 梅兰芳（1894—1961），祖籍江苏泰州，出生于北京，京剧演员。

这里我附带讲一点从上海、南京到四川的印象。到了四川，第一个印象就是货币问题。开头四川的货币跟上海的货币实际是两种货币，很快四川的金融就被上海的金融接收过来了。四川原来主要用铜元，大的铜元，慢慢地铜元就少了。四川的物价比上海便宜得多，因为交通不方便，有丰富的物产运不出去。那么到了这个时候，情况慢慢地在变，四川物价慢慢地提高，金融就跟上海统一起来了。

　　还有一个印象，就是我从上海到汉口到重庆到成都，越往西面走，社会生活的节奏越慢。这些人，越来越不着急，做事情是慢慢吞吞的。在成都的时候，光华大学修理房子，工人清早八点钟来，先要抽烟，到九点钟再工作。九点钟开始工作，到十点、十一点，又停下来了，又抽烟了，要吃点东西。我们计算了一下，他们一天真正工作的时间不到六个小时，非常慢，做什么事情都是一个慢节奏。这个现象，从中国东边的长江口一直到四川的成都，一步一步走来，是看得很清楚的。这个节奏的快慢反映社会的发展程度。拿上海跟东京来比，上海节奏就没有东京快，拿东京跟纽约比，那就差得更远了，纽约的节奏更快。所以这个经济越发达，人越紧张，生活节奏越快，这是一个世界性的规律。节奏慢当然不太好，因为节奏慢生产就少了，人不着急，生产的东西是老样子，照祖宗的办法来行事，而且越古越好，崇拜祖先。一个是前进的社会，一个是后退的社会。

　　我们初到四川的时候，四川的女人、女孩子穿的衣服跟上海很不一样。上海那种时髦的衣服，她们看了笑，心里面很羡慕但不敢穿。发型也很不一样，她们的头发留得很长，很古老的。可是四川人呵，学时髦真快，不到一两年，衣服就穿得跟上海人一样了，头发也梳得跟上海人一样了。由于抗日战争，这个西南后方的风俗呵，是大大改变了。

　　日本人的轰炸越来越厉害，不仅轰炸重庆、成都，沿嘉陵江大的地方都轰炸。这个时候，我们的家庭要安顿在一个安全的地方就越来越困难。我的大姐姐——我们叫她三姐。第二个姐姐，我们叫她四姐，因为前面还有两个姐姐小的时候就去世了。四姐叫周润①，因为她是闰月生的，她的号叫惠言。她一直在南洋工作，在新加坡教书，后来在仰光——就是缅甸的首都——教书。她做仰光的华侨女子中学——简称华侨女校——的校长，做了近二十年。抗日战争初期，她还在那边做校长。我们在上海的时候，觉得仰光很远。因为从上海到仰光要坐轮船，往南，再往西，经过很远的一段路程，仰光快要接近印度了。但是抗日战争时期，我们到了四川，离仰光就变得很近了，仰光与中国的后方是接近的。另外一个变化，以前到仰光去，必须坐轮船；这个时候，仰光通了飞机了，重庆到仰光很方便，经常有飞机往来。于是我的四姐就想把我的母亲接到仰光，跟她住在一起，因为那边那个时候暂时还没有战争，很安全。她要我把母亲送上飞机，她在仰光接她。我想这样也好，否则我上有老、下有小，安全问题是很伤脑筋的。这样，我母亲就去了，跟我四姐住在一起了。

① 周润（1898—1987），又名惠言，周有光第二个姐姐，称"四姐"，终身未婚。晚年长期与周有光、张允和一家生活在一起。

# "星五聚餐会"与民主人士

我回到了重庆，一边在农本局的总部工作，一边兼江苏银行的办事处主任——江苏银行的兼职工作很少。这个时候，我就继续参加抗日战争之前就参加的一个活动——"星五聚餐会"，是上海重要的工厂或银行组织的。就是礼拜五聚餐会，每个礼拜五晚上大家聚在一起吃一顿饭，交流情报，交流看法，商讨共同要做点什么事情。这个"星五聚餐会"里的一个活跃分子就是章乃器。在救国会中，我们在章乃器负责的小组，章乃器、蔡承新、我，等等，都是"星五聚餐会"的成员。这个活动没有什么正式的组织，你愿意来时就来，不愿意来时就不来，就是每个礼拜去吃饭，大家每个人出一点钱，自己吃自己的。这个"星五聚餐会"，后来就变成迁川工厂事实上的一个很重要的推动力量。迁川工厂另外有一个组织，叫迁川工厂联合会。迁川工厂由国民党政府的经济部帮助搬运、建设、造房子、生产，这样后方许多必需的东西就可以自己生产了。

这个"星五聚餐会"，可以说是进步资本家的一个机构。参加聚餐的人，有的自己是资本家，有的是代理资本家。当中有些人不是经常来，比如说吴蕴初①。吴蕴初是开办味精工厂的。吴蕴初在日本留学的时候，学的是有机化学，他不仅仅在学校里读书，还去日本工厂看"味之素"。他把"味之素"这个小事情学了，回到上海就开一个小工厂，生产味精。这个事情越做越发达，他后来变成上海的一个重要资本家。起初我不认识吴蕴初，在"星五聚餐会"里我才认识他。了解之后，我感觉到，他不仅是一个资本家、工业家、企业家，还有很好的政治思想。当然他的想法不是社会主义那一套想法，他有他的一套想法。

在迁川工厂的活动中，我经常接触到所谓进步的资产阶级——新中国成立后这些人都被叫作民主人士。其中有一个人叫杜重远②，被盛世才邀请担任新疆学院院长，1943年被盛世才③杀害。抗日战争爆发之前，他在上海办了一个杂志，鼓吹抗战，传播新的思想，非常能干。有一次"星五聚餐会"的时候，他来参加了。他告诉我们，他要到新疆去。新疆当时的省主席，叫盛世才。这个盛世才的新疆是一个特别区域，国民党的力量伸不进去，但是他表面上是拥护国民党的。当时他做了很多宣传，讲新疆怎么进步、怎么好，他要聘请能干的人、进步的人去帮他工作。杜重远就答应他，去帮他做工作。杜重远去了之后，重庆的工商界还组织了一个小组，到新疆去参观了一次，大家回来都讲非常好。可是后来才知道，从表面的宣传上看盛世才这个人是不错的，骨子里却是一个很坏的军阀，而且是一个很残酷的军阀。杜重远去了之后，就受了冤枉，被诬告说是要叛变，被关在

---

① 吴蕴初（1891—1953），江苏嘉定（今属上海）人，化工专家、实业家。

② 杜重远（1897—1943），辽宁开原人，实业家、社会活动家。1939年应盛世才邀请担任新疆学院院长，1943年被盛世才杀害。

③ 盛世才（1895—1970），辽宁开原人，1933—1944年间新疆军事、政治首领。

监牢里，最后在牢里就死掉了。出了这件事情以后，我们就回想到他在参加"星五聚餐会"时，就曾谈起他在新疆看到的情况。他说他跟盛世才吃饭谈话的时候，忽然外面来了一个报告，说有个人叛变，已经被抓住了。这个盛世才当时是不断镇压被他怀疑要叛变他的人。所以说，他希望有进步人士去帮他的忙，是假的。结果杜重远就死在新疆，这件事情是给重庆的知识界一个很大的震动。杜重远想要把新疆搞得好一点，作为一个后方的力量，这是杜重远太理想主义了。后来才知道，盛世才这个军阀比四川军阀还要坏。蒋介石一直想要打进新疆，打不进去，最后进去了。盛世才想要投靠苏联，也不成功了。于是盛世才没有办法了，就投靠蒋介石，就坐了自己的一个飞机飞到重庆。盛世才跟蒋介石的矛盾很严重，照理这个盛世才是应当被枪毙的，可是由于他把在新疆搜刮到的大量黄金带上飞机献给蒋介石，拿这一大批的黄金换了一条命。[①] 他到了重庆之后，蒋介石就给他安置在一个安全的地方，没有给他什么工作。从此以后"盛世才"三个字，一般人也就不大知道了。这是一个插曲。

当时许多人——尤其知识分子，想要为抗战多做一点工作，但是要找到适当的工作是不容易的。照我看来，迁川工厂这批人，是做了工作的。他们到了四川，建设了好多个工厂，生产了好多方面的东西，对抗战是有贡献的。

---

① "盛世才送黄金"一事可能是来源于当时坊间传闻，似无确凿的事实依据。

# 见证国共合作
# 与许涤新等人的交往

　　抗日战争以前，国共合作开始。西安事变以后，张学良①自己做人质，跟了蒋介石到南京，蒋介石把他软禁起来，因为他违背了领袖的意志。但是，蒋介石已经答应，并且的确是下了决心抗日。国民党的国民政府在重庆，1945 年毛泽东②到重庆去见蒋介石，这件事情是一个高潮。当时我们每天无论是看报纸还是听无线电报道，注意力都在与日本人打仗的前线以及国际形势上。毛泽东到了重庆，那几天我们的注意力就放在重庆的消息了。报纸上虽然没有长篇报道，但是据我后来听到亲身经历的新闻记者讲，他们说这个报道完全符合事实的：毛泽东跟蒋介石举杯庆祝的时候，高声大呼："蒋委员长万岁！"这个情景报纸上都登出来了，很多人都知道，这在当时不足为奇。后

_____

　　① 张学良（1901—2001），辽宁海城人，张作霖之子，"西安事变"发动者。

　　② 毛泽东（1893—1976），中国共产党、中国人民解放军和中华人民共和国的主要缔造者和领袖。

来，不多几天，毛泽东就回延安去了，周恩来①还留在重庆。② 当时我也听到有些人开玩笑，说毛泽东是来赴鸿门宴的，这个说法在当时是当玩笑话讲的，没有人认真对待这句话。不过在今天来看，考虑到后来国共内战，共产党胜利，这个会面倒的确是有几分鸿门宴的味道。

周恩来还留在重庆。周恩来有一个秘书，叫许涤新，他是共产党在经济学方面的权威。许涤新③编了一个杂志，好像是《群众》，是共产党在经济学领域的杂志。据别人说，周恩来在重庆，实际没有多少工作，不过是负责一个联络处，相当于是驻重庆联络处的一个负责人。他利用这个地位，与重庆的各界人士开座谈会，而每次开座谈会的具体安排都是许涤新来组织的。许涤新原来被关在苏州的监牢里，西安事变之后被释放出来了。中共在重庆开座谈会，大概一个月举办两次，或者更多。有不同主题的座谈会，当中有一种座谈会，就是专门邀请社会上的知识分子——今天被称作"民主人士"——举办的。这个座谈会里，我们那些"星五聚餐会"的人是经常被邀请的，我就很多次被邀请参加这个座谈会。座谈会谈什么呢？不谈共同抗战，因为共同抗战已经是事实了，谈的都是中日战争的形势、前途和国际的形势。因为当时国际形势越来越紧张，究竟会怎样发展呢，最重要的是，美国会不会参战，英国有没有力量跟希特勒对抗，诸如此类的问题。周恩来的外交手腕、外交辞令的确很好，他讲的话每一次都很中肯，讲到要点，而又不得罪国民党。当时大家一致拥护蒋介石领导

---

① 周恩来（1898—1976），中国共产党和中华人民共和国的主要领导人。

② 1938—1946 年周恩来在重庆负责中共南方局工作。

③ 许涤新（1906—1988），广东揭阳人，经济学家，中共党员。抗战时期，任重庆《新华日报》编委和党总支书记。

抗战，这是没有问题的。因为这个缘故，从那个时候起，许涤新与我越来越熟悉，因为我也搞经济学。

还有一位秘密共产党员，是沙千里，当时没有人知道他是共产党员。他是上海救国会的一个活跃人物，是"七君子"之一，但在"七君子"当中他是最不活跃的。因为他是秘密共产党员，所以表面上他的活动不活跃，暗中做了许多工作。沙千里到了重庆，也参加这个座谈会，有的时候也参加"星五聚餐会"，这样沙千里跟我越来越熟悉。由于沙千里是协助章乃器做工作的，别人都认为沙千里是章乃器带出来的。由于沙千里跟我很熟悉，所以他有的时候会拿一点共产党的东西给我看。当时他给我看的一本重要的书，就是《联共党史》①。当时共产党的书，国民党表面上是不禁止的，但是像《联共党史》这样的书，暗中还是禁止的。我由于沙千里的关系，看到了《联共党史》。《联共党史》当时可以说是共产党的"圣经"，共产党把它看得非常重要。

周恩来、许涤新在重庆组织座谈会，虽然和各界人士都有接触，但对救国会的众多同仁是最看重的。因为围绕在救国会周围的这些人，对国民党有各种批评。不过，当时大家一致拥护蒋介石领导抗战，当时许多报纸杂志——包括共产党和左派的报纸杂志，都是这样认同的。

谈到这个问题呢，我想起了在长沙时的一件小事。我在长沙的时候，有个朋友告诉我，说共产党八路军的代表徐特立②在长沙邀请很多人聊天，一起谈论国际形势和抗战形势。我说，好，我愿意跟他谈。这个朋友就陪我去看他，约的是十点钟。我准时到，他准

---

① 即《联共（布）党史简明教程》，1938 年出版。

② 徐特立（1877—1968），湖南善化人，教育家。曾在陕北苏区进行汉语拉丁化拼音方案的试验。

时在等我，一起谈国际的形势、抗日战争的形势。特别谈到抗日战争是不可能在短期取得胜利的，因为当时美国没有参战；欧洲反对希特勒的力量比较薄弱；而日本的力量呢在中国几乎所向无敌。但是对于抗战的前景，大家有一致的看法，就是国民党提出的八个字——"抗战必胜，建国必成"。这八个字大家觉得是很对。谈着谈着，就快到十二点了，我一看时间，就赶紧说要走。徐特立说，不要走，就在此地吃便饭。那我说，好。这顿便饭很有意思，八个人围着一个小方桌子吃饭，徐特立拿出来四样菜，三样是炒青菜，另外一样大概是肉片之类。这说明他们生活是很艰苦的。徐特立说，他们平时就是这样吃，客人来也是这样吃。我们谈得很家常。这是我偶然想起来有这么一件事。

起初大家估计，日本人不会到长沙来的，不是它没有力量来，而是中国很大，战线很长。从战略上来讲，日本占领湖南，深入内地，对它们是不利的。但是后来情况变了，我在重庆的时候，看到报纸上报道，日本人不断向内地前进，占领了长沙。日本人还未到长沙的时候，长沙当地以军人为主的所谓政府就慌了，怎么办呢？他们就采取焦土政策，在日本人还未到的时候，就把整个长沙烧掉了。这个消息使重庆大为震动，大家都非常不高兴。这是完全错误的，日本人还没有来，居然就把自己的东西烧掉了。当时的新闻称之为"长沙大火"，后来蒋介石也认为这件事情很不对，是地方军人、地方官吏的错误决定造成的，于是处分了一些负责人。"长沙大火"事件是抗战时期的一个错误。

当时国民党的力量，实际上没有办法跟日本人打仗，日本人在中国简直是所向无敌。当然不能说国民党完全不打，国民党也的确是打仗的，由于战线非常长，国民党的军队没有办法顾到每个地方。国民党是采取重点抵抗的方针，抵抗失败了就往后退，一步一步往后退。但是呢，日本人的战线越拉长越不容易收拾这个局面。我当时听到有人这样评论中日战争——当然是事后的评论，认为日本人如果不发动"七七事变"，只是占领了东三省——所谓"满洲国"——而慢慢地消化它，后来世界大战中它也不加入德国的阵营，如果这样呢，倒是很不好对付的。如果这样的话，美国就不会主动去攻打日本。但是日本没有这样做，它在中国无限地扩展它的战线，后来又把战线扩展到整个西太平洋，这是它的战略上的极大错误。对历史的回顾，事后诸葛亮是容易做的，当时要做出正确的判断是不容易的。不过有一点，当时的共产党和国民党的看法都是一致的，就是认为战争是长期的，但我们最后会必然胜利。在当时讲"最后的必然胜利"这句话是比较渺茫的，与其说是一种相信，不如说是一种希望。不过，包括国民党后方在内，大家抗日的决心是有的，不因为失败而失去了信心，这一点是非常好的。

这里我要补充一下，我在长沙与徐特立谈话，其中谈的一个问题就是文字改革。早些时候，我在上海就参加过汉字拉丁化运动，我对拉丁化运动很感兴趣。我在圣约翰大学读书时，就深感中文不方便，英文比较方便。当然我不是要废除汉字，而是想用拼音文字。当时我的想法是，汉字之外一定要有一种拼音文字，这个拼音文字是拉丁化的。后来，国语罗马字出来了，我就很高兴，就在打字机上实验这个国语罗马字。那个时候我很穷，圣约翰的同学很多都有打字机，我没有，我买不起。但我的同学很多都有打字机的，借用还是很方便的。所以在推广国语罗马字的时候，我就支持国语罗马字。

那时候我在长沙碰到徐特立，我就跟他谈汉字拉丁化的问题。徐特立对汉字拉丁化运动也非常热衷，他认为汉字拉丁化可以提高人民的文化水平。但是当时他告诉我，推广汉字拉丁化很不容易。他说在延安，他是主持教育的，相当于延安政府的教育部部长。他宣传推广汉字拉丁化，有一段时间推广得很好。可是有时他要到比较远的小地方去做工作——那个时候陕北的交通是很不方便的，一个多月之后回来，就发现他布置的许多推广汉字拉丁化的措施，被反对汉字拉丁化的人完全破坏了。所以他回来之后呢，只能重建炉灶。所以他说，人们的习惯势力很大，反对汉字拉丁化势力的力量很强。没有文化的、不识字的老百姓也反对汉字拉丁化，因为他们虽然不识字，可是看见过字，认为文字就要像汉字那个样子，弯弯扭扭的字母那不行，那是鸡肠子——小鸡肚子里的肠子。这件事情我一直记在心上。

# 仰光探母　缅甸见闻

　　我从宜宾调回重庆农本局，在总局里工作，那是一种计划、管理、审核性质的工作，同时还兼有江苏银行的工作。这两件工作越做越简单，什么原因呢？农本局这个金融事业因为通货膨胀，意义越来越小。各地合作金库的经理和其他同仁由于通货膨胀，不得不自己做点小生意。自己做小生意本来是不被允许的，可是在这个时候想要真正禁止，也很困难，因为通货膨胀让人们生活有问题。这个时候这些拿工资的工人，工资难以维持日常生活，一个个都是兼做小买卖。拿薪金的——那个时候叫薪金生活者——收入要比拿工资的高好多倍，生活不是那么困难。但是由于通货膨胀越来越厉害，生活的威胁逐渐影响到每一个人。因此有些地位低的薪金生活者很为难：做生意还是不做生意？不做生意，生活的确非常困难；做生意吧，有面子问题，况且生意也不是那么容易做的。所以在这样一个情况之下，重庆上上下下的人对抗日战争的热情在慢慢地下降。

　　与此同时，日本占领了中国很多地方之后，他们的攻势也缓慢下来。后来才知道，他们进攻缓慢下来的一个原因，就是要准备太平洋战争。在中国再多侵略一些地方，对它来讲没有多大意义了。

这个时候由于前方——所谓"前方"就是中国的中部和东部——都被日本人占领了，唯一的出路就是"走后门"，就是经过云南，到达缅甸的仰光。仰光变成当时抗日战争的后方的后门，重要性越来越大。仰光跟重庆之间的飞机越来越多，一封航空信从重庆寄到仰光，今天寄，明天就收到了；但是从重庆寄到成都，却要好几天。我的母亲在仰光，不受轰炸的威胁，我的姐姐将她照顾得很好，像她这样年纪大的人终于有了一个安心的地方。这个时候我姐姐来信，建议我到仰光去一趟，一方面看看母亲，一方面了解情况。她说，我了解情况之后，假如觉得仰光好呢，在仰光找一份工作，把张允和及小孩都带到仰光去。当时谁也没有想到日本人会发动一个大规模的反对美国人的太平洋战争。由于我姐姐的催促，再加上我当时的确感觉到在重庆的意义越来越小，我就向农本局请了假，坐了飞机到仰光去。

一到仰光，真是到了另外一个天地，一点战争的气氛也没有。由于战争，仰光的很多人的生意更好了，都发了财。在仰光，我可以获得很多关于欧洲、美国的消息。我研究仰光的许多情况，觉得仰光也不是一个能够长久安定的地方。我当时没有想到日本会发动太平洋战争，但是已经想到日本会用各种方法来封锁仰光，封锁中国的"后门"。所以到了仰光之后，我下定决心不在仰光找工作，也不把家庭搬到仰光去。

在仰光，许多与我姐姐相熟的华侨，他们都做生意。有一种生意很方便，就是订购汽车的预约券。仰光有汽车装配厂，美国的汽车运到仰光，在仰光装配好，可以装载货物运到昆明，再从昆明运到重庆。这是国民党后方获得军火、物资的一个重要来源。订购汽车不需要预付全部的钱，只要先付 1/10，最多 2/10，订了若干天以后再去取货。由于汽车的价格在不断上涨，所以你买一个预约券，未到交货期，价格就已经涨了一两倍了，到时你可以把这个预约券卖给别人。所以你实际上不用买汽车，不用经手汽车，就一张预约券，买了再卖

158

出去，几乎是包赚钱的。这些装配厂是欢迎这个做法的，因为它可以先收到一笔钱来做装配以及买美国的零部件。预付的钱可以先使用，这对装配厂来说是很合算的。而购买这个预约券的人呢，是一种购买期货的行为，不是现货的行为，当然同时带一点投机性质。

由于通货膨胀，物价上涨，在仰光虽然不是拿中国的货币来计算，是拿仰光的货币或者美元来计算，物价照样在上涨。我姐姐有一个朋友，是华侨，做生意的。他就劝我，他说你钱不够，买不了一张券，可以搭个份子，就可以赚一点钱，至少可以补贴一点生活费吧。我说我没有钱，也没有带多少钱来，只有很少一点钱，是准备日常生活用的。他说那也可以，你搭少一点，包你不会亏本，一定可以赚钱。我就同意在他买的一张券里面搭一份——他不止买一张券。真的，不到一个月，就赚了一倍，而且还是以美元计算的。可见后方当时急需汽车。这些汽车都是运货的车，不是小汽车，因此购买的价格是越来越高。这是一个小插曲。我是不准备在那边做生意的，因为我不准备在那里长住。

在仰光，我就观察这个城市。仰光当时是英国殖民地，非常有意思，很繁荣。仰光有两条街，最重要的一条是东西向的，很长；另一条是南北向的，比较短。因为这个城市是狭长形的，南北向的一条街是中心的街，名叫"中国街"。为什么叫"中国街"呢？原来是华侨拿钱出来造的马路，很宽，可是路不是很长。马路旁边大多数都是中国人开的商店，主要是批发商和国际贸易公司。另外一条东西向的街很长很长，是一个外国名字。当地华侨告诉我，这个东西向的街上的店，除英国人开的所谓"洋行"做国际贸易的之外，最初几乎100%都是中国人开的店。其中最重要的店是什么呢？是布店。因为人除了每天吃饭，还要穿衣服，讲究的人要穿绸缎，绸缎是从中国来的，布也是中国来的。这种店都很小。可是我去的时候，这种店中国人开的只有一半，另外一半是印度人开的。中国人开店，吃苦耐劳；但是印度人比我们更吃苦耐劳。中国人开店要有柜台，睡觉要有床；印度人更妙，他们开店没有柜台，只有地板，也没有床——白天在地板上做生意，晚上就睡在地板上，床也不要。印度人比我们更吃苦。我见到那种店，在当地很多很多。印度人开的店，门面比中国人的还要小。在仰光，这个下层的商业是中国人跟印度人竞争，形势对中国人越来越不利，印度人越来越占上风。

大生意都是英国人做的。比如缅甸是生产稻米的国家，它种稻产米非常有名。我是喜欢研究经济问题的，我就研究它这个问题，很妙。它的季节分明，分为晴的季节和下雨季节，大概半年是晴的，半年是下雨的。下雨呢，开始雨很小，后来慢慢地大了，然后又慢慢地小了，最后就不下雨了。缅甸很多地方种稻子呵，根本就是把稻子撒在田里，不用育苗插秧的，所以这里种田是很方便的，而且长出来的稻子很好。缅甸政府是管种子的，改良种子的事情是由缅甸政府管的。农民都是小农，稻子收割以后由碾米厂来负责收购、加工，把谷子变成米。这个碾米厂很现代化，它的设备很先进，是英国设备，特别设计的机器，规模也相当大。中国没有这么好的碾米厂。这是谁办的呢？十家有九家都是华侨办的。华侨做这个碾米的生意，碾好了米卖给英国人，英国洋行再转运到外国去。缅甸是一个出口大米的国家。还有许多土特产也都是这个模式：本地人做最基本的工作；第二步由中国人把它初步集中，进行加工；第三步经过英国人之手大规模加工出口。所以英国人赚得最多，中国人赚得少一点，本地人赚得最少。尽管如此，缅甸的生活确实很好。

本地人虽然穷，但是生活没有问题，穿的、吃的都不愁。缅甸人都信佛教，小孩到了七岁，一定要去做和尚。做和尚不仅仅是接受宗教的仪式，而且是在庙里读书——在当地念经就是读书。他们用拼音文字，读书很容易。我问了好多人，也去看他们怎么学习。因为只要学会了字母，学会了拼音就非常方便。七岁的小孩子，学了不到半年，就能阅读白话文了，所以缅甸当时几乎没有文盲。那我就研究老太太是不是有文盲呢？有，但是大多数老太太也都能阅读缅甸文。当时缅甸只有一个大学，要接受高等教育就要进这个大学，那就很困难。因为一进大学就完全用英文，缅甸文就没有用处了。只有懂英文，从这个大学毕业，才能做高级的工作。

但是普通缅甸人他们没有这个想法，缅甸人就是乐天派。天气热的时候，白天工作，晚上凉快，凉快了干什么呢？不睡觉，就拿了一个乐器，一面弹一面唱，在凉快的马路上一面唱一面游行。就这么娱乐，这是比较高级的娱乐。

我利用在缅甸一个短短的时间，去观察缅甸华侨的生活。从仰光往北走，有一条公路，建造得很好。这条公路大约两百多公里长，一路上要经过好多个小镇，好多个小城，最后就到一个地方。这个地方是一个水库。这个水库是用人工把许多小山连起来成一个小水库。缅甸的天然雨水很多，让天然雨水落在这个水库里面，水非常干净。从这个水库铺了差不多两百公里的水管子，一直通到仰光——仰光的水就是从这个水库里来的。这个水库本身变了一个旅游的景点，风景也很好。我要看他们城市经济怎么搞，水是城市最重要的资源，英国人建设城市，水、电都规划得很好。

一路上有很多小站，我们坐小汽车，一站一站停下来，买点小吃。每一个小站都有华侨，都有一个华侨开办的俱乐部。这类俱乐部，名义上用途不一，在很多地方相当于是一个华侨的小学校。这个小学校，既是学校，又是一个公共聚会的地方，路过的华人可以在这里休息，甚至可以在这里住一晚。我注意到，华侨相互之间有联络，他们有机构。因此呢，他们做生意是互相通气的。而华侨很重视教育，哪怕在很小的地方，也有很小的小学校，哪怕只有一个教师，也教孩子学中文。有的华侨的孩子在缅甸好几代了，可是还是学讲中国话。仰光的华侨子弟有三种：一种讲广东话，一种讲福建话，一种讲客家话。最初三种学校互不往来，他们的商业团体也各不相通。可是在"五四运动"的时候——我的姐姐是"五四运动"的时候就去了——受了国内的影响，他们也推广国语。我姐姐就是在那里推广国语的，很有成绩。为了推广国语，我姐姐自己编剧本，自己排演，让学生演国语的话剧。当地的华侨很喜欢看，孩子在受教育的同时，认识到国语的必要。华侨远在国外，中国的政府是向来对华侨没有提供什么保护和帮助的，只是从他们那儿取钱财、取资源。

遇得很巧，当时国民党驻仰光的一个领事的太太就是我姐姐的同学，而这个领事，曾在圣约翰大学读过书，是我的同学。这样一个情形，我在那边假如要找一份工作，是很容易的。但是我考虑再三，还是觉得不行。我当时认为，日本人一定会来把这个"后门"关掉，它也有这个能力来关掉我们的"后门"。当时还没有想到日本会发动一个太平洋战争。

我去仰光之前，本来就打算很快回来的。但是到了那里，却拖拖拉拉待了几个月，结果我还是回重庆了。

# 战争的持续及国际形势的发展

　　当时在重庆，每一个能够看报的人，每天都如饥似渴地想看报纸。国民党在统治的后方是控制新闻的，但是新闻自由的程度相对还是比较大的。当时国民党有党报《中央日报》，共产党可以在重庆出版共产党的党报《新华日报》，但是最受欢迎的也是最有权威的报纸，是民间的报纸《大公报》。《大公报》实际是站在国民党的立场的，但是它的水平比较高，报道比较多，不登载那种过分不合理的文章或消息，所以读者是最多的。

　　当时读者不仅注意中国战争的情况，还特别注意欧洲战争的情况，大家都意识到欧洲的战争跟中国的战争，虽然表面上没有直接的关系，但实际上是息息相关的。当时大家最关注的事情有几件。一件是美国国会决议，美国不参加战争。因为第一次世界大战时美国的牺牲很多，而得到的好处很少，所以美国国会决议，欧洲打仗，美国不参战，但美国总统罗斯福①显然是站在英国方面的。英

---

　　① 罗斯福（Franklin Roosevelt，1882—1945），1933—1945 年间任美国总统。

国起初是处在很不利的状态之下，希望给希特勒一点好处，让他不要开战。所以张伯伦①跑去见希特勒，同意希特勒占领捷克斯洛伐克。张伯伦回到英国，很高兴，说是战争可以避免了。伦敦常常下雨，张伯伦喜欢打一把雨伞，所以张伯伦的雨伞就变成张伯伦的符号，这把雨伞于是也变成"张伯伦主义"的象征。这个"张伯伦主义"是一种投降主义。

很快，德国向波兰提出要求，要割让一个走廊地带，波兰不同意，德国就马上侵入波兰。当时德国侵略波兰用的是一种新的战术——Tactic，这个战术翻译成中文叫作"闪电战"，就是使用大量的飞机和坦克部队，一下子就打到了波兰的中心。起初，英国希望波兰能够抵抗两个月，后来希望能抵抗两个礼拜，想不到不过几天波兰就垮了。非常非常快，一下子就完了，真是雷霆万钧之势。当时波兰不算一个小国家，它是有相当大的军事力量的，可是一下子就完了。什么原因呢？因为德国用了新的战术、新的武器。

这样一来呀，英国就不能不宣战了。德国侵略波兰，那是英国宣战的开始。英国一宣战，法国和其他的西欧国家就跟着对德国宣战。德国采取一种战术，当英国的商船从美国运回军火、物资时，它在大西洋里的潜水艇就会击沉这些商船。所以英国的商船经过大西洋到美国去运物资，一去一来，被击沉的很多，英国很着急。美国怎么帮忙呢？罗斯福就把美国的旧军舰大量地卖给英国，实行一种政策，叫作Cash and Carry——就是现买现卖：你买我的军舰价钱很便宜，但是要付现款；还有呢，你买我的东西你要自己运走。船上没有美国人，美国想避免跟德国直接冲突，避免卷入战争。这个政策帮了英国很大的忙。英国是一个大帝国，也是一个经济大国，在拉丁美洲，甚至在美

---

① 张伯伦（Arthur Neville Chamberlain，1869—1940），1937—1940年任英国首相。

国，有许多企业。当时英国为了支付购买这些军舰的钱，只能把很多企业的股票卖掉，所以后来整个拉丁美洲的英国财产都差不多卖光了。即使这样，被德国潜水艇击沉的英国商船还是不少。后来他们就采用一种方法，叫作"护航制度"。就是用军舰来保护商船，让许多商船结成一个小的团队，军舰在四周进行保护。这样，被击沉的船就少了。这个护航制度很有趣。一个船队有不同吨位的船，速度是不一样的，护航的时候必须按照速度最慢的一个船来航行，否则有的船开得快，离群单独航行就没法保护了。所以护航制度的特点是按照最慢的速度航行，而不是按照最快的速度。护航虽然帮了忙，但是运输很慢。就这样，美国大量的军火物资运到英国。希特勒一打波兰，英国宣战，这个张伯伦首相只好下台。上台的是丘吉尔①，丘吉尔是坚决要抵抗德国侵略的。

但是当时英国力量还是很弱，我们不断得到欧洲战争的消息，都是德国人打胜仗。德国一次又一次地胜利的消息，让我们在重庆听了惊心动魄，特别是后来德国打败法国的消息。法国为了抵抗德国，为了保护法国不受像第一次世界大战那样的进攻，就造了一条非常长的防线，叫"马其诺防线"——这个"马其诺防线"被宣传得神乎其神。结果呢，德国根本不走"马其诺防线"，而是绕到防线以外，从比利时一下子就打进法国。法国大败，"马其诺防线"数十万军队完全没有用处，很快巴黎失守，法国投降，维希政府成立。有一个第一次世界大战时期有名的将军叫贝当（Petain）②，做了维希政府的头头。这是一个投降政府。在这个情形之下，由戴高乐领导的一部分法

---

① 丘吉尔（Winston Leonard Spencer Churchill，1874—1965），1940—1945 年出任英国首相。

② 亨利·菲利普·贝当（法语：Henri Philippe Pétain，1856—1951），法国陆军将领，也是法国维希政府的元首。

国海军，就宣布反对投降，在英国成立流亡政府，并带了法国一部分海军到英国。

欧洲一次一次失败，比日本在中国打仗一次一次前进还要惊人，的确使我们感觉到这个战争是遥遥无期的。但是，大家对胜利的信心还是没有动摇，这是当时中国的一种民族气概，是了不起的。日本多次用花言巧语劝蒋介石停止抗日，实际是要他屈服于日本，蒋介石置之不理。西安事变之前，蒋介石的政策是"攘外必先安内"，就是要先消灭共产党，然后再去打日本。这个政策失败了，只能被迫国共合作抗日。"国共合作"这个词国民党不讲，因为当时国民党力量很强，地方很大，军队很多，经济力量很强；而共产党地方很小，军队很少，经济上几乎没有什么力量。所以国民党不讲这个词，事实上"国共合作"这个词是民众讲的。这个时候，大家觉得虽然抗战必须坚持下去，但是由于欧洲方面不断失败，这个胜利的难度是越来越大。

日本人犯一个很大的错误，叫作"胜利冲昏头脑"。它不仅在中国大陆不断扩大占领区，而且在1941年12月发动了"珍珠港事件"。日本提出的口号叫"建立大东亚共荣圈"。它的目标就是占领整个西太平洋，包括东南亚，以及美国在西太平洋的一些小岛，特别是它占领了美国的军事基地菲律宾，来势凶猛。当时日本人的想法，先消灭美国在珍珠港的主要舰队。而美国即使要恢复太平洋的海军力量，至少也需要两年。这两年功夫，日本在西太平洋地区已经可以站稳脚了。但日本算计落空了，美国采用一种新方法，很快就造出很多军舰。什么方法呢？美国不用曲线钢板，而是用平的钢板，拼起来，建造军事运输船，以及很多辅助的军舰。很快，不到两年时间，美国在太平洋的军事力量就已经恢复，特别是空军的战斗力量——这是决定太平洋战争胜利的一个重要条件。日本人估计有误。当时日本最好的飞机引擎要从德国进口，日本自己制造的比较差。日本制造的一种飞机叫零式飞机，机身很小，它有许多优点。但是它的载油量很小，要飞远距离去轰炸美国的话，就回不来了，它返程的汽油耗尽了，只能在海洋上当自杀飞机①，连人连飞机都炸掉，一个人死掉可以炸掉一个美国军舰，所以这个力量也很强，但是跟美国飞机不能比。起初日本飞机多，美国飞机不能显出它的优势来，但是美国的飞机工业发展很快，空中力量一天一天超过日本。在太平洋持续不断的残酷空战中，日本是一步一步地丧失优势了。

太平洋战争爆发时，我妈妈和我四姐都在仰光。我姐姐赶紧把我妈妈送回重庆，她在仰光把我妈妈送上飞机，我在重庆接她，我姐姐就一个人留在仰光。日本人在新加坡把英国最大的一艘军舰击沉了，英国海军就不能保护缅甸了，所以日军就一直打到仰光。仰光是很难防御的，英国的军队不多。这个时候呢，仰光的华侨，都从仰光撤退，起初撤到缅甸与中国的边境，叫畹町，后来进一步撤到昆明。这个华侨撤退、仰光失守的情形，我在仰光的时候就预见到了，尽管当时还没有想到会爆发太平洋战争。仰光是中国的"后门"，没有这个"后门"，美国的物资、军火就很难运进来，这是一个很大的问题。所以后来美国就开辟从印度到重庆的运输航线，那时候美国已经有大飞机 C-46。这个飞机很大，运来很多军火和其他物资。那个飞行更困难，因为要飞越喜马拉雅山。飞越喜马拉雅山，在今天好像不是很困难，但那个时候是很大的困难，要冒很大的风险。太平洋战争爆发，这个形势是急转直下，在重庆的人，就吐了一口气，从沉闷、迷茫的情绪中，忽然认为胜利是有把握了，把希望都放在美国人身上。但是美国当时把主要力量放在欧洲，在亚洲的力量是很少的。美国已

①　"二战"末期日军在中途岛海战失败后，为挽救败局，按照"一人、一机、一弹换一舰"的要求，对美国海军目标实施自杀式袭击。此举并非因日本飞机燃料不足。

经决定，先结束欧洲战场，再结束亚洲战场。这使中国还将面临很大困难。

在这个情形之下，日本向重庆进一步施加压力，日军侵入贵州，深入后方。重庆有一度是相当恐慌，想要再次迁都，迁到哪里去呢？迁到西昌。西昌当时是西康省——这个西康省 1955 年后就合并到四川省了——的首府，是很穷、很小的地方。后来没有迁。日本的威吓对重庆政府没有发生作用，日军深入贵州之后，后来又退出去了。

这个时候呢，多数人都认为美国参战是一个大好事，军事胜利有了希望。可是国民党里有极少数人，以汪精卫①为代表，认为抗日战争胜利是没有希望的。因此，汪精卫秘密逃到南京，投降日本，成立了一个伪政府。日本人想利用汪精卫来结束在中国的战争，实际上完全失败。单是一个汪精卫，一个伪政府，是无能为力的。②

当时在重庆的人，特别是能够看报的人，几乎都把欧洲战争、世界战争跟自己的生活联系在一起。这个战争的胜败跟自己的生活和前途是有密切关系的，这个封闭的思想变成了开放的思想，开始有了世界性的观念，这是战争给中国人民带来的进步和推动。

---

① 汪精卫（1883—1944），中国国民党和国民政府主要领导人之一，1939—1944 年为南京伪国民政府主席。

② 日本在 1941 年 12 月 7 日轰炸珍珠港，导致美国迅速参战。汪精卫公开叛国投敌是 1938 年 12 月 19 日，南京伪政府成立于 1940 年 3 月。

# 金华巧遇杜立特[①]　痛失幼女小禾

　　抗战时期有一个情况，出乎我们预料。上海原来是一个金融中心，许多银行的总部都设在上海。起初我们认为日本人占领上海以后，许多银行就不能继续营业了。但是，日本人很聪明，他不关闭这些银行，仅仅是加以必要的管制。所以抗战期间，好几家大小银行在上海一直可以继续营业。

　　江苏银行的总行也在上海。江苏银行的总经理许伯明到了重庆，成立一个办事处，我是这个办事处的主任。可是我们在重庆，想要跟上海的江苏银行联系很困难。由于战争的关系，重庆到上海的联系点在哪里呢？在浙江的金华。重庆可以到桂林，桂林可以到金华，有公共汽车路线可以通，上海生产的生活必需品可以通过这条运输线不断运到重庆。政府想办法搞运输，商人运输得更多。

　　这条路线运输一种重要物资，就是上海许多制药厂生产的药品，

---

　　① 杜立特（James Harold Doolittle，1896—1993），美国空军将领、杰出飞行员。1942 年率队空袭日本东京，这是"珍珠港事件"后美军第一次袭击日本本土，史称"杜立特空袭"。

因为重庆工厂生产的不够后方市场所需。我有一个亲戚是医生，他就觉得，做医生没有药品不行。在重庆买药品，不仅很贵，而且不容易买到。所以有很多医生，想到上海去买东西，非常不容易，因为路线太长，但是有的商人会将药品从上海运到金华。于是重庆的医生，就托重庆的商人到金华去购买之后运到重庆。这时候，我这个亲戚就跟我说，想到金华去买点药品，问我有没有兴趣一同去。说是去买药品呢，实际是做生意，金华的药品要比重庆便宜得多，拿到重庆出售可以赚一点钱。当时每一个人都想业余做一点生意来补贴家用，因为薪金、工资是没有方法维持生活了。我想这个主意不错，而且我到了金华可以跟上海的江苏银行总部取得联系。从金华到桂林再到重庆这条路线，是在国民党的控制之下的。我就同这个做医生的亲戚，一同去金华，打算做一点联系工作，也买一点药品，然后准备回来。

出发之前，我们的总经理许伯明告诉我，去的公共汽车和运输车的票比较容易买，返程的票难买，因为返程时大家都带了东西。正好许伯明的弟弟有一个女婿，是国民党的军官，就驻扎在金华。许伯明让他弟弟写了一封介绍信给我，让我随身带着，回来要买汽车票的时候，可以请这位女婿帮忙想想办法。到了金华之后，返程之前我就去拜访他的女婿，他的女婿很热情地招待我。许伯明弟弟的女儿，以前我没有见过，但是许伯明家的人和我都很熟，他的女儿很早就认识我，他们夫妇俩就招待我，对我很周到。这个小军官就告诉我，说现在要买这个公共汽车的票是非常非常困难，只能等军车。军车的司机旁边一般有一个副手，这个副手的座位有时可以出售——副手可以待在舱里的地方，舱里没有地方就待在汽车顶上。我说好。他的女婿让我等着。

等到第三天晚上，警报响了，大家以为日军来轰炸了，于是所有的电灯都关掉。整晚都听到飞机轰鸣的声音，但是没有听到爆炸的声音。第二天警报解除了。这类拉响警报、解除警报的事情，在当时到

170

处都遇到，是很寻常的事情了。这一天中午，许伯明弟弟的女婿，这个小军官来看我，说："现在好了，有一个机会，你可以走了；但是要请你帮一个忙。"我说："帮什么忙呵？"他说："来了一批美国军人，他们要在明天清早乘车离开，这个车上有空位，你可以坐了去。今天晚上我们要请这些军人吃顿饭，但找不到一个合适的人做翻译。所以想请你做临时翻译，不知你愿意不愿意？"我说："当然愿意呀。"于是在晚上吃饭的时候呢，我就做翻译。中国军官讲话，我翻译成英文；美国军官讲话，我就翻译成中文。我还吃了他们一顿饭。第二天就跟他们一起走。

这是怎么一回事呢？原来昨天晚上的警报不是日本人来轰炸，是美国飞机第一次轰炸东京。当时美军的一个小的航空母舰，悄悄进入了东京湾，舰上搭载的飞机就起飞轰炸东京。轰炸之后，这些飞机无法回到原来的航空母舰上去，就只好飞往中国大陆。中方与美军事先讲好了，这些飞机降落中国大陆之后，都送给中国。当时我知道的有16架飞机。这次轰炸东京的领导人，叫杜立特。不久杜立特就很快被调到了欧洲战场，担任美军在地中海的空军司令，后来成为美军驻整个欧洲的空军司令，地位很高。

第二天清早，我就陪了杜立特坐在一辆吉普车里面。这辆吉普车是敞篷的，行驶的时候风很大，我有点咳嗽。杜立特这个人真好，他就把自己穿的皮夹克脱下来给我穿。我说那怎么行呀，他说没有关系。他说他身体好，不怕风，一定要让我穿上。他告诉我，他已经四十岁左右了，但是身体很好。他像小孩子一样，在地上跳两跳给我看，表示他身体好。一路上，我都陪同他，相当于是他的导游——他看到什么事情，比如风景、建筑之类的，就要我给他解说一下。同行的有几辆吉普车，我记不清楚了，这一批人，有好几十个，都是青年飞行员。我们当时都知道，关于轰炸东京的情况，不能多问的，他也没有详细讲。这个军事情况我不能随便询问。

一路上，我们每到了一个地方，都要吃饭住宿。住在哪里呢？没有合适的住处，比较好的地方都是天主教堂。我们就住到天主教堂去，当时外国的教士还在。这些外国的教士不论是意大利人、法国人，都会讲英语，而且教堂里的很多设施是适合欧洲人需要的，所以一路上我们多半住的是天主教堂。这个天主教堂无往不利、无孔不入，真是不得了。有人说它是"收集情报"，它的确是收集情报，它每到一个地方就研究这个地方、调查这个地方。但是它不是为了破坏你的国家而调查的，它在全世界都是这样做的。而且它在一个地方传教，就是进行教育，穷苦的老百姓只要信了教，就得到受教育的机会。这一路上意外的收获，就是我了解了沿途天主教堂的情况。我陪杜立特一直到桂林，到了桂林，他坐飞机去了重庆。我另坐公共汽车到重庆，当时到重庆的飞机票是不容易买的。

这件事情发生在 1942 年，就是日本占领新加坡、占领仰光以后，美国轰炸东京。美国轰炸东京，东京产生很大的恐慌，实际的损失并不是很大——后来美军又陆续轰炸东京，东京的损失才逐渐增多。但是这件事情对振作中国军队的士气有很大作用。美国能轰炸东京，而东京就没有力量去轰炸华盛顿，这一点是中国老百姓都懂的。美国有力量，我们跟美国结合起来抗战，胜利是一定能到来的！后来 1943 年蒋介石到开罗会见罗斯福和丘吉尔，三个巨头开会——所谓"开罗会议"。开罗会议是决定许多战争胜利以后的事情，其中包括解放朝鲜。这次会议使中国老百姓相信，胜利是百分百有把握了，大家当时心情之愉快是无法形容的。

可是等我从金华回到重庆的时候，才知道家里出了一个惨案。怎么了呢？小女儿生病夭折了！这件事情，让我精神上受到很大的打击。我的儿子叫周小平（后用周晓平），女儿叫周小禾——"禾"原来是与张允和的"和"字同音。我有一儿一女，当时大家都说我们是全福夫妇。现在呢，一个女儿去世了。这个事情是我的精神上的一个创伤，深刻，沉痛。如果不是在战争时期，小禾是不会死的。战争时期，医疗条件是非常困难的。我们家死了一个保姆，钟妈，钟干干，已经是精神上的巨大损失；现在再丢掉一个小女儿，这个沉痛真是没有办法说了……

# 太平洋战争爆发后
# 各国形势及思想武器

　　1941 年，在东方，日本袭击珍珠港；在欧洲，希特勒的德国大规模侵略苏联。这些事件让世界大战真正成了"世界大战"，全球形势大大改变。在此之前，当时很多英美人士写文章分析说，德国可能要攻打苏联。这件事情呢，实际上是想刺激苏联，希望苏联跟德国敌对，而不会联合起来反对英美。对德国攻打苏联这个事情，估计当时连写这种分析文章的人自己都未必相信，因为这个作战的规模太大了。但是呢，希特勒毅然进攻苏联。当时我们在报纸上看到报道，说德国进攻苏联这件事，连斯大林本人都不相信。德国怎么胆子那么大，居然敢进攻苏联呢？当时有一种分析，认为有两个原因。一个原因就是当时德国在欧洲大陆上所向无敌，军事形势是一边倒，英国已经处在非常危险的境地。希特勒觉得他在欧洲大陆的军事力量有多余，可以用来攻打苏联——这是一个力量的问题。还有一个重要的理由，就是希特勒研究苏联的军事实力，确信苏联军事力量很薄弱，经不起一打。这个结论被当时的舆论界在报纸上发表出来。为什么希特勒会得出这样的结论呢？今天没有人再知道了，在当时许多人觉得这个分析是有一定道理的。

因为在这之前，苏联曾攻打过芬兰，芬兰被迫进行自卫作战。苏联打芬兰时犯了一个极大错误。当时斯大林认为芬兰是一个很小的国家，没有实力的，一下子就可以打下来。斯大林说，我用小指头动一动，芬兰就完了。斯大林之所以讲这个话，不仅因为芬兰小，还有另外两个原因：第一，在芬兰内部，有共产党，共产党一定帮苏联的。第二呢，芬兰在当时是工业相当发达的国家，工人阶级一定是倾向于苏联的，因为苏联当时被认为是解放世界工人阶级的一个中心。所以他认为，苏联一旦出兵，就能将芬兰立刻打下来，可以很快打下来。想不到，出乎斯大林的预料，苏军在前线不断打败仗。换了三位前线总司令才勉强把芬兰打下来。这就说明，芬兰的共产党在芬兰不起作用，芬兰的无产阶级是帮助自己的国家抵御反抗苏联，而不是支持所谓的工人阶级国家苏联的。这个情况，斯大林完全预料错误，不过结果还是打胜了，因为苏联毕竟大，芬兰毕竟小。这件事情暴露了苏联军队的无能，连一个小小的芬兰都打得那么费劲。苏联打胜以后，就强迫芬兰割让了很大一片土地——卡累利阿（Karjalan）。这个卡累利阿后来成为苏联的一个加盟共和国，就是卡累利阿－芬兰加盟共和国。当时芬兰把这一片地方割给苏联以后呢，苏联有 16 个加盟共和国。过了不久，苏联将这个加盟共和国的地位降低，变成俄罗斯联邦中的一个共和国，于是又恢复到 15 个加盟共和国。

这使得希特勒判断苏联的军队并不难打，这个判断也可以说有一半是对的，因为希特勒攻打苏联最初也是所向无敌的，一路打下来，一下子就打到莫斯科附近。苏联的首都当时都从莫斯科迁到了古比雪夫（Kuibyshev）。但是呢，希特勒这个计划错了。他没有预料到苏联是不可能用闪电战打下来的，闪电战在苏联只能占据大片领土，取得军事上的很大胜利，但是不能结束战争。胜利之后，希特勒就遇到困难了，因为希特勒当初决定攻打苏联是预计短时间内就取得胜利的，现在短时间内无法取得胜利，要过冬，那就遇到困难了。苏联的冬天很冷，希特勒没有准备那么多过冬的装备。而苏联老百姓在被侵略的情形下，同仇敌忾，都起来反对侵略——这股反抗侵略的情绪是一个难以估量的力量。这种反侵略的情绪在小国家是很难发挥出力量的。希特勒在欧洲——在北欧、南欧——一路打胜仗，都是几天工夫就占领一个小国家。这些小国家，它虽然有抵抗侵略的意志，但是没有时间来发挥这个力量。苏联不一样，这一点跟中国相同。中国是一个大国，中国打不过日本，可是我决不跟你和谈，我要跟你不断地打，把你拖住，使你不能结束战争——这是侵略国家最害怕的。中国如此，拖住日本；苏联如此，拖住德国——当然苏联牺牲非常大。

"珍珠港事件"之后，美国向日本宣战。这对美国来讲，是被迫参战，所以美国老百姓不会反对。有人说罗斯福当初不是不想参战，而是希望日本先进攻然后美国再参战。这个说法是一种猜想，当时美国老百姓非常不愿意打仗，国会也有决议，不参加战争。但是，由于日本先攻打美国，美国就不得不向日本宣战了。所以罗斯福宣布对日作战，同时也对德宣战，这对美国老百姓来讲，是不会反对的。民意对战争非常重要，战争不仅是枪炮的较量，还有民意较量。老百姓的意志的较量，也就是思想战争。

希特勒的思想武器，是纳粹主义。这个"纳粹"二字，当时很多人不理解——今天也还有很多人不理解，以为"纳粹"是德国的一种国粹主义，这是对汉字望文生义产生的误解。"纳粹"是"国家社会主义"："纳"是国家主义，或者叫民族主义；"粹"是社会主义。希特勒认为自己是社会主义。希特勒有一本"圣经"，就是他自己写的《我的奋斗》，这部书是当时德国人的必读书。希特勒的战争思想，使他赢得了德国老百姓的认同，他宣传德国人是优秀的民族，优秀的民族应当统治落后的民族。德国这个优秀的民族，第一次世界大战时被打败了，受了欺负、受了压迫，所以要起来反抗。这个宣传对德国的青年是有作用的，可是在国外没有一点影响。相反，他到处侵略，各处的青年都反对他。

意大利是与希特勒同盟的，意大利的墨索里尼①提倡"法西斯主义"。"法西斯"本义是"束棒"的意思——许多根打人的棍子，拿皮条拴起来，拴成一捆。这一捆棍子，在古罗马是象征政治权力的，是一种权杖。这个法西斯主义的宣传对本国也是起作用的。它的意思是：意大利的老祖宗是罗马帝国，现在意大利不行了，我们要团结起来，恢复罗马帝国时代的光荣。这样的宣传鼓动，可以得到意大利青年的支持。可是在国外呢，一点作用都没有。但是意大利的军事实力很弱，对比于希特勒的军队的所向无敌，意大利军队是起不了多大作用的。所以在国际上，这个"法西斯主义"也是到处被反对的。

苏联呢，共产主义是它的思想武器。共产主义号召全世界受压迫的无产阶级联合起来，进行革命，从而推翻资产阶级。这个思想武器在希特勒攻打苏联以后，苏联就不用了。苏联拿出来的是另外一种武器，叫作"卫国战争"。"卫国战争"就是保卫祖国，反对侵略。实际是跟中国一样的，中国也是反侵略。中国叫"抗日战争"，是抵抗日本人的侵略；苏联叫"卫国战争"，是抵抗希特勒的侵略。这个"卫国战争"的口号，是一种民族主义的口号，可以团结本国的人民，符合当时的需要。所以当时有人写文章说，苏联为什么不用"全世界无产阶级起来革命"这个口号来作为一个思想武器呢？因为这个武器，在当时已经失去它的作用了。当初它进攻芬兰的时候，芬兰的无产阶级就没有响应它。而希特勒德国的无产阶级人数也很多，都支持希特勒，没有支持苏联。不过，"卫国战争"这个口号在苏联是发挥了作用的。

---

① 墨索里尼（Benito Mussolini，1883—1945），意大利法西斯党党魁，独裁者。

所以说，希特勒打苏联，是犯了一个很大的错误。第一呢，他面对的这个敌人，其人数远远超过德国，其国土面积深广、大得不得了，打不完，而且这个敌人吃了亏之后就要跟你拼命。第二，这个时候，美国立刻宣布，敌人的敌人是朋友，开始援助苏联。在这之前，美国是反对苏联的，和反对希特勒一样。在美国的舆论看来，希特勒跟斯大林是没有多大分别的——不论这种舆论对不对，当时的人们是这样认为的。希特勒进攻苏联之后，美国很快改变政策，把大量的坦克、大炮和各类物资运给苏联，支持苏联打希特勒。这是一个很聪明的办法，因为苏联是已经不得不与希特勒交战了，美国就利用苏联来攻打希特勒，削弱希特勒的力量，这在战略上是很自然的，也是对美国很有利的一个办法。

日本没有什么有影响的国际思想宣传。日本打中国的时候，几乎没有什么口号，它就是要用军事来侵略别人。偷袭珍珠港之后，日本提出的口号叫"大东亚共荣圈"——大东亚都要在日本领导之下共同发展。这个口号有没有作用呢？这个口号在中国一点作用都没有，但是在太平洋地区有些地方发挥了作用。比如说，日本占领印尼时宣称，在"大东亚共荣圈"中，印尼应当反对荷兰而独立——因为当时东南亚大多是欧美国家的殖民地。日本占领一个地方，就叫该国人民起来革命。该国人民本来有革命组织，是秘密的、"非法"的。现在呢，就起来闹独立。可见这个口号是有一定影响的。但是，很快就失去了老百姓的认同，因为日本人很残酷、蛮横，非常不讲理。日本在菲律宾也是这么宣传的，说日本占领菲律宾之后它就能够独立了，否则它是美国殖民地。

那么美国、英国用什么思想来获得民意认同呢？1941年，由罗斯福提出"四大自由"。什么是"四大自由"呢？第一是言论自由——这个言论自由是广义的，包括出版的自由，组织社团、成立政党的自由；第二是信仰自由——每一个人都可以按照他自己的意志信仰任何宗教或者任何主义；第三叫作"不虞匮乏之自由"——这是当时的翻译，现在的书上不大用这种译法，就是不担心缺乏或没有生活的必需品；第四叫"免除恐惧之自由"，就是不害怕有人来威胁你。美国提出的这"四大自由"，在当时针对的对象不是中国，而是德国、苏联、日本——主要是对德国和苏联。因为在德国和苏联都没有言论自由，也没有信仰自由。这个没有信仰自由的情况在苏联体现得特别明显，因为苏联认为宗教是鸦片。可是从美国的角度来看，它认为苏联不允许民众信仰宗教，而强迫民众信仰马克思主义——这也是一种宗教，这是一种强迫信教的做法，美国人很反对。在纳粹德国的统治之下，许多人缺少足够的食物和衣服，穷苦得不得了。而美国的生活是富裕的，用"不虞匮乏之自由"这个口号来使别人认同美国。"免除恐惧之自由"，希特勒威胁人的自由那是自不必说，犹太人甚至都没有活路。在美国人看来，苏联照样威胁人民——特别是少数民族，人民受苦很厉害。而当时的国际舆论认为这"四大自由"的提出影响非常大，对日本统治的西太平洋地区，这"四大自由"的口号也是有影响的。西太平洋地区的殖民地都希望要有自由——包括政治自由，都希望要有信仰自由，都希望要有生活的自由，都希望不受威胁——日本给人家的威胁很大。后来美国人在一个山上用巨石雕像来象征这四大自由①。第一个叫作 *Freedom of Speech*，第二个是 *Freedom of Worship*，第三就是 *Freedom from Want*，第四呢是 *Freedom from Fear*——"fear"就是害怕，"want"就是需要。这"四大自由"，当时在中国知识分子中也是很受欢迎的，不过中国的老百姓对

---

① 美国南达科他州的拉什莫尔山上有著名的四大总统雕像（华盛顿、杰斐逊、林肯、罗斯福）。而以"四大自由"为主题的公园，由美国著名设计师 Louis Kahn 接受纽约市政府委托于 1974 年开始设计，但他当年猝死于纽约，最终该公园完成并开放已是 2012 年。

这"四大自由"没有多大反应。

美国在第一次世界大战时期，它的思想武器就是为民主而战斗。第二次世界大战期间，与英国一起，还是提出为民主而战斗的口号，但是这个口号的力量不够了。为什么呢？美国自己都不主张参加战争，后来参战也是被迫的。美国一参战，英国就松了一口气。美国的军队源源不断开到英国，物资源源不断运到英国，拿英国做根据地来反攻欧洲大陆。在东方呢，那就比较困难，西太平洋很广阔，日本占领该地区之后，美国就处在一个被动的情形之下。美国要夺回西太平洋的制海权，首先要拿到西太平洋的制空权。起初美国是一个岛一个岛地进行攻击——叫作"逐岛战略"。后来美国的空军力量越来越强，就改变了战略，采用"越岛战略"——就是跳过某个岛来进行攻击。这个"越岛战略"对日本带来很大的威胁。因为第一个岛打下来，美国得到了根据地，第二个岛不打，直接攻打第三个，第三个岛被攻占之后，第二个岛的日军就变成孤军，跟后方的联系就被切断了。美军这个"越岛战略"使日本在太平洋的制海权制空权，逐渐就消失了。不过美国始终把解决日本放在第二位，因为首先要把希特勒消灭。

日本发动太平洋战争之后，在中国大陆的战线是缩小了一部分，但是中国的军事力量还是很薄弱，没有力量反攻。这一点中国跟苏联不一样，苏联在非常困难的情形之下——差不多重要的领土的一半都被希特勒占领了，仍然逐步恢复它的军事力量，后来又逐步增加它的反攻力量。中国当时还没有立刻全面反攻日本侵略的能力。当时很多人认为，日本向中国投降，那是因为美国打败了日本。

# 进入新华银行　考察西北

这个时候，在重庆，特别是从上海、南京来的工商业界、金融界人士，都认为战争很快要结束。大家都在做准备回到上海、南京，都在筹划如何恢复经济，如何发展各自的事业。江苏银行原来规模不是很大，因为许伯明也没有雄心，所以做的准备就是恢复原来的经营规模，没有扩大改革的想法。这时候，蔡承新就对我讲，新华银行计划战争胜利之后就着手恢复和扩大业务，你愿不愿意到新华银行去？抗日战争之前，新华银行的总行大楼跟江苏银行的总行大楼，差不多大，而且两幢大楼都在江西路上，相差一点点距离，所以我跟他们原本就认识的。那我对跟蔡承新讲，好哇，我愿意。

新华银行的总经理叫王志莘①——这个"莘"照字典里注的音要念"shēn"，但是很多人不知道念"shēn"。王志莘这个人温文尔雅、平易近人，可是胸中有一个大计划。他是什么人呢？黄炎培②当年提

---

① 王志莘（1896—1957），上海人，金融家、教育家。

② 黄炎培（1878—1965），江苏川沙（今上海浦东）人，教育家、实业家、政治家，中国民主同盟主要发起人之一。

倡职业教育，在上海成立一个职业教育社，办了一个职业学校，他是黄炎培的两个秘书之一。还有一个秘书是邹韬奋，但王志莘的地位比邹韬奋高。黄炎培认为要办职业教育，必须得办一份杂志。这个杂志的目的是宣传职业教育，教育青年，特别是向他们传授职业教育的知识。于是他就叫王志莘去创办这个杂志——这个杂志叫作《生活》杂志。

1931年，原来的新华银行发生危机，破产了。这家银行是以北京为根据地的，总行设在北京，股东是北洋政府的一些军阀。由于它在社会上已经有一些影响，中国银行就跟交通银行商量，把这家银行买下来，由中国银行与交通银行投资。由于银行破产，这个股份不值几个钱了，改组后的股份主要是中国银行和交通银行投资进去的。由于中国银行和交通银行是官办银行，所以改组后的新华银行是一个公私合营的银行，它的表面上虽是私营银行，实际上股份有一大半都是中国银行、交通银行的。要恢复这家银行，首先要找一个人来领导这家银行，要找一个总经理。中国银行、交通银行就跟黄炎培商量，黄炎培想来想去，觉得王志莘最合适。因为王志莘小的时候，在钱庄里做过学徒。他小的时候很穷，没有能够进正规大学；但是上海是受西洋文化影响的地方，他做学徒之后，不断自修，后来又到外国去进修。所以他有比较开明的思想，有足够的专业知识来领导一个事业。黄炎培提出这个人选之后，中国银行、交通银行也很赞成。那么王志莘就做改组后的新华银行的总经理①，重新营业、重整旗鼓。于是王志莘就把总行搬到上海，改革银行的工作方式、经营计划等。

当时有两个银行是新式：一个是上海商业储蓄银行，是陈光甫主办的；一个是新华银行，王志莘主办的。王志莘的各种条件背景，没

--------

① 改组前的新华银行称为"新华储蓄银行"，改组后的称为"新华信托储蓄银行"。

有陈光甫那样硬，但是他踏踏实实做工作，经营得很好。所以这时，我就同意到新华银行去工作，而且我在江苏银行的工作情况，王志莘也有所了解。我进了新华银行，才知道新华银行当时在上海和重庆都有分行——不像江苏银行这样只是设一个办事处。新华银行重庆分行的业务还不小，但是由于通货膨胀，这个经济地位不是很强。王志莘邀请我去——他同时还聘请了其他几个人——都是为了战争结束之后做打算的。大家在当时都是要观察形势，做好准备。

当时抗日战争是以西南为根据地的，西北没有发挥多大作用。所以王志莘提议，由四家银行要成立一个小小的调查团，去调查西北的情况，看西北能不能发展经济。他叫我参加这个调查团，一共有五个人——我今天记不清楚是哪些人。于是这几个人就相当于一个很小的调查团，也没有什么头头，实际上是我在主持这个工作。王志莘同时让我看看西安的情况，看能不能在西安设立一家新华银行——先成立办事处，再成立分行。于是我就动身去西北。

考察西北主要是从西安往西，到甘肃，经过河西走廊的西面，一直到敦煌，要调查这一大片地区的情况，主要调查的点就是西安和兰州。调查结束之后，我就回到西安，在西安住了一个短时间。因为这个时候，新华银行在重庆也仅仅是等待胜利，没有太多的工作，所以王志莘就希望我不要怕苦，在西安待一段时候，继续了解情况。我呢，的确是不怕苦的，我就把家搬到了西安。因为西安这个地方，当时的战争气氛不浓——看样子日本人对西安兴趣不大。这一次西北之行，使我了解了西北的许多情况，这是很有意思的，特别是河西走廊的情况给我很深刻的印象。

# 河西走廊的故事

　　我到甘肃调查经济，首先到兰州。兰州我过去从来没有去过。一般人认为兰州是中国最西北的地方了，再往西去就是荒漠了，不值得再去了。当时的兰州的确是萧条得很，它有一个小小的山，山上不仅没有树木，也没有草。我深深地感觉到，西北首先要种草，有了草才能长树，没有草，这个树的种子就不能发育。所以说，种草是一个大事情——当然必须种树。当初同去的是五个人，到兰州后只有四个人了——有一位先回重庆了。到了兰州之后，我想再要往西调查，他们都不感兴趣。我想，既然来了，还是要走到底，把河西走廊走完。这样，从兰州再往西，就剩我一个人走了。当时拨了一辆吉普车给我们使用，配有司机。这是一个很不容易的条件，在西北有一辆吉普车，在当时那是天大的事情。

　　在兰州，生活上给我印象深刻的就是吃羊肉泡馍。羊肉泡馍是用一个很大、很深的碗，里面盛一大碗羊肉汤，有一块块的羊肉，炖得很烂。这个汤是很腻的，温度非常高，但是上面有很多羊油，就没有热烟冒出来。馍是一张大饼，有五分到一寸厚，直径有五寸到八寸那么大。吃的时候要用手掰，一小块、一小块放在汤里面，焐热之后，

184

这个馍就烂了。我本来也不吃羊肉泡馍，但是我一向是入乡从俗，到哪里就吃哪里的东西，同时体验当地老百姓的生活。这里的老百姓能这样生活，一定有道理。我吃了羊肉泡馍之后，觉得非常好吃。可是同行的四个人，他们吃不下，头痛得不得了，早饭他们就没吃饱。这个给我很深的印象。我当时这样想：你不能与本地人一样，按照他们的方式来生活，怎么能够为这个社会做工作呢？你怎么能够为人民服务呢？

我就一个人继续往西走，在一个一个小城停下来，对经济情况做一个简单的调查。到了河西，我发现，每一个县都有一个县衙门。我首先去县衙门拜访当地的县长，可是县长对该县的经济情况茫然无知，连基本的经济统计都没有的。那我怎么办呢？每到一个地方，我拜访了县衙门之后，就去拜访天主教堂。我向神父们询问当地的情况。噢，他们给我讲得头头是道。哎哟，这个给我的印象很深刻。天主教深入群众、深入农村、深入边区，对中国的情况是一清二楚。所以有人说他们是"收集情报"，也有一定道理。但是他们并不一定是为了破坏中国而进行调查，而是为了调查之后开展在当地的工作。从天主教的角度来看，他们每到一个地方传教，是想这个地方的人"觉醒"起来，能够跟他们一起走向天国——这是旧的讲法，新的讲法叫"解放人民"。所以他们每到一个地方就做几件事：第一，如果有人生病了，就给他医治；第二是教人识字——读《圣经》，让人懂得常识，甚至进一步传授生活技术。在他们的身后，由于有国际性教会的支持，来的人的文化水平都相当高——我所接触的凡是到中国来传教的外国人，几乎都是大学水平。这些人到了中国，不断学习，学习中国的文化，调查中国的经济，除了学国语之外，还要学当地的方言。这个给我很大的启发。

河西走廊是古代中国的经济大动脉，是通西域的丝绸之路。而现在荒凉、衰落得很，古老的文化都不行了。在河西走廊，还有一个叫山丹的地方，给我的印象很深刻。山丹呵，它保留了古代的形象，很有意思，它有一条马路，马路两边是两个长廊。长廊上有屋顶，两边是敞开的，长廊的左右边是供马车走、人挑担走的比较狭隘的路——比现在的人行道还要宽一点。当中的大路是古代骑马用的，已经开辟了供汽车行驶。这个长廊有什么用处呢？长廊很有用处。尽管西北是不大下雨的，但也需要有防雨的一个设施，它每年有一个雨季，有的时候雨还下得挺大的。有时候太阳很厉害，往来的旅客就可以在长廊里休息一下，可以在长廊的条凳上坐坐，也可以在里面做做小生意。长廊的屋顶油漆了一下，红红绿绿很好看。这个也给我很深刻的印象，我觉得这样的路设置得很合理的。我猜想古代的丝绸之路，一路上很可能许多地方也有这样的设置。

在河西走廊，还有一件事情使我印象深刻。一到兰州我就发现，大商店的大门都关着，顾客要进去买东西得先敲门。大门打开之后，把顾客放进去，进去以后赶快又把大门关起来。有的店铺还有一个二门，二门也要临时打开。为什么呢？防强盗。再进去呢，有一个天井，天井上面有铁丝网，防强盗从天井翻进来。然后再到里面，就能看见柜台、货物。有的店货物还是很丰富的，但是它对外防备得很厉害。

当时我一直往西走，最后一站是安西。安西更荒凉，风刮得很厉害。当地人讲："安西一阵风，从年初一吹到大年夜。"这个风老是往一个方向吹，吹得树都是歪的，没有一棵树是直的。这个城小得很，被风吹起的沙子，都堆在城墙的一边。风不断吹，这个沙就在城墙边不断堆积，逐渐和城墙的顶连接起来了，变成一个斜坡，人可以从这个斜坡上慢慢地走上去，走到城墙上面。

甘肃有一个省银行，这个省银行在每一个县都设有一个分行或办事处。安西办事处，规模还不小。这个办事处主任是一个南方人，见我去了，他高兴得不得了，说很不容易看到南方人到此地来。他就请我想办法帮他调到外面去，他不想在安西待了。我当时想，安西有那么好的风，它是一种能源。假如在安西搞一个像长沙青年会那样的风车，它就能成为一个很好的动力，可以用来发电、取水。为什么这里完全没有利用起来呢？我就把这些开发经济的想法，跟这个安西办事处的主任讲，可是他不感兴趣。他不是对我的话不感兴趣，而是他根本不想待在这个地方，他觉得开发这个地方很困难。

既然到了安西，离敦煌就很近了。从安西到敦煌，就困难了，吉普车走不了，因为都是沙漠。于是这个主任就告诉我，要到敦煌去看千佛洞，他给我另外安排，不要坐吉普车去。开吉普车去，路上缺少水，那边找不到汽油，回不来就麻烦了。他说，从安西到敦煌，还是有卡车不断往来的，卡车是运货的，有空位可以载客人。他叫我等两天，等到了再去。我就等。等了两三天吧，他说，好了，明天天一亮就有一个卡车到敦煌去。他说已经给我联系好了，我可以搭这个卡车去，把吉普车和司机留在安西。同时他告诉我，同去的还有一位客人，是一位太太，还抱了一个小宝宝，小宝宝可能一两岁。他叫我一路上照应她。于是我们就乘这个卡车到了敦煌。到达敦煌我才知道，这位太太是当时敦煌研究所所长常书鸿①的夫人。孩子呢，名字叫常沙娜②，后来跟随她父亲画画，成了一位很有名的女画家。

离开了西北，回到重庆以后，我才知道，常书鸿的家庭就发生了变故。这位夫人是跟常书鸿一同在法国留学的时候认识的，很漂亮、很能干、有学问。但是在敦煌这个地方，在千佛洞莫高窟这个地方，一望无边，都是沙漠，看不见树、看不见鸟，也没有人好讲话。他的这位夫人是信天主教的，去了天主教堂里做修女，这样就跟常书鸿脱离关系了，而常沙娜是一直跟随常书鸿的。

---

① 常书鸿（1904—1994），满族，出生于浙江杭州，画家，敦煌艺术研究所所长、敦煌文物研究所（后改称敦煌研究院）所长。

② 常沙娜（1931— ），常书鸿之女，艺术设计家。

这个事情后来又有故事了。新中国成立以后，这个天主堂都不许存在，天主教的神甫外国人全被赶到本国去了，天主堂都关门了。这位常书鸿前夫人到哪里去了，谁都不知道。这个时候他们的女儿跟了父亲画画，越画越好，变成一个小有名气的人物。新中国成立后她请政府帮忙找她妈妈的下落。据说是找了两三年，终于找到了。她的妈妈是浙江诸暨人，那是一个很小的县。新中国成立后，她不能继续做修女了，就回到诸暨。家里大概也没有人了，她也没有办法做以前的工作，就改名换姓，在杭州做保姆。这样，常沙娜就找到了妈妈，她看到妈妈后就大哭。常书鸿后来又结婚了，所以讲常书鸿，讲常书鸿夫人就不再说起这个人，可是这个太太的故事是非常浪漫的，非常Romantic（浪漫），在外国杂志上面有报道。我的了解主要是从外国杂志上面看到的。后来常沙娜也很有名气，她是画敦煌图画的。

从河西，在河西最后一站，就是安西，安西再延长过去，就是敦煌。敦煌就是到了新疆边了。敦煌之有名是由于莫高窟、藏经洞，藏经洞就是发现许多古代的著作的一个地方。我去看藏经洞，当时从敦煌到藏经洞还是很困难，完全是沙漠，卡车也不能走。开车从安西到敦煌，路上已经发生了许多困难，虽然有一条路，这个路常常被沙埋了，这个车子遇到一阵风，轮子都埋进沙里了，不能动弹。男人就赶快下去，拿了铲子，把沙子铲掉。我也是这样，一停下来，也跟了他们下去铲沙子。铲沙以后，轮子露出沙面，赶快上去赶快开。风很大，常书鸿的夫人在当时就拿了一个纱巾包了头，小孩子也都包了头，都不大看得见面目，所以路上我就没有看清楚她的样子。

我是外行，到敦煌去看千佛洞，看哪一个洞呢？怎么看呢？那个地方有一位考古学家，叫向达①，是了不起的考古学家。我看过他的书，我对他非常钦佩。我出发之前，沈从文知道我要去敦煌，写了一

---

① 向达（1900—1966），土家族，湖南溆浦人，历史学家、敦煌学家。

封信给我，说向达这个时候在千佛洞，让我去看看他。于是我就去看向达，因为我一路上带了一点吃的东西在身边，我就把这些东西送给向达。向达说，在这地方假如有人来送吃的东西，那是了不起的事情。因为那个地方买不到吃的东西。我第一次体验到沙漠地区的生活，印象特别深刻的就是拉大便。那个地方没有厕所，要大便就得跑出房间，在沙漠上解决，解决之后用一个铲子铲点沙，将自己大便掩盖起来就完了。我也跟了他们这样子做，向达也是这样子做。向达陪同我看了千佛洞，把他对千佛洞的研究讲给我听，所以我这一次玩敦煌呵，收获很多。我不研究这方面，可是得到了许多知识。这个地方是古代沟通外国文化的一条路，保留了许多叫敦煌学的文献，从这些文献里可以了解古代的文化。现在这条道路已经不通了。从敦煌再往西到新疆，那是更困难了。

这一次河西走廊调查，我虽然知道河西走廊的经济作用很小，但是经过这一次调查，让我明白，这个地方不仅是一个经济地区，还是一个文化地区，保留着很多历史的遗迹，让人目睹文化的沧桑巨变。

从河西回到西安之后，我在西安待了一段时间，因为我的家人当时已经在西安。

# 在西安的生活

讲一讲家庭生活中的一些花絮。

头一件事情是，在西安活动需要一个黄包车。西安生活好一点的人家，都买一辆黄包车，并雇一位车夫拉这个黄包车。我也是照了他们的样子这样做。我家这个车夫非常好，非常老实。这个西北人之愚昧、老实，真叫人敬重、同情。他干了三天就告诉我，说他不想干了。我问他为什么不想干呢？他起初不好意思说，过了半天，他才讲："你们吃米饭，我吃不来，我吃不饱。"那我问他："你想吃什么呢？"他说："我要吃大饼，吃馍。"我继续问："哪里有馍卖呢？"他说："马路边上有卖馍的，卖馍的人同时卖牛肉。你可以买一些牛肉，他给你切成一片一片。马路边上卖的馍是热的、小的、软的，可以把这个牛肉夹在馍里吃。"我说："这很简单呀，你去买来吃，钱我给你。"他就很高兴，又继续给我拉车了。

有一次，张允和带儿子晓平坐黄包车出门，在路上遇到一个人。这个人一直跟随她的黄包车到我们家门口。当天晚上，这个人就叫人送了一封信到我们家来，打开信才知道，这个人原来是张允和的中学同学阮咏莲①。她在信中说，说她遇见张允和之后，觉得很面熟，可是又不敢随便叫，后来看到张允和下车，就确定是她的同学。张允和一看，高兴得不得了。第二天，张允和就去拜访她。噢，20年不见，又在大战争时期，能在西北碰到一位老朋友，真是很不容易的事情。张允和后来就写了一首诗②，纪念这个事情，大家都认为这首诗写得很好。

要在西安这个地方，设立一个上海的银行的分行或办事处，很不容易。什么原因呢？第一，这个地方的排外思想非常强烈，这里的人表面上对你很敬重、很客气，但是生意不会给你做；第二，这个时候通货膨胀，西北人是尽量不用钱，来往进出都是用实物，讲多少匹布、讲多少担谷子——主要是讲多少匹布，差不多恢复到了"布帛"——以布为货币——的时代。所以你要在这个地方去开办一家银行很难。人穷得不得了，没有钱呵。没有钱的原因之一是通货膨胀，再加上这里本来就穷。所以几百年的老钱庄可以站得住，外面去的银行要在那里立足就很困难。

我去西安之前，王志莘就认识西安的一个最有地位的钱庄老板。王志莘告诉我，他有很大的财富。我们到了西安，许多事情都是他招待我们，其中有一件事情很有趣。我们去的四五个人，就我什么东西都吃，其他人不吃羊肉，他们见了羊肉或是看到"羊肉"两个字就害怕。有一天，这个钱庄老板请我们吃饭，饭菜并不多，大概六样

---

① 阮咏莲（？—？），女，张允和同学。

② 参见张允和《长安喜遇咏莲》（1944年4月10日）：浮云二十载，邂逅长安道。尾车怯相认，仿佛童年貌。心切夜书来，梦醒疑君到。急践昨宵约，中途喜相抱。语多不择词，情重颇唠叨。叹息废王基，乐园沦蔓草。犹忆五子棋，日长茅亭小。好强争落子，互逐梅椿笑。粉墨共登场，一双情意俏。佳会易纷争，我喜君却恼。世乱哭别离，今逢幸健好。何日干戈靖，归去觅年少。

菜，做得非常精致，很好吃。隔了几天，他又来看我们，说："你们那天吃得好不好啊？"我们说："都很好哇！"他又问："你们有没有觉得有什么怪味啊？"我们说："没有呢，味道好极了！"他大笑，说："当中有三样是羊肉，你们都没有吃出来。"可见羊肉只要做得好，是不会有膻味的。还有一次，他约我清早到他家去早饭，因为要一起到一个远的地方去参观。根据他的约定，我清早五六点钟就去他家，与他一起吃早饭。早饭吃什么呢？很有意思，一人一碗清汤面，没有菜。就是两个碟子：一个碟子是炒的椒盐——花椒和盐炒的；另外一个碟子呢，炒的葱，葱倒是很香的，把这个葱放点盐炒一炒。就这么两个小碟子吃一碗清汤面，这给我的印象也很深刻。西北人呵，他们是勤俭持家，即使有的人非常有钱，生活也过得很清苦。这次我到他家里去吃早饭，我看到他的厨房，里面没几样东西。家里的家具也非常简单。这是一个中国的传统，有钱不乱用。想要留给子孙，留给子孙就是留给社会，这是一种积蓄的思想。我觉得这个思想还是好的，要保持下去。这位钱庄老板，他的名字我现在一下子想不起来①，我可以慢慢地想起来的。他是一位典型的西北人，典型的西北金融家，是老银行家，完全老式的。但是，他有代表性，是西北经济界的代表性人物。

后来，王志莘就写信给我，说在西安设立银行没有可能，让我不要再待在西安了，还是回到重庆，那边还有更多的事情要商量。这样，我又与家人一同回到重庆。当时路程很远、交通很不方便的地方如何往来呢？上海商业银行开办了一家中国旅行社，在重要的交通线路上，它都有运营的旅客车，路边还有它开设的小客栈。这些客栈都非常简单，白布床垫，白布被子，但是很干净。这个方法，有点像青

---

① 据有关王志莘的史料判断，此人应为鲁锡九，时任"协和福"钱庄董事长。

年会，但比青年会还要俭朴，解决了一路上旅客往来的需要，吃的东西又非常简单，很便宜——但是很卫生。上海商业银行的这个工作办得非常好。我们通过这种方式，去西北、去重庆、去成都，来来往往就比较方便了。当然这些设备不是为我们少数人服务的，它是为任何人服务的，这一种服务方式是非常好的。

# 战时贸易　儿子被流弹所伤

　　抗日战争一共八年，可以分成两个阶段，前四年和后四年。前四年是从 1937 年 7 月 7 日日本全面侵略中国，到 1941 年 12 月 7 日日本轰炸珍珠港，这个四年可以说是第一个时期，这个四年中国是节节败退。1941 年 12 月 7 日日本偷袭珍珠港之后，美国也是非常狼狈。抗战初期，中国有一部分人，认为抗日战争没有希望了，投降主义就开始了，主要表现在汪精卫的叛变。汪精卫秘密跑到河内，在南京成立伪政权，后来 1941 年 6 月 16 日又跑到日本。第二个阶段从日本轰炸珍珠港、发动太平洋战争开始，一直到 1945 年 5 月 8 日欧洲战争结束。这四年，日本军队在中国几乎是如入无人之境，它打通了京汉铁路，打通了湘桂铁路，日本是不可一世，中国几乎是毫无办法。

　　"珍珠港事件"之后，虽然中国老百姓都觉得战争有了转机了，但中国暂时还没有能力把日本人赶走。这个时候，美国也在太平洋打仗，从印度到中国的公路还没有开通——印度到中国的空中运输已经开通，但是运输量毕竟很小。所以作为抗日战争的后方根据地的西南，物资越来越匮乏，许多生活必需品也慢慢地紧张起来了。所以，这个时候有好几家银行都成立贸易公司。这些贸易公司当时开辟了好几条运输线，当中有一条是从成都到湖南的吉首，再到上海。这条线是所谓敌人后方的运输线，这条线很热闹，许多贸易公司，都从上海运生活必需品到成都。到了成都之后，再转运到重庆，有的转运到其他地方。

王志莘就跟我商量，他问我愿意不愿意冒一次险，成立一个公司，去上海运东西到成都，这是后方的需要。而且他打算战争结束之后可以把这个公司变成一个国际贸易公司，把中国的土产运销到国外去。他希望我来组织这样一个公司，作为新华银行的附属事业。同时，他还希望我秘密到上海去一趟，看看原上海总行的处境和经营情况如何。当时上海新华银行和重庆新华银行虽然也有信件不断往来，可是毕竟很慢，有些情况在信上也不能详细说。我说好，我可以承担这个工作。于是就成立一家公司，规模不大，请了一两个人住在吉首，做一个中间站，从上海买一些后方需要的东西运到成都，主要是袜子和衣服等服装之类的东西，这些是后方很需要的一些东西。

我秘密到了上海之后，就找到上海新华银行的总负责人孙瑞璜①。我到上海一看，出乎预料，上海的金融业务还很发达。日本在这方面很聪明，没有把许多金融机构关闭掉，因为这些金融机构都在它的笼罩之下，它不怕你怎么样，它就利用这些机构。这些银行的业务，主要仍旧是针对中国的商业团体。上海的中国工厂仍然很发达。抗日战争时候，外国的东西到不了上海，所以上海生产的东西销路反而增加了。日本也忙于打仗，它本土的东西运到中国来的也不多，所以上海的工商业有了发展。这个情况出乎我预料。由于工商业仍旧在进行，这些银行的业务也仍旧在进行。孙瑞璜把这个情况告诉我，他

---

① 孙瑞璜（1900—1980），上海崇明人，曾任新华信托储蓄银行副经理，王志莘的主要助手。

说他们也在等待重庆总行战争结束后马上回到上海。就这样，我算秘密到上海走了一趟。在上海，我只跟新华银行接触，不敢去看朋友，也不敢去看亲戚，我害怕弄出问题来，被日本人知道。

新华银行开办的这个公司叫新原物产公司，是完全为了适应当时战时后方的需要而开办的。人手很少，我们只能利用一些有关系的企业来运输。这样的生意，做得最多的是几家四川的银行，他们很早就在做。我们是很晚才做的，而且做的规模很小，目的不在扩大这方面的业务。这样，成都成了一个交接点。于是王志莘希望我在成都待一段时间，最好是把家庭也搬到成都去。因为成都虽然也有轰炸，但比较少，生活可以稍微安定一点，重庆实在是太苦了，危险也很大，这样我又把家庭搬到了成都。

当时的成都，是后方保存的最完整的一个城市。本来成都是一个很发达的城市。在四川来讲，成都原来比重庆发达。许多人说，不到成都是等于没到四川。重庆不能代表四川，而成都才能代表四川。从历史、经济、文化的情况看，成都都比重庆要高出一等。重庆仅仅是一个交通枢纽，只是做了国民党的所谓"陪都"而已。这样我在成都就住了一个短时期。

在成都，我们起初租的一个房子在华西坝。"坝"，在四川话中是"平原"的意思。我好像记得，我们租的房子叫甘园，这个房子是一个小小的楼房，还有一点草地。在这里的一段时间，我们家发生了一个事故。什么事故呢？有一天，我的儿子周晓平在大院里的草地上玩，突然一个流弹从院外打进来，打在他肚子上面。幸亏当时成都有美国空军驻扎——因为成都当时是驻华美军在后方的一个基地。空军有个很小的医院，这个空军医院帮了忙，把我的孩子肚子里的一颗子弹取出来了。这颗子弹在肠子里穿了七个洞。所以救出这条命是非常意外的。这个子弹一直保留着，保留到我的儿子长大。

在成都的时候，我的儿子很小，他还不大懂事。后来中国解放了，1949 年以后，他长大了，这些儿童和少年要控诉旧社会的罪恶，要控诉国民党。他就把这颗子弹拿出来，说是国民党打在肚子里的——其实当时并不知道是谁打的。抗日战争时期很乱，子弹横飞是常有的事情，不稀奇的。

# 美苏对日作战与抗战的胜利

欧洲战场上，在德国侵略苏联之前，苏联就感到西面的德国虽然还没有对它发动战争，但始终是一个威胁。因此苏联就不敢刺激日本，在西面它要讨好德国，在东面要讨好日本。1941 年 4 月 13 日，苏联和日本签订中立条约，意思是说苏联决计不会帮助中国来打日本，相当于承认日本在中国的胜利。这个时期，汪精卫已经投降日本。汪精卫觉得，连苏联也承认日本的胜利……这或许与汪精卫投降日本也有关系。苏联与日本签订中立条约，当时在中国人民中引起了很大的反感，因为中国人民本来希望苏联能够帮助中国反对日本的，没想到苏联恰恰相反。这件事情引起中国人的反感，并引发了持续不断的针对苏联的抗议活动。

1941 年 6 月 22 日，德国全面侵略苏联。从这一天起，一直到1944 年 6 月 6 日——就是盟军渡过英吉利海峡登陆欧洲的那天，所以叫 D-day——这当中差不多有三年的时间。这三年，苏联是非常悲惨的，战争非常残酷，牺牲的人不计其数。据国外报道，苏德战争的猛烈程度，超过了中日战争。因为中国很难抵抗，常常后退。而苏联呢，起初也是不断后退，后来才转入反攻。因为德国的军事实力大，德军进攻之残酷超过了日本。在这个情形之下，苏联一直不敢得罪日本。

美国希望苏联反对日本，这样可以减轻美国对日本作战时的压力，但是苏联迟迟不敢答应，一直到1945年8月6日美国在广岛投下了原子弹。这个原子弹投下去之后，苏联知道日本立刻就要投降了。这边6日轰炸广岛，8日苏联就对日宣战，两天工夫还不到。据说，8月7日，日本已经非正式地表示愿意投降。后来有人说，这个原子弹投下去之后，日本人莫名其妙，不知道是什么东西。这话并不真实。据后来披露，在8月6日原子弹投下去之后，当天晚上，日本就有一个专门调查团到广岛去调查，调查结果已经知道这是原子弹。可是美国还不放心，9日又投了一个原子弹在长崎。日本更着急了，就赶紧表示，说愿意无条件投降，但是提出一个条件，就是要保留天皇的地位。这个条件美国同意了，不过特别说明，天皇要接受美国军事指挥官的命令。

美国在8月6日和8月9日两次投下原子弹，苏联在8月8日——就是投下长崎原子弹前一天，有人说还不到一天，只有半天——对日本宣战。当时，中国后方的一些报纸，欢迎苏联宣战，但是总觉得这个宣战是投机性的。美国以前拼命拉拢苏联，希望它对付日本，所以跟苏联讲好了，朝鲜北部由苏联占领，南部由美国占领。苏联要求，把日本也分成两半，北部由苏联占领，南部由美国占领，美国没有同意。美国为什么没有叫苏联来帮忙呢？因为这日本人打仗非常勇敢，美军占领冲绳岛之后，岛上有1万多日本人跳海自杀，这可把美国人吓坏了。[①] 美国人估计，美军如果在日本本土进行登陆作

---

① 冲绳战役发生于1945年3月至6月，约有20万人丧生，其中约1.2万名美军、9.4万名日军和9.4万名冲绳平民。据统计，有数万日本军民因不愿被俘或不接受战败结果而自杀。

战，要牺牲 20 万士兵，假如苏联来帮忙呢，美军的牺牲可以大大减少。起初美国还没有生产原子弹，后来有了原子弹了，两个原子弹投下去，起作用了，美国就后悔了，以前不应答应苏联。所以，苏联在 8 月 8 日赶快对日本宣战，8 月 10 日日本天皇就宣布投降了。

可是日本做事效率还是差的，直到 8 月 14 日，才把日本天皇的投降诏书的录音进行广播——在有日军的地方广播。正式投降是 8 月 14 日。正式投降之后，一直到 9 月 2 日才在美国的一艘军舰上面签字投降，这艘军舰叫"密苏里"（Missouri）。一个日本大臣代表天皇签字，一个日本大臣是代表军部签字。这个投降仪式，中国有一位将军也参加了，是蒋介石的代表。① 后来在 9 月 9 日，中国战区的日本军队的头头在南京又正式向中国投降。这样，从中国战场来讲，是 9 月 9 日日本完全投降；从整个战争来讲，8 月 14 日，日本就已经正式投降了。

1944 年 6 月 6 日，英美盟军在欧洲大陆的西岸登陆，这件事使中国人高兴得不得了。英美军队 6 月 6 日登陆之后，一直到 1945 年 5 月 8 日，才完全结束战争。所以德国投降是在 5 月 8 日——也有人说在 5 月 7 日，这是时差的原因。盟军在西欧登陆以后的这 11 个月，中国基本上处在一个等待的状态。胜利是必然了，但是不知道是哪一天。假如没有原子弹投下去，这日期肯定还要拖长。

现在日本人说，在广岛、长崎投放原子弹，是大规模的屠杀，是一个暴行，这种暴行跟希特勒大规模屠杀犹太人是完全一样的。这种

---

① 当时，代表中华民国政府签字受降的是军令部长徐永昌将军。而在投降书上签字的日方代表是外相重光葵（代表日本天皇和政府）和陆军参谋总长梅津美治郎（代表帝国大本营）。同时接受投降的还有同盟国代表、盟军最高统帅麦克阿瑟上将、美国代表尼米兹海军上将、英国代表福莱塞海军上将、苏联代表杰列维亚科中将，以及澳、加、法、荷、新西兰等国代表。

说法当然是不正确的！当时大家都公认，如果没有原子弹，这个战争还要拖一段时间，但日本的最终失败是肯定的。投放原子弹，从美国角度来看，是减少人员的损失，是提前结束战争。其实德国和日本都在研究原子弹，只不过他们没有研制成功。美国在广岛投放原子弹之前，原子弹爆炸的试验已经做过了，但是空中投放原子弹，能不能爆炸，还没有试验过。所以广岛这颗原子弹投下去，爆炸了，美国人当然很高兴。现在日本人年年在广岛爆炸原子弹的一天进行纪念，反对原子弹、反对战争。他们有没有想一想，广岛会遭受原子弹的原因在于日本发动了太平洋战争。日本到今天还没有很好地反省。日本侵略、奴役朝鲜很多年；南京大屠杀，乃至整个抗日战争8年的时间里，中国不知死亡多少人。中国军队和人民的伤亡，我听说估计是死亡2200万，具体多少不知道，可是这个数目之大是非常惊人的。这些日本人都忘掉了，好像不是他们的罪恶，这种宣传对今后国际的和平是不利的。

# 重返上海　转赴美英

日本投降的消息传到中国的时候，我在成都，我们的兴奋是无法形容的。于是我们全家很快就从成都回到重庆，到了重庆，就准备回上海。这时，重庆有千千万万的人——都是从上海、南京来的——都要准备回上海、回南京，交通之困难，比我们抗战初期来四川时还要困难。因为我事前到过上海一次，跟上海有过联系，所以王志莘希望我首先回到上海，为新华银行重庆总行撤回上海做准备。由于银行界有一些关系，加上当时国民政府也帮助金融界、工业界人士，我获得了回上海的交通便利。有一架美国军用飞机要运一批美国兵到上海，飞机上没有军火。那么就通知我，说有这么一个机会，叫我赶快坐飞机去上海。那我就拿一点最简单的行李，匆匆忙忙就上了飞机。这个飞机机身中空空如也，没有座位，没有床铺，大家都席地而坐。上飞机之前，大家吃了一点东西，一路上不提供任何食物和饮料。就这样飞到上海。当然军用飞机飞得很快，直飞上海。所以我是提前从重庆回到上海的，没有与家人一同回来。

我的家人后来想办法坐木船回来的——不是坐轮船。从重庆下去到武汉，这是"下水"，下水时木船能够行驶，但是非常危险。经过三峡时，很多船都翻掉了。当时，每个人都是冒险家，经过八年的战争，都觉得无所谓了。在没有我帮忙的情况之下，我的家庭——我的母亲、妻子、孩子——坐了木船就顺流而下到武汉。这个木船上，还有我们的亲戚和其他熟人。船行到半路上，有一个亲戚掉到水里，淹死了。这次冒险，途中发生了许许多多难以想象的事情，所幸我们家没有遇到生命的危险。她们到了武汉，又想了办法回到上海。由于一路上有金融机构、银行的照应，她们比别人还是方便一些。

我从重庆坐飞机飞到上海，几乎是换了一个国家、换了一个世界、换了一个天地。有几件小事给我印象是非常深刻的。在重庆，自来水是浑的，像泥浆水一样，没有清洁的自来水供应，而且重庆的自来水很少，一般人都是买水喝。有许多做水买卖的人，挑一担子自来水到居民家前叫卖，这叫"人挑自来水"。我一到上海，新华银行就招待我，第一件事情，要喝水、洗澡——在飞机上坐得身上脏得不得了。自来水龙头一打开，流出来很清很清的自来水。啊呀，真是高兴得不得了！我好久好久没有看到清净的自来水了。这个战争真是折磨人的。

不久，王志莘和新华银行重庆总行的其他人，也都陆续回到上海。回到上海以后，最重要的就是商量怎么恢复业务、扩大业务。王志莘决定，要恢复过去的办法——每两年派一名高级职员到美国去工作、学习，这样不断轮换，把美国银行的经营方法引进到中国来。所以当时新华银行的经营方法和技术设备，与美国相比，大概相差两年。为什么相差两年？因为美国的方法学习之后，技术设备买回来之后，还要经过培训，才能应用或使用，这当中至少有两年的差距。比如说记账，中国银行原来都是手工记账。抗日战争结束之后，我们到了美国，很快把美国的记账机器运到上海，教大家使用这个记账机器。当然这个机器跟今天的电子计算机是不一样的。当时这个机器也很进步，它是机械的计算机，能自动计算、自动打印。很可惜，1949

年后这些先进的机器都被否定了，一直没有被再次利用，机器也不知所踪了。

于是，王志莘希望我尽快到美国去，同时，为新原物产公司在美国开设一个据点，准备将来在美国和中国之间做国际贸易。新华银行原本在美国有一间长期的办公室，在百老汇路（Broadway）。美国的银行跟新华银行之间有合同，有相互业务上的往来和人员上的联系。这家银行叫欧文信托公司，英文叫 Irving Trust Company，它是华尔街的第一号门牌。

我现在记不清楚是哪一天从重庆飞回上海的，这个日期我想起了再说，大概是 1945 年年底。由于王志莘的安排，1946 年我就离开上海到美国去了。后来我又到了英国去处理业务，因为英国的英格兰银行跟我们是有业务往来的。最后，在上海解放前不久，我从英国回到香港，在香港等待上海解放再回到上海。所以我回上海是 1949 年 5 月 27 日之后不多几天，这一段的经过，我以后要慢慢地讲。

我在国外的那段时期，中国国内发生了很大的变化。国共之间爆发内战，国民党失败了，逃到台湾；共产党成功了，建立了中华人民共和国。关于国共内战的经过，我都是在国外看到的报道，没有看到中文的材料。在美国，我接触到共产党派在美国的人，也有国民党派在美国的人……

# 漂洋过海　众议战后局势

　　抗日战争胜利以后，蒋介石回到上海，受到群众的热烈欢迎，民众几乎把他当成一位伟大的英雄。但是当时也有报纸写文章说，抗战八年，年年打败仗，败得非常惨，这是惨败；现在，通过美国人帮助胜利了，这个胜利，是"惨胜"。"惨胜"两个字在当时是很新鲜的讲法，很多人觉得这个讲法很有道理，让人深思。

　　由于长期打仗，美国跟中国是站在一起的，没有美国的支持，中国军队在后方很难站住脚的，所以美国跟中国的关系非常好。打完仗以后，有很多中国人要到美国去，办签证非常方便。如果一个家庭预备同时去美国，美国领事馆就只要一张照片。我去办签证，只要我和我的老婆、儿子的合影就行了，一张照片贴在护照上。唯一的条件就是要有4000美元存在美国银行里，签证时候将存折或存单给他看一下，就可以了。当时，我本来打算同老婆和儿子一起去美国的，后来考虑儿子年纪太小，这么小就到美国，就会有了美国文化，没有中国文化，这不好。我是主张一个人要有两种文化，既要有中国文化，又要有西洋文化。所以，签证办好了，儿子没有带去。我们把儿子交到苏州，张允和的弟弟在苏州做中学校长——就是张允和父亲办的那所学校，教育环境非常好。他到了苏州住在舅舅家里，但并没有进这所学校，而是进了苏州最有名的一个中学，叫作草桥中学。那个时候，到美国去很方便，去了之后回来也容易。不是像逃难那样急迫，也很少有人说去了就不想回来，没有把美国看成天堂。当时的情况跟现在完全不一样。

一切安排妥当之后，去订船票。那个时候已经有从上海飞旧金山的航班了，要中转好几个地方。但是一般是军用的，民用航班还未开始售票，所以我们是坐船去。我们坐的船，叫作"美格将军"号，大概是 General Meigg——我记不太清楚了。这艘船不大，是中小型的，由一艘中小型的军舰改造的，里面有许多小客舱，是专门运客的，货物很少。当中有一个大厅，可以喝咖啡，也可以跳舞。甲板上有一些帆布床，很简单，没有多少娱乐设备，是战争结束之后刚恢复交通的一种暂时的设施。但是这艘船有一个优点，它行驶得很快，从上海到旧金山，途中完全不停，两个礼拜就到了。所以优点就是快，缺点是船上没有娱乐设施，也不靠别的码头。

张允和晕船。这艘船跟普通轮船相比还算平稳，可是海里的风浪究竟与河里的不一样。她一上船就晕船，只能在小房间里睡着不起来，吃东西也很困难，老要吐。那么我呢，有的时候走出舱外，走出这个小房间，就在大厅里面坐坐，喝一点咖啡。一路上没有什么娱乐活动，顶多是到甲板上看看海面，大海一望无际。

有一天在喝咖啡的时候，我听到同船的人在议论，我便注意听。我没有什么好讲的，他们之中我也没有朋友，我只是听他们议论。他们议论什么呢？他们认为，美国同意苏联打日本是一个很大的错误，美国完全有能力自己打败日本——实际上也是完全靠自己的力量打胜的。但苏联参加进来了，结果半个朝鲜——所谓"北朝鲜"——被苏联控制。而且，由于苏联参战，东北的日军就向苏联军队投降，而东北是日本军队的后备基地，人很多，军火主要就藏在东北。可是苏联对日开战后，立刻进入东北，得到大量的军火。我听他们议论，觉得很新鲜，他们的许多消息，我都不知道——大概他们有更多的消息。他们还说，更重要的是苏联获得这许多军火以后，把重武器运回到苏联，大量轻武器或苏联不要的武器都交给中国共产党。中国共产党都来不及接收，于是动员大量的人到东北去接收武器。没有武器很难打胜仗——这大家都知道的，当时共产党的武器是很少的，人数也很少。由于苏联给了许多武器，共产党的军队就快速扩充，并以东北作为军事基地。这几个人议论，认为国内形势当时是，国民党与共产党一会儿闹、一会儿和，很难搞得好，而且共产党的力量是越来越强。我听了他们这些话，加上到了美国又看到了一些报道，才知道，一两年以后，国内的军事形势越来越不利于国民党。这个消息是1946 年我在船上首先听到他们讲。

1947 年、1948 年、1949 年这几年是内战最剧烈的时候，共产党大概用了三年的时间，就把国民党打垮了，国民党被迫逃到台湾。后来我在美国报纸上看到一些评论，认为共产党所以打胜、国民党所以被打败，有以下几个原因：第一是苏联把日本的军火交给共产党，使它有了武器。后来每打胜一次它又缴获国民党军队的许多武器。第二，共产党的军队士气很高昂，国民党军队士气不振。据美国报纸的评论，最重要的原因在于抗日战争结束后的几年里的通货膨胀，使军官千方百计做生意赚钱，所以军官发财了；士兵因为通货膨胀，军饷不够用，勉强维持生活，所以士气衰落。军官认为刚打完抗日战争，继续打内战的战争意志不强，而且他有了钱之后更不愿意打——国民党军队的作战意志在通货膨胀中被消磨掉了。而共产党是从最艰苦的地方来的，所以有旺盛的战斗意志。这是个对比。这样，国民党就节节失败。

这艘船在太平洋中航行，会经过一条线——国际日期变更线。轮船从西往东航行，经过分日界线的时候要重复一天，这一天恰巧是我的生日，所以我在轮船经过国际日期变更线的时候就过了两个生日，这是一件很有趣的事情。后来有一天，这个船上举办了一个简单的"同乐会"，这个"同乐会"中有一个人，叫徐樱，是张允和的昆曲戏友，她们在成都、重庆时就常常在一起唱昆曲。她和我们这次恰好同船一起到美国去。徐樱的丈夫已经在美国了，就是著名的语言学家李方桂①教授。张允和睡在船舱里是起不来的，但是一听说要唱昆曲，她精神来了，就勉强起来了，还唱了一段昆曲。在船上的事情，我记得的不多。我的印象就是船上的生活是比较单调的，也没有遇到什么大风浪。有一些小的事情，张允和可能还记得多一点。

--------

① 李方桂（1902—1987），山西昔阳人，生于广州。语言学家，精通美洲印第安语、藏语、侗台语。

# 纽约观察

到达旧金山之后，我们乘坐火车再到纽约。

新华银行在纽约百老汇路原来就有一个办公室，这个办公室一直有人在照管。这个人是国民党教育部次长的儿子。以前有个著名的数学家叫秦汾①。秦汾的儿子在美国读书，抗日战争时期他待在美国，没有回国，所以新华银行一直委托他照顾这个办公室。这个办公室一直租着，没有退约，新华银行有事情，也托他办。

到了纽约之后，我首先就将新原物产公司在美国进行登记注册，成为美国的公司，办事处就设在百老汇路这个办公室。同时我征得王志莘的同意，邀请我的中学老同学章午云②担任新原物产公司的副总经理。他一直在美国做进出口生意，主要是把美国的机器运销到中国。他在美国经营国际贸易很有经验，所以我就邀请他帮忙。当时秦

---

① 秦汾（1882—1973），江苏太仓人，教育家、实业家、数学家和天文学家。

② 章午云（1907—2005），江苏无锡人，经济学家、银行家，曾任陈光甫秘书。

汾的儿子也是副总经理，所以就有了两个副总经理。我们是在搭一个架子，预备以后做国际贸易。第二件事情，我是新华银行驻纽约的代表，那么新华银行跟美国的国际业务都是通过我办理，具体经办是委托华尔街第一号门牌的欧文信托公司。欧文信托公司是一家银行——美国银行的名称不一定叫银行，这家银行的地址是华尔街第一号门牌，一直到今天还存在。这是一家老银行，虽然规模在美国不是最大，但是它的业务很有根基，相当发达。我们的业务都是委托它来办理。还有第三个任务，我到这个欧文信托公司去考察美国银行处理业务的新方法、新设备，研究哪些可以学习借鉴，用来改革上海以及中国新华银行的经营方法。

这三件工作都不很繁重的，因此我还有时间可以去学校听课。当然要去读一个正规学位，这个时间是不够的，那会影响我的业务工作。所以，我实际上是以工作为主。我就在纽约的大学里选了一些课去听，一个是纽约大学，一个是哥伦比亚大学。我没有申请读学位，听课就可以自由一点。

此外，我每天晚上到纽约图书馆看书、自修、研究问题。纽约图书馆叫"纽约公共图书馆"，Public Library，有人译为"纽约公立图书馆"，不对，不是"公立"，而是"公共"，因为它不是市政府办的，而是私人办的。这个图书馆在市中心，设备非常好，服务也非常好。我每天去看书，都看到晚上十点钟闭馆之后才回家。有一天，管理人员来跟我讲，他说，你每天来看书，你研究点什么？当时我研究经济，我就告诉他，我是研究经济学的。他说，你既然是做研究工作，我们可以给你提供一点方便，我们有这个研究房间，里面有两个书架，一个小书桌，你有了这个房间，借书可以不受限制——但不要拿出去。他说，一个小房间只给两个人用，一个人是上午来用，一个人是下午来用，下午来用的人可以一直用到晚上。你愿意不愿意，只要交很少一点费用？那么我就说，那当然好极了，这是一个很好的条件。于是他就给了我一把钥匙。实际上我下午去的时间不多，因为我有工作，通常都是晚饭之后再去，整个晚上在那里做研究。这是我在纽约生活最愉快的一件事。我看了很多书，研究了很多问题。美国图书馆的服务是给人方便，这是美国科技、经济发达的一个重要条件。

纽约的图书馆、博物馆、美术馆等是多得不得了，公共文化设施好得不得了。我最留恋的一个地方是美国自然历史博物馆。这个自然历史博物馆大得不得了，一开头我是采取走马看花的方式，从头到尾要把它看完。它有六层楼，每一层楼是大得很，好多好多房间，我一层楼要看一天。我安排了六个下午和晚上，吃完午饭立刻就去，一直看到六点钟。我在自然博物馆里吃饭，它里面有食堂，好吃又便宜。吃了晚饭再看一段时间再回家。这样，我看了六天，这个六天就使我对自然界的发展以及人类社会的历史发展，整个世界——包括中国，有一个印象。然后，我再选一些东西再去看。这个自然博物馆不单是自然，它的自然是广义的，包括人类社会，包括人类历史，它是全面的。它缺少的东西呢，就做一个模型。它里面有课堂，有许多专家。纽约的学生是经常到那里去，不仅是参观，而且在那里上课，有的还请专家来指导。这实际是一个社会教育机构，这个事情真是了不起。这个地方使我念念不忘，是使人受教育的一个很好的地方。

当时美国是大城市发达的年代，纽约是最富有的，各样东西都很好，跟今天很不一样。这半个世纪中，美国重要的变化是大城市没落、中小城市兴起。因为公路更发达了，汽车更方便了，每家都有汽车，很多人就不愿意再住在大城市，住到中小城市去了。大城市房子贵，空气又不好；住在中小城市呢，费用反而便宜，空气又好。这样一来呢，大城市商店里的生意就差了，买卖少了，那么大城市的税收就少了。大城市原来能够征收的税款实际上都转移到中小城市去了，这样大城市的经济就困难了。另一方面，在美国南部农业地区，农业的机械化使许多农民没什么工作可做。于是美国就有一种政策，鼓励农民要到城市里去找工作，你离开农村不做农民了，政府给你一笔钱。所以许多农民从农村进入大城市去找工作。这种农民，绝大多数都是黑人。这些人进入大城市，大多数人能找到工作，但是也有一部分找不到工作。找不到工作的呢，他们就变成城市的流浪者，所以今天美国的大城市都有很多黑人。黑人多到一个什么程度呢？大城市选举，选出来的市长都是黑人，黑人的票数变成多数的了。

从我以前在美国时候到今天，美国最大的变化在城市：大城市没落，中小城市兴起。这一个变化影响很大，而且现在我看今后的情况还会更严重。我在纽约居住的时候，市中心的住宅一般都是75层——如果造60层就不合算，75层不算高的，办公楼一般都是百八十层，很高。稍晚建造的纽约的世界贸易中心，两个大楼，120层，现在都发生困难了。特别是电脑普及以后，很多人可以通过电脑，通过 Internet，通过 Email 来工作——不一定要到办公室里去。在办公室里面办公，跟经理联系是通过电话的，而在家里办公，照样可以通过电话联系，还省了上下班的时间。员工在家里、在郊区、在小城市里，照样可以给大公司——总部设在纽约的大公司——工作，所以不到办公室办公的人越来越多。最近，我看到报纸上说，美国以前有4000万人在家办公，现在这个人数已经到了4500万了。这些人不去办公，这个办公室就多余出来了，办公楼就会降价。有许多办公室租不出去，这将使大城市进一步发生困难。大城市的没落、中小城市的兴起，这是美国的一个新的发展趋势。从整个社会发展来看，这是进步。起初呢是农民集中到大城市，大城市便逐渐畸形发展，现在呢是大城市衰落，居民分散到中小城市去。这个变化，从大城市发展的角度看，那美国算是没落了；但是从美国整体看，这不是一个没落，而是一个进步。

# 探访亲友　游历美国

　　有一年暑假的时候，我们到密西根的安娜堡（Ann Arbor）去，读密西根大学的暑期学校。因为，张允和有一个妹妹和妹夫在密西根，还有一些朋友也在那里。

　　在那里发生了一些很有意思的事情。张允和去选读的课程是赵元任①的语言学。赵元任是一个很有名的教授，他暑期到安娜堡的密西根大学去讲学。这个课程每天都发讲义，讲义上有赵元任新设计的汉语拼音方案，是拼写国语的一个拉丁字母方案。我觉得这个方案非常好，后来新中国成立后我们设计汉语拼音方案，就是参考了这个方案。根据 50 年代我在北京大学讲学时的讲义改编的《汉字改革概论》中，我就提到了赵元任的第二个方案。赵元任的第一个方案是国语罗马字方案，第二个方案就是拉丁字母方案，但是赵元任本人都忘记了。他后来看了我的书，就写信给我，说你书上讲我有第二个方案，我自己都忘掉了，请你告诉我是根据什么制定的。那个时候赵元

　　　——————

　　① 赵元任（1892—1982），江苏武进人，生于天津，语言学家、哲学家、作曲家。

任他自己发的讲义，他自己也没有了。这件事是很有意思的。他这封信寄来的时候，"文化大革命"可能已经开始了。"文化大革命"的时候，我们是没有通信自由的，特别是跟美国人通信，那不得了，是犯罪的事情。这封信隔了四年，我才拿到。于是我写封信告诉他，这个方案的出处来源是什么，并且向他道歉，说这个信我拿到得太晚了。

张允和在轮船上晕船，连动都不想动。可是一到旧金山，一上岸，精神就来了，就像一个不会动的人忽然变成一个非常能动的人了。她喜欢唱昆曲，同行的徐樱也非常喜欢唱昆曲。到了美国，徐樱常常到我们家来唱昆曲，我们也常常到他们家去唱昆曲。有一年夏天，我们开了窗子唱昆曲，声音很响，传到窗子外面——当时我们没有声响污染的意识。一会儿有人打电话来了，是邻近大楼里的一户人家打电话来，说你们的声音太响了，干扰我们了。噢，我们赶紧抱歉，赶快把窗子关起来。这使我们意识到，声响不能妨害邻居——在中国没有这样的意识。

还有一件有趣味的事情。我的姐夫有一个弟弟，叫屠仲方①，当时他也在美国，是研究油漆工业的。他有一个朋友，也是搞化工的，空闲下来就自己在家里生产一种油漆。这种油漆是黄色的，和人的皮肤颜色很像，是专门给橱窗里的木头模型上油漆的。当时美国人有一种风气，女人的肤色在冬天要显得白、在夏天要显得黄，才好看。肤色发黄，表示到海滨去游泳了，这是一个时髦。如果不黄呢，就不美。因此橱窗里的木头模型，到了夏天要刷上黄颜色，看起来和真人一样。有一个夏天，我们在高楼的房间里面，看到邻楼屋顶上有两个女孩子在那儿晒太阳。我们觉得很奇怪，夏天晒太阳多热呀……后来才知道，有的穷孩子没有钱到海滨去游泳，就在屋顶上晒太阳，把皮

---

① 屠仲方（？—？），本名屠楷，屠元博次子，屠伯范之弟，工程师。

肤晒得黑黑的，也表示时髦。这一种风气呀，在中国是完全不能理解的。

我们在平时生活当中，注意观察美国人的生活特点。我们的房东是意大利人，这位意大利太太在家里做家务，是不工作的。当时美国的妇女受了很好的教育，结婚以后就不工作了，所以张允和也是不工作的，当时是这么一种风气。有一天，这位意大利太太跟张允和讲，说她这几天很不开心。什么原因呢？原来她儿子大学毕业了，还住在她家里，住了她的房子不给房钱。允和当时就不理解了，母亲怎么能向儿子要房钱呢？原来美国的习惯，父母抚养儿女读书读到大学毕业是应当的，大学毕业以后儿女就要独立，住在父母家里面，就应当付房钱。但是她的儿子一时找不到好工作，在外面打临时工，所以他不肯付房钱。于是母亲就不高兴，儿子也发脾气，弄得这对母亲和儿子在感情上很不愉快。那允和就劝她，说他还没有找到合适的工作，你也不在乎这几个房钱。你就告诉他：你没有找到合适的工作的时候，我不要你的房钱，我欢迎你住在我家里。这样你们母子就可以和好。这个太太听了允和的话，就照这样做了。她的儿子很高兴，一下子态度就好起来了，有空了回到家里还帮妈妈做事情。他妈妈高兴得不得了，告诉允和说：噢！你的办法真好，我按照你的办法做啊，真灵！这个事情说明中国的人伦关系、传统道德是很有意义的。而像美国那样，家庭成员的关系都建立在金钱之上，并不是好事情。

我的姐夫屠伯范还有一个堂房弟弟，叫屠果①。他在美国读书，

---

① 屠果（1921—1996），屠伯范堂弟，天津人。1942年毕业于西南联大机械工程系，1949年获 U. MI 硕士。1950—1996年在美国 R & B 机床公司从事机械加工、研制、开发工作，后任公司副总裁。

是高级机械工程师，娶了一个太太，是国民党交通部部长的女儿，姓曾①。这个太太从小在美国读书，完全是美国习惯、美国思想，生了两个儿子。后来屠果的事业很发达，变成一个很大的机械公司的副总裁。但当时屠果的收入还不是很多，他想买一所房子，没有钱。怎么办呢？他就按照美国的办法去买一块地皮，另外到木料工厂去购买建房的木材。这种木材是造房子的零件，都已经是加工好了，只要按照图样来钉，钉好了就是一所很好的小洋房，不过完全是木料的。屠果就按照这个办法，买了木料，请人帮他钉。他自己也是一下班就参加这个造房子的工作。他跟两个儿子说，你们下了课回来也要帮我造房子，因为你们也要住在我们家嘛。两个儿子不声不响，也帮他造房子。可是有个礼拜天清早，屠果起来了，发现两个儿子都走了，一直到很晚才回来。怎么回事呢？原来呀，两个儿子到别人家去劳动了，因为到别人家劳动可以拿钱，而在自己家劳动拿不到钱。屠果很生气。

这件事情呀，我们觉得很有趣，这也说明美国给青年的教育是，人应该劳动，但是劳动应获得报酬，叫 work and pay。工作和报酬要对等的，你不能叫我工作而不给报酬。这个观念跟中国人很不一样。中国的传统道德，我帮你做工作，我不拿报酬，拿报酬会不好意思的。这个观念和美国人很不一样。这不是一个小事情，牵扯到整个社会经济的发展问题。劳动不给报酬，结果你就找不到人来劳动；请人劳动支付报酬，你就很容易找到人来劳动。当时我们觉得这是一个有趣的事情，后来越想这个事情越重要，这牵扯到一个社会思想、生活思想、生活习惯的问题。

张允和喜欢唱昆曲，跟徐樱常在一起。徐樱的丈夫李方桂，是一

---

① 根据相关资料推断，似指曾养甫（1898—1969），1943 年 12 月至 1945 年 2 月他担任中华民国交通部部长。

位非常有名的语言学家，他在美国大学教语言学，也在研究所做语言学的研究，特别是他参加了哈佛大学组织的一个关于中国辞典的编辑工作。哈佛大学有一个很大的计划，想把从古到今的中文语词（words），每一个都详细标上它的含义和出处。这个计划规模非常大，他们做了好多年了，还只做了一小部分，而且都是水平高的人来做。这个计划其实是跟现在出版的《汉语大辞典》有点相近，不过它的要求更高、更详细。李方桂就约我一起去看他们是怎么做这个工作的，我很有兴趣，因为我对于语言文字也是很感兴趣的，虽然我不专门研究这方面。

另外，我们在纽约还有一个中国朋友，叫罗常培①，也是一位有名的语言学家。他也在美国教书，跟我们经常往来。

还有一个与我们常往来的人，就是老舍②。老舍的小说《骆驼祥子》翻译成英文在美国出版，译者拿了稿费，就分一半给老舍，可能有一万多美元，老舍有了钱就到美国去玩了。老舍这个人很有趣，喜欢讲笑话，有素的有荤的，引得大家哈哈大笑。老舍也常到我们家来，因为经常有客人来拜访，张允和就做一点中国式家常菜招待他们。中国式家常菜有一个特点，就是不油腻而很好吃。但是食材选料得符合中国人的要求，比如说，吃鸡，中国人讲究炖鸡汤，鸡汤要鲜。美国的鸡是大规模饲养的，这种鸡很嫩，吃肉好，炖汤不行的。那怎么办呢？要坐了地铁，跑很远的地方，到犹太人的店里去买活的鸡——这种鸡不是大规模生产的，用来炖汤就非常鲜。所以他们呢——特别是老舍，喜欢到我们家来吃中国菜。

我在美国，交的朋友主要是洋人，不是华人，我是有意识地这样

---

① 罗常培（1899—1958），满族，北京人，语言学家，中国科学院语言研究所第一任所长。

② 老舍（1899—1966），满族正红旗人，生于北京，小说家、戏剧家。

做的。为什么呢？我的想法是，和洋人交朋友，才能够了解美国社会，才会对做生意特别是做金融工作有帮助。我今年91岁，有的洋人朋友的名字我现在记不清楚了，但是有几个朋友给我的印象是比较深刻的。

有个朋友是王志莘的老朋友，他原来是金融界的，工资很高，后来在白宫里做大官。他在白宫工作，每个礼拜从华盛顿坐飞机回到在纽约的家。当时纽约最高级的娱乐是看歌剧，他在歌剧院订了一个包厢。歌剧院的楼上一圈儿都是包厢。包厢可以怎么定呢？可以包一天，比如说可以包每个礼拜的礼拜六，也可以包礼拜六的晚上，因为歌剧下午有，晚上也有，上午没有。他呢就包了歌剧院每个礼拜六的晚上，这个包厢里可以坐七八个人。你包了这个包厢不去的话也要付那么多钱，很费钱的，结果变成了他的一个包袱。他每个礼拜想办法找人去看，这个包厢老是空着不大好，所以他老找我去看歌剧。这个歌剧通常都是用意大利语，我不大懂意大利语，去听这个歌剧呵也很麻烦。怎么办呢？我先把这个歌剧的剧本找来，查意大利文字典，弄清楚什么意思，这样再带了剧本去听才有意义。当然我很喜欢歌剧，这是真正高雅的音乐。这个小故事是说明美国当时的大官，是怎么生活的。

中国味精工厂的大老板叫吴蕴初，在抗日战争时期，他也参加在重庆的"星五聚餐会"，因此我与他很相熟了。我这次到美国之前，他就给我一封信，托我一件事。他说他跟美国一家很大的面粉工厂有联系，希望由这家面粉工厂来代理味精的销售。他托我去联络这家面粉厂的老板，把这件事办理好。于是我就去拜访这个老板。这家面粉工厂在一个大湖的旁边，这个湖叫作 Lake Huron——休伦湖，是五大湖之一。因为面粉厂需要水，规模很大，所以建在湖边。这个老板很好，就同意代理中国牌子的味精，并且商议了许多条件，很公道。这个老板自己的工厂里也生产大量的味精，可是他认为中国牌子的味精很好，值得代理销售。这个味精按照中国味精的条件来生产，用中国的牌子、中国式的包装，主要是销给在美国的华侨。因为这个关系，我就看到了美国大规模的面粉行业。美国人是吃面粉的，面粉工厂的规模非常大，但当时美国的经济已经发展了，这种轻工业在国家经济里已经处于次要地位了。

当时美国有四大支柱工业：第一是钢铁工业，第二是汽车工业，第三是机械工业，第四是建筑工业。而中国当时的工业是以轻工业为主，面粉工业和纺织工业都是很重要的。比如无锡工业的发展，就是主要依靠面粉工业和纺织工业。

跟我一同工作的章午云，他代理中国的大工厂在美国购买机器，特别是代理无锡的纺织工厂购买纺织机器。第二次世界大战结束以后，无锡的纺织工厂要从美国购买新式机器，因为旧的机器已经使用十多年了，要更新换代。由于这位朋友的关系，我认识了一家美国大纺织工厂的董事长，这个董事长请我去参观他的纺织厂。我当时一看呵，那真是远远胜过我们，这个纺织工业的许多新技术，当时中国都没有。我在他的工厂里参观了一天，吃饭就在工厂里吃。董事长是非常有钱的，但他也同我一起在食堂里吃。这个食堂不分职员和工人，工人是在那里吃，职员也是在那里吃。我们吃饭的时候，隔壁小桌有一位老太太，负责打扫食堂的。这个董事长告诉我，这位老太太很有趣，她工作得很好，在那里工作很多年了，最近买了一辆新汽车，很讲究，她的汽车比董事长的还好。董事长开的是旧车，这位老太太开的是新车。这是他随便讲的一点事实，这个事实说明汽车在美国是一个必需品，不是奢侈品了，开旧车新车与否不能代表人的身份。食堂清洁女工买的是最好的新汽车，而这个董事长是大资本家，他还在用旧车，不是没有钱，他是懒得换，能用就用下去。

美国是工业国家，中国工业不发达。当时我认为银行的重要性就在能帮助中国发展工业。在美国我参观了很多工厂，其中让我最感兴趣的，是雷明顿①打字机工厂。我参观这个打字机工厂的时候，也是董事长在厂里亲自招待客人，他给我讲了许多有趣的故事。他说雷明顿是美国制造打字机最大的一家工厂，在美国参加"二战"的时候，全美国的打字机并不多，一共只有80万台。打字机跟打仗是非常有关系的，许多文件都是用打字机打印的，不是手写的，手写就太慢，而且不能有副本，不能有copy。他说当时美国政府下命令，所有打字机都要为国防部征用，雷明顿工厂停止生产打字机，按照国防部的图纸改为生产小钢炮。美国的国防部事前早已调查好，什么工厂在战时可以生产什么军火。雷明顿公司就被指令生产小钢炮。他们的大客厅中有一张很大的桌子，上面有一个大玻璃罩，里面有一个小钢炮，就是他们战时生产的。这使我明白，美国的军火生产是依靠民用工厂的。平时的军火工业非常小，甚至可以说没有军火工业，一到战争时期则全国都是军火工业。所以美国的战争力量很强，就是这个道理。美国人还告诉我，美国生产的坦克开起来很方便，比开汽车容易得多，美国人都会开汽车，所以战时开坦克打仗，这个驾驶技术是用不着怎么教的，这也是美军能打仗的一个重要原因。

我的中国朋友当中，还有两个人，一个是女的，叫杨刚②。杨刚的哥哥叫杨潮③，是一个非常有名的记者，是做过《大公报》的记者，后来由于说他是共产党，被国民党搞死了。这个事情当时闹得很厉害，左派说杨潮是被冤枉的。杨刚在美国也常来看我，她也是《大

---

① 雷明顿兰德公司（Remington Rand, 1927—1986）是美国早期的一家电脑制造商，该公司也生产办公设备，于1927年收购了雷明顿打字机公司。

② 杨刚（1905—1957），女，湖北沔阳（今仙桃）人，生于江西萍乡，作家、记者。

③ 杨潮（1900—1946），记者，笔名"羊枣"。

公报》的记者。还有一个人，是杨刚介绍的，叫刘尊棋①，常常来看我，他也是一个新闻记者。我们谈得很投机，每次见面都谈论国际形势。当时最重要的新闻，就是中国共产党和国民党的斗争越来越激烈，一会儿打、一会儿停，美国想调停也调停不下来，这个局面对共产党越来越有利，对国民党越来越不利。美国人非常着急，多数美国人都怪蒋介石没有把事情搞好，认为国民党腐败，军队的作战意志都没有了。

新中国成立以后我才弄清楚，这两个朋友都是老共产党员。1949年以后，周恩来担任总理，杨刚是第一任国务院总理的秘书，可是到了"反右"的时候，杨刚就自杀了，这使我大吃一惊。

刘尊棋呢，新中国成立以后做外文出版局的局长，但是不久就据说他犯有政治问题，我很多年都听不到他的消息。后来我才知道，他也是被冤枉了，被抓进了监牢，一直到改革开放之后，政府才给他平反。平反了之后，他就担任大百科全书出版社的副社长，同时兼中文版《简明不列颠百科全书》三人小组的组长。三人小组的另外一个人是钱伟长②，还有一个是我。从 1980 年到 1985 年，我们花了五年时间跟美国合作翻译《不列颠百科全书》。这是邓小平访问美国时谈好的，是中美文化合作的项目之一——这个事情以后我还要谈。这两个朋友，一个死了，一个没有死，但受了 20 年的监牢的苦难。

---

① 刘尊棋（1911—1993），湖北鄂城人，出生于浙江宁波，记者，英文《中国日报》总编辑，《简明不列颠百科全书》中美联合编审委员会中方主席。

② 钱伟长（1912—2010），江苏无锡人，物理学家、教育家、社会活动家，曾任《简明不列颠百科全书》编审委员会委员。

# 美国的交通和效率

我在美国时，经常在假期中出去旅游。我旅游是有目的的，要看美国的经济建设，不是去看名胜古迹——美国没有什么名胜古迹的。我旅游主要是通过铁路，我很关注美国的铁路，这个铁路几乎无所不在，没有一个县一个镇没有通铁路的。我买了一本铁路地图，到今天我还保存着。这个铁路地图上只画铁路，不画公路，不画其他的路线，已经画满了。红线代表铁路，地图上面密密麻麻全是红线，你看了都不大相信。美国从东岸到西岸，是贯穿大陆的大铁路——这个故事呢历史书上经常讲到，其他建筑类或故事普通书上就很少提及。我了解了美国铁路的历史，才知道美国铁路的高峰时期在第一次世界大战之前，最多一年要建造两万到三万公里的铁路，真是惊人！它一年建造的铁路比当时整个中国建造的铁路还要多。大家知道美国现在是一个公路之国，但不知道美国曾经有过一个"铁路时代"，而且这个铁路王国在公路时代照样延续下来，发挥作用。这是美国经济所以能够发展的重要条件，我认为铁路在美国历史上的作用比公路还重要。因为根据经济学家的研究，一条铁路可以抵得上 20 条公路，铁路是最经济的——当然这是相对的。美国那么多铁路没有一条是国营的，都是私营的。它有许许多多的铁路公司，有的公司只造一段轨道，有的公司有一些机车，有的公司只有车厢。有一个车厢公司最有名，叫作 Podman Car——高级车厢公司。我们出去旅游，一般都坐这个 Podman 旅游车，非常舒服。这个车厢两面都是大玻璃，可以看两边的风景，座位是一个小沙发，可以前后转动。火车开到哪里，解说的录音带就介绍当地的名胜古迹以及生产的情况。所以坐铁路旅游最经济，看的东西最多。

当时给我印象很深刻的一条铁路，是美国东部沿海的滨海铁路。美国海上交通非常繁荣，沿海地区为什么还要建造铁路呢？因为铁路快，可以把沿海许多城市都连接起来，使这些城市发展更快。我了解到，这条滨海铁路不仅推动沿海地区的发展，还间接影响到内地，使内地欠发达的地区受带动而发展起来。我当时有一个可能是比较幼稚的想法，认为中国也应该造一条滨海铁路，从广东省往北，一直延伸到东北的大连以北。我认为这么一条铁路将可以把中国最富庶的地区连接起来，这个地区发达起来之后，就可以影响内地经济的发展。当时我认为，用同样的钱，造滨海铁路最合算，到内地造同样造价的铁路，对经济发展的推动作用反而小了。当时这个看法是不是对？当然不一定对。今天中国还没有采取这样的做法。这个做法是先促进发达的地方更发达，从而带动内地经济的发展。另外一个做法呢，是把经济发达地方的资金调到内地去开发交通，发展内地的经济。这是两个不同的原则。

美国的铁路系统那么发达，都是由许许多多的小公司建筑的，可它们相互之间的联系非常融洽。这是一种大规模的管理制度，中国没有这种经验。不同公司的列车运行是非常和谐的，整个铁路是一个非常和谐的有机体，但是它的所有权是分散在许多不同的资本集团手里。这是一门管理科学，在中国这个管理科学一直到最近才有人关注，这门科学要很好地研究。中国的铁路，使用是不充分的。就拿南京和上海这些经济最发达的地区来讲，也要隔相当一段时间才有一趟火车。而在美国的经济发达地区，铁路像电车一样运行。比如从纽约到华盛顿，没有人问几点几分出发，你到火车站去等，等 15 分钟就有一趟列车，等 30 分钟就有一趟快车。不用先买票，上了火车再买票。火车使用非常充分，这是经济能够发达的重要原因。而我们就是通了火车的地方，要坐火车也很不容易。我到今天依旧认为，中国需要建设一个"火车时代"，这比建设一个"公路时代"更重要。

广义的交通，包括电话。中国的电话是最近改革开放之后才被重视的，但是还不发达。中国人不会用电话。我在美国的时候，不仅是学习银行业务，还学习如何办公。美国人的办公效率非常高，他们是怎么做的呢？主管事务的人，一般都配有一个女秘书——当然也有男的。这个女秘书通常是高中毕业后进入秘书学校或打字学校学习，不仅学打字，还要学档案管理、文书写作和速记。秘书当然需要打字，还得打得好、打得快。这个女秘书有一部对讲电话，跟主管的电话是联系起来的。两个人不必在同一个房间，多数是在隔壁。按一下这个对讲电话，两个人就可以通话了。主管比较忙，经常要出去，可以把事情交代给女秘书。在中国呢，如果负责人不在，业务就不能办了。在美国不会这样，女秘书可以根据主管的吩咐处理很多事情，不会耽误事情。决计不会进来一个电话，说主管不在，就把电话挂掉了。电话进来，都是女秘书接的，女秘书或者把这个事情解决了；或者就告诉对方说主管不在，可以什么时候再来电话。如果下班之后大家都回家了，有人打电话来，怎么办呢？只要给电话局的服务部相应的费用，半夜里有人打电话，它都提供服务，相当于它做你半夜里的准秘书。

根据日本人的研究，按照这样的方式工作，两个人至少可以抵到四个人的作用。所以，美国人工作时间短，但是工作紧张、效率高。日本人做了许多研究，认为美国人的工作方法是了不起的，他们创造财富的一个重要方法就是提高办公效率。办公效率高，在美国的政府、工商企业都是一样。当然，后来更是实现了办公自动化，但我们在美国的时候还没有办公自动化。比如说，你办公室里每天都收到许多信件，需要答复。你怎么答复呢？可以在信上简单写几个字——"同意"或者"不同意"，等等，交给女秘书，她就会根据你的意思写好回信，打印好之后，你再看看，签字就行了。如果要答复比较复杂的信呢，主管可以口头讲，让女秘书速记下来，然后按照这个速记记录打印出来。通过主管和女秘书两个人的合作，可以使工作效率提高到四个人的效果。中国人只知道创造物质财富，认为只有制造出一个机器、做出一件衣服，才是创造。其实还有一种无形的创造，就是工作效率。工作效率的提高和创造财富一样重要。

还有一件事情，打电报。电话是交通，电报更是交通，办公不断要打电报的。当时怎么打电报的呢？很有意思，电报局来跟你联系，在办公桌旁边挂一个小钩子，挂一个很小的电话器，拿起来就能通话——用不着拨电话，直接通到电报局。你要打什么电报，拿起电话器就讲，电报局接到电话就按照你的意思给发出去了，用不着送一条子过去。有电报来也是这样，电报局先打电话告诉你，你有一个电报，上面怎么怎么讲，然后另外有邮车或邮差把它送来。因为送来总是比较慢，打个电话你就先知道了。这个时间是分秒必争，这种办公方式我到了美国才学到，是我学到的最重要的东西之一。

还有，在美国参观工厂之后，我才了解到，美国工人的水平很高。你给他蓝图，他就可以按照蓝图设计的做出来。工厂的前途不在车间里，而在研究所里。美国的大工厂都有研究所，此外还有许多独立的研究所。研究所没有新东西出来，再大的工厂，其前途都不行，都要倒闭，市场竞争很厉害。所以说，工厂的生命线——也甚至可以说整个工业的生命线——在研究所，而不在车间。我们刚刚相反，我们的工厂主要是车间。我们主要的问题是车间里制造出来的东西不够标准，设计者的要求，车间不能完全办到，能够按照图形合格地做出来，那就是了不起的功劳了。至于研究所，更不用提了。

　　我在美国的时候，接触到许多青年，他们是在英国、欧洲打仗回来的，打仗回来第一件大事情就是继续读书。因为当时一般去参军的青年，有的人刚高中毕业，有的人才大学一二年级，没有大学毕业。美国有一个政策，凡是打仗回来的青年想读大学，一概由国家付钱。在美国读大学是相当贵的，所以打仗回来的青年，绝大多数第一件事情就是去读大学，而不是找工作。这是一个非常重要的政策。

# 美国的经济

美国的经济思想，就是四个字：自由竞争。美国人认为经济的发展必须依靠自由竞争，没有自由竞争，经济的发展就受到限制。战争时期，美国实行物价管制，叫 price ceiling——最高限价。ceiling 就是"天花板"的意思，物价有个"天花板"，这个"天花板"是有限制的。把物价限定在战争开始前的某一天的水平，以后就不许再涨了。等到战争结束，就把物价管理的这个 price ceiling 取消了。物价管制刚取消时，美国的物价大涨。许多东西因战时集中生产战争用品而发生匮缺，所以物价波动得非常厉害，连我们也吓坏了。美国物价波动，中国当时也是通货膨胀，物价拼命上涨，这搞得国际贸易很难做。按照中国人的看法，美国应当对物价加以控制，至少应该逐步放开，不能一下子放。可是美国一下子就放开了，有点像今天医学上的"休克疗法"。但是不到两年，美国的物价就自动调整，稳定下来了——不是政府来调整的。

当时全世界的财富主要集中在美国，美国实行了一个货币制度，是世界性的，有一个地方叫布雷顿森林①，是美国的金库。美国的金子、银子等最珍贵的东西都藏在这个地方，有特别的军事包围。如果你参加美国这一个制度，就要把你这个发行钞票的准备金交给美国，美国就帮你稳定货币。当时国民党的货币就是这样，起初搞得很好，后来因为打仗，越搞越不行了，国民党的货币就没有方法控制了。当时美国规定，一盎司黄金兑换35美元——现在一盎司黄金可兑换500多美元了。但是黄金是受管制的，你有需要就给你黄金，你没有需要就不一定给。黄金价格的稳定，就是稳定了货币储备，同时稳定货币发行。美国当时也有一定程度的通货膨胀，但是控制得很严格，不用通货膨胀来解决经济问题。

那么财政不够用就发公债。所以当时的美国，公债买卖非常盛行，老百姓愿意买公债，因为相信政府，而且公债的利息比银行的利息高。证券市场是美国的一个经济中心，这个证券市场主要就是买卖股票、债券、政府公债，等等。它的总部在纽约，纽约的证券交易所，不仅是全国性的，而且是世界性的，其他大小城市都有它的分支机构。当时没有电视，要了解纽约证券交易所的股价，是通过电话，比较慢。在旧金山、伦敦、东京、上海，都可以通过电话买到纽约的股票，所以说它是世界性的。今天有了电视、电脑，那就更快捷。这个证券交易所可以说是美国经济的神经中枢，非常重要。

美国资本家的钱是哪里来的呢？很多中国人都认为美国资本家口袋里有很多钱，其实资本家的口袋里是没有钱的，甚至许多大资本家都是欠了一身的债。比如我举一个例子，我在欧文信托公司，就亲自

---

① "布雷顿森林公园"位于美国新罕布什尔州，不是美国金库所在地。1944年7月举行的"布雷顿森林会议"，核心内容是成立国际货币基金组织和世界银行两大国际金融机构，决定美元与黄金挂钩，成员国货币和美元挂钩；实行可调整的固定汇率制度（即35美元兑换一盎司黄金）。

看到如何给工业筹集资金。简单来讲，有几个步骤。首先，通常是一名工程师发明一样东西，但这个工程师没有钱，也没有工厂，他没有办法批量生产，只能画一张图纸，去找某个企业家。这个企业家呢懂得经营，而工程师一般只知道如何发明、如何生产。企业家要研究这个发明的东西生产出来，有没有市场？成本是多少？卖什么价钱？社会的购买力有没有？如果产品是很好，但是成本太高，那就进一步研究怎么样降低成本。如果这个企业家认为可以经营，那么就准备投入生产。投入的资本从哪里来呢？企业家没有钱的，普通企业家他自己不是资本家，没有公司，也没有工厂，那么他要去找资本家，资本家有公司、有工厂。于是这个资本家就跟银行联系，告诉银行我们现在要生产一样东西，我们已经做好研究了，这个东西生产出来是有市场的。银行呢，要组织专门小组，来研究这个项目行不行。银行研究以后，如果认为这个项目完全可行，那么银行就会帮助他筹集资金。

这个资金怎么筹集呢？银行帮这个资本家印股票，给这个股票做担保。假定说这个股票一张是卖十块钱，如果十块钱变成八块了，你也要亏本，但是八块以下呢，由银行担保。我这是简单说明一下，这个股票的百分之几由银行担保。这样，就把这个股票放到证券交易所出售，由银行担保。普通老百姓买股票，不仅是有钱人买股票，工人也买股票。买股票的人当然不知道这个股票好不好，但是有银行担保，他就有更多的购买意愿。股票涨了呢，可以赚很多钱，跌了呢亏本也有限，他就愿意买了。我亲眼看到，在半天工夫卖掉 2000 万美元的股票。这样，工厂有银行帮它出售股票，用不到等股票卖完才开工，银行会先借一部分钱给他。所以这个工厂老板、资本家是没有钱的，他们是借钱来做生意的。等股票售完了，就用卖股票的钱还银行，所以银行借出的钱很快就收回来了。通过这个证券市场或者叫资本市场，获得资本，而资本实际是在老百姓的口袋里。股票都是许多不是很有钱人的口袋里拿一点钱出来购买的，资本就是这样筹集起来的。可是这个力量非常大。所以这个资本不是在资本家的口袋里面，也不在银行。银行只是通过证券交易所帮助资本家取得资本。这个钱真可以说源源不绝，你要多少就有多少。问题是你要有一个非常可行的生产计划，这个钱是不会随随便便给你的。你有了可行的生产计划，就可以得到资本，这是资本主义所以能够发达的原因。这个资本市场是资本主义社会的一个中心，是它神经系统的中心。这一点中国人完全不了解，中国人以为资本家的投资，就是他口袋里的钱，不是这回事。资本家的投资计划要有银行帮忙，而银行主要从资本市场得到资金。这是发展经济一个非常重要的条件。特别是今天我们改革开放，要外面人来投资，可是我们很少有人理解这个资金来源。这个资金追本溯源都是许多老百姓的口袋里的零星的钱积累起来的。①

---

① 这里描述的发行股票的过程和原理与现代实际情况并不完全一致，是作者的理解，并非准确的金融概念。

# 建设国家的若干想法

八年抗战期间，中国被与外界隔断，每一个方面都落后了。本来中国是落后的，但是差距不是很大，当时中国沿海像上海这样的大城市，跟美国的差距是不大的，尽管内地的差距非常大。这个八年呢，使整个中国跟外国的差距拉大了，各种研究都落后了。我在美国，发现中国的经济学大大落后了。中国原来学美国，把马歇尔经济学①作为指导，可以说那是"马歇尔经济学时代"。我在美国发现，美国的经济学完全改变了，讲的都是凯恩斯②的理论，可以说是"凯恩斯经济学时代"。他们不一定用"凯恩斯"这个名字，实际是凯恩斯的徒子徒孙在凯恩斯的理论下做了许多革新，他们称之为"新经济学"。

---

① 阿尔弗雷德·马歇尔（Alfred Marshall，1842—1924），英国经济学家，新古典经济学的主要代表人物，其主要著作为《经济学原理》。

② 约翰·梅纳德·凯恩斯（John Maynard Keynes，1883—1946），英国经济学家。其代表作《就业、利息和货币通论》中主张国家采用扩张性的经济政策，通过增加总需求促进经济增长的观点被称为"凯恩斯经济学"或"凯恩斯主义"。

可以这样说，他们所谓"旧经济学"是马歇尔经济学，他们所谓"新经济学"是凯恩斯开创的经济学。马歇尔经济学基本上还是一种哲学，主要是用推理来研究的；而凯恩斯新经济学呢则变了学科，从哲学变为科学了。科学的特点是实证，要可以证明，最重要的是可以定量测量，那就是以统计学为基础。经济学要用数量来证明原因和结果，这有点像医学。医学原来的意思是"医则意也"，是一种以意为之的学科，真是叫唯心主义的医学。后来的医学就不是这样了，什么原因、什么毛病都要搞得一清二楚，而且要反复实验，要可以测量。这个经济学也是像这样的一个巨大改变。在凯恩斯经济学中，货币问题是一个非常重要的问题，用调节货币来影响经济，这是国家大事。所以我在美国时，就下功夫，要研究他们的新经济学，研究了之后觉得经济学的确是进入一个新的境界了。

新中国成立后，我回到上海，被安排在复旦大学经济研究所教书。经济研究所当时是一个研究生院，三年制的，学生大学毕业要先工作一年才能来投考。在经济研究所，起初学术研究是相当自由的。可是到了1952年，院系调整，把华东所有的经济研究所、经济学系都合并到上海财政经济学院，好像是7个大学或14个大学的经济系、经济科都被合并起来。同时经济学授课要用苏联的课本，把苏联课本翻译成中文。苏联的经济学是马克思主义政治经济学，政治性非常强，不能随便研究、随便讨论的。苏联的经济学家最讨厌凯恩斯经济学，认为凯恩斯经济学是美国的，是彻底反动的——其实凯恩斯是英国人。后来我听说，一位苏联经济学家到人民大学经济系讲学，每天都大骂凯恩斯。学生们就说，我们不懂凯恩斯，请你讲讲凯恩斯理论的内容是什么呢？他说我不能讲，讲了就是宣传凯恩斯、宣传反动理论了。这些学生始终不知道什么是凯恩斯经济学。跟敌人斗争，要知己知彼，敌人究竟怎么一回事，你不清楚，也不许讲，也不许了解，你怎么能打倒敌人呢？在改革开放最初，虽然大家还不敢讲凯恩斯经济学，但是这个实用经济学的门类多起来了，受重视起来了。新中国成立后中国经济的不发达，苏联经济的不发达，都跟经济学很有关系。因为马克思主义的经济学是政治经济学，它不解决经济学本身要解决的问题，可以说是政治学，不是经济学。所以说1949年后没有了经济学，这对经济发展是有很大影响的。这个问题到今天恐怕还不能公开讨论，可是这个问题非常重要。我认为我们应该要科学的经济学，这是发展经济非常重要的一个指导。但是呢，现在能不能自由讨论，我不知道，因为我现在不研究经济学了。[①]

前面我曾讲到，我主张中国要建造一条"滨海大铁路"。我这里再补充几句。我当时的想法，除了建造一条"滨海大铁路"之外，还要建造一条"滨江大铁路"。所谓"滨江"就是沿着长江建造铁路，从上海建到重庆，还要延长到成都。那么长江可以运输，为什么还要建造一条铁路呢？因为长江的运输量太小。中国的东部和西部是没有连通的。抗日战争时期我在四川，深感所谓"天府之国"，其实是封闭的。中国在世界上处于一个封闭地区：北面是沙漠，东面是大海，西面是高山，南面是丛林，是天然的封闭地区。四川又是一个天然的封闭地区。四川盆地是一个非常好的地方，所以需要一条铁路，把沿江这许多好地方连接起来，经济就可以大发展。我认为中国首先需要建立一个铁路网，而这个铁路网需要一个"丁"字铁路做基础。一条滨海大铁路，一条滨江大铁路，这是整个铁路网的基础。这个想法可能已经过时了，也可能是部分过时。总之，如果不先建设一个铁路国家，而先建设一个公路国家，这是不符合经济发展规律的。因为公路与汽车的时代，是在铁路时代之后才有条件发展起来的。今天我

---

① 凯恩斯的著作1949年后首次被翻译出版是1962年，由三联书店出版。1980年，凯恩斯理论写入高校"西方经济学"教材，在武汉大学首次开讲，此后没有受到出版限制。

认为建造三峡大坝来发电是好事情，但是在建设的次序上，应当先有一条沿长江的滨江铁路，然后再来造水力发电站。这个建设计划的步骤——什么应放在前面，什么应放在后面，如果弄错了，会对国家有很大的损害。中国古代人讲得很对，要搞清楚本末、先后、缓急，这是在建设国家的经济计划当中非常重要的问题。

# 赴伦敦游轮上的趣事　渴望建设新中国

　　1948 年在纽约，我接到新华银行的通知，要我到伦敦去，跟英国的英格兰银行（Bank of England）联系，准备做伦敦和上海之间的汇款业务以及进出口的押汇业务。英格兰银行原来与新华银行有联系，后来由于战争隔断了。这样，我就准备到英国去。从美国到英国，只要有护照，办一个签证，手续很方便。张允和晕船，怕坐轮船。可是从美国到英国去，当时只有轮船可以坐，而坐飞机呢，我怕张允和更晕。当时英国打完仗了，财政经济非常紧张，特别缺少外汇，英国建造了两艘豪华游轮，专门走从美国东岸到英国的航线。这个豪华游轮，主要是招揽美国人的生意，赚外汇。因此我就买了游轮的票。这艘游轮叫作"伊丽莎白王后号"，另外一艘豪华游轮在当时叫"玛丽王后号"。

　　这个"伊丽莎白王后号"很大，在大西洋上航行最平稳，不晕船的人几乎感觉不到多大晃动。舱位分三等：头等、二等、三等。我买的是二等。这艘游轮水面以上有六层——不算甲板，算甲板是七层。水面以下有四层，所以一共是十层。可是船上人说是九层，因为最下面的舱底主要是放一些轮船本身用的东西。上下九层，是怎么上下呢？用电梯，船里面有好多电梯，有客梯，有货梯。这个头等舱、二等舱可以相通，往来比较自由。三等舱就有些限制，只有小门可以通过，基本上不欢迎三等舱客人跑到头等舱、二等舱去。每一等舱都有一个很大的饭厅，相当于是一个很大的会堂，吃饭的时候非常豪华。我不知道三等舱的情况。吃中饭或晚饭时——主要是晚饭这一顿，大家都穿着礼服或黑西装去参加，一对一对地进去，有非常美丽的音乐伴奏。女招待穿得漂亮极了，吃饭时不仅可以听音乐，还可以欣赏舞蹈。没有舞蹈表演的时候，客人可以自己跳舞。不仅如此，各舱都有百货公司——当然规模不是很大，商品种类繁多，并不贵。因为在海上既不要付美国的关税，也不要付英国的关税。由于要做生意，那么就有货币往来，就需要银行——当时没有信用卡。所以头等舱、二等舱、三等舱有三个小银行。此外美国人最喜欢游泳，它的头等舱、二等舱、三等舱各有一个游泳池，头等舱的游泳池在甲板上，特别讲究，漂亮极了。这样一个大游轮，在当时实在是豪华。由英国开始，后来很多国家也用这个豪华游轮赚钱，这是富人们最愿意花钱的地方。很可惜，这样好玩的游轮，张允和晕船，没有机会享受。我只能把吃的东西拿到房间里给她吃，当然不一定要我拿，船上的服务是很好的。她不能去参加宴会，这是很可惜的。

　　参加宴会不一定要夫妇同去，不是夫妇的，通常都找一个partner。在娱乐的地方，我就认识了一些旅客，特别是华侨或华裔。其中有一位小姐，长得很漂亮，她是中国一个有名的军阀——从前叫"督军"——的女儿，姓李。她一个人从美国到英国，之后再到法国去读书、进修。她就要求做我的伴侣，宴会的时候我们就一同进去。从她那里，我才知道世界上真的有许多无忧无虑的人。她讲了许多有趣的故事，都是生活上的故事。比如说，她在游轮上遇到好多外国女孩，她们喜欢漂亮，都穿了一种很薄的长筒袜子，于是腿上的毛就看不见了。有的人呢每天要把这个腿上的毛剃掉，不然不漂亮。而她是中国人，腿上当然没有什么毛的。其他的女孩子就非常奇怪，跑到她的房间里来看，怎么腿上没有毛呢？她讲给我听，诸如此类有趣的事情。她是一个无忧无虑的青年。美国女孩都喜欢游泳，她是生长在美国的，因此她泳技非常好。我陪她到游泳池，只能坐在旁边看，一方面我游得不好，另一方面呢我心里面不安定，因为张允和晕船……

这艘船不是直接到伦敦。游轮在海上航行了三天多，到达一个什么港口——我现在一下子想不起来了——之后，我们上岸，上岸后再到伦敦就很方便了。我在船上还遇到一个人，他好像当时是中国银行驻纽约的经理或是副经理，地位很高。他比我阔气，买的是头等舱，请我到头等舱里去聊天。他告诉我，现在的形势很不好，为什么呢？他说国民党要抵抗共产党的进攻是不大可能了，国民党是肯定要失败的。他接着告诉我他对国民党许多不满意的地方，国民党的错误政策、腐败，蒋介石的独断，等等。他是抱怨国民党，但从他的口气看，他的思想还是站在国民党一边的。

与他谈话之后，我就想到，在纽约出发之前，朋友们听说我要去伦敦，都来看我。美国人几乎一致劝我不要回中国，说回到共产党统治之下的中国那是要倒霉的。其中只有一个人认为回中国可以为中国建设做一番事业。而华人的朋友则相反，几乎一致劝我，到了伦敦就回国，为国家做点事情，在美国生活可以好一点，但是没有意义。大家都认为共产党是必然要取得政权了，共产党取得政权之后，中国就会大规模地进行经济建设。比如老舍和罗常培都是这样想的。又如我的朋友刘良模①当时在美国，更是积极。讲得深入而具体的是杨刚、刘尊棋，当时积极支持共产党的，是当时《华侨日报》的主

① 刘良模（1909—1988），浙江镇海人，社会活动家、音乐家。

编丘唐①——他的正式的名字叫唐明照。当时在美国的中国知识青年、知识分子，大多倾向于共产党，他们不全是共产党员，但是都相信共产党掌权以后，中国可以很好地建设起来。比如有的亲戚就说，留在美国办一点事业，搞一点钱，除经济生活好一点之外，没有多大意义。在美国你想在经济建设上有所贡献，很困难，因为美国已经是非常发达的国家了；你想在学术上做贡献，那更困难，美国人才济济；在政治上，中国人更是没有份。所以留在美国唯一的好处就是生活可以过得好，独善其身，不能兼济天下。这个思想很普遍。我认为他们这些意见都对。只有两个华人朋友，再三叮嘱我到了伦敦之后要回纽约，不要回中国。其他人都表示，希望到新的中国来做事情，都认为中国经过八年抗战，被破坏得非常厉害，经济建设有很多工作可以做。能看英文或其他外文书的人回到中国，可以介绍西洋文化，中国需要西洋文化。认为回到中国，知识分子可以通过舆论影响政治的方向。所以，至少我所接触的这些知识分子，很多人都认为回到中国，就可以对政治、经济、文化发挥作用，而留在美国呢，这个作用相对来讲是有限的。

我认为他们这些意见都非常对，我到伦敦去，并没有下决心一定要回到中国或是纽约。我是想到了伦敦再看看情况。显然，我的思想是左倾的。

一件有趣的事情是，在美国也有共产党——几乎没人知道有这么一个共产党。美国有共产党，但是一般人不知道谁是共产党，表面上看美国几乎是没有共产党的。英国是共产主义的发源地，我在中国一直知道英国的 *Daily Worker*——《工人日报》很有名，这个 *Daily Worker* 在共产主义历史上是一份重要的报纸。所以我一到英国，就想

---

① 丘唐（1910—1998），广东恩平人，美国共产党党员，曾任联合国副秘书长。

去买这个 *Daily Worker*。想不到，在伦敦找了好多地方，也买不到 *Daily Worker*。后来好不容易有一个人告诉我，他说你要到一个某某小地方去买，才可以买到。果真买到了。啊，我这才知道英国人原来基本上不看 *Daily Worker*。共产党发源于英国，但在英国已经没有地位了。

# "二战"后左倾的欧洲
# 古罗马的语文技术

　　我在伦敦把事情办好之后，抽出空闲时间到欧洲大陆去看了看。主要是看法国和意大利，这两个国家在欧洲大陆上是面积比较大的国家，同时影响也比较大。而德国是一个战败国。

　　我到法国，法国当时的共产党活动非常厉害，国会议员 1/4 是共产党员，共产党的活动、报纸、杂志，马路上各种各样的宣传品多得不得了。所以当时大家认为法国有可能由共产党来执政，但是法国的共产党是参加竞选的，不是一党专政。在意大利，更不得了，罗马市中心的一个大楼，屋顶上挂的就是意大利共产党的旗子。意大利共产党在国会里有 1/3 的议席，当时的形势意大利共产党很快就要接管政权了。以法国、意大利为首，整个欧洲当时向共产主义看齐，整个思想、活动都是左倾的。这个情形跟英国完全不一样。

　　我在欧洲旅游后回到伦敦，就看到新闻上讲国民党越来越失败。于是我就思考这个问题：我是回纽约，还是回上海？

　　这个时候，我利用这个机会，参观了伦敦的博物馆。英国是一个日不落的大帝国，其殖民地的重要文物都在英国。英国有一个区有好多博物馆，其中最有名的就是大英博物馆。我在伦敦的时候，大英博物馆每天都展出从敦煌取得的中国古代图书、绘画，等等。它每天只展出一部分，所以你要天天去看，每天只能看到一点。噢，这种精品向来在别的地方是看不到的。他们不让你拍照，当时还没有复印机，这种资料不是公开的。我在大英博物馆还看到古代埃及的文物，几乎可以说古埃及的文物是有系统地陈列在英国。英国没有金字塔，他就造一个小的模型，你走进去就如同进入了金字塔的内部。古埃及皇帝的木乃伊很多都在英国。最重要的一件事，我想看解读古埃及文字的一个碑，叫罗塞塔碑①。这个石碑是法国人发现的，后来怎么弄到英国去了，这个经过我不太清楚。这个石碑上有三种文字：古埃及的碑铭体文字、古埃及的人民体文字、希腊文。这块名气大得不得了的石碑，英国人可以天天去看，我能够看到它一眼，真是一种文化的最高享受了。美国的博物馆办得非常好，可是很多展品都是模型，是假的；英国博物馆的展品一般都是历史实物，是真的。不过美国的展品说明更详细，英国的就不怎么详细。大英博物馆有许多出版物，非常珍贵，我当时尽量买了一些，有的到现在我还保留着。我看了这些英国的博物馆、图书馆，才知道世界的文物中心在英国。

英国在打仗的时候被破坏得很厉害，德国天天去轰炸英国——所谓"地毯式轰炸"就是德国创造的。在第二次世界大战当中，德国创造了许多新的战争方法。英国，特别是伦敦，被炸得很厉害。我在伦敦的时候，到处可以看到被破坏的痕迹。当时英国不得不控制经济，控制外汇。第二次世界大战之前，汇率长期维持在一英镑兑换八美元；由于打仗，越打越穷，一英镑兑换四美元，那还是官价，有控

---

① 罗塞塔碑（Rosetta stone），1799年在尼罗河口的罗塞达城郊发现的埃及古碑，上刻埃及象形文、俗体文和希腊文三种文字。该碑的发现为译解古埃及象形文字提供了钥匙。

制的，汇兑都要经过申请批准。一控制就必然有黑市，在黑市一英镑只能兑换三美元左右了。所以英国的外汇当时非常紧张。

英国吃的东西也非常紧张，鸡蛋不能随便买，鸡蛋是 ration——配给的。我们是外国人，在英国每天可以买几个鸡蛋。我们到饭店里，看到有炒鸡蛋，很高兴，就点了一份炒鸡蛋。一吃啊，发现是假的，根本不是鸡蛋，是用面粉放点黄色素做的。

当时英国的糖也非常紧张，咖啡店倒多得很。在咖啡店喝咖啡，服务生先给你一杯咖啡和一小片糖精，然后再给你一小块方糖——是拿剪刀剪了 1/2 给你。咖啡店的老板娘坐在那里拿一把剪刀，把这个方糖"咕嘟咕嘟"剪，剪成一半一半，这很有意思。

当时的美国到处是小药店，叫 Drug Store。这种小药店也卖药，但是主要是卖小吃、点心，比如早点、快餐之类。名义上叫 Drug Store，实际上是一种小杂货店。伦敦也有类似的小店，但不叫 Drug Store，而是叫 Corner Store——街角的店，通常这种店都在街道拐弯处。清早可以去 Corner Store 吃早点，可以买点生活日用品。英国人喜欢吃广柑，但没有外汇向美国购买。于是呢，他们从英国殖民地澳大利亚买来广柑。澳大利亚的广柑并不好，但是要买的话，仍然要排很长的队。排了半天，一个人可以买两个广柑。所以当时英国打仗是打胜了，可是情况非常惨。

在美国，房间里的温度很高，我在美国连一件毛线背心都用不着穿，在室内就穿一件衬衫。英国情况不一样了，他们设定的室内温度比美国低很多。我们就觉得冷了，所以一到英国，必须去买毛线衣，而且要买厚的毛线衣，不然不能御寒。英国的毛线衣非常好。

这个时候英国有保守党和工党在斗争。工党有一位理论家，Beveridge——贝弗里奇①，他的姓是 Beveridge。他为英国设计一个计划，就是工党掌权之后，要根据这个计划来改造英国。这个工党是社会主义思想，是英国式的社会主义，即所谓"费边社会主义"。Beveridge的这个计划当然不是他一个人设计的，是他主持的，这个计划主要是关于英国要如何改造、经济要如何建设。噢，这个计划头头是道，当时引起了很大的反响。我也看了这个计划，真是钦佩之至，根据这个计划真是可能创造一个理想的社会。有一句话是在这个计划里首先被提出来的，叫作"从摇篮到棺材"（from Cradle to Coffin）——一个人从出生一直到死亡，国家如何来保护他，什么都计划好了。医疗国营，全民医保，任何人生病上医院去，几乎不要花钱。但是英国同时允许医生自己开业，所以英国是公共医疗制度加上私人医疗制度。英国打胜仗是丘吉尔领导的，丘吉尔是保守党。在工党的这种宣传下，结果呢，工党就竞选得胜，丘吉尔就下台了。工党得胜以后连任两届，一直到 50 年代初。这在社会主义历史上是一个大事情。当然英国这个社会主义，是民主社会主义，苏联不承认，中国共产党是跟了苏联走的，也不承认他们是社会主义。

当时不仅中国处在历史转折的关键时刻，欧洲也是非常明显地处在历史转折的关键时刻。没有一个人能够不考虑政治问题，甚至可以说没有一个人能够不考虑自己应该站在政治的哪一方面。在这样的情况之下，我就下了决心：不回美国了，回上海！

有一件小事情，英国和美国很不一样。英国当时的银行和其他办

① 贝弗里奇（William Beveridge，1879—1963）：英国经济学家，是福利国家的理论建构者之一。他于 1942 年发表《社会保险报告书》，提出建立"社会权利"新制度，包括失业及无生活能力之公民权、退休金、教育及健康保障等理念。曾影响英国、欧洲乃至整个世界的社会保障制度建设和发展进程，被视为福利国家的奠基石和现代社会保障制度建设的里程碑。

公地方都是一样，早上九点钟办公，大家都是在九点钟以前就到了。但是工作了一个半钟头之后，到了十点半，就又休息了，花十分钟去喝一杯咖啡、吃两片饼干——这是工间休息。在美国不是这样，美国是九点到十二点办公、一点到四点办公。所以英国和美国虽然非常密切，但是许多小事情还是不一样的。

我与张允和在欧洲大陆旅游的时候，在法国当然要看卢浮宫，到意大利当然要看古罗马的遗迹。我对文字学有兴趣，发现在古罗马遗迹的墙壁上有许多文字。这个文字是什么东西呢？不容易看明白。因为这是拉丁文，而且这些文字都是大写的，一连串写下来，不分词的，不是分词连写，想看明白很费劲。我慢慢地看，首先认出几个古罗马的帝王、名人的名字，认出了名字再认前后的文字，非常有趣味。西洋的文字主要是罗马这个系统发展下来的，最初字母拼写是不分词的，后来才有分词连写。而且分词连写变成一个固定的规格，这样阅读就方便了，这个趋势一直到16世纪才慢慢地发展起来。所以西欧的文字在很长一段时期是不分词的，而分词后来变成一门学问，最初分词是乱七八糟分的。我看到的莎士比亚的手稿，由于分词连写很随便，不容易看明白。后来我知道，俄罗斯的普希金的手稿也是这样子的，一连串写下来，不分词的，一个句子完了才分。今天中国的汉语拼音，在马路边上作为招牌，有的分、有的连，乱七八糟。这个分词连写是一个进步的思想、进步的语文技术，在中国还没有能够被接受。

# 归国途中的见闻与思考

在意大利的米兰（Milan），我意外地碰到一位老同学，他是国民政府驻米兰领事馆的领事。他见到我高兴得不得了，他说在米兰要看到一个中国人，要看到一个老朋友，是很不容易的。他当然是国民党方面的人，但是他告诉我，从他的观察来看，国民党已经是没有前途了。

在伦敦待了差不多一年的时间，我再三思考是回国还是到纽约？最后我下定决心：一定回国。怎么回国呢？从英国买飞机票一路飞到香港。途中经过的地方都是英国重要的殖民地，香港也是英国殖民地。这个航空公司是当时英国国家办的最大的航空公司，后来跟别的公司合并了。这个航空公司的名字叫 BOAC——British Overseas Airways Corporation，在国际上非常有名，中文名字就叫"英国海外航空公司"。这个航空公司的飞行安排很有意思。它每天上午飞行，下午休息。下午到了一个地方，它会安排好你的住处和旅游景点。它是跟一家英国旅游公司联合运营的，所以下午、晚上都是旅游的时间，到晚上十二点才休息，睡到清早再又起飞。坐在飞机上什么都看不见，但是一路上可以旅游好多地方。另外呢，在伦敦跟 BOAC 竞争的是法航——法国航空公司，它的飞机票比较便宜，是整天飞行，有时晚上也飞行，不会安排旅游的。那我们就选择了有旅游的英国航空公司。

这一路的旅游使我们了解了世界，了解到这个世界的发展是很不平衡的，有很先进的地方，有很落后的地方。一到落后的地方，你就可以清楚地发现，它不是一个方面落后，是许多方面都落后。这一路都到了哪些地方，我现在不能仔细讲，有的我也记不清楚。有几个地方给我的印象很深刻，其中一个是到西西里岛。西西里岛平时是不容易去的，不是不让你去，而是交通不方便，地方落后。一到西西里岛呢，就觉得看到了欧洲的乡下，我们到的多数地方都是欧洲的大城市，到了西西里岛呢才觉得到了欧洲的乡下。还有，我们停在印度的卡拉奇。印度的卡拉奇是现在巴基斯坦的重要海口，巴基斯坦独立之后起初是把卡拉奇做首都，后来建设了一个新的首都，卡拉奇变成一个海港。我们一到卡拉奇，就立刻看到落后的样子。卡拉奇当时传染病、疫病流行。我们的飞机降落之后，它不让我们离机，拿杀菌的喷雾剂在飞机里喷，喷得旅客身上全是喷雾剂，简直荒唐之至。飞机停在印度的加尔各答的时候，也非常有意思。我们出去旅游的时候，发现汽车走在马路上，遇到牛在马路上散步，牛是神圣的，汽车不能开过去，撞了牛不行。中国人对印度是有很深厚的感情，当时巴基斯坦也是印度的一部分，还没有分裂。我看到印度这个落后的状况，深深为印度忧虑，但是没有办法。

最后我同张允和到了香港。香港有新华银行的分行，但当时的香港是不发达的，所以新华银行在广州的分行是一等分行，而在香港的分行是二等分行。后来中国大陆解放后把所有的私营银行都收归国有，新华银行的名义也没有了。但是香港新华银行，由于它是一个独立法人，是向英国政府登记的，所以继续存在；不仅存在，还增加了许多分行。起初只有几个办事处，后来有几十个办事处，所以香港新华银行在香港还是有一定地位的。由于香港有我们自己的分行，所以我到了香港就相当于到了自己家里一样。当时香港与上海之间往来是非常方便的，坐飞机方便极了，只要打个电话，告诉机场，几点钟我要坐你们的飞机到什么地方，就行了。它规定，飞机起飞前一小时你一定要到机场。如果未准时到呢，它就把这个机票子卖给另外的人。

当时的香港，没有什么值得羡慕的，当时在香港的有钱的英国人，都纷纷回英国去了，因为觉得香港没有什么前途。很多英国人害怕共产党掌权以后要夺取香港，所以香港当时一片萧条。相反，当时广州情况比较好。在香港的中国人觉得香港可以继续做生意，而英国人是准备放弃香港的。这个形势后来很快就改变了。

# 与爱因斯坦聊天
## 认识范旭东　设计速记符号

这里我想起几件小事情，随便谈一谈。

先说第一件事。我在美国的时候，何廉也在美国。何廉是国民政府经济部的次长，当时经济部的部长是翁文灏。翁文灏是行政院长兼经济部部长，相当于今天国务院的总理兼经济部的部长。日本投降以后，何廉就到了美国，在普林斯顿大学做经济学的研究，同时教一点书。何廉在重庆的时候是农本局的总经理，我那时在他手下工作，所以跟他比较熟。我到了美国，跟他经常往来。有一天何廉问我，他说爱因斯坦也在普林斯顿大学。由于何廉的介绍，我能够去看爱因斯坦。去拜访之前，我就想，跟他谈什么呢？这个很困难啦。我本来想要问问他关于原子弹的事情，可是这个问题太敏感，还是不谈为好，除非他首先想谈。结果呢，爱因斯坦也不谈原子弹，就谈了谈当时中国跟美国的关系、中国的形势等话题——也是报纸上经常谈论的一般问题。我跟他谈话大概有一个小时，我不想去打扰他太长时间。他有两个小房间，里面一个是他的工作室，外面一个是起居室，接待客人的。他这个人平易近人，讲话慢慢的、轻轻的，一点架子也没有。他给我的印象非常好，我非常高兴见到他，能跟他谈几句话，我觉得是非常荣幸的事情。

当时中国有一位大名鼎鼎的工业家，叫范旭东①，是搞基础工业的。他在东北大连一带办了三个大的事业，合起来称作"永久黄"："永"是"永利公司"，做烧碱的；"久"是"久大公司"，做精盐的；"黄"是"黄海公司"，做化学工业的。这个范旭东是在国际上非常有名的，印度想发展这些基础工业的时候，都是请范旭东去做指导的。范旭东的工作方式和技术，是学习日本、美国的技术之后加以改进，才变成中国自己的。所以，那个时候范旭东的中国技术是向印度出口的。我在美国的时候，由于何廉的介绍，也认识了范旭东。当时范旭东的女儿也在美国，她有段时间租了一个公寓，比较大，分租了一半给我们。我们觉得跟她住在一起也很好。这样，我们就搬到她的公寓里去住了，所以有一段时期我们是跟范旭东的女儿住在一起的。范旭东的女婿是做航海事业的，他有一艘轮船在中国跟美国之间跑来跑去，载货载客，很赚钱的。

当时中国学习美国的制度，中央政府各部的部长们，主要是从大学教授里聘请、委任的。部长们下台之后，可以仍旧回到大学里教书。何廉也是这样。他是南开大学的教授、经济研究所的所长，他后来做了大官，但日本投降之后他就不做了，回到普林斯顿大学教书。从何廉那里，我知道国民党经济政策上有许多错误。他也埋怨蒋介石不肯接受很多好的建议，觉得非常遗憾，所以他就不想再做官了。

我很早就对速记感兴趣，到了美国更是看到没有一个办公室不采用速记，女秘书很少不会速记。速记的种类很多，可以说美国是一个速记非常发达的国家，办公跟速记是分不开的。我觉得中国应当提倡

---

① 范旭东（1883—1945），湖南湘阴人，实业家，中国重化学工业的奠基人。

速记。所以很早之前，我空闲下来的时候，就拿研究速记作为娱乐。速记在国际上有两大系统：最早的是英国的 Pitman——皮特曼系统①，中国的速记最早是 Pitman 系统。后来美国又兴起一个 Gregg——葛瑞格系统②。这个 Pitman 跟 Gregg 的区别主要是：Pitman 主要是直线，它的线条分粗线、细线两种，Gregg 是不分的，它的线条都是细线；Pitman 是以一个放射线的图形为基础的，Gregg 是以一个椭圆形为基础的。我很早就想用 Gregg 的原理设计速记——我当时的想法也可能很幼稚。我想设计一套速记符号，能记录四种方言：北京话、上海话、广州话、厦门话，因为这四种方言影响最大。我的理想是这样子，我不一定懂厦门话，但是听了它的声音，能很快把它记录下来，希望能够做到这样子。我做了许多笔记、实验，后来变成一部很厚的手稿。这个研究我一直没有公布，因为我自己觉得这个研究虽然有实用性，但是社会不一定欢迎我这项成果。这份手稿我把它当宝贝保留着，一直保留在身边，一直保留到新中国成立后。到了"文化大革命"时期，我才把它全部丢掉了。

这个研究，一直是我的一项业余娱乐。到了美国，我就想去拜访 Gregg，才知道 Gregg 有一个出版公司。Gregg 的速记在第二次世界大战的时候传播推广得很快，他的英文速记书一次印刷就是 300 万册，销路非常广，所以葛瑞格后来变成了一个资本家。我拜访他时，他年纪已经很大了，八十多岁，所以我与他没有谈得很深入。后来继承他的事业的是他的一个大弟子，很有名的。之后都是他这个学生跟我联

---

① 皮特曼速记法是由英国教育家皮特曼爵士（Sir Isaac Pitman，1813—1897）发明的，1837 年以《速记音符》为名发表。

② 葛瑞格速记由美国人葛瑞格（John Robert Gregg，1866—1948）于 1888 年发明。

系。在 Gregg 公司，我才知道中国的唐亚伟①也是用 Gregg 的原理来研究中文速记的，而且已经是比较有成就的。他们都觉得唐亚伟搞得很不错。唐亚伟很早就跟他们有联系，我只不过是对速记有兴趣，把它作为业余娱乐而已。

---

① 唐亚伟（1915—2012），湖南衡山人，"亚伟式速记法"创始人，"亚伟中文速录机"发明人。

# 滞留香港　撰文著书

　　我从伦敦回到香港，在香港把事情料理了一下，就马上到上海新华银行总行去汇报。王志莘希望我把上海的事情料理好之后，仍旧尽快回到香港，因为有几项业务工作需要我到香港去办。所以到了上海不久我又回到了香港，但是我的家庭还是安置在上海的。回到上海，我当然很高兴，因为我的妈妈在上海，已经好几年没有见了，我的儿子在苏州读书，不久也要回到上海来读书。

　　于是我一个人又回到了香港。到了香港，我就希望把香港的事情办好了，争取尽快回到上海去。想不到的是，我在香港接到一份秘密电报，是蔡承新通过中国银行的电报房打给我的。蔡承新在电报上就很简单一句话，叫我办完事情不要回上海，什么原因他没有讲。后来我才弄清楚这是怎么回事。因为我曾帮助一些共产党朋友办理香港上海之间的汇款，这件事情被当时国民党主管上海经济工作的人知道了。谁主管这个经济工作呢？蒋经国①。蒋经国当时管制上海经济工

---

　　①　蒋经国（1910—1988），蒋介石之子，国民党中央主席，"中华民国"第六、第七任"总统"。

作的一项措施，是不许共产党汇款，谁帮助共产党汇款，是犯法的，要被抓去坐牢的。蔡承新当时探听到我的名字在黑名单上。蒋经国的机构到新华银行，问我在不在上海。新华银行说我在香港，工作完了立刻就会回来。这个机构要新华银行担保，让我在香港办完事情赶快回上海，并且回来后马上到他们机构去。没有说"逮捕"两个字，可是形势非常紧张。假如我立马回上海，估计一定会被逮捕的。这样，我在香港就不能回来了，当时也不知道在香港要待多少时间。于是，我的小家庭——我的老婆、儿子也就一起到香港去了。

这个时候香港已经集聚了共产党的许多重要人物，还有许多亲共的著名人物，都在等待上海解放之后回到上海。那个时候国民党的军队在战争中已经是一边倒，没有方法支撑了。在香港，国内形势看得更清楚，上海即将解放，大家都在那里等着新中国成立后回到上海可以做工作。我也变成一个等待上海解放的人了。在这个等待的时期，香港有几个报纸跟我联系，约我写文章。一个是《大公报》。当时《大公报》已经转移到香港，已经左倾了；当然上海也有《大公报》。还有一个《文汇报》，当时也是香港的主要报纸。这两张报当时在香港影响很大，水平也很高。他们约我写文章，那我就给他们写了一些文章，主要是在礼拜天登出来，叫"星期论文"，讲的都是当前的金融形势、经济形势。当时在香港还有一份杂志，叫《经济导报》，是周刊，共产党办的，由许涤新主持。在重庆的时候我就认识许涤新，很熟。他是周恩来的秘书，周恩来跟我联系都是许涤新来找我谈的。这时候呢，许涤新也躲避到香港，在办这个《经济导报》，每礼拜出一本。《经济导报》的两个编辑跟我很熟，经常约我给他们写文章。后来由于《经济导报》的帮助，我就把在香港这个短时期写的一些文章，以金融问题为中心，集成一个论文集出版了，名字叫作《新中国的金融问题》。这本书的出版，当时在香港和上海经济界引起很大反响。我当时已经学了一点马克思主义，尽管我还不会真正运用马克思主义来写文章，但是已经将对金融问题的分析，向社会主义方向靠近了一步。所以这本书被认为是值得注意的，后来知道美国的大图书馆也都收藏我这本书。

不久，上海解放了。关于上海解放的情况，香港的报纸报道得非常详细。军队如何进城、如何有纪律、群众如何欢迎，等等。群众是自动地、发自内心地欢迎共产党的军队，这个场面比蒋介石在抗战胜利后回到上海的场面还热烈很多，所以香港的青年对当时的共产党也是非常欢迎的。

但问题发生了：用什么办法回到上海呢？航空线断了，铁路也中断了，怎么办呢？共产党在香港用《大公报》的名义，租用一艘名叫"盛京号"的英国客轮，这艘船相当大，也可以载货。上海刚一解放，这艘"盛京号"很快就要从香港开到上海。我听到了这个消息，就去跟许涤新商量，能不能让我坐这艘船回上海。许涤新说你最好留在香港，我说我不想留在香港，要回上海。

# 回到上海

## 教书　进银行　办杂志

　　这样，我一家就搭乘"盛京号"回到了上海。后来才知道，共产党的许多重要人物都在这艘船上。我坐在船尾，船尾上还有几位当时有名的作家。记得其中有一位叫马凡陀①，他大概是写儿童文学的。在轮船从香港往上海行驶的时候，哎呀！这个心情之愉快是无法形容了，真像从黑暗回到光明一样。这个国家将有一个新的起点！这个一直倒霉的中国终于有希望了！中国终于可以站起来了！回到这个新的国家工作，一定可以发挥很多作用！我的儿子在船上，就和船上其他的孩子们一起玩，学那个延安的扭秧歌。这个"扭秧歌"，我们在报上倒是见过，具体什么样子，没有见过。这艘船上有共产党的人物，他们当初是从延安出来的，就由他们来教孩子们扭秧歌。所以说，这艘船是非常有意思的船。

　　船到上海，我一下轮船，第一个看到的是杨刚。后来才知道，杨刚到码头上来，不是来欢迎我，她不知道我要来。她是奉组织之命，

---

　　① 马凡陀（1916—1982），袁水拍的笔名，江苏吴县人，诗人、作家、翻译家、编辑。

来欢迎这一批共产党的重要人物回到上海。其中有一个重要人物就是潘汉年①，他在香港负责共产党的一切活动，相当于一个总指挥。

我在香港的时候，章乃器也在香港，章乃器就劝我参加他领导的民主建国会。当时为民主建国会的工作奔走联络的人叫王季淮②。王季淮改革开放之后在中国大百科全书出版社工作的。之前，他在工商联工作。当时在香港，参加民主建国会要有两个人介绍，一个是章乃器，另一个就是王季淮。

在香港还看到其他人。常碰头的还有陶大镛③，他是在英国研究经济学，也是由于中国内地即将解放，他就回到香港等待解放之后再回内地。到改革开放以后，陶大镛在民盟中央工作，后来做了民盟中央副主席，并且主办了《群言》杂志。

在香港，生活上的事情没什么谈的，但是有一个人我们家人常常怀念。是谁呢？在香港我们家有一个保姆叫阿四——她的姓名我们现在都忘记了，她年纪很轻，做事情很利落。每天我们吃了晚饭之后，她就不用忙活了，她就换了比较漂亮的衣服出去看朋友，很有意思。那个时候香港的保姆都是从广东去的，一般是广东南部几个县，像四邑等。1949 年以后，内地的人不能随便往来香港了，香港的保姆这个来源也没有了。结果呢，香港的保姆逐渐被菲律宾的女孩子——主

---

① 潘汉年（1906—1977），江苏宜兴人，新中国成立后，任中共中央华东局、中共上海市委统战部部长，中共上海市委第三书记，上海市副市长。

② 王季淮（1907—1983）江苏无锡人，30 年代著名田径运动员，擅长跳远，1933 年毕业于上海光华大学，1936 年就读于南京交通研究院航政系，毕业后任航政局研究员及船舶修检所工程师。

③ 陶大镛（1918—2010），生于上海。1940 年毕业于中央大学（南京大学前身），1946—1948 年应英国文化委员会邀请，在曼彻斯特大学和伦敦大学从事经济史研究。1949 年在香港任达德学院教授、《文汇报》经济周刊主编。

要是菲律宾的华侨、华裔的女孩子代替了。在香港做保姆，需要一定的文化知识，要能够使用许多电气化的、现代化的设备。所以当时的保姆有一定的文化水平，当然主要是小学水平，中学就不多。到后来呢，逐步提高，后来菲律宾去的保姆一般都是中学水平，有些是大学毕业生。因为菲律宾女子不容易找工作，工资也比较低，香港工资比较高。这个保姆的事情是一个重要的社会问题，是家庭生活的一个重要问题，所以是值得谈一谈的。

我们乘"盛京号"轮船回到了上海，船停在上海港。第二天，国民党的空军在上海港投放水雷，把上海港封锁起来了。这样"盛京号"就不能再返回香港了，其后的轮船也没有方法进港。这样隔了相当长一段时间，等共产党有能力把水雷排除掉之后，上海跟香港才又恢复了交通联络。所以我们搭乘的这艘"盛京号"是上海解放之后第一艘到达上海的轮船，当时没有第二艘，也没有第二艘的可能，所以这是一次冒险。如果国民党的封锁快一步呢，我们就进不了上海港，或者被水雷炸沉了。事后才知道这是一件很冒险的事情。

上海解放，使上海——甚至可以说整个中国，进入了一个新的时代，什么事情都是从头开始。我到了上海才知道，许涤新也回到上海来了。在上海经济学界，他是一个重要人物。复旦大学被共产党接收之后进行了改造，复旦大学原来有一个经济研究所，被改造成一个研究生的机构，由许涤新负责。于是许涤新就请我在这个研究所里面担任研究教授，让我经常给他们讲中国经济问题、世界经济问题，让我用比较新的观点来说明这些问题。所以我的授课跟别人不太一样，不是根据某本书来教的，而是每次有一个课题，有一些新的研究。当时我这门课受到学生很大欢迎，因为我懂一些美国的"新经济学"，也自学了一些马克思主义经济学，而且有一些经济事业的经验。我尽量做到理论和实际结合，所以学生相当欢迎我。

其中有一个学生，我认为他是我学生中最好的一个，叫作王世璋①。王世璋是上海人，是圣约翰大学毕业的，他做工作是又快又好，我非常欣赏他。还有一个学生，也是我认为很好的，叫洪文达②。这两个人是当时我的学生当中佼佼者，以后我还要谈到这两个人。

共产党进入上海，很快就接收了上海所有的公营银行、私营银行。新华银行也被接收了，接收之后重新改组董事会。我当时是兼任董事会的秘书长的，于是共产党就让我代表新华银行的公股参加董事会，同时还让我做新华银行的其他一些工作。新华银行是有公私兼营的，私股是私人的资本，公股是中国银行、交通银行的股份。与此同时，上海很快就成立了人民银行。当时华东五省叫华东区，华东区有个区行，后来区行也没有了，就变成了上海分行。华东区行有两个业务处：一个是公营业务处，就是专门负责政府机构或公营企业的银钱进出；一个是私营业务处，就是负责与私营的工厂、商店等的往来。我负责这个私营业务处。所以回来不久，我就忙起来了，有复旦大学的课程，有新华银行的工作，有人民银行的工作，还有很多座谈会。当时就觉得，这的确是解放的新气象。

当时的社会秩序非常好。上海原来是一个流氓世界，流氓集团、地下组织很多。共产党进入上海后的第一件大事，就是"镇压反革命运动"，主要是把那些旧上海的地下组织都抓起来。上海的青洪帮是非常有名的，大家都知道，还有很多其他的秘密组织、流氓组织，把这些人都抓起来，有的判了刑。这一番清理之后，上海就没有地下

① 王世璋（？—1957），毕业于圣约翰大学，1957年的"反右"运动中自杀。

② 洪文达（1923—2014），出生于江苏南京，曾供职于华东财经委员会等，后任教于复旦大学。

破坏力量了，社会秩序一下子好得不得了，真正可以做到夜不闭户。这个迹象之好是向来没有的，所以群众非常欢迎。有的上海老人当时讲，活了一辈子，的确没有看见这样一个"清明"的时代。当时共产党的军队进入租界——这个"租界"是俗称，其实当时国民党时代已经没有租界了，纪律非常好，绝对不到任何人家中去打扰，所以当时觉得每一个方面都是很光明的。

我们的一位老朋友叫吴大琨，抗战胜利之后，他在上海主办一份周刊，叫《经济周报》。后来他到美国去了，这份周刊就停办了。上海解放之后，有一个人叫吴承禧①，也是复旦大学的教授，并且担任当时上海经济学会的副会长，他对共产主义非常热心。他跟许涤新商量恢复《经济周报》，许涤新也认为很好。于是就由许涤新、吴承禧、谢寿天②和我，大约八九个人作为核心，每个礼拜六大家聚一下，一边吃饭一边商量如何办刊。大家商量好了就分工写文章。所以礼拜六的晚上和礼拜天，我不出去活动，就是写文章，写好之后礼拜一交到编辑室。快极了，一夜功夫就排好了，礼拜二这个杂志就要印出来。印刷厂是私营的工厂，小得不得了，它有楼下楼上，上楼梯的时候楼梯都摇晃的。当时《经济周报》在上海的经济舆论界是最重要的一个机构，刊登的文章都是用新观点来研究中国的经济问题。销路好极了，仅在上海就发行一万份。所以，这件工作是做得很有意思的。

我经常在这个杂志上发表文章。我现在还记得。有一篇文章，我是讲中国的财政问题的。但新中国成立以后的财政情况我并不了解呵，我的资料从哪里来呢？我把报纸上零零星星登载的数据拼凑起

---

① 吴承禧（1909—1958），安徽歙县人，经济学家、金融学家。

② 谢寿天（1914—1972），浙江余姚人，教育家谢家山的第三子。早年在上海从事金融业、银行业。1949 年加入中国共产党，参加接管上海保险业。

来，整理成一个表，根据这个表，我可以算出很多其他数据。这篇文章发表以后，许涤新来问我，你这许多资料哪里来的，这可都是内部资料呀！我说我都是从报纸上刊登的公开资料来的，是用统计的方法算出来的。噢！他大吃一惊。这是一件有意思的事情。另外我有一篇文章，是论证资源问题的。当时中国有一种说法，认为中国是缺少资源的国家，是一个贫困的国家。我认为这个说法不对，资源是与人的知识有关系的，你有多少知识就能开发多少资源。比如人不会利用煤炭、石油的时候，煤炭、石油在地下就不是资源。所以资源跟知识、科学、技术是密切结合的。科学技术发展了，资源就多起来了，许多东西原来一文不值，可是你有了科学技术将它开发，就变成财富了。所以这样看呢，中国不是一个资源贫乏的国家，而是一个资源丰富的国家。别人都说，这篇文章的观点很新颖。

当时办这个刊物，大家的劲头的确足得不得了，觉得这个工作是非常有意义的。这个杂志当时对上海的青年影响很大，使青年对于许多政治问题、经济问题——主要是经济问题——有了一个新的看法。

# 不断的运动和改造

共产党领导下的上海，变化非常快。忽然要搞一个新的运动，叫作"增产节约"运动。起初我们觉得"增产节约"运动完全是一个经济行为，哪知这个运动一开始就是一个政治运动，就是让每一个人——特别是资本家——交代有没有贪污。查贪污的是运动的主要内容，而当时这"贪污"两个字的含义是非常宽泛的，把人家做生意赚的一点钱也都算作"贪污"。这一来，对于银行界的影响很大，银行界人士多多少少业余做一点生意，赚点钱。于是命令这些银行界的经理、副经理、老板交代贪污了多少钱，没有交代清楚就不能回家。这样形势一下子就紧张起来了。

我每天清早八点之前到人民银行华东区行上班，这个区行当时设在外滩。搞这个运动的时候，业务都停下来，天天开会。我们私营业务处的处长，好像是姓曹，是延安来的老革命家。当时有两个副处长，我是第一副处长，实际业务都是归我管的；还有个第二副处长，他以前是中国银行上海分行的一个副理，人非常老实，是钱庄出身，在中国银行工作了很多年。通常他比我先到办公室，七点半就到了。在这次紧张的运动当中，我在办公大楼中经常看见有人跳楼自杀——

我的办公室在五层，可以看见四周许多银行大楼。一个人跳下来自杀了，就引起一大片的呼喊声，于是救护车的声音等等，马上就开始喧闹了，空气紧张极了。有一天，我八点钟到办公室，一看这位副处长的外衣已经挂在衣架上面了。我们要开会了，他却不见人，也找不到。等了半个小时，他也没有出现，我们只能开会。开会开了一个小时，消息传来了，说他一早就来了，自己开了窗户跳下去，摔死了。起初没有人知道是谁，因为脑袋摔碎了，血肉模糊，分辨不出来是谁，过了很长一段时间才确认是他。得到消息之后，有人就赶紧查看他的办公桌。他抽屉里留了一张条子，上面简单写了几句话，说我没有做多少坏事，只是做了一点生意，赚了一点钱。这样就证明他是自杀了。唉，这件事情也使我的生活很紧张的。当时银行界以及工商业界这样自杀的资本家不少。其实他并不是有钱的人，他这么做，是因为在当时紧张的气氛下，他觉得自己犯罪了。实际上，假如他不自杀，运动结束之后他不会有什么问题的。当时如果有人"贪污"——赚了一两万块钱[①]，报道出来就说是贪污了多少亿，都是以亿计的大数目。噢，这一次的运动，隔了好多年我才弄清楚，这是对上海这一资本主义根据地的大资本家进行的斗争。这样一来，资本家的企业完全没有了，资本家的活动销声匿迹了，这是上海的巨大改变。

1952 年以后，教育界开始改组，叫作"院系调整"。当时上海是中国大学最多的地方。首先是改造大学，所有的大学要重新改造，编制、分工完全按照苏联模式来办。关于经济学的调整是把华东二十余所大学的财经系科或经济研究所等都合并到上海财政经济学院。合并以后人才是不少，书籍也不少，但大批图书来了就乱七八糟，没有时

---

① 这里指 1948 年在解放区首次发行的货币。中国人民银行从 1955 年 3 月 1 日起发行新的人民币并收回旧币，新币 1 元等于旧币 1 万元。

间整理了。当时要我担任这个新的上海财政经济学院的研究处的主任——不叫研究所了，同时教书，做教授。课本不能再自己编了，要完全按照苏联的教科书。所以大家都是翻译苏联的教科书，再稍稍加工一下，就变成中国的课本。其中最重要的就是政治经济学。原来大学里只有经济学，没有政治经济学，现在有政治经济学，就没有经济学这个课了。

我以前也看过一些关于马克思主义经济学的书，这时候再看苏联大学的政治经济学的教科书，里面讲得更清楚。书中最主要的内容，第一是农业集体化，第二是工业社会主义化。授课时就按照课本讲，学生们不太满意，说这个课本我们都能看，用不到你在课堂上念了！但是没办法，必须得这样照着念。还有一件事情。经济学中的统计学是很重要的，所以经济统计学是经济系里的一个重要课程。我们把苏联的经济统计学教科书翻译过来之后呢，就产生一个问题。苏联的经济统计学开宗明义就讲，统计学是有阶级性的。很多教授对这一说法，无法理解，从资产阶级经济学来看，统计是一个客观的东西，是数据，数据怎么会有阶级性呢？于是，就这个问题组织学习班来学习，必须要理解统计学的阶级性。苏联的教科书，否定抽样调查，认为抽样调查是资产阶级的一套，是完全错误的。工人阶级有高度的觉悟，他们生产的东西当然没有次品，所以抽样调查是错误的，你拿一小部分抽样调查，怎么能够来概括大部分呢？这个事情我也觉得很为难，因为我负责这个研究处，要给他们提供资料、提供说明，使他们理解这个"新"的经济学。

苏联的大百科全书在中国是一卷一卷出版的，有一天来了两本新出版的大百科全书。我翻了翻目录，看到其中一条就是讲抽样调查的，是苏联统计局局长写的。啊，这一来，我得到了重要的宝贝，就叫我的学生王世璋赶紧把它翻译出来。王世璋晚上不睡觉，连夜把它赶译出来。第二天，我们两三个人把它整理了一下，赶快打字油印，发给本校的教授们。同时我还多印了很多份，分寄给其他财经学院。当时都是这样，我们有比较重要的材料，都多印一些寄给其他的财经学院，他们都非常感谢我们。在苏联大百科全书的这篇文章中，苏联的观点有了很大改变，它肯定抽样调查，而且讲了许多道理，为什么要抽样调查，抽样调查为什么能够以少数代表多数。于是有了这个依据，我们就可以把苏联教科书原来这部分内容改写，就不会犯错误了。

这时候，北京成立新的经济研究所，所长是我的老朋友——他的名字我现在一下子想不起来。这个研究所出版一份杂志，叫《计划经济》，我们在上海出版的《经济周报》就奉命合并到北京的《计划经济》杂志，于是我们有四五个人就因为合并一同到了北京。至于我们这些写文章的人，因为都有另外的工作，留在了上海，所以上海的这个《经济周报》实际上就取消了。

上海的银行很多，原来大多数都是私营的，这时候要整顿。私营银行起初被接收之后，变成公私合营；第二步呢，取消这些私营银行，将之全部合并到人民银行。算是两步走。这一合并呢，新华银行当然要被取消了。归并之前还有一个过渡，叫作公私合营银行，由于上海有那么多银行，这个公私合营银行的规模是非常庞大的。取消私营银行，这是共产党经济政策的一个非常重要的方针。

这时候，就有人跟我讲，说你兼了学校、银行的工作，你究竟选哪一方面？以后就不能兼职了。他劝我选学校，不要选银行，他说银行现在待遇很高，这是不合理的，将来要把这个待遇降低，而大学教授的待遇并不高，会有优待的。他从这个工资的角度，劝我选大学而不要选银行。因为当时兼职可以兼薪，我兼学校和两个银行以及其他的事情，我的工资很高——可以说很少人有我那么高的工资的。那我说好，我就选学校，辞掉银行的工作。

当时还有很多的教育改革措施。比如学校记分数原来是百分制，分数越高越好。现在要学苏联，放弃百分制，改为五分制。五分是最好，四分三分就差一些了，二分一分就是不及格，其实就是"ABCDE"的意思。当时像这样一件小事情也要宣传，说苏联的五分制如何如何优越。大学教授们当然都同意，实际上内心是不大理解的。为什么要说五分制比百分制好呢？这也是当时一个有趣的事情。最重要的改变是经济学的内容，必须按照苏联的观点来解释，老的经济学家一下子消化不了，这是工作上遇到的困难。

1949年冬天到1955年，这个五年，是不断地运动，不断地改造，真是闹得天翻地覆。当时我的情绪很高，虽然有很多事情我不大理解，但总觉得这是一个大改造、大前进，所以我当时也是衷心拥护的。

# 移居北京　进入"文改会"


　　在青年时代，我就对国语罗马字有兴趣，后来对拉丁化新文字运动①也有兴趣，并且多有参与。新中国成立后，上海又恢复了拉丁化新文字运动，其中一个积极分子是倪海曙②。他实际上领导了上海的拉丁化新文字运动，出版刊物——新文字的周刊、月刊，等等。对这个运动，我一向是非常感兴趣的，于是就给他们写些文章。因为刊物很小，写的文章也很短，其中有几篇文章当时很受他们欢迎。

　　其中一篇主要是谈拉丁化新文字运动的。拉丁化新文字运动是1933年从苏联传到中国的，是瞿秋白、吴玉章③领导这个事业，当然

---

　　①　20世纪20年代末，瞿秋白、吴玉章等在苏联拟定了《中国的拉丁化新文字方案》，于1931年9月在海参崴召开的中国文字拉丁化第一次代表大会上通过，在苏联远东地区的华工中推行。1933年传到上海，受到以鲁迅为首的进步文化界的欢迎，随后就在国统区和陕甘宁边区推广，产生了很大的影响。1955年全国文字改革会议后推行停止。

　　②　倪海曙（1918—1988），上海人，文字改革活动家、语言学家，中国拉丁化新文字运动的推动者。

　　③　吴玉章（1878—1966），中国人民大学校长、中国文字改革委员会主任。主张汉字拉丁化，积极推行汉字简化和汉语拼音方案。

还有其他一些人，主要是苏联人。苏联人当中最重要的是龙果夫①，他是苏联一个很有名的语言学家。那个拉丁化运动，瞿秋白的思想是主导的，反对国语，主张各地方言写成方言文字，所以各地就产生了很多的方言拉丁化。上海话有上海话的拉丁化，可是上海同时推行北方话拉丁化，叫"北拉"。"北拉"不是严格的国语，但是跟国语非常接近。在上海，这个拉丁化运动开培训班，有上海话拉丁化的培训班，有北方话拉丁化的培训班，由群众按自己的意愿选择学习。结果呢，多数人愿意学北方话，学"北拉"，学上海话拉丁化的人很少。另外各地拉丁化的方案很不一致，一个字母在各地的用法很不一样，甚至相互矛盾。我就写了一篇文章说，这么多方案不一致，甚至相互矛盾，应当把它统一起来。我说，各地可以有各地的拉丁化，但是这些方案应当有一个共同的基础。我就把几种主要的拉丁化方言方案做了一个比较，提出使它们共同化的方案，是一个从分散到集中的思想。这篇文章当时受到很多人的注意。当时，陈望道先生②——后来担任复旦大学校长，他对这个拉丁化运动是非常热心的，看了我的文章，他觉得很高兴。后来由于他的鼓励，我把自己写的一些关于拉丁化、拼音文字研究的文章结合起来，写成一本书，叫《中国拼音文字研究》，并由陈望道先生写了一篇序。现在来看，这本书中的文章是很幼稚的，这是用业余时间来进行研究的。

---

① 龙果夫（Alexandr Dragunov，1900—1955），苏联汉学家，主要研究领域为汉语和东干语，发现了汉语里的第六种方言。

② 陈望道（1891—1977），浙江义乌人，教育家、修辞学家、语言学家，曾任复旦大学校长、民盟中央副主席。曾担任《辞海》的总编，所著《修辞学发凡》是我国第一本系统的修辞学著作。

1955 年，北京召开第一次"全国文字改革会议"①，通知我去参加。我当时在上海大学里教书，有很多其他工作。我问，开这个会要开多久呢？通知方告诉我，最长不超过一个月。那么我就请了一个月的假去参加这个会。开完会之后，当时就成立中国文字改革委员会，作为国务院的一个下属机构。这个委员会在当时相当于一个部，委员会的主任相当于部长，委员会的主任是由吴玉章担任的，是中央委员兼这个主任，他的地位比普通部长还高，可见当时中央很重视这个机构。当时文改会就把我留下来，不让回到上海去，希望我在文改会工作。这个文改会的主任是吴玉章，副主任是胡愈之②。胡愈之我本来就认识，我对他非常钦佩，这个人学问很好，活动能力很强，观念很新，眼光很远。我当时跟胡愈之说，我不行，我语文是外行。他说这是一件新的工作，谁都是外行。当时上海的学校也的确不肯放我，催我赶快回去。那我就说，你看，上海来信来电报叫我赶快回去。他说你不要管，周总理会下条子给他们。这样呢，我就没有办法，只得改

---

① 1949 年 5 月 29 日，吴玉章邀请黎锦熙、罗常培、叶圣陶等语文学者座谈文字改革问题。与会者认为为了推动文字改革事业的发展，有必要组建相关的学术团体。经中共中央同意，于 1949 年 10 月 10 日在北京成立中国文字改革协会，这是研究文字改革问题的群众性学术团体。吴玉章任常务理事会主席。1951 年 12 月 26 日，周恩来总理指示在中央人民政府政务院文化教育委员会下设中国文字改革研究委员会。1952 年 2 月 5 日，中国文字改革研究委员成立，马叙伦任主任委员，吴玉章任副主任委员。这是主管文字改革研究的政府机构。为了加强对文字改革工作的领导，把文字改革工作由研究阶段推向实施阶段，根据周恩来总理的提请，经全国人大常务委员会批准，1954 年 11 月 20 日设立中国文字改革委员会，作为国务院直属机构。吴玉章为主任，胡愈之为副主任。1985 年 12 月 16 日国务院办公厅发出《通知》，《通知》指出："为了加强新时期语言文字工作，国务院决定将原中国文字改革委员会改名为国家语言文字工作委员会。"1998 年 7 月 21 日，国务院下发《通知》，确定国家语言文字工作委员会并入教育部。

② 胡愈之（1896—1986），浙江上虞人，社会活动家、记者、编辑、出版家。早年创建世界语学会，与沈雁冰等成立文学研究会。

行到北京来做语言文字工作，我一点思想准备都没有。当时中央宣传，建设新中国有许多新工作，每一个人都应当有思想准备，哪里需要就到哪里去。在这样的号召之下，我就想通了。

于是我就留在北京，在文改会工作。那时倪海曙已经从上海调到文改会来了。文改会的秘书长是叶籁士①，他跟我在上世纪20年代就有些关系。叶籁士是日本留学生，他上世纪20年代在上海主办一个刊物，叫作《语文》。"语文"两个字作为一个词，在当时是很新鲜的。这个《语文》刊物是用新的思想提倡文字改革的，在当时是共产党领导的左翼文化运动的一个阵地，是语文的左翼运动。当然，我当时也搞不清楚什么是左翼运动，但是这个杂志的文章很有意思，我觉得是耳目一新。所以我在20年代就给它写过文章，因为我是业余搞语文的，我不是专门研究这一行的，所以我写的文章当然很幼稚。我记得一篇文章，我讲的是文法——当时没有"语法"这个词，我说这个文法首先要根据口语来研究，不能根据书面语，因为当时书面语是文言或者是半文言。这篇文章引起一些人的关注。当时我还写了其他一些关于文字改革的文章。大概主要是由于这些原因，我从20年代起跟文字改革运动、拉丁化运动有些关系，所以文字改革会议要我来参加，文改会要我来工作。

这样我就留下来在文改会工作了。

---

① 叶籁士（1911—1994），江苏吴县人，文字学家、世界语倡导者，中文书籍横排本的主要创始人。

# 研究制订《汉语拼音方案》

文改会成立之后，内部设立了第一、第二研究室。第一研究室研究拼音化，第二研究室研究汉字简化。我做第一研究室的主任，最重要的一项工作就是研究制订《汉语拼音方案》①。文改会下面有一个工作委员会，叫作汉语拼音方案委员会，这个委员会的任务，是研究、提出一个《汉语拼音方案》。我的工作主要就是研究、制订《汉语拼音方案》。要研究《汉语拼音方案》，就要知道世界各国文字的情况。

当时有人主张用民族形式的文字，反对用拉丁字母。我们听到内部非正式的传达，说毛主席到苏联去看斯大林，曾经问斯大林：中国的文字改革怎么办？斯大林说，你们是一个大国，应当有自己的文

---

① 这里指的是 1958 年 2 月 11 日第一届全国人大第五次会议通过的《汉语拼音方案》。该方案是使用拉丁字母、采用音素制音节结构、拼写普通话语音的方案。国家通用语言文字以《汉语拼音方案》作为拼写和注音的工具。1982 年国际标准化组织通过决议，确定《汉语拼音方案》是拼写汉语的国际标准。

字。那么根据斯大林这个指示，毛主席回来就提倡民族形式的拼音方案。起初，在北京已经有一个"文字改革协会"，后来才成立政府机构"中国文字改革委员会"。由于毛主席的指示，文字改革研究会就开始研究民族形式的汉语拼音方案，有好多种设计方案，有一种方案是丁西林①提出的，有一种方案是黎锦熙②提出来的，有一种方案是文改会的秘书处提出来的，还有许多其他不同的方案。这个民族形式的"汉语拼音方案"，在文改会正式成立之前，就研究了三年之久，后来归纳成为四个方案。在举行全国文字改革会议的时候，就印出来作为一个参考件，给到会的一些会员看——没有正式提出议案，也没有要开会的代表们来决定是否采用。不过代表们看了之后，反应非常冷淡，没有一个人说支持当时四种方案中某一个方案。这以后，情况就改变了，吴玉章就请示毛主席，说是民族形式方案，研究了三年，很不容易，考虑来考虑去，恐怕还是采用拉丁字母比较方便。毛主席就同意了。这件事呢，后来在中国共产党中央正式的会议上决定，采用罗马字，采用拉丁字母。所以我到了北京不久呢，就决定由这个汉语拼音方案委员会来研究拉丁字母的方案。当时没有说不要民族形式，但实际上民族形式事实上已经被否定了。

为了要给中国文字研究拼音方案做参考，我就研究世界各国的文字。起初倪海曙在上海编的一本杂志，叫作《语文知识》。我在这个杂志上不断发表研究各种不同的文字类型的文章。后来我继续写这方面的文章，把它编成一本小书，叫作《字母的故事》，简单地介绍字

---

① 丁西林（1893—1974），江苏泰兴人，剧作家、物理学家、乐器工艺家。

② 黎锦熙（1890—1978），湖南湘潭人，"黎氏八骏"之一。语言文字学家、教育家。1916年，发起成立"中华国语研究会"，提倡"国语统一"和普及白话文。1918年，促成教育部正式公布注音字母及常用字的标准读音。1926年，与钱玄同、赵元任等拟定国语罗马字拼音法式。

母的历史。这本书出来之后呢，引起许多人的兴趣。我听说，毛主席他要研究采取哪一种字母好，他也参考了我的书。当时我研究这个问题，是分门别类比较各种文字学优点与缺点，得到的结论呢，还是拉丁字母最好。因为拉丁字母从技术角度来看，优点很多。从社会角度来看，它的社会性、流通性最强、最大，所以实际上不用拉丁字母反而是很困难的。

但是当时苏联已经否定了拉丁化运动了。苏联的拉丁化运动在1933年传到上海，随后上海就开始一个中国的拉丁化运动，影响很大。可是后来斯大林掌权以后，否定拉丁化，把所有拉丁化的新文字，有好几十种，都改成俄文字母一样，所谓"斯拉夫字母化"。所以我们在研究这个拉丁化汉语拼音方案的时候，苏联的语言学专家来劝我们不要用拉丁字母。后来又有苏联教育部一个副部长到北京，跟陈毅①副总理讲，假如你们采用俄文字母，采用斯拉夫字母，那么中俄联盟多好呢！陈毅副总理告诉他，中国要跟东南亚联系，东南亚没有人认得俄文字母，所以用拉丁字母有推广、宣传的作用。陈毅副总理回答得很有策略，但是坚决否定用俄文字母，坚决要用拉丁字母，陈毅副总理是做了一件有意义的事情。在今天看来是自不必说了，拉丁字母是最好的。假如当时采用了俄文字母，那么今天会有更多的麻烦，要重新搞方案了，那就搞不成了。

"汉语拼音方案"经过三年的时间，从多方面研究之后才定下来。

制订"汉语拼音方案"，是我到文字改革委员会初期的最主要的工作。拼音方案委员会多数人是兼职的，他们只来开会，而准备资料、选择研究的问题、提出解决的办法，诸如此类的事情，主要是由

---

① 陈毅（1901—1972），四川乐至人，中国人民解放军的创建人和领导人，曾任上海市市长、国务院副总理兼外交部部长。

我来做的。

这件工作是从 1955 年开始。第一步就拟定成一个"初稿",这个初稿在汉语拼音方案委员会里面通过,是完全用拉丁字母的。到了 1956 年,就把这个初稿拿出来,给几个主要相关机构共同研究,当中一个机构就是中国科学院的语言研究所。语言研究所对这个初稿不满意,不满意的主要原因有两个:一是用了双字母,就是两个字母联合起来当一个字母用;另外用了变读法,一个字母在一个条件下面读这个音,在另外一个条件下面读另外一个音。这种双字母和变读法过去在国语罗马字里面都是有的,在更早的外国人搞的威妥玛①方案里面也是一早就用了。

于是乎就修改初稿,改成一个字母只有一个读音,一个读音只有一个写法。没有双字母,没有变读法,那么 26 个字母就不够用了,研究结果呢就增加六个新字母。六个新字母加进去,这个初稿就变成一个草稿。这个草稿初期叫作"原草稿"。这个"原草稿"在 1956 年发表,发表之后,各方面提了很多意见。根据这许多意见,再由汉语拼音方案委员会来研究怎么修正。那么修正的时候就发生问题了。第一点呢,大家同意用 26 个字母,不要用新字母。因为新字母一发表出去,反对的人很多,特别是邮电部反对。邮电部说,你这个新字母,我打电报没有方法用。那么有人说,你的电报机上没有,重新造一下就好了嘛。他说不行,因为电报打到国外去,你不能叫国外也造新字母,所以新字母就不用了。

新字母不用以后,这个所谓的变读法有一个重要的问题,就是"基"、"欺"、"希"这三个音怎么写。这三个音在汉语拼音方案委员

---

① 威妥玛(Thomas Francis Wade,1818—1895),1869—1882 年任英国驻华全权公使,在中国生活四十余年。1888 年,任剑桥大学首位汉学教授。威妥玛创造了一套用于拼写中文普通话的罗马拼音系统,即威妥玛拼音,为中国以后的汉字拼音方案提供了非常完整也最有启发性的选择。

会里面意见不一致，就产生两种写法。一种用"哥"、"科"、"喝"来变读，"哥"、"科"、"喝"在"衣""迁"前面变成"基"、"欺"、"希"，这一种方法是以前北方话拉丁化——所谓"北拉"用的；另外一种呢，用"知"、"吃"、"诗"在"衣"、"迁"前面读成"基"、"欺"、"希"，这个是国语罗马字和威妥玛方案用的。这样子呢，从"原草案"就变成"修正式"，"修正式"有第一式、第二式。"修正式"就非正式地在杂志上公布出去，请大家提意见。这个群众的意见也有两种，没有方法在两种当中选择一种，就很困难。

那么后来再进一步研究，要解决这个问题，把两种变成一种。因为这两种都是用所谓变读法，但是两种变读法方法不一样，那么要把这两种合并起来要废除变读法，就用"j"、"q"、"x"三个字母代表"基"、"欺"、"希"，就没有变读法了，这是废除变读法的一个表达方法。这样子呢，第一式、第二式就变了一个格式了，在1957年就形成叫"修正草案"，这个修正草案后来是发表出去，再听了各方面的意见做了一点小小的修改。

到了1958年，这个修正草案就在汉语拼音方案委员会里面通过了，后来又成立一个汉语拼音方案审定委员会——这是高一级的委员会，这个审定委员会也通过了。这样才拿出去由全国人民代表大会通过，正式公布。

所以这个方案经过了三年的时间。第一步是1955年的"初稿"；第二步是1956年的"原草案"，有六个新字母的；第三步，也就是1956年的"修正式"，有两个式，第一式和第二式。那么再到1957年，就变成"修正草案"，修正草案没有两个式了，就是一种了。修正草案就把这个"基"、"欺"、"希"三个音——向来是用别的字母来变读的，现在不用变读，用三个独立的字母表示，就是"j"、"q"、"x"。1958年正式定案。其中还有许多比较次要的问题，我就不谈了。

# 推行《汉语拼音方案》

《汉语拼音方案》公布以后呢，就要推广。这个推广工作是从1958年的秋天开始，在小学里，小学生上学先学《汉语拼音方案》，就不学老的注音字母了，这是一个新的变化。但是1958年秋天上学的小学生开始学汉语拼音了，1958年秋天以前的小学生都没有学，后来要补学一点呢，也推广得不普遍。所以从年龄上来讲，在1958年秋天已经满七岁的孩子，后来都懂拼音了，可是在这个年龄以上的人，大多数还不懂拼音，这是一方面。这一方面应当说还是推广得比较顺利，因为小学教科书都准备好把这个拼音放进去。

推广工作后来发生两大问题。一个大问题，就是联合国地名国际标准化会议要求世界各国都提出罗马字拼写的地名标准。这一个机构起初是台湾地区的代表参加的，后来就改了，由中国大陆代表参加。中国大陆代表参加之后，我们就提出要用《汉语拼音方案》做标准。所以1977年地名国际标准化会议就通过了，用《汉语拼音方案》来作为拼写中国地名的国际标准，这是汉语拼音走向国际的第一步。

第二步呢，是ISO国际标准化组织。这个国际标准化组织是一个很大的组织，很早就成立了。世界上第一个大的国际组织是联合国，第二个大组织就是国际标准化组织。这个国际标准化组织中有一个部门，叫 TC46，TC 就是技术委员会，它的研究范围是包括语言文字的。在这个委员会里面，他们要中国提出，中国的标准语用什么样的罗马字母来拼。起初也是由台湾地区代表参加，台湾是主张用威妥玛方案，因为威妥玛方案有许多缺点，没有人赞成。后来中国大陆代表参加了，我们就提出要用《汉语拼音方案》。这个事情是我去办理的，我是 1979 年第一次参加这个 ISO 的会议。后来又在 1980 年、1982 年，参加了三四次，我记不清楚了。这个会议最后在 1982 年通过了以《汉语拼音方案》做拼写汉语的国际标准。这个规模就大了，所有汉语都用《汉语拼音方案》来拼写，包括地名、人名和其他方面，这是一个正式的国际标准。这个地名标准化会议是一个小规模的。这样，1982 年国际标准化组织就使《汉语拼音方案》变成一个国际标准，这是中国语文历史上比较大的一件事情。

ISO 讨论通过《汉语拼音方案》作为拼写汉语的国际标准，关于这件事情我写过一篇文章，名为《汉语拼音方案和国际标准》，还附录了这个国际标准化组织的一个文件。这篇文章发表以后，后来我收进了我的论文集《新语文的建设》这本书里。

关于《汉语拼音方案》，从初稿到原草案，到修正式，到修正草案，到正案，这个经过，我写了一篇文章，叫《拼音字母的产生经过》，这篇文章后来收进我的一个论文集，叫《拼音化问题》。不过，《拼音化问题》这本书现在不容易买到了。

在地名标准化会议通过了以《汉语拼音方案》来拼写中国地名以后，联合国就开始用汉语拼音来拼写汉语。这里面有一个例外，就是台湾地区的地名按照台湾的拼写法——实际上就是威妥玛拼写法，没有用汉语拼音。

联合国秘书处已经用了汉语拼音，可是在中国大陆推广倒发生困难了。因为按照规定，中国地名都要用汉语拼音，比如北京，不写

PEKING，要写 BEIJING。这个改变在中国内地发生了许多问题，外文出版方面、外交部方面开了许多会，后来好像有点勉强接受了。另外一方面，这个人名怎么拼呢？这个人名拼写也要按照《汉语拼音方案》，那么跟原来许多人的拼写法很不一样，原来的拼写法一个人可以有好多种拼写法，也可以自己随便拼，多数都是用威妥玛。这个时候有一个新的变化，就是公安部要管理这个人名，它为什么要管理这个人名呢？第一是人名档案要有标准；第二呢，这个出国的护照上，拼写法不能有很多种。所以它规定，出国的护照上的拼写法一定是标准的，拿什么做标准呢？就拿《新华字典》做标准，《新华字典》上的都是《汉语拼音方案》。这个人名拼写法的标准化由于公安部的需要，就推行得比较顺利。这样，实际上是到了 1982 年以后，中国国内人名、地名才相当普遍地采用了《汉语拼音方案》。

从 1958 年公布了《汉语拼音方案》到现在，快要 40 年了。现在是 1996 年，还有两年就 40 年了。这个《汉语拼音方案》是起了非常重要的作用，现在在电脑上输入拼音就能变成汉字，《汉语拼音方案》是中国文化跟外国文化沟通的中间桥梁，这是一个非常重要的事情。

1983 年，在夏威夷召开"华语现代化"国际会议。中国台湾地区去了五个专家，中国大陆去了六个人，新加坡等其他国家都有代表。我就讲中国文字改革的成就，其中一部分是讲《汉语拼音方案》，特别是《汉语拼音方案》已经得到国际标准承认这件事情，给台湾地区的那些专家留下了很深刻的印象。他们回去以后，花了两三年时间，就把他们原来用的国语罗马字修改了，修改成为"注音符号第二式"，这个"第二式"跟《汉语拼音方案》非常接近。这个方案放弃了字母标调法，用符号标调法，跟《汉语拼音方案》只有很小的一点区别，说明《汉语拼音方案》的影响很大。本来台湾地区是抵制《汉语拼音方案》的，现在不抵制了，现在《汉语拼音方案》

的读物也可以销到台湾去，不过台湾小学里还是教授老的注音符号。

《汉语拼音方案》的制订和推广，这是我做的工作之一，当然不是我一个人做，是许多人做，我不过是其中之一。我在文改会做的其他工作，就是研究汉字、汉字简化和汉字的整理工作。这方面我做了许多研究，我随便讲其中一两件事。一件事情呢，我分析汉字里面的形声字的声旁。汉字大多数都是形声字，而声旁是表音的，现代汉字有7000个字左右，这个声旁还有多少能够表音呢？这是一个很重要的问题。我的研究得到一个结果，声旁还有1/3能够表音。这个形声字当中只有1/3可以依靠声旁表音，但是不能标调，这个调是完全靠不住的。如果你既要表音还要标调，那就不到1/5，所以形声字的表音作用是非常小的。所以我提出，这个汉字学一向是研究传统的汉字，就是汉字的历史上的形、音、意的变化。因此读古书有用处，但对现代应用汉字的作用不大。所以我提出这个汉字学要分出一个分支，叫作"现代汉字学"。现代汉字学要研究现代汉字的问题，主要是要使汉字定量、定形、定音、定序，序就是顺序。我提倡以后呢，有好多个大学，现在陆续都有这个课程。首先是上海师范大学，还有华东师范大学，它们都开了这个课程，北京大学也开了"现代汉字学"的课程，还有其他大学。

还有，我认为这个拼音，单是一个拼音方案不够，因为拼音方案只是规定了音节怎么拼写。语言是以语词做单位的，语词怎么拼写呢，成语怎么拼写呢？诸如此类，有许多问题。这个叫作"正词法"——Orthography，那我研究这个正词法。我在文改会内部，组织一个正词法研究组，后来在国家语言文字工作委员会内部，讨论研究这个问题，研究了好多年，最后定出一个《汉语拼音正词法基本规则草案》。这个"草案"最后发表了，后来又加了一些修改，"草案"两个字就不要了，所以现在有一个《汉语拼音正词法基本规则》，这是很重要的一件事情。但是由于中国的传统习惯，没有词的概念，只有字的概念，所以这个正词法要推广还有许多困难。但是你要使拼音在电脑上转换成汉字，就必须用词做单位。还有许多科技的应用，特别是在国际上的应用，你没有词是不行的。"分词连写"这件事情是一件大事情，是进一步推广汉语拼音的一个工作，这件工作在今天已经开了头了，但是了解的人还不多，还需很大的力量来推广。

今天是 1996 年 6 月底，再有一年，香港就要回归祖国。汉语拼音在台湾没有推广，在香港也没有推广，这是一个问题。普通话在台湾叫作"国语"，几乎已经普及，推广得很好；可是香港没有推广。简化字，台湾没有推广，还不接受；香港也没有推广。不过香港明年回归祖国以后，看样子不用简化字是不行了，还有一年，香港要从英国的一个部分回归为中国的一个部分了，这是一个很大的变化。

我现在再回到从前，补充一下。1958 年，《汉语拼音方案》公布之后，文改会就成立几个小组，到外地去宣传，有的到西北，有的到东北，有的到东南。叶圣陶①和我两个人，成立一个小组，到西南去宣传《汉语拼音方案》。当时西南的交通很不方便，要快去快回，只能坐飞机。1958 年很少有人坐飞机的，北京到上海、北京到广州这种路线才坐飞机。我们坐飞机去西南，路线很奇怪，先到西安，然后坐飞机到成都，再坐飞机到昆明。在西安的时候，我们住在一个很大的宾馆里，没有几个客人，这个宾馆叫"迎泽宾馆"② ——意思是欢迎毛泽东。据说毛泽东没有去过。到了西安之后，天气变坏了。当时中国的飞机，晚上不飞，天气不好不飞，所以很安全。我们在迎泽宾馆等了几天，才有班次。

---

① 叶圣陶（1894—1988），江苏苏州人，作家、教育家、出版家。

② 迎泽宾馆在太原。周有光先生提到的万荣县，便在山西。可能这一时期周有光先生到过山西。

登机的时候，工作人员说，这架飞机要飞成都，因为客人少，飞机太轻的话不能飞，需要搬很多石头放在机舱里，压住飞机，否则飞机就会震动。很有意思，这个情形跟海里的船一样，船舱太空，在海上航行反而会晃动的。工作人员还跟我们讲笑话说，中国有三架飞机就够了，没有几个人坐飞机的。这样我们就坐飞机到成都，然后又从成都到昆明。我们组织当地教育界、知识界人士召开了一些会，说明这个《汉语拼音方案》为什么要这样制订、有什么作用，等等，非常顺利。在昆明时，当地人陪同我们游览了滇池、石窟，还到了一个庙。这个庙当时是昆明的一个旅游景点，非常干净，庙里面和尚都没有了——新中国成立后都被赶去从事生产了。有几个小和尚来给我们敬茶。我们就问一个小和尚："你怎么来做和尚呵？"他说："我是考进来的，考上了能做和尚，这里待遇比在外面的工作要好。"有一个人就跟他开玩笑："那你能娶老婆吗？"他说："当然可以。我们的规定，到了一定年纪之后就可以结婚。"再问："你吃肉吗？"他说："可以吃，在家里面吃，在庙里就不吃了。"我们这才知道，这个和尚都改为工资制的了，相当于做公务员一样。在这个庙里，我们看到了最大的茶花。这一次我们到成都、昆明，接触的都是知识分子的上层，所以没有看到什么不愉快的事情。

　　到西南宣传《汉语拼音方案》的时候，我们当然要到重庆。在重庆，我们住在西山——大概是歌乐山——西边新建的一个大宾馆。宾馆规模很大，但是旅客很少，而且交通很不方便。我们当时就想，交通不方便的地方造那么大的宾馆是一种很大的浪费。所以在重庆，我们看到的是一种新的浪费现象。叶圣陶先生和我两个人，谈起这些事，都觉得不妥当。不过在50年代，从北京的情况来看，整个情况还是向前发展的，大家建设新中国的信心没有动摇。

　　大概在1959年至1960年的时候，北方有好多比较穷苦的县要进行文化革命，这个文化革命最主要的内容就是扫盲。当时提出一种口号，非常有趣："先作文，后读书；先写诗，后作文；先写话，后识字。"据当时报纸的报道，扫盲成绩最好的是山西万荣县。胡愈之在政协组织了一个西北考察团，他要我参加这个考察团。考察团有二三十个人，主要到西北很多地方进行考察，特别是到万荣。一到万荣，大家的确大吃一惊。怎么呢？这个万荣县很小，所有墙壁上都写满了字、诗、文章，等等。后来我才知道，他们缺少纸张，所以就把字写在墙壁上。有的用石灰写字；有的用石灰把墙壁刷白，再用黑的东西写字。墙壁上都是满的，整个县变成了有诗、有文、有画的世界。这倒的确是一个教育方法，一出门就能看到许多文字。当时他们就是用汉语拼音来帮助认字的。

这一次西北考察，还有几件事情给我印象比较深刻。中央去的团体，地方上认为是了不起的事情——"皇帝"家里来人了，要隆重招待。有一次招待是我印象最深刻的，什么县我现在一下子想不起来了。这个县，地主阶级是被打倒了，可是封建遗风还是很明显地保留了下来。县里请我们吃饭，每人一张红纸单子，上面写了五十道菜。啊呀，不得了！后来上菜时，是四道菜一起来的，都是用高脚碟子，真是像古代的"豆"——孔夫子的时候拜祖宗放菜的"豆"。上来四个菜，我们顶多尝了一两个，就拿走了，又来四个，这样仔细一算，不止五十道菜。这样一种豪华的大地主式的生活作风居然还保留了。

后来我还知道了一件事情，更使我心里不舒服。为了让我们汽车队经过某个地方，他们临时将某一段马路进行改造，连夜开工了几天。这个我们事先都不知道，事后才知道的。所以说封建制度真是深入民间、深入民心。都已经到社会主义社会了，这些人还是搞封建一套，听到"中央"两个字就以为了不得了。

当然，在这次考察过程中，我们也确实看到一些西北人想要增进文化的愿望和努力。尽管方法不一定恰当，但他们的确是想办法想要进步。当时我的心情也很激动，回来后还写了一首长诗，叫作《万荣歌》。我在西北看到最有名的建筑、最高的建筑就是宝塔。千年以上的宝塔还保留着，那真是了不起。同时也说明，西北是中国文化的根据地，但生命力已经不强了。中国的东南很发达，西北最不发达。他们只能以古代为骄傲，没有值得骄傲的现代的东西了。后来在"文化大革命"中，要每个人交代自己的罪行，要拿出罪证。那我呢，找得出来的罪证之一，就是吃这顿饭的一张红纸菜单。我一直保留着，那时只好交了出去。后来"文化大革命"结束，又交还给我，现在不知道搞到哪里去了。这也是一件我不容易忘掉的事情。

# 《汉字改革概论》
# 与日本的文字改革运动

　　我从上海调到北京，从搞经济学改行搞语言文字工作。很多人起初对我表示，说这样一改很可惜，因为经济重要。可是改行以后呢，有第一件好的大事情，就是我逃过了"反右"这个浪潮，这是想不到的收获。第二，我到了语言文字这一行，"既来之，则安之"，全力以赴进行研究。以前我听人家说，"英雄到处皆天地"，这个英雄是被别人赶到任何一个地方，他都能做出事情来。当然不一定是英雄，我认为普通人也可以这样子，应当说每一个人，到任何地方，只要你愿意，只要你用功夫去做，都能做出成绩来。这个做人的原则，我认为很重要。"既来之，则安之"，不是说安定下来不做事情，而是说要安定下来积极进行工作，就能够有收获，不论这个收获是大是小。

1958 年的秋天，北京大学中文系的系主任王力①教授，请我到北京大学去开一个课，叫"文字改革"。从 1958 年秋天到 1959 年春天，是半年的课程。后来，隔了一两年，又开过两三次，除北京大学之外，人民大学也请我去开"文字改革"课程。我把在北京大学讲课时油印的讲义加以整理，出了一本书，叫作《汉字改革概论》。这本书是 1961 年第一次出版的。后来又经过几次细小的修改，1964 年出了第二版。第三版是 1979 年出的，在"文化大革命"之后。第二版还有第一次印刷、第二次印刷。台湾也欢迎这本书。台湾有一家尔雅出版社，也把这本书出版了，所以有台湾版。在当时，文字改革是所有知识分子都很关心的一个问题，是毛泽东主席主持、周恩来总理亲自指导的工作。文改会的主任是吴玉章，他在党里的地位是很高的。许多具体工作由胡乔木②负责。胡乔木是毛泽东的秘书，这个人是多才多艺的。这本书出来以后，影响很大。文字改革长期以来是一个群众运动，对这一运动的历史意义、文化意义、语言学与文字学的深入研究一直很缺乏。我尝试把"文字改革"作为一个语言学和文字学的问题来进行研究。这本书的作用是把群众运动与学术研究相结合，因此在当时受到了广泛的重视。

　　这本书出版以后，还有一个小故事。1972 年 6 月，有一位叫村野辰雄③的日本人来拜访我，他是日本一家很大的银行三和银行的总裁。他告诉我，20 年代，他就在日本搞罗马字运动，但当时日本政

<hr>

　　①　王力（1900—1986），字了一，广西博白人。教育家、翻译家、语言学家。1926 年考进清华大学国学研究院，1927 年赴法国巴黎大学留学，研究实验语音学。1932 年回国，历任清华大学、燕京大学、西南联大教授等。1954 年调任北京大学教授。也是《中国大百科全书》总编辑委员会委员。

　　②　胡乔木（1912—1992），中国无产阶级革命家、理论家。

　　③　村野辰雄（？—？），曾任日本三和银行总裁，在日本推动日文罗马字运动和东方新语文运动。

府把这个罗马字运动看成一种共产党的活动，所以日本的警察就去找三和银行的负责人，说你们银行里有一个村野辰雄，他在搞罗马字运动，如果你们能够担保他今后不搞罗马字运动，那么我们就不管。如果他继续搞罗马字运动，那我们要逮捕他。于是三和银行的负责人就找村野，对他讲，你要选择，是不再搞罗马字留在银行继续工作，还是离开银行继续搞罗马字？村野没有办法，就答应银行的负责人，不再搞罗马字了，因为他要工作、要生活。这个村野从一个地位很低的工作人员，做了几十年，到这个时候已是三和银行的总裁。他告诉我，他不久要退休了，退休之后，他承诺的"不搞罗马字运动"这一个约束就不起作用了，所以他退休之后准备全力以赴去搞罗马字运动，因此他这才来拜访我。他说他们在日本搞罗马字运动，跟中国搞文字改革，应当相互沟通。

后来，他退休之后就担任三和银行的顾问。他看过我的《汉字改革概论》，觉得很好。这时候，日本有一个叫"日本罗马字社"的文字改革团体，里面有一位终身从事罗马字运动的教授，叫桔田广国①，他已经花了三年时间，把我的《汉字改革概论》翻译成日文了。村野看了他的译稿，觉得还要加工，他就请了五位大学教授来审定这个译稿。这五位大学教授中有一位与我相熟，叫山田尚勇②。这五个人每个礼拜六下午聚集在村野的一间办公室，一起审定这个译稿，一直审到夜里。这样审定达三年之久。他们审定的时候还拍了照片寄给我。在审稿的过程中，山田先生几次到中国来拜访我，向我请教某些字句的具体意思以及相关史实的背景，非常认真。他们这种认真翻译的精神使我非常感动，也觉得日本人的工作精神是值得我们学习的。这本书的日文版到 1985 年才出版，出版之前他们还请我签署

---

① 桔田广国（？—？），日本罗马字研究方面最重要的学者之一。

② 山田尚勇（1930—2008），日本情报管理学学者，东京大学教授。

一封授权书，同意他们翻译。他们把我的授权书以及我给他们的信都发表在书上。

这件事说明，这个罗马字运动不是中国一个国家的事情，至少是日本和中国两个国家共同的一个文化运动。实际上是日本先搞，中国后搞。几十年之前，我在日本待过。一直到改革开放以后，大概是80年代后期，我才又到日本访问。我住在东京旁边一个新兴的城市新宿。新宿是一个非常热闹的地方，从前很冷清，没有什么人。新宿有一家规模很大的高级百货公司，叫"三越"，恐怕比今天北京最讲究的百货公司还要高档一点。我发现，这家大百货公司的大门上没有方块字，全是罗马字。而且商品包装上的广告也都是罗马字，也没有一个汉字，奇怪得很。我不知道原因，不过这使我明白，这么大的公司都使用罗马字，表明罗马字在日本相当普遍，民众都认识。后来我才了解，现在日本的中学生没有不了解罗马字的。日本人在国际贸易中通常都是用英文，但是日本人跟日本人往来，都用罗马字发电报。罗马字在日本已经取得了法定地位，是一种有法律地位的文字，不仅仅是一个注音。当然使用的人还不是很多，真正普遍用的还是汉字加假名的所谓"混合体"的日文。今天的日文，假名用得多，汉字用得少。一个知识分子一般使用2000个汉字，其他都用假名。但是研究中国文化、日本古代历史的学者，那就要使用7000以上的汉字。

我到日本时，村野给我盛大的欢迎，召开了日本和中国罗马字问题的学术研讨会，日本报纸杂志都登了出来。村野辰雄在一个叫"吉兆饭店"的地方请我吃饭。这个吉兆饭店是一日式饭店，大家当然都是席地而坐，但是它为了外国人方便，垫子弄得高一些。每位客人旁边都有一个女侍者，帮忙调味、取菜、倒酒等。我是不会喝酒的。这家饭店还帮我们拍照留念。陪客中有一位日本教授，和我相熟，我就问他，这顿饭一定很贵，究竟要多少钱呢？这位教授回答说，这个地方是普通人难得来的，想来也订不到座位，因为房间很少，经常被那些做大官的预订好了。我今天来做陪客的，否则也没有机会到这里来吃饭，所以我也不知道这顿饭要花多少钱！

日本人把文字改革问题、罗马化问题当一个大问题，一百多年来一直在研究、一直在实验，取得了一些成就。在这里我附带谈另外一件事。昭和61年——大概是1986年，日本"大修馆书店"与朝日新闻社，联合举办了一个学术广播会。这是一个学术研讨会，他们将与会学者的讲稿通过广播播送出去，这件事情也是给我留下了深刻印象的。

这个大修馆书店是出版辞典的，曾出版过一部《汉和大辞典》。"和"是大和民族，就是日本的意思。《汉和大辞典》是最大的一部日语、汉语的辞典，以汉字为基础。这部辞典在第二次世界大战之前就开始编的，编撰了几十年，到战后才出版。出版之时，日本人宣传说，有了这部书呵，中国的《佩文韵府》就没有用处了。当时它是中文和日文、汉字和语文的最大的辞典。中国没有一部书可以跟它相比。现在中国已经出版了《汉语大辞典》，范围、规模很大，12大本，就可以跟那个《汉和大辞典》相比了，不过《汉语大辞典》只有中文，没有日文。

大修馆书店为了纪念这部辞典的出版若干年，举行这样一个学术广播会，名称叫"汉字文化的历史和将来国际学术演讲会"。会议邀请了很多学者，包括五位最重要的演讲人。每位演讲人各给一小时的时间发言，现场录音再广播出去。这五个人中，有两个是中国人，三个是日本人。此外还有其他的学者，他们发言的时间是半个小时或者15分钟。受邀的两位中国学者，一位是我，一位是李荣①，他是中国社会科学院语言研究所的所长。很有意思，他们邀请的两位中国学者，我是主张文改的，李荣则是反对文改的。受邀的三位日本人学

---

① 李荣（1920—2002），浙江温岭人，音韵学家、方言学家。

者，一位是主张文改的，一位是反对文改的，还有一位是折中派。这样，不同的观点、不同的学术主张可以在同一个研讨会上得到发言的机会，但要求这些发言的人一定要是高水平的。三位日本学者当中，主张文改就是前面提到的山田尚勇，他是东京大学的教授。

后来大修馆书店把我们的演讲稿，编成一本书出版，叫作《汉字的未来》。实际上这是这本书的副标题，大标题按日文的说法，叫"汉字民族的决断"。三位日本学者之中，最重要的一位叫桥本万太郎①，他是日本外国语大学的教授，在日本学术界非常有地位。他在学术演讲中讲到一点，很有意思。他说中国的北方话跟南方话很不一样，北方话的声调也很少，这种变化是如何产生的呢？因为中国的北方长期被少数民族统治，而很多少数民族是属于阿尔泰语系的，满洲、蒙古以及更早的少数民族，都是阿尔泰语系。因此汉字受了阿尔泰语系的影响，才形成中国北方语言今天的许多特点。他有本书专门阐述这个理论。很可惜这个桥本先生后来去世了，他本来跟我也很熟，我们常常通信讨论一些学术问题。

在这次学术演讲会上，还有朝鲜、韩国、越南的几位学者参加。越南的一位教授的中文名字叫阮才谨②。他的名字我是后来看到出版的书才记得，因为越南现在不用汉字了，已经采用罗马字了。大家问他，越南采用罗马字，跟汉字文化脱离了关系，那是不是以后要恢复使用汉字，或者至少在大学中把汉语教育当作一门重要课程呢？他说很难，用了罗马字以后，再要恢复汉字就很难了。至于与中国的关系呢，尽管跟汉字脱离关系了，但跟汉语没有脱离关系，因为汉语对越南语的影响还是照样存在的。

这个学术演讲会的会场放在朝日新闻社的一个礼堂里面，这个礼

① 桥本万太郎（1932—1987），日本汉学家、中国语言学家。

② 阮才谨（？—？），越南语言学家。

堂只有500个座位，想来听的观众要买票，票很贵的。当时500个座位都坐满了，还有人进来听，只得临时添置了一些椅子。事后我才知道，买票来听的观众，其中有些是坐了飞机来的，因为事前报上已经刊登了这个新闻。当然他们本可以在家里通过无线电收听的，但是他们还是愿意坐飞机来现场听，这说明日本青年对学术问题的兴趣是非常大的。

大修馆书店是一家很有钱的出版社，他们招待我们是很隆重的，请我们住在东京宾馆。这家宾馆旁边一个新造的塔楼，设备特别讲究，房间里各样设施在当时日本都是最先进的。它房间里面有一样设施——厕所，非常先进，厕所都是自动化的。

说到厕所自动化这件事情，我想起一件有趣的事情。改革开放以后，全国政协增加了一些新的政协委员，当中有一位叫作郭布罗·润麒①——姓郭布罗，名字叫润麒，有人简单地就叫他姓郭。他是满洲人，是宣统皇帝的舅爷，皇后婉容的弟弟。凑巧政协开会时，郭布罗·润麒跟我住在一个房间，他就给我讲了他在日本所感受的许多事情。有一次开小组会，他发言说中国要实现现代化，厕所也要现代化。他就讲，在日本，国家花钱研究一个课题，怎样改进马桶。这个马桶在日本是一个大事情，因为旧式马桶很浪费水，而新式马桶就不需要多少水了，主要靠抽气把脏东西抽掉，而且新式马桶是没有气味的，所以这个厕所的现代化是现代文明的一个大事情。他发言之后，政协其他的人就不高兴了，说我们全国政协开会要谈大的事情，怎么能谈这样的事情呢？这件事很有趣。其实呢，这个厕所的现代化的确是一个问题。

---

① 郭布罗·润麒（1912—2007），达斡尔族，清朝末代皇后婉容之弟，长期追随溥仪。

# "反右" 运动

前面我提到"反右"。当时我从上海调到北京，从上海复旦大学、上海财经学院调到中国文字改革委员会，就没发生被划为"右派"的事情。"反右"时期，中国文字改革委员会是一个新机构，尽管不是一个重点单位，但是也必须按照比例划百分之几的"右派"，因此划了几个青年，这个事情是很悲惨的。但对我来说，也因此没有受到冲击。

"反右"运动的高潮刚过不久，文改会就取消原来的两个研究室。没有了研究室，对我来讲，是无所谓的，我还轻松一点，但我继续做研究工作。我没有介意这件事，没有意识到这是一个限制知识分子的政策。隔了一段时间，我的同事倪海曙——他跟秘书长叶籁士比较接近——来告诉我，说取消研究室之后，他奉命秘密观察并向领导报告我的行动。他观察之后，发现我对这件事情毫不介意、毫无怨言，于是他就如实上报了。领导就认为我很不错。

从 1956 年我正式调到文改会，到 1966 年"文化大革命"开始的这十年时间，对我个人来讲，是比较平稳的，没有被卷进许多大的运动。其间发生较早的一件事情，就是批判马寅初①"人口论"。在抗日战争之前，马寅初在上海许多大学演讲，讲经济问题，非常受青年欢迎。我没有上过他的课，但我经常听他的演讲，所以他是我的师辈。新中国成立以后，他担任北京大学的校长，我也到了北京，我们之间还有往来。在他担任北大校长之前，他也给我们的经济刊物《经济周报》写文章。因为年纪大了，他写的文章需要别人帮他整理一下，我就帮他整理文章，他与我关系很好。后来北京大学开万人大会批判他的"人口论"，说是自由辩论，实际是万人对付他一个人。说什么"马寅初姓马，马克思也姓马，马尔萨斯也姓马，这三个马，两个马是错的，只有一个马是对的"。当时我接到通知，要我去参加这个批判大会，就感到非常为难。好在我到了文改会，可以借故推托了，我说我现在不搞经济学了，现在搞语言学了，就没有去参加。马寅初受批判之后没有被公开定为"右派"，只是撤掉他的北大校长一职就完了。一直到改革开放的初期，才给马寅初平反。

　　"反右"运动也影响到我好些朋友，其中还有一个是章乃器。在抗日战争之前和抗日战争期间，章乃器是上海公认的左派，可是"反右"时却将他定了"右派"。他被定为"右派"的时候担任粮食部部长，跟我的工作毫无关系。他从粮食部部长的位置下来之后，由沙千里接替做粮食部部长。当时有一些拥护"反右"运动的人附和说："章乃器是'七君子'中的假君子，沙千里是'七君子'中的真君子。去掉一个假君子，来了一个真君子。这就很好。"沙千里这个人的确是好人。但章乃器被划为"右派"，很多人——特别是上海的一些人，心里总觉得这个事情是不妥当的。章乃器被划为"右派"，一直到"文化大革命"结束，后来胡耀邦出来主持工作给"右派"

---

① 马寅初（1882—1982），浙江绍兴人，经济学家、教育家，曾提出"新人口论"。

平反，比较晚的时候才给章乃器平反了。章乃器被划为"右派"，以及他的平反，报上都有消息，很多人都非常关注。

有一天，有个朋友告诉我，他得到消息，章乃器在内部已经要平反了①。他知道章乃器住在北京东郊红庙附近的一个公寓里，但不清楚具体在公寓的几号房间。这个朋友就问我，你们毕竟是老朋友，你能不能去看看他？我答应了。我就去看望章乃器。我找到他所说的公寓楼，打听章乃器的房间，可是整个大楼里的住户没有一个人听说过章乃器，更不知道他住在哪个楼哪个房间。可能我去的时候是上班时间，大楼里没有几个人。于是我就挨家挨户地敲门问，一直问到这个公寓顶层的八楼。居然问到了章乃器门口！他开门出来，我都认不出他了。他也认不出我了，待了一会儿了，才互相认出来。当时他家里有一个青年陪着他。他家就一个大房间，旁边有个厕所。他的房间里很是狼狈，一张很大的床，旁边只有一个旧的沙发，有点坏了，沙发上面乱七八糟放了衣服，他把衣服拿掉，我们两个人就坐了谈了一会儿。很奇怪，外面传出他已经在内部平反了，他还不知道。我就跟他谈了大概半个钟头，问候问候他，我就走了。

章乃器的前妻胡子婴，当时是商业部副部长，她非常关心章乃器的情况。我跟胡子婴经常往来，就想把这件事也告诉她。我就写了一封信，把我看望章乃器的详细经过说了一下，寄给胡子婴，但是胡子婴没有收到。这件事情很奇怪。后来有人告诉我，胡子婴住在一个大院里面，都是副部长级住的，当时荣毅仁②也住在那里面。那是一个很大的院子，里面好多小洋房。

---

① 章乃器 1974 年被摘掉"右派"帽子，1982 年被"改正"。1977 年病故。周有光去看章乃器可能在 1974 年他被摘帽之前。

② 荣毅仁（1916—2005），江苏无锡人，企业家，曾任中华人民共和国副主席。

# "文改会"大院的变迁
# 北京的风沙与大雨

　　我初到文改会时，就在驸马府办公。这个地方非常漂亮，是原北京大学的中心，当中有一个很大的广场，有草地、龙爪槐，中心有一个池子，里面种着荷花、睡莲。这个荷花是复瓣荷花，我从前没有见过，它一朵荷花芯里又开出一朵荷花，好像有两朵荷花叠在一起。四周全是丁香花，有紫丁香、白丁香，春天是一片香味。这个花草树木收拾得好极了。可惜这样一个美丽的大院子，逐步地被破坏，到后来什么都没有了，只能被改造成简陋的公寓房子。这个京师大学堂大院的变化，就反映了这40年的变化。

　　第一次明显的变化是1957年或1958年，当时下命令，不许种花养鸟。这个京师大学堂的老院子里，没有养鸟的问题，只有种花的问题。院里有三个老北大的花匠师傅，年纪很老了，他们对收拾花木非常有经验、非常认真。我空闲下来看看树，散散步，跟他们聊聊天。忽然他们接到命令，说不许他们在北京工作了，要他们回到家乡去种田。他们很难过，说我们是种花木的，不会种田，可是非回去不可。他们一走呵，一年工夫这个树就不像样子了。我才明白树也要人保护、要人调养，就像小孩子一样要受教育，没有受教育的孩子不能成人。没有花匠，花木就不成样子了。

这个大院里面还有几个重要的变化。一个变化是军队突然进驻大院。一驻军，军队要操练，可这个地方场地有限，都是草地、池子，不方便操练。于是就把一个非常美的池子填掉了，把大部分草地也弄掉了，整个院子弄成一个练兵的大操场。还有一次，是奉命"深挖洞"。在这个大院中心的小广场，挖了很深很深的洞，在里面建了房间，还有自来水的储备和电话间，说这是为了备战，如果原子弹打下来，躲在下面的人可以维持两个月。在建好还未封顶的时候，我们都下去参观，当时大家都说，绝不敢在打仗的时候跑进去，这是死路一条。后来盖了土了，不久大家逐渐忘记这件事情，也不知道地下有这些东西了。

再后来有一次，大院里搬来了很多别的住户。这个院子原本住户很少的，后来就住了非常多的人。这些人家没有地方烧饭，就在房子外搭建了很多简易房间来烧饭，一进大院就看见许多烧饭的小房间。这样子一个公主第变成了贫民窟。哎呀，样子真难看。最后大门也被拆掉了，一对石狮子也被搬走了——两个大石狮子是非常有名的，据说被搬到陶然亭了。原来的房子都被拆光了，拆了之后建一种新式的简陋住房，设计也不好，又矮又小。再后来呢，文字改革委员会就搬出来了，只留了一点宿舍。这个大院就变成今天的人民教育出版社。人民教育出版社以前出版全国的教科书，现在只出版华北地区的教科书，上海、华南等省区的教材由各省区自己组织编写、出版。从这个公主第的沧桑历史，可以看到，这40年来，中国优秀的传统文化被彻底破坏，而建造起来的是简陋的、不像样的西洋文化。这一点在建筑上是明显可以看出来的。

1955年10月我到北京来开会，当时就住在这里。当时因为调动手续还没有办完，我自己还想回到上海去，不大想留在北京。不想留在北京有两个理由：一是觉得语言学、文字学我毕竟是外行；第二呢，北京当时风沙大得不得了。上海虽然也并不干净，但是下雨的时候比较多，地上是黏土，不容易有风沙。北方是沙土，有风沙。当时的北京脏得不得了，垃圾就堆在马路边上，一阵风来呵，垃圾里的手纸、脏纸片能吹到人的脸上来。

我青年时期读书，读到"春风风人，夏雨雨人"，觉得这是多美丽的生活呵！到了北京才知道，完全不是那么回事。"春风风人"，北京的春风就吹得满天黄沙、满天脏纸，几阵风就把一个春天吹掉了。北京的春天只有一个半月，短得很，还没有看见春天，春天就过去了。"夏雨雨人"呢，是惊人的。一年之中很少下雨，到了雨季——不一定在夏季，有的时候在夏秋之交，这个雨在一个月中大量下来。我在北京起初几年就遇到大雨，雨大到什么程度呢？这个雨不是一滴一滴下来的，是一桶一桶浇下来的，真是惊人。有一次下大雨，在这个京师大学堂的大院里，水已经深到我的腰，我从住处无法走到饭厅里去吃饭。后来有一个男工好心，背着我去吃饭，吃完了饭又把我背回来。积水那么深，一个原因就是下水道不好。北京后来改进了下水道，雨水容易排泄，积水就不会那么深了。公主第这条路，原来叫"马神庙"，后来改名"景山东街"，现在又改名"沙滩后街"。那个时候有两个景山东街，一个在景山旁边，是南北向的。我们这个是小景山东街，是东西向的。两条街同一个名称，老搞不清楚。有一次下大雨，积水很深，有人走这条路居然淹死在水里，到这样一个程度！那时候大景山东街是很冷清，没有多少人家，没有多少人往来，今天是很热闹的地方了。

# 张允和的工作经历

解放初期我在上海的时候，我老婆张允和在光华中学教书。光华中学在当时上海的中学中是最有名的一个学校。她教中学历史。当时认为，中国的历史教科书上写的都是旧观点，是封建主义或资产阶级的观点，都不能用了，要用新的。于是拿范文澜①的历史书为基础，改编成中学的中国历史教科书，还在《人民日报》上公开征求意见。因为这个历史课很重要。张允和教课时，就用这个历史教科书，这是规定必须用的。她在教学时发现了这本书有很多错误和问题，于是就写了很多意见。这些意见都被送到人民教育出版社。后来《人民日报》刊登的征集到的各地意见中，其中有很大篇幅都是张允和的意见。

这样一来呢，人民教育出版社的中国历史编辑室就希望张允和到北京来工作。有一次，张允和正好到北京来处理别的事情，他们就把张允和留下来，参加中国历史教科书的编辑工作。人民教育出版社的

---

① 范文澜（1893—1969），浙江绍兴人，历史学家，新中国成立后，任中国史学会副会长。

社长是叶圣陶。他是张允和的父亲原来在苏州乐益女中的教员，所以跟张允和很熟。叶圣陶也表示欢迎她到人民教育出版社工作。张允和那时候革命情绪很高涨，很快就答应了。当时我还在上海，还不知道会调到北京来。张允和到北京不久呢，就碰上"三反五反"运动。"三反五反"运动就把张允和作为一只"大老虎"，要她交代所谓"反革命"的事情。她没有政治运动的经验，只能交代祖上做清朝大官是反动的，她自己没有什么反动的事情好交代。可是一定要交代自己的反动事情，张允和也不知道该怎么交代。她没有经验，又是一个人在北京，这一来就搞得她生病了，病得很厉害。领导只能让她回上海养病。她回到上海对我说，照这种情形，再也不去北京了。结果呢，运动结束以后，证明她什么事情也没有，她就不回单位了，后来她是长期请假养病。

那时，人民教育出版社还不在沙滩的公主第里，是在东总布胡同的一个旧房子里面。人民教育出版社搬进来之后，这个公主第里就有了两个单位：一个是人民教育出版社，一个是文字改革委员会了。1956年我工作调动的手续都办好了，我就把家庭搬到了北京。张允和一进这个大门，就非常非常不高兴。这个大门她没有见过，但是这里有人民教育出版社的老人——特别是看门的几个人，她是很熟悉的。她一看到这个门卫是人民教育出版社的，看到人民教育出版社的招牌，就立刻要回上海。人民教育出版社让她交代无中生有的问题，给她的刺激太大了。后来大家都劝她，她才勉强留下，情绪非常低落。文改会很照顾我，就对我说，你的夫人张允和要找工作，我们可以负责，她愿意来文改会工作也可以，不愿意在文改会，要发挥她的才能，到文化部去也可以，随她选择。我跟张允和商量以后，还是决定算了。因为我们还是老的思想，认为男人出去工作，负责家庭经济，女人负责家务工作，从前都是这样的，中国、外国都是这样。认为女的接受高等教育，不是为了找工作的。所以张允和就没有继续工作。

那时俞平伯①在北京，与其他几个人组织民间的昆曲研究机构，叫作"昆曲研习社"。这个昆曲研习社成立之前，组织了一个筹备的机构，当中有丁西林——当时是文化部副部长，有俞平伯，还请了张允和和我参加。后来这个昆曲研习社由俞平伯担任社长。这是一个业余工作，张允和就参加这个工作，是这个委员会的委员之一。她很热心做这个工作，做研究，也演出；还做记录，编这个社的社讯。有昆曲唱呢，她的情绪慢慢地就好起来了，而且昆曲是可以锻炼身体的，对她的健康有好处。她不外出参加工作的这个决定，救了她，否则像她这样脆弱的性格，她是受不了以后不断的运动的，因为很多运动都是无中生有的。

---

① 俞平伯（1900—1990），浙江德清人，诗人、作家、红学家。

# 从"打麻雀"到"大炼钢铁"

　　1949 年后的运动是一个接一个。我到北京后，遇到的第一个运动大概就是"打麻雀"。"打麻雀"变成一个全国性的大运动，我们都奉命不办公，那几天就专门打麻雀。大家在屋上、树上、地上放了许多毒药，麻雀一吃就死了。特别在晚上敲锣打鼓，闹这个麻雀，闹得麻雀不得安定。麻雀飞来飞去，飞得累得不得了，又没有东西吃，就累死了。我那时住在这个公主第文改会大院里。民国元年（1912），原来的北京大学聘请了一位德国专家——可能是物理学家或化学家，就造了一幢小洋房给他住。这个房子很小，只有五六间吧。新中国成立后呢，这个小洋房已经破烂不堪了，于是稍稍收拾一下，从当中隔开，一半给我住，一半给叶籁士住——他是文改会的秘书长。这算是对我的优待。从我的窗子看出去，有一棵树，树不大，可是很优美。这棵树上经常有一种小青鸟，像树叶子那样，很好玩，叫起来的声音也是很优雅的。每天清早我起床就在窗子前面看这个小青鸟。打麻雀时把这种小青鸟也都搞死了，从此再也没看见过这种小青鸟，而这棵树也慢慢地枯萎下去，后来就死掉了。

　　不久又搞一个运动，叫"大炼钢铁"运动。这个"大炼钢铁"

运动，要我们文字改革委员会停下办公，炼钢铁。还把家里所有的铁条、钥匙、铁窗都卸下来，去炼钢。这是一件很可笑的事情。大黑板报上天天登，哪些人去了，哪些人没去。不去的要被批评，去的人会被表扬。那我只好去了，张允和也去了。他们特别表扬张允和，因为她是家属，而且是家属当中唯一受过高等教育的。"大炼钢铁"这件事，对中国的损害非常大。后来我因公出差，经常坐夜班火车从北京到天津到上海。我在火车上看见，一路都是"大炼钢铁"的小小的火营，一个火营接了一个火营，半夜里烧得很亮。这个"大炼钢铁"破坏了很多东西，这还不是主要的损失，主要的损失是把铁路沿线的树林都砍光了，而钢却没有炼出来。后来我才知道，铁路沿线的树林是奉命烧掉的。那个时候树林是公家的，可以随便烧的，长江两岸的树林也照样砍、照样烧。因为属于公家，也等于说没有主人，公家的树谁都能砍。最可惜的是长江两岸的树林，被破坏得非常厉害。隔了几年之后，我坐火车经过这条路，还能看到一大堆一大堆的"钢"。有人讲笑话说，这个"钢"不是钢，它原来可能是钢，但已经炼成铁了，是"炼钢成铁"。

据说这件事情是毛主席亲自下命令的。理由是这样的：中国要强大，就得要有军火，要有军火就是要有钢，而中国的钢太少。但是有一个办法，中国人多，一个人炼几斤钢，整个钢产量就可以超过美国。因为根据美国的统计数据，美国是平均每个人有多少钢。我们人多，大家来炼钢。因为在延安就是靠大家都来纺织就解决了穿衣服的问题，这个经验是很值得借鉴的。那么炼钢可以用同样的办法，一个人炼几斤钢，我们的钢产量就超过美国了。可是这一次不灵了，这个简单的算学不灵了，这个损失是不能估计的。当时的口号叫作"赶英超美"，"赶英"就是我们的钢产量要超过英国，主要是想"超美"。于是英国人就讲笑话说，中国要"赶英"当然是可以的，因为中国人多嘛，可是人均数还是少的。

# 人民公社化与粮荒

　　1949 年后有"镇压反革命"运动、"增产节约"运动、"三反五反"运动、"打麻雀运动"、"大炼钢铁"运动、"反右"运动……有不断的运动。其中影响最大的是"人民公社化"运动。这个"人民公社化"，就是把农民的小农意识、小农生产改变为集体农庄——我们是叫"人民公社"。起初，土改把地主的田地分配给每个农民，每个农民都拿到一小块土地。现在呢，土地都要归公，农民像军队一样被组织起来，清早排队去种田，晚上排队收工。这是实行斯大林主义的两条最重要的经济政策：一条是农业集体化；另一条是社会主义工业化。

　　农民是很保守的，是不愿意集体化的。他能拿到的一块土地就是他的宝贝，再叫他交出去，他肯定不愿意。那怎么办呢？南方我不清楚，北方是这样做的：让青年组织一队一队的革命队伍，叫作"戳锅队"。"戳锅队"是一队农民，有的前面还有锣鼓，到一个农家，就问老大爷，你参不参加人民公社？这个老大爷说，我还要考虑考虑呢。好，你考虑吧。他们拿很大的木棍子，走近他那个大锅子，一打，戳一个洞。这个洞一戳，对北方农民来说，可是一件大事。这个锅子是农民每天烧饭用的，锅子有了洞，就不能烧饭吃了，而且农民在冬天也是靠这个锅子取暖的。锅子下有一个火垅、一个火道，火道经过炕的下面。以前的北京人——特别是农民，是没有炉子的，是烧饭的同时把炕烧暖了，大多数活计都是在这个暖炕上做的。这个"戳锅队"把锅子打破了——当时这个锅子是买不到的，没有饭吃了，房子冷了，人也冻死了，一家一家就这样被毁掉了。没有饭吃怎么办呢？你就必须参加人民公社，到很远一个食堂去吃饭。起初去吃饭不要钱，一天吃两顿，清早走十多里路去吃饭，吃完饭回来工作，到下午四五点钟再走十几里路去吃饭。起初的确有饭吃，窝窝头有的是，很快没有了，只能吃稀饭了。用窝窝头煮的稀饭，那就受不了了。很快，连窝窝头稀饭也没有了，弄一些树根之类东西放在一起煮，所以许多农民就饿死了。

这个情况我没有亲眼看见，但是我间接知道的消息不少。有一次，我和三位同事到北京东边的通县去工作。中午我们就到一个小饭店去吃饭。店伙计说，我们这里只有面条，没有米饭，什么菜都没有。那我们说，就吃面条。可是没有酱油，那我们说就不要酱油。没有菜也没有关系，有盐，可以在白煮的面条里放点盐。我们坐下来就吃，一人一碗面条。面条端上来了，不得了，后面来了许多人，把我们包围了。干什么呢？就等着吃我们吃剩下来的面条。一看这个情况，我就跟同事讲，我们反正回去还可以吃，少吃一顿也没有关系，我们就让他们吃吧。我们四个人就站起来。一站起来，他们很多人就抢这个面条，打起来了。哎呀，这件事使我们惊心动魄。

由于人民公社化，农业收成减少，粮食越来越紧张。陈毅副总理在全国政协开会，跟大家说，现在是三个人的饭五个人吃，希望大家能够顺利渡过这个难关。的确，粮食、蔬菜，什么都越来越紧张。我的家里，能买到让大家吃饱肚子的东西已经不太可能了。但是呢，我是全国政协委员，全国政协有一个俱乐部，政协委员可以去吃饭，而且可以带夫人一起去。那我就带张允和同去吃饭，每天去吃一顿。这样节省家里的伙食，其他人就够吃了。吃的这一顿饭很有意思。有中餐、有西餐，我们看看呢还是觉得西餐比较合适，我们就一人叫了一客西餐。我记得是八块钱一客，那个时候北京大学的学生每月的伙食是八块钱，而我们去吃一客西餐也是八块钱，当然很贵了。我跟张允和的饭量很小的，可是一客西餐吃不饱，因为一片肉实在太薄，他们叫它"风吹片"——风一吹就会被吹掉的。我们没有办法，只能再叫一客。那里倒是让我们吃第二客，所以我们一人吃两客西餐，勉强吃饱。每次去吃这个西餐的时候呢，都能碰见溥仪①——就是宣统皇帝，与他的新夫人也在那里吃饭，常常坐在我们旁边。还有一个当时很有名的大学问家，叫溥雪斋②，也在那面吃饭，后来溥雪斋在"文化大革命"当中下落不明了。

有人问我，你们怎么会粮食不够吃呢？你是全国政协委员，你们有特别供应的。我说我没有，我不知道有特别供应。那人说，不会没有的。后来我才发现我的抽屉里有一个折子，像一本小书一样，这个折子有一个号码，上面没什么字。那人说，这个就是特别供应的本子，你凭这个本子到朝内市场，由后门上楼，那个地方有特别供应。于是，我就拿了这个本子到那个地方去。啊，真有。服务员核对了一下我本子上的号码，没问题。这个本子上只有一个号码，连姓名都没有，而他那个底子上都有。在那里可以买到肉、白糖、鸡蛋，还有香烟，都是定量的。香烟是一个大事情，最紧缺了。我不抽烟，但我的朋友倪海曙抽烟抽得厉害。他从早到晚，烟不停的，饭可以不吃，烟不能不抽的。这样我每次买了烟回来就送给他，救了他这个"烟荒"。

---

① 溥仪（1906—1967），清代末代皇帝。1934 年称"满洲帝国皇帝"。1945 年日本投降后，被苏联红军俘获。1950 年 8 月被移交中国。1959 年获特赦释放。1961 年后任全国政协文史资料研究委员会专员、全国政协委员。

② 溥雪斋（1893—1966），本名爱新觉罗·溥伒，画家、琴师。

# 饥饿的时代

　　我们家有过一个老保姆，叫谢阿姨，安徽人，人非常好，在我们家很多年了。她的丈夫就是在人民公社化运动的时候饿死的。后来我才知道安徽饿死了很多人。

　　有一个《人民日报》的新闻记者，他奉命到甘肃去调查人民公社化的情况。他在甘肃看到山上有死人，而且都是冻死的，衣服给扒光了。这些死者都弯着腰，可能是在掘树根，树根还没有掘到，人就冻死了。到北京后，他说我不敢报告，报告了我就没有命了，可是假话我也不愿意讲，那么我准备请假回家去养病。

　　后来我从不同的角度不断地听到，这个人民公社化运动饿死的人非常多。这个时期中国饿死的人，在中国历史上还没有这么多，这是一次大灾难！饿死的主要是农民，所以这是农业生产上的一个巨大破坏，这种破坏是非常大的。当时宣传说，人民公社化以后，农业生产是突飞猛进了，所以大家都唱《人民公社好》的歌。

　　隔了几年，有一次，我同许潜庵①——他是新中国成立前北宁铁路的总工程师——同去长城游玩。他说他陪着我去才有意思，因为

―――――――――――――

　　①　许潜庵（1888—1976），铁路工程师，昆曲爱好者和研究者。

长城每一段的情况他都了解。怎么去的呢？搭乘一个小火车到长城的一个点，这个地方有一个纪念堂，是纪念詹天佑①的，詹天佑是中国铁路事业的先驱。我们游玩长城回来，还是坐这个小火车，这个小火车很慢。回来时是夜里很晚了，我们累了，就坐着不声不响。坐在我们旁边的是几个从大同煤矿回来的工人，他们在聊天。我们静静地听他们聊天，越听越使我们无法睡着了，本来我们都想睡了。

这几个煤矿工人都是安徽人，到大同去开煤矿的。一个人问另一个人："你那个时候怎么没有饿死呢？"另一个人说："我是厨师，每天做了吃的东西都存一点，放在盒子里，挖一个地洞，埋放在地洞里。半夜里，我叫我们领导起来，跟我一同吃。领导吃，我也吃，所以我没有饿死。"

火车开得很慢，一路上他们净是讲安徽农村发生的惨剧。越是壮年越容易饿死，因为壮年需要的营养更多。我家的谢阿姨，丈夫是饿死的，她的女儿也是饿死的。女儿饿死另外有一段悲惨的故事。这样的悲惨故事讲不完，他们相互讲这些故事，我们亲耳听了，这些都是他们亲身经历的故事。我们一路上就听着，一直到了北京我们下车。这个经历是我永远不会忘记的。

---

① 詹天佑（1861—1919），祖籍徽州婺源，生于广东南海，铁路总工程师，主持修建中国自建的第一条铁路——京张铁路。

# 人民公社制度与现代经济

  人民公社制度，一直维持到"文化大革命"结束之后。赵紫阳出来做四川省的省委书记，才在四川改革，后来就不声不响在全国实际上结束了人民公社。所以当时有一个民谣，叫"要吃米，找万里；要吃粮，找紫阳"，意思就是赵紫阳来了，我们有饭吃了。这个话是符合事实的，如果不结束人民公社这个制度，今天中国是没有饭吃的，那问题就很严重。

  在人民公社运动高潮的时候，有苏联专家对中国说，你们不要搞人民公社，你们的人民公社就是我们从前搞的农业公社，我们搞农业公社失败了，你们也不要再搞了。一直到苏联解体之后，我才在外国杂志上看到详细的记载：苏联在农业公社的时候，死了很多人。死人最多的地方是乌克兰。乌克兰是一个小国家，死了 700 万人。所以今天乌克兰跟俄罗斯的关系不好，这是一个很重要的原因。苏联后来也不搞农业公社了，就改为集体农庄——也是集体化，但是跟农业公社的办法又不一样。据说，俄罗斯在"十月革命"之前，是一个农业大国，有大量的羊肉出口，粮食也有富余——特别是乌克兰。可是在农业公社化以后，苏联就变成一个粮食一直很紧张的国家。第二次世界大战以后，许多东欧国家也由共产党或者是工人党接管政权，据报上文章讲，接管政权之后，这些国家的工业化是跟了苏联走的，但它们不搞农业集体化，农业没有跟苏联走。这些事情当初我们不了解，后来看了许多材料才知道。

1949 年以后的"反右"运动是反所谓"资产阶级知识分子"。人民公社事实上是针对农民的，农民是中国人口最多的，这个影响非常大。当时，北京市政府特别宣传徐水——徐水是一个小县，说徐水实行人民公社化之后，几天工夫就天翻地覆，变成一个新的世界，了不起。于是要我们去参观，我是全国政协委员，不能不去看。第一次去参观，就说农业怎么好、生活怎么好、文化很快就发展了，在徐水乡下有图书馆。我们去看这个图书馆，是一个大房间，很深，采光坏极了，里面暗洞洞的，根本没法看书，里面一共也就是几十本书。我们只看到里面有十来个孩子在那里看书。回来之后，报上就宣传，说徐水怎么怎么好。隔了不到一个月，让我们再去参观，说现在徐水又有意想不到的新发展。那我说我有工作要做，没有时间，不愿意再去了。人家劝我去，说现在一天等于二十年，一个月那是天翻地覆的变化，你要去看。我坚决不去看，因为我的确有工作要做，没有功夫。从北京来看，"反右"运动虽然影响到大量的知识分子，不过对工人阶级、对农民阶级都没有影响，人民公社却是影响面太大了。

人民公社的失败，不是偶然的，而是必然的。从社会发展史来看，更是明白。封建社会分为三个阶段：第一阶段的主要特征是劳役地租，第二个阶段的主要特征是实物地租，第三个阶段的主要特征是货币地租。新中国成立后农民自己种田，可是要交公粮，公粮是实物，这是实物地租的方式。人民公社是用军队的方式来组织劳动，这是劳役地租的方式。从实物地租改为劳役地租，这是历史的倒退，倒退必然失败。解放区一向实行供给制，没有工资，按人口分配粮食，其他生活必需品也是按人口分配的。这种供给制实际是属于劳役地租的性质。1949 年后，逐步废除这种供给制，而改为工资制。可是工资制基本是学苏联，基本上没有多劳多得这个原则，提倡不要钱，提倡义务劳动，实际上是反对多劳多得。这个办法不能调动人的积极性，不能增加生产，不能发展社会。

斯大林的思想基本也是一样的。斯大林认为，国际贸易有两个国际市场：一个国际市场是资本主义的，是货币的交易；另外一个国际市场是社会主义的，是实物的交易，以物易物——英文叫"Barter System"①。这种以物易物的国际贸易是不能发展贸易、发展经济、刺激生产的，这在经济发展上是一个很大的缺陷。所以有些社会主义国家比较穷，国民经济得不到发展，这是很重要的一个原因。

从农业来讲，大多数中国地方在新中国成立前都已经实行货币地租了。新中国成立后废除了货币地租，改为交公粮形式的实物地租，这就使农民更加穷困。而且，1949 年前，中国许多大城市的银行已经采用了支票支付这样一个新的方式。

货币的发展是从实物到金银。金银作为货币在古代的小说中常见的，比如《十五贯》这个戏，那个时候的货币是银块。后来是银元、金元，进一步就是可以随时兑现的钞票，再进一步就变成了管理通货。这个钞票付来付去是很不方便，所以用支票就方便多了。后来抗日战争爆发了，日本人侵略中国，客观上是封锁了中国，使我们的货币制度无法发展，而国外此时已经从支票制度发展到信用卡制度了。我们到最近才开始尝试采用信用卡，还不是很普遍。现在英国又前进了一步，开始出现"电子货币"，比信用卡还要先进。货币起初是从实物逐步变成一张纸，不使用金银了；采用信用卡则连一张纸也不需要了；"电子货币"则完全是一个符号，连信用卡都不需要了。是这

---

① "两个国际市场"是布哈林的观点。

么一个发展过程。[1]

今天是 1996 年 7 月 4 日。前段时间听说，有强盗抢了北京一家银行，抢去一两百万现钞，打死了人。他趁银行现钞进出的时候，来实施抢劫。[2] 这是因为我们停留在钞票时期，而银行内部没有转账制度，给强盗提供了抢劫的机会。所以，使用钞票在中国是非常浪费的。在经济发达的国家，钞票的进出、支付，数量很小的，绝大部分都是由信用卡来转账。从新中国成立前个人可以用支票，而到现在个人不能用支票，这是一个倒退。这个倒退反映经济的不发达。

有人说，1949 年后，中国就没有银行了，只有账房。账房老板下张条子就可以支取钱款的。银行有一定条件才能借钱，不能随便支款的。银行制度不建立，账房制度不废除，经济要发展是困难的。打倒"四人帮"之后，在北京举行了一次金融学会议，有人提出，我们的银行要改革制度，要使银行有相对独立性，这个建议是非常正确的。但是呢，我听说有人反对——是一位很重要的人物，他说：那就新鲜了，银行还要独立呢！这说明他完全不了解金融问题。会计制度非常原始，银行制度没有建立，银行之间不能转账，这个分行到那个分行一定要钞票搬来搬去。诸如此类的落后状态，必须改革，可是今天仍有许多困难。

据说，波尔布特[3]实行彻底的废除货币的制度。不仅没有货币，没有交易，甚至连银行也不要，邮局也不要。这是经济制度的倒退，实际上不符合马克思主义思想的。马克思主义讲，社会是发展的，社

---

① 电子货币是指以数码记账的方式代替使用现金交易的货币系统。信用卡是一种非现金交易付款的方式，是简单的信贷服务。两者在概念上有所不同。

② 1996 年 2 月 8 日，工商银行北京泔水桥分理处（亚运村附近）的运钞车被鹿宪洲等人劫走人民币 102 万元。鹿宪洲于同年 8 月归案。

③ 波尔布特（Pol Pot，1928—1998），柬埔寨红色高棉领导人。

会的发展必然要跟随经济制度的发展。经济制度不能发展，那么社会怎么能发展呢？因为经济制度是社会的基础，这一点马克思讲得非常清楚的。

在一些国家的银行里面，由于许多工厂亏本，借了钱付工资，永远无法还的。这种情况在某些国家特别严重，是不符合银行原则的。近年来，改革开放，要吸引外资，在社会科学中已经有了研究国际贸易的经济学，有了研究工业经济的经济学，等等，但是还缺少一门宏观经济学。我认为，这是符合进一步改革开放的要求的。经济学是一门科学，任何科学都必须有它的客观性，经济学也无法例外。经济学规律的客观存在，是不以人的意志为左右的。

我家有一位小保姆，她是四川梁平县人，到我家已经三年了。她告诉我，她父母和她姐妹四个人住在一起，每一个人分到一亩地。这四亩地呢，种稻子一年大概可以生产 3500 斤，可是公粮得交 1200斤，相当于每亩地要交 300 斤。秋冬季可以种小麦，产量很低，大概只有 500 斤，但是小麦的公粮要交 600 斤，因此只能另外搞钱去买点小麦，才能去交公粮。此外，他们那里规定春天要种油菜，但他们这个土地不好，种油菜一定会亏本，因此他们不肯种油菜。但是油菜的公粮 60 斤，必须得交，他们也只能拿钱另外去买油菜上交。这个油菜的籽是可以榨油的。所以实际上一亩地，稻子、小麦、油菜一共要上交赋税 465 斤，可是通常做法，是一亩地交 400 斤公粮。这当然仅仅是一个例子，各地情况不完全相同，但这是很有代表性的。不用说，公粮是完全交给公家，但公家不给你钱的，这是农民上缴国家的赋税的一种形式。此外如果有多余的粮食卖给国家呢，才可以拿到钱。她们也没有多余的粮食，所以除掉交公粮，没有粮食卖给国家。

交公粮，这是新中国成立之后实行社会主义后的一件根本性的大事情。从上世纪 50 年代到现在——今天是 1996 年，在将近 50 年当中，这个制度基本上没有改变。这个制度保证了全国有饭吃——当然粮食不够时还要向外国买，那是另外一回事。过了50年，就看出这个制度有问题来了。问题在什么地方呢？粮食以及其他农作物，交给国家或者卖给国家，价格很少上涨，基本上是稳定的。但工业产品，从上世纪50年代到90年代，涨了很多倍。比如说吧，城市居民穿的衣服、用的家具，甚至水电等一切生活的必需品，都涨了好多倍。农产品的价格基本上是稳定的，而工业产品的价格是不断上涨——特别是农业用的化学肥料不断上涨，就形成一个不利于农民的"剪刀差"。废除人民公社以后，以及未实行人民公社以前，问题是一样的。由于农产品的价格上涨很少，而农民所需要的生产资料和生活用品的价格上涨比较快，农民阶层就贫困化了，这是一个大问题。在一个发展正常的社会里，应当工业产品的价钱不断下降，农产品的价钱不断上涨，或者是农产品的价格上涨快，这样，农民的生活才能逐步改善。农产品——特别是粮食价格上涨了，城市居民的生活会不会发生困难？会的。但是，由于城市主要是搞工业、商业，居民的收入上涨得非常快。所以在一个正常发展的社会里，城市生活者——就是拿工资、薪金的人，他们所花在粮食上的费用，百分比是越来越小的。这样，这个社会才是正常发展的。所以整个来讲，工业产品的价格下降，农业产品的价格上涨，这个"剪刀差"才是正常的。相反，那就叫"反剪刀差"。"反剪刀差"于农民不利，特别是对社会发展不利，中国的问题就发生在这里。

周恩来总理在的时候，提出"四个现代化"，其中一个现代化是农业现代化。我们只要坐火车看看田里耕种的方法，你就知道，基本上跟两千年前差不多，改变得很少，特别是农民今天还是跟土地连在一起。但是人口不断增加，增加的人口就外流。这个局面离农业现代化的距离太远了。这不是落后的资本主义走上现代化，而是落后的封建主义走上现代化，这个问题是非常大的。今天，改革开放取得了许多成就，但农业的现代化——特别是农业生产制度的现代化，还没有解决。这是一个大问题，必须研究，是不能回避也无法回避的，否则越来越严重。

1949 年冬天，全国解放，一片欢腾。特别是青年人，觉得前途光明。不仅中国青年欢欣鼓舞，许多亚洲国家也觉得中国起来了，他们也有前途了，也都欢欣鼓舞。在上世纪 50 年代的大部分时期，整体情况还是不错。"反右"当然是一个很大的错误，但是它的影响在当时不算很大——因为它只影响了社会上的一部分人，没有影响工业，也没有影响农业。当然，"反右"就是反知识，它的长期的影响难以估计，中国落后的现状得不到改变，这是很重要的一个原因。"反右"在当时对国家直接影响不是很大，对国家影响最大的是人民公社，人民公社一搞，农民贫困化现象严重，粮食产量大幅下降，人民没有饭吃，整个情况就改变了。

我们住在北京，可以很明显地感受到这种社会的变化。北京是一个文明古都，是礼仪之邦，旧时商店的买卖道德非常好，待客也非常礼貌。可是，这个时候所有好的东西都销声匿迹，因为这时实行紧缩商业的政策。比如说，我上世纪 50 年代住在沙滩——那个时候叫"景山东街"，离地安门一带很近。以前地安门是一个很大的市场，虽然没有高级商店，但是商店很多。这时候，地安门的商店十有八九都关门了。因为是公营了，想关门就关门了，是非常方便的。地安门本来是很热闹的一个商业中心，到上世纪 50 年代末 60 年代初，这里晚上没有几个人走路了。一直到改革开放以后，才慢慢地重新恢复。

# "文革"开始 搬进"牛棚"

　　"三年自然灾害"以后，农业生产逐步有些恢复，城市生活的紧张情况也得到了缓解。但是好比一个人生了一场大病，刚刚恢复时，是没有精神的，也不知道以后还能不能有健康的生活。所以 60 年代就感觉到一种迷茫的情绪，要不要做事情，能不能做事情？有的事情想要做也不敢做，怕越做越多错误。大家讲话也非常谨慎，不谈国事，更不谈世界。想不到到了 1966 年下半年，又开始了一场新的大动乱———一场人为创造的、自上而下指导的大动乱。

　　"文化大革命"发生前夕，我们这些在政府机构工作的人员，每天奉命准时上班，上班就学习政治文件。有一天，学习空气特别严肃，学习什么呢？学习一篇《人民日报》的社论，这篇社论实际就是发动"文化大革命"的。这篇社论中大骂两种人：一种是教授，一种是工程师。第二天，继续学习社论，也是如此，继续骂教授，骂工程师。这是要干什么呢？大家惶惶如也，不知道究竟怎么回事。到第三天，这个社论的口气就转变了，不再骂教授，不再骂工程师了。骂什么呢？骂"反动学术权威"。隔了若干天以后，才有人告诉我说，由于《人民日报》反对、大骂、攻击教授和工程师，引起国际上的强烈的不安和反对。所以第三天的社论口气就改掉了，改为"反动学术权威"——实际指的还是教授和工程师。既然"学术权威"是"反动"的，那中国政府加以反对，国际社会就不好批评了。后来，这个反对的对象改变了，重点不是"反动学术权威"了，重点是"走资本主义道路的当权派"——"走资派"。当时，坏人被清楚地归纳成"地富反坏右"，即"黑五类"。这个时候呢，"黑五类"的构成有所改变，因为地主都被打倒了，"走资派"就变成第一类了。

"文化大革命"开始之后的头一两年，我还是继续准时上班、学习，但不做任何业务工作了。下午很早就下班回家休息了，没有事情好做，只感觉到惶惶如也。大概到第三年，情况就越来越紧张了，开始设置"牛棚"①。这个牛棚是关押"牛鬼蛇神"②的地方。我们单位有三间大屋子，原来是汽车库房，就把这三间汽车库房收拾一下，放了很多张床，就成了"牛棚"，把"走资派"和"反动学术权威"等多种坏分子，都关押在这个地方，不许他们住在家里。住在里面，每天学习，每天劳动。我是属于"反动学术权威"，所以也搬进去了。在我们单位，我们单位的领导吴玉章、胡愈之没有被关到这里面。第三位是秘书长叶籁士，是"走资派"就被关在这里面了。"反动学术权威"呢，包括倪海曙、林汉达③和我三个人。此外，我们单位当时七十几个人，其中被划为"黑帮"的有二十几个，这些人全

---

① "牛棚"：是"文革"早期各单位（机关、团体、学校、工厂、村镇、街道）自行设立的拘禁该单位所谓"牛鬼蛇神"的地方，始于1966年夏天。

② "牛鬼蛇神"：原是佛教用语，指的是阴间鬼卒、神人等，后成为固定成语，比喻邪恶丑陋之物。"文化大革命"期间，成为被打倒受冲击的人员的统称。

③ 林汉达（1900—1972），浙江慈溪人，教育家、文字学家、历史学家。

部被关在这个"牛棚"里。

"牛棚"的生活大概是这样，上午主要学习《毛主席语录》。这本语录大概是中央文革小组发下来，可以说是一种高级的语录，是油印的，字很大——有点像四号字这样子。大本的，有好多本，不是一本两本。主要是自学，自己看，不许做笔记，也不能带回家，看完之后要上交。学这个《毛主席语录》，倒的确使我开了眼界了，让我知道了很多外面不知道的毛主席的讲话。

除了学习，还得劳动。劳动就是去扫地、拔草、搬垃圾，诸如此类的劳动，不算很重。每天吃饭都得排队，无论早饭、中饭，还是晚饭。因为我们是"反动学术权威"和"黑帮"，所以要让其他人排在前面，让他们先打饭。住在"牛棚"里，起初管理比较松，每个礼拜六可以回家住，礼拜天上午再回到"牛棚"。但是回家是有任务的，什么任务呢？继续"破四旧"。

# "破四旧"带来的恐慌

　　"文化大革命"一开始，把"破四旧"①作为一个重点工作。那时我住在沙滩后街，这里住的人越来越多，我们文改会的人没有什么增加，人民教育出版社及其相关的人，越来越多。"破四旧"的时候是雷厉风行的，造成了一种恐怖气氛，而且不断听大报告。报告中表扬有些"破四旧"做得好的，就是把家里面的旧的东西都清除掉。所有与封建主义、帝国主义有关联的东西，包括从前的文凭、证件、大学聘书、照片，都要烧掉。有的人甚至把祖上传下来的家具也拿来砸掉。不许留外币、白银、黄金，等等。旧的线装书也是"四旧"。我以前把很多书放在单位的一个小房间，"文化大革命"开始之后，我们是"黑帮"，就不能去办公了，办公室就不能再放东西。于是我们的书也只好出售。起初出售，价格还是不错的。"文化大革命"以后，我们这些"黑帮"的工资就减少下来，起初大概是减掉一半，

---

　　① "破四旧"：指"文化大革命"初期，以红卫兵为主力进行的标榜为"破除旧思想、旧文化、旧风俗、旧习惯"的社会运动，其后伴随着红卫兵运动的兴起席卷了中国大地。

后来越减越少，最后减到我一个月只有 35 块钱。这 35 块钱还得扣除需要上交的各种费用——具体我记不清楚，反正是没有钱吃饭了。我奉命"破四旧"，把从前的文凭、奖状、奖章以及有关资本主义的著作，一样一样都毁掉。有很大的炉子，把这些旧书烧掉。我的太太张允和，她是搞历史的，她有一部《二十四史》，就卖给了旧书店——旧书店的人到我们大院里一家一家地收旧书，一部《二十四史》卖了多少钱呢？卖 14 块人民币。收旧书的人已经很客气了，否则要论斤称，大概只能给 7 块钱也卖不上。

当时旧书店的人可以随便跑到你家里来，随意看你的旧东西，"破四旧"嘛。他看到我有一部《大英百科全书》，就说："你这个也是'四旧'呵。"我说："好，这是'四旧'。"我笑笑。这个旧书店的人对我们还是友好的，他说："你这个书呵，倒有人要，我给你联系一下，假如能够卖掉呢，你还可以拿几个钱，否则'破四旧'都烧掉了或丢掉了，也很可惜的。"我就说好。不久呢，他告诉我，有一所学校或是图书馆，要这个书，而且给的钱并不少，500 元人民币。当时 500 元是一个大数目，而我们那个时候正好缺少钱用。我说好，就卖给他们了。500 元人民币，这是"破四旧"能卖掉的东西中价格最高的了。

张允和喜欢昆曲，她拍了很多昆曲照片。同时我们家里还存有很多老照片，虽然数目不多，可是保留了一些古代的东西，比如我很小时候跟我父母在一起拍的照片、张允和小时候的照片、张允和父母的照片。这些我们不舍得"破"。不舍得"破"不行，形势越来越紧张，已经有人因"破四旧"不彻底，而变成斗争对象了。被斗争之后，那"破"起来是更厉害了。

"破四旧"的时候，我们这些被点名的"黑帮"，已经不敢随便出去看朋友了。我家里除了我的书，还有朋友的书。朋友的书怎么办呢？我随便把它"破"掉了，将来没有办法还人家。其中有一部书，是林汉达借给我的，《世界美术全集》，都是世界名画的照片，这部书是很名贵的。我想这部书若被我搞掉了，我对不住他，我还是先还给他。一打听呢，他们家因为孤零零住在他自己买的房子里，暂时还没有事——我们家那一带"破四旧"闹得很厉害。于是我就在晚上想办法偷偷带了这部书去还他。我还书回来，觉得心里踏实了，做了一件好事情。想不到，第二天，造反派就到了他们家。林汉达是我们单位的，可是他的儿子或是什么人是另外一个单位的，而这个单位好像跟一个家具厂有关系，大概是这个工厂里的人来"破四旧"。所以说，当时你自己不"破"呢，造反派就会跑到你家里来帮你"破"。这些人到他家里"破四旧"，一翻翻到这一部书，哈，这还了得，把"黄色书籍"藏在家里！他们就把这部书带走了，"破"掉了。更意想不到的是，隔了一两天，由于隐藏"黄色书籍"，那个单位把他抓去开斗争会。这样，我就很后悔了。因为我们单位的造反派到我家里来"破四旧"时，他们搜查的都是中文书，看到外文书，一概不动。所以我家里的外文书一本都没有动，有许多洋文书我还保留了下来。而他因为这本书却吃了苦头。据说，拉他去斗争的时候，让他向群众下跪，跪着交代。

　　我们的亲戚朋友家，几乎没有一家不被造反派"破四旧"的。比如沈从文家，他的书是特别多，就被搞光了。书搞光后，就把沈从文一家集中在他们以前存书的一间小房间里，一家人住在原来的小书房里。

　　还有袁二姐家。袁二姐名字叫敏宣。这个袁敏宣[①]昆曲唱得非常好，受过很好的教育。虽然没有大学毕业，她进过大学，会英文、德文，昆曲唱得特别好，会画画、会写字，真是一个女才子。以前的惯例，有才能的女子结婚之后是不工作的。她跟张允和都在昆曲研习

---

　　① 　袁敏宣（1909—1974），女，祖籍江苏常州，生于北京，昆曲演员。

社，是好朋友，好搭档。她的丈夫叫胡仙洲①，很有钱。"文化大革命"刚开始时，她的邻居有一个小学校长，不多几天就自杀了。这是他们胡同里一件令人震惊的事，她不知道怎么办，就到我们家来，问"文化大革命"是怎么一回事，为什么那个人要自杀？因为报上这些文章看起来也没有什么了不起呀，对她毫无影响。

这个时候全国都停下来不做工作，除了农民种田、工人做工，以及极少数地方之外，其他学校、研究所、政府机关统统停下来不做工作了。一个强有力的中央政府，下命令叫全国停下来不做工作，这是前无古人的。

所以这个时候呢，我们觉得即使想读书也无法安心，研究工作根本不能做，虽然时间还是有的，做研究工作就很困难了。比如说，北京图书馆——当时在北海旁边，这个时候借书就有困难了。我们家在沙滩，跟当时的北京图书馆很近，我常常散步就去那边借书。在"文化大革命"之前，这里借书就紧张了，有限制。只能借你专业的书，别的专业的书不能借。比如我的专业是语言学，只能借语言学的书。有一次我去借一本莎士比亚的书，叫作《威尼斯商人》，很有名的，英文叫 *Merchant of Venice*。这本书是用英国的所谓"基本英语"写的，"基本英语"里就没有"Merchant"这个词，就用"Trader"这个词代替"Merchant"。我要借这本书，图书馆说不能借，你是语言学专业，这本书是文学的。我只好解释我为什么要借这本书呢。我说，这本书是用基本英语写的，我是研究基本汉语的，想要参考基本英语的一些特点。我告诉他，基本英语里没有"Merchant"这个字，所以改用了"Trader"，这就说明它不是普通的文学书，它是跟语言学有关系的。我好不容易跟他讲了半天，他总算给我面子，借给我了。所以说，这个时候想做学术研究，已经受很大的限制了。

---

① 胡仙洲（？—？），袁敏宣丈夫，工程师、实业家。

后来我就明白了，从"反右"开始，对知识分子的策略叫"利用、限制、改造"。限制就是这样子：不许你随便做研究工作；不许你写文章；不许你藏书——不许你藏外国的书，也不许你藏古代的书。诸如此类都是限制。"破四旧"当中，特别在我们这种单位里，主要是破知识的"四旧"，毁掉你的书是一个重要的手段。

# 袁二姐与胡仙洲的悲惨故事

"文化大革命"开始以后，不办公了，研究也不能做了，而且情绪也很不安定，每天都好像是在大风大浪中。因此我空闲下来，同张允和去看看袁二姐。

袁二姐是一个能说会道的人，跟她聊天是非常有趣的。在她家里聊天时，胡仙洲不太参与我们的谈话。每天六点钟吃了晚饭——我们吃晚饭都很早——之后，我们就到景山公园去散步，胡仙洲也去散步，所以我们就成了散步的朋友了。散步的时候还碰到另外一个朋友，这个人是一个工程师，曾在欧洲读书的。可这个时候，他衣服穿得非常土，一身土样子，生活习惯也很土，显得非常有趣。比如说，我们在公园里散步，累了就在椅子上坐会。他不坐椅子，而蹲在地上——不是坐在地上，是蹲下来，拿一条腿蜷着，另一条腿站着，这有点像公园里的仙鹤。仙鹤休息的时候，把一条腿弯起来，藏到羽毛里，只用一条腿站着。后来我注意到，北京乡下的很多人也是这样休息的：不坐地上，因为地上很脏；也不坐凳子，从小家里不一定有凳子。你怎么也看不出，这个人是一个很好的工程师。在这个无心做事、无事可做的短暂时期，每天跟胡仙洲以及这一位看起来土里土气的高级工程师在一起，在景山公园散步休息，也是一件很愉快的事情。

胡仙洲也是一个工程师，而且他的知识非常广博。他看的主要都是德文书，每次他读到一些趣闻，就讲给我们听。比如，印度尼西亚蛇很多，有种蛇喜欢吃猪，一只小猪蛇一口就吞进去了。那么怎么办呢？农民就把一只小猪放在木棍做的笼子里，蛇进去之后，把小猪吞到肚子里，蛇的肚子就变得非常大。蛇头可以从这个笼子里钻出来了，但肚子却钻不出来，怎样扭动不行，也缩不回去。于是主人第二天就能将这条蛇抓到，将小猪从蛇肚子里剖出来——当然死掉了，但是照样可以吃。这是一种捉蛇的方法。后来方法更进步了。农民知道蛇喜欢吃鸡蛋，就做了许多木头的"鸡蛋"——将打碎的鸡蛋涂在木头上，放在笼子里。蛇进去了就吃鸡蛋，贪心不足拼命吃，它的肚子就涨大了，跑不出来了。而且蛇吞了这些"鸡蛋"在肚子里，就想把它绞碎，但木头鸡蛋怎么绞绞不碎，结果蛇就胀死了。用这个方法捉蛇更方便。

印尼这个地方，鳄鱼很多，而且鳄鱼吃小孩、吃狗、吃鸡。鳄鱼有个奇怪的习惯，它在哪里上岸呢，也从哪里下水。它经过的地方痕迹是很清楚的。于是，农民就等这个鳄鱼上岸，在它要经过的地方插上锋利的小刀。鳄鱼上岸偷吃了鸡之后，回去还从原来这条路上走，结果肚子就被划开了，还没有到水边呢，鳄鱼就死了。当地人用这种方法来捉鳄鱼。

每天傍晚，我们在景山公园谈得非常开心，不谈政治，不谈"文化大革命"。外面"文化大革命"是闹得越来越厉害，我们不谈，我们谈一些有趣的事情。

可是好景不长，造反派越闹越厉害了。造反派就到胡仙洲、袁二姐家去造反了。这个造反的具体情景，我们没有看到，我们只是听到他们家发生了大问题，不敢再去看他们了，因为我们住的地方形势也紧张起来了。后来才知道，当时造反派到他们家，把所有东西，能打烂的打烂，值钱的都拿走。造反派怀疑他们地板下藏了好东西，因为他们住的房子很讲究。袁二姐的父亲是在清朝做大官的，叫袁励准①。袁励准题写的匾额，今天在颐和园的听鹂馆中还可以看到。袁励准做过宣统皇帝的老师，常州人，是我的老乡，可能还有点远亲关系。袁二姐是生长在北京的，北京话自然讲得非常好。他们家被抄得非常厉害，地板都被掘开了，房子被砸得一塌糊涂。搞完以后呢，他们家有一个小房间，本来是放柴火的，造反派就让他们一家人住在那个房间里，其他房间留给造反派住。

不仅如此，还把胡仙洲抓走了。不到一个礼拜，通知他们家说，人死掉了。后来才知道大概情况。他有严重的糖尿病，在家的时候，不敢吃米饭、馒头，只能吃窝窝头、玉米粥。同时他自己准备了药，必要时可以自己治疗病情。他被抓走之后，造反派斗争他，把他关在一个茅房里。糖尿病发作起来就没有办法控制了，再加上被打得很厉害，很快他就死掉了。他虽然有糖尿病，但原来身体还是很正常的，真是悲惨。这件事情一直到"四人帮"倒台之后，胡耀邦主持平反冤假错案，才给他平反。

"文化大革命"结束之后，袁二姐住在一个破烂的房间里，我们去看她。她还是那么乐观，依旧谈笑风生，非常有趣，而且她讲的笑话，文化水平也很高的。后来，她生病无人照顾，就死了。她的年龄比张允和还小，比我小更多了。她真正可以称得上是一个女才子，她的死很可惜。

谈到袁二姐，我们就一定会想起袁二姐的一个侄女儿。袁二姐跟她的一个弟弟住一起，他们的房子很大，有好多进，袁二姐是住在其

---

① 袁励准（1876—1936），袁敏宣之父，书画家、篆刻家，清代翰林院编修，民国清史馆编纂，辅仁大学教授。

中最好的一进。她的弟弟和弟媳，还有两三个女儿，住在前面一进。这几个女孩子都长得很漂亮，有的读小学，有的读初中。在"文化大革命"中，当时的教育告诉她们，她们是官僚地主家庭出身，这个成分太坏了，说一定要改变成分。怎么改变成分呢？唯一的办法就是下农村去劳动。其中有一个——可能是第三个女儿，当时是初中生，下农村之后，很快就嫁给了一个农民。她当时很高兴，以为嫁给农民之后身份就改了，就是国家的主人了，就不是反动阶级了。但是"文化大革命"结束之后，悲剧就发生了。这个漂亮的姑娘嫁了之后，生了一个孩子。一个是城里的闺阁千金，父亲是在大学里教书的；而另一个是农民，没有文化的，家庭很穷。这就发生矛盾了，我们不断听到这个矛盾和不幸。后来究竟什么样子，是否离婚了，我不太清楚，反正是非常不愉快。像这样的事情很普遍，不是一个两个。

跟这个小姑娘境遇相同的，还有我们的一位老朋友。所谓"老朋友"，因为他的年龄比我们大得多，叫许潜庵（许实贞）。许潜庵的孙女儿，也是这个年龄，大概刚刚进初中的样子。她不是自愿下农村的，是被迫下农村。她去的农村更远了，下到东北，大概是黑龙江。许潜庵在这个孙女儿去的时候，就关照她，无论如何也不能在乡下结婚，终身不嫁也可以。这个孙女儿就听了这句话，怎么样也不结婚。后来打倒"四人帮"之后，政策改变了，她也被放回来了，今天过得很好。这两个人是两种结果。当时许潜庵这位老先生，叫他孙女儿一定要回来，不能嫁给农民，这个话在当时被认为是"反革命言论"，假如被造反派知道了是不得了的。

# 奉命看批判陈毅的大字报

这时，红卫兵的风潮闹得越来越大。我们单位很快也组织了自己的红卫兵。后来我才知道，每个单位一定要自己组织红卫兵，才能够防止外面的红卫兵、假红卫兵、非红卫兵到本单位来抄家。来抄家的，许多都是抢砸东西。自己组织红卫兵，自己造反，某种程度上保护了本单位的"黑帮"人物。

"文化大革命"刚开始，大字报越贴越多。起初在礼堂里贴，后来贴到礼堂、大院外面的墙上。那么大的北京大学旧址，大院里整个都贴满了，就贴到大门外面去。不仅我们一个单位，所有单位都是这样，都是在本单位的墙贴满之后，再贴到马路上去。以我们单位来讲呢，往西往北，一直贴到动物园。比动物园更远的地方有没有贴，我不知道。这个大字报讲什么呢？就是骂人，骂"走资派"，骂"反动学术权威"，骂"地富反坏右"。我是我们单位的"反动学术权威"之一，当然是批判对象。每一幅大字报上都有我们的名字，用黑墨水写的，上面用红墨水打一个叉叉，说明这是反动人物，有的时候把你的姓名颠倒起来写。

这时候，我被关在"牛棚"里。我的爱人也不敢住在家里，因为是反动分子家庭，谁都可以来打击你，来打你的门，把你的门窗弄破，把你窗外的种的东西一概搞烂。这还不算，有时还半夜里冲到你家里来打人。在这种情况之下，她就不敢住在家里了。我的儿子和儿媳妇在中国科学院，住在中关村。我们这边搞得很热闹的时候，他们那边比较冷清。我的爱人就到儿子、儿媳妇那里去住一阵。我的孙女儿刚刚上小学不久，我的爱人就陪她到动物园去玩，因为中关村到动物园不是太远。她们到动物园，一看也有大字报，贴满了。当中有我们单位的大字报，我的名字被打了一个叉叉。孙女儿认识我的名字，她问奶奶："这是不是爷爷啊？"奶奶说："是啊。"又问："爷爷是好人，怎么被打了一个红叉叉呢？"我的爱人告诉她："爷爷喜欢讲外国人好，所以犯了错误了。"那我的孙女儿说："奶奶，你回去跟爷爷讲，不要再讲外国人好了。"

　　后来有一天，我们在牛棚里得到命令，要出牛棚，去看大字报。那时候是刚刚吃晚饭，吃完了晚饭就要走，有人领了我们去看大字报。我们的"牛棚"离办公楼的院子很近。这个办公楼有六层，我们自己用一层到三层，四层五层——主要是四层，是给"对外文化联络委员会"办公的，那是外交部的一个下属机构。那个时候陈毅副总理是兼外交部部长，所以这个机构批判的"走资派"，第一号就是陈毅。我们一走出这个牛棚，才知道批判陈毅的大字报多得不得了。墙上贴不下，就拿绳子挂在院子里，挂了一条一条，两条绳子之间不过两尺宽。这个绳子挂得比人高，大字报一直垂到地上，所以看起来就像一个大字报的森林。你在里面看大字报都看不见人，都被大字报遮住了，你要找个人是没有办法的。噢，这些大字报全是批判陈毅的，说陈毅"反动之极"，是个老"右派"。

　　看完大字报，我们又回到"牛棚"里，洗洗脸，休息一会儿。我们大家就想，陈毅怎么是"坏分子"、"右派"、"走资派"呢？大家都不明白怎么回事，因为陈毅给我们的印象还是挺好的。不过我想起一件事，在"反右"运动刚开始时，陈毅在全国政协做了一个报告，他说"反右"期间如果有人受了委屈，可以对他讲，他可以打抱不平。我想起这个话，可能就是严重的"右派"言论。后来很多"右派"受了很大的委屈，也没有地方去申诉，更无法告诉陈毅。陈毅自己也保不住了，所以陈毅讲的也是空话。

这时候已经很晚了，我们都上床睡觉。但是刚才看了这些大字报之后，我们还一直想陈毅的问题。这时就听到很多人在一起喊口号，起初听不清楚，后来越听越清楚了："打倒陈毅！打倒陈毅！打倒陈毅！"这个"对外文化联络委员会"，只是外交部下的一个部门，其他还有许多外交机构，想来都是一样反对陈毅的。但是有一点不同，就是这些反陈毅的大字报，只能在大门里挂，不许挂到大门外面去，因为害怕被外国人拍照。

# 越南华侨陈越离奇蒙冤
## "文改会"的批斗会

　　第二天清早，我们照例出去劳动。此时这个劳动越来越繁重，铁做的小推车，实在是不容易推。空车都很重，都不好推，放了许多东西推起来更累。在我们单位的"牛鬼蛇神"中，有一个同事叫陈越①，出生在越南，是越南华侨的后裔。他爱国，向往革命。新中国成立以后，他就偷偷地离开越南，来到北京。他写信给胡愈之，要求安排工作，胡愈之就把他安置在文改会。可是进入文改会之后，他一直受到压制，每一次运动，他都受到冲击。我们想不明白，他一直不在国内，会有什么问题呢？他跟我特别好，因为许多学术问题我们一同研究。这个人非常好，跟我们一同劳动，我推不动铁推车的时候，他就帮我忙。许多重劳动他都帮我忙，两个人抬东西时，他就抬重头。他比我当然年纪轻，比我年轻二十来岁，我非常感谢他。

　　这个人在文改会做了不少工作。比如说，汉字简化方案，后来类推成为《简化字总表》。这个《简化字总表》是陈越做的具体工作。

---

　　① 陈越（？—？），越南华侨的后裔，归国后在中国文字改革委员会工作。

比如讲一件很小的事情，这个《简化字总表》，起初叫《简化汉字总表》。陈越就提出，把"汉字"中的"汉"字省掉，就叫《简化字总表》。这样简单明了，大家觉得他的意见很好。还有，简化字当中，后来减少了几个字，像"英呎"的"呎"字被废除，以后就用"英尺"两个字；"海浬"的"浬"字被废除，就叫"海里"。有二十来个字，主要是从日本来的。有的一个字读好几个音，就改成一个字读一个音。一批科技用字、度量衡用字的简化，都是陈越提出来简化的。他还研究用拼音字母来搞速记，出了一本书叫《简易速记》，搞得很好，很受欢迎。

他有五个孩子，两男三女，他给五个孩子取的名字含有"红色"的意思，这是倾向共产党的意思。很有趣，一个叫陈红，一个叫陈赫，一个叫陈紫，一个叫陈丹，一个叫陈绯，五个全是红颜色。所以人家说，他的家庭是红色家庭，可见他的思想的确是倾向共产党的。可是他申请加入党，一直没有被批准。为什么他要受到种种限制呢？我不明白。我们起初只知道他是被限制使用的。后来到了"文化大革命"结束，为那些被冤枉的人平反时，才知道有一个平反小组，宣布哪些人是被冤枉的。给有些人平反，程序其实简单，比如给我平反，什么程序都没有，就是说对我的那些批判都搞错了。他说我们没有定你什么罪名，那些大字报骂的话，都是群众写的，也不算什么罪名。所以这个平反的过程非常简单，一句话就完了。而对陈越呢，有一个比较详细的说明。因为陈越有一个朋友在香港，他到了北京之后经常跟这个朋友通信。这个朋友住在香港的一个公寓里，楼上楼下有国民党的特务。他跟这个朋友通信，有人自然就怀疑陈越跟国民党特务有联系，由于这个嫌疑，陈越就一直被限制使用。"文化大革命"之后，上面调查清楚了，他那个朋友虽然跟国民党特务是住在同一个公寓大楼，但是那个人跟国民党特务没有关系。所以陈越受到的冤枉就平反了，平反以后，他当然很高兴。可是陈越很不幸，过了不久，他就生病了，他的病是突如其来的，据说是脑袋的后面某个部位有毛病了。那个时候脑袋开刀的技术不像今天这样进步，医院给他开刀，之后就合不拢了，结果很快就过世了。他年纪很轻，热心、真诚、能干，我们很为他可惜。

很快，政治空气越来越紧张。天天让我们写交代，写得不好得重写，开批判会，一个一个地开批判会。比如说，批判叶籁士。叶籁士是我们单位第一号"走资派"，所以罪名最重。批判某个人时，我们这些"牛鬼蛇神"都要去旁听，坐在第一排，听别人批判。批判的时候问他问题，答得不对就打。叶籁士被打得很厉害，有一次被打得一个眼睛看不见。一个多月眼睛都看不见东西，后来才恢复。这个时候不许回家，连吃饭的钱都没有了，也不敢问别人借。他偷偷地告诉我，他没有钱了。我口袋里还有钱，就赶快拿了五块钱给他。那个时候五块钱是一个大数目，大家穷得两毛钱都不常有的。这件事情没有人知道，如果被知道了，他要受罚，我也要受罚。我自己是"反动学术权威"，怎么能把钱偷偷借给一个反动的"走资派"呢？这可是大罪名。

还有一个人，是我们的副秘书长，叫赵平生①。这个人青年时代就参加共产党，研究哲学。青年时候写哲学短论文，写得好极了。在抗日战争时候，因被怀疑是共产党，他被日本人抓了去，受到拷打，人就受伤了，不能写文章了。这个人非常好，办事情很负责任。在"文化大革命"期间，我们办公楼每一层都弄一个很大的像屏风一样的东西，放在楼梯口，上面挂一幅很大的毛主席像。大家上楼的时候看到毛主席像，要行注目礼、行立正礼。赵平生这个人向来不随便讲话的，可是这时候他讲了一句话，说这个很像是教堂里挂耶稣像。

---

① 赵平生（1903—1990），浙江义乌人，曾任文字改革委员会委员、秘书长。

噢，不得了，这句话被人听见了，被报告到造反派的头头那里。于是就开特别会议斗争他、打他……起初只是"走资派"挨打，"反动学术权威"只要交代问题，不会挨打的。有一次开会斗争这个郑之东①，还是什么人，倪海曙跟这个人有些关系，就被要求一起陪斗。陪斗，照理不声不响是没有问题的，反正在那里站两个钟头就下来了。这次陪斗的时候，造反派就问了倪海曙一些问题，倪海曙这个人脾气很大，他很生气。他头上戴了一顶法国式的帽子——这本来已经是不合常规了，他就把这顶帽子往地上一甩，讲话很不客气。结果就激起了造反派群众的愤怒，他们涌到台上去打倪海曙，把他打倒在地上。这一下，就开了打"反动学术权威"和其他人的先例。打完了倪海曙，就叫另一个被认为是"坏分子"的人上去，问也不问就打。再叫一个人上去，又打，一个一个地叫上去，都打。最后叫到我，我一上去，就准备让他们打了。这时这个造反派头头就说："好，今天这个会就开到这里。你们这些混账王八蛋，滚回去！"于是我们就滚回去了。我是唯一一个没有被打的，我也不知道什么原因。

后来有一天在劳动的地方，休息期间，我遇到一个造反派的人。这个造反派是真正工人出身的，他跟我说，我们是把你当作人民内部矛盾，不是敌我矛盾处理，所以没有打你，你自己以后要当心啊。后来又有一个造反派的人告诉我，他说你是外国回来的，我们最怀疑你的就是里通外国，可是我们仔细查了，你回国以后没有给外国写过信，所以我们不定你为里通外国。

正在这个斗争越来越猛烈、几乎到白热化程度的时候，忽然来了命令，由军队接管。不单是我们一个单位，许多单位都由军队接管。接管以后，开会斗争等都由军管的解放军来主持，不由造反派来主持

① 郑之东（1914—1995），河南新野人，《中国语文》编委、文改会研究员、普通话推广处处长。

了。我们单位来了一位军人，我觉得这个人很好，文质彬彬的，很讲道理。他来之后第一次开会，训斥我们一顿之后，就宣布我们可以回家去睡觉，不要住在"牛棚"里了——当然，白天还得到"牛棚"里来学习、交代。于是大家都回家了，很高兴，这个形势算是有了一个转折点了。

可是突然又有问题了。一天开会，说我没有交代清楚，还有反革命行为没有交代。那么我就想，有什么反革命行为没有交代呢？想来想去也想不到。每天我就是拼命想怎么交代，交代之后，他们还是说不对，于是我再交代……我回家就跟张允和商量，我说我想不出来还有什么东西可以交代的。我老婆就说，你呀，好好地想，你对别人讲过什么错话没有？噢，我想起来了。这天白天，一个造反派已经提醒我了，说我隐瞒情况，要我好好想想跟人家讲了什么话。我恍然大悟，想起一件事情。那是在"文化大革命"之前，我跟倪海曙聊天，倪海曙说"伊凡彼得斯大林"，我接口就讲"秦皇汉武毛泽东"，两个人一人一句正好凑成了一个对子。我想，这个事情以前没有想起来，说不定就是他们要我交代的。于是第二天早上吃过早饭，就到"牛棚"里去准备开会。他们说不要开会，让我写书面交代就行了。我就交代了这个事情。交代以后，他们说好，就是要你交代这件事，因为倪海曙已经交代了"伊凡彼得斯大林"，你怎么不交代"秦皇汉武毛泽东"呢？你们两个人是讲反革命语言，要定你们两个人"现行反革命"。从那天开始，我们的名字在大字报上就加了"现行反革命分子"的字样。后来有造反派告诉我，这个交代都是一步步上升的，罪名也是一步步上升的，升到最高就是"现行反革命"，就是到顶了，到顶之后这个交代就要告一个段落了。这个军管的头头宣布，开公开的检讨会，有罪名的人，一个个上台检讨。于是就挨个检讨，有时候一天检讨两个，有的时候三四个。最后是我讲。我从出身、接受资本主义教育，一直讲到新中国成立，讲到"文化大革命"。坏的思想、坏的行动、坏的社会关系、坏的历史，等等，我都讲。讲完了，问群众还有意见吗？群众说"不满意，不满意"。这位军管的解放军说，群众对你还不满意，回去好好再想，再检讨。好，就放我回家了。我想，估计还得开一次检讨会吧。结果呢，居然不开了。

# 下放宁夏平罗"五七干校"

　　到"五七干校"① 下放的那一天，大家都带了行李。还比较优待，有大板车到你家里来帮你运行李。大家集合以后，步行去火车站，到火车站大概是晚饭的时候。没有人讲话，不仅是"牛鬼蛇神"、被斗争的对象，大家都没有笑容、没有表情、没有语言；造反派也是一样，没有表情、没有语言。大家就默默地、一声不响地走进火车站，走进车厢。车厢里全是下放的人，没有其他旅客。当然都是三等硬座，没有卧铺，没有软席。在车厢里也没有一个人讲话，大家都等着火车开动。开动之后，要到哪里去我们也不知道，知道了也没时间去查地图。大家都坐在车厢里，坐了有一天一夜多。

　　到宁夏平罗的时候是清早。到了之后就下火车，已经有骡子拉的大车等在那里，是准备放行李的。我们就跟着这个骡车慢慢地走，走

---

　　① "五七干校"："文化大革命"期间，根据毛泽东《五七指示》精神兴办的农场的统一称呼，集中容纳了中国党政机关干部、科研文教部门的知识分子，是对他们进行劳动改造、思想教育的场所。"干校"是"干部学校"的简称。

到目的地。大家都跟了走，一句话也没有，造反派也不说话。我们就跟着走啊，走啊，走啊，大概走了二十多里路，看不见人。最后终于看见矮矮的围墙，那就是我们要到的目的地了。

这是个什么地方呢？首先要说一下什么是"平罗"。我后来知道，"平罗"原来写作"平虏"。这个地方在宁夏，是少数民族地区。现在是宁夏回族居住的地方，多是伊斯兰教徒。这个地方位于贺兰山一个口子上，中国的山大都是东西向的，而这座山是南北向的。贺兰山把宁夏分成两部分：西面是沙漠，东面则是比较好的土地，可以耕种。平罗就在贺兰山的东面。西面沙漠的风吹不过贺兰山，但是可以从这个山口吹过来。平罗这个地方是古代汉族与古代少数民族斗争的地方，汉族打胜了之后就把此地叫作"平虏"。但后来觉得这个意思不好的，于是改成现在的"平罗"。我想起岳飞的词"踏破贺兰山缺"，这个贺兰山"缺"，就是贺兰山的一个豁口。当然岳飞的词是文学描写，不一定具体就指这个地方。

我们看到了围墙，走进了围墙，就到了我们居住的地方。这里面，一排一排的房子都是泥土造的，屋顶也是泥土造的。屋顶有一点斜面，斜坡不大，因为当地很少下雨。有一个条件很好，每一个房间里都有火炉。这个火炉是什么东西造的呢？不是钢铁造的，是泥巴造的。用泥巴做成砖头，叠起来，再糊泥巴，造得很好。当地人很会造这种泥巴炉子。

平罗的天气呢，是中午比较暖、夜里很冷。太阳一下山，天气立刻冷下来，半夜里的温度最低有零下三十几度。但是由于有煤、有火炉，我们不会有受凉的顾虑。后来才知道，平罗这个地方，是出产煤的，平罗有三个大煤矿，煤便宜得不得了。此地三个煤矿当中有一个煤矿的煤最好，质量很高。这种煤你只要用火柴一点，就点着了。这个煤国内不许卖，而是被敲成像足球大小的煤块，用塑料包包起来，全部销往日本做工业原料，这三个煤矿规模都很大，不是宁夏回族自治区开采的，是中央煤炭部去开采的。后来才知道，这三个煤矿都是年年亏本，亏得很厉害。

由于有煤，所以我们住在这里并不冷。我们很节省煤。去煤矿运煤的时候，我们还会顺带装运一部分煤矸石，跟煤混在一起。这种石头也可以烧，火力也不小。但是这种石头烧完之后，要有人把它从炉胆里夹出来。而煤烧完了，就变成灰了，就落到炉算子里了。我在这些下放的人之中，年龄比较大，所以我的任务之一就是烧炉子。我烧这些煤矸石，烧了以后就把它一块块弄出来，弄得很好。有一次我还受到表扬，说我烧炉子没有灭，还省了许多煤。

我们住的地方有电灯，这倒是出乎预料的。原来，在我们下放之前，国务院已经派了一批人去把电线接上了。这个地方原来没有电灯，这个电是哪里来的呢？宁夏有一个水力发电厂，有一座黄河上的坝——我一时想不起来叫什么坝①。这个坝在发电，所以只要有电线引到那边，就有电灯了。所以我们有电灯，是周总理做的好事情之一。

还有第三桩事情，水。我们去之前，国务院已经派人去，花钱打了一口井。在宁夏这个地方打井很困难，因为打出来的井水多半都是苦的，叫苦水井。这个苦水井，牛马可以喝，人不能喝。我们运气非常好，一打就打到一口甜水井。西北地图上有许多甜水井，水都是不苦的。我们去了之后，第一件事情就是帮助建造洗澡房，要造一个像游泳池一般大小的洗澡房。而且，井不在围墙里，在围墙外还相当远的地方，因此要水道引来水，我们就帮助搞自来水管子等。起初我们帮助做这些基础设施的事情。因此可以说，我们到这个地方的确是算优待的，有煤、有电、有水，其他很多单位就没有这个条件。

后来我们慢慢知道了，这个围墙里大概可以住 2000 人。我们同

---

① 这里所指应是青铜峡。

批下放有 5000 多人，有一部分被分到另外一个围墙，大概还得走 10 里路。一个围墙叫一个"站"，另外一个围墙叫"一站"，我们这个围墙叫"二站"。这样的"站"，在这个地区有多少呢？不知道。很多个这样的"站"，又构成一个"单位"。我们这个"单位"，不知叫什么名字，有 24 个这样的"站"。我们的"一站"、"二站"，就是"五七干校"，是 24 个"站"当中条件最好的。这个"站"原来是"反革命分子"的劳改监狱，后来这两个"站"里的人就被赶到其他几个"站"里去了。后来才听说，这些劳改犯们很不高兴。他们说，我们辛辛苦苦搞的站，让别人来住，而我们又被赶到坏的地方去了。

煤是最便宜的了。煤矿有许多品质不好的煤，就堆在空旷的地方，你只要开卡车去运。运一卡车的煤——当然还得装上一部分煤矸石，给五毛钱就够了，所以煤的供应是没有问题的。后来我听说，离我们有二三十里路，就有本地的居民。本地人的房子很有意思，四面的围墙都堆码了大块大块的煤堆——围墙就是煤，所以他们生火的原料是比较好的。

# 西大滩的"学习"与生活

　　我们是 1969 年的冬天到的平罗，1970 年的春天开始种田。1969年到了平罗之后，除了帮助建设之外，大家就是学习、表态，学习的要求是什么呢？每一个人都要表态，到了这里，准备一生一世待在这个地方。小组开会学习，主要就是表明这个决心。

　　在学习表态的时候，有一位叫杜松寿①老革命家，也是文改会的研究员。他早期在北京大学读书，大概读了一年，就向往革命。他参加过毛泽东在湖南办的农村学习班，可以说真正是毛泽东最早的学生之一。这个学习班毕业之后，他就被派到家乡西安。那个时候共产党的组织是在萌芽阶段，他自己因为年龄小，还不是正式的共产党员，是共青团团员。当时共青团团员实际上跟党员没有分别，他被派去陕西组建共产党的组织。他做这个工作不久，就被国民党逮捕了。他就承认自己是共产党，在监牢里面待了几年，又放出来。放出来之后，他又想尽办法，找到党的关系，重新入党。后来又被逮捕，大概先后被国民党逮捕过三次。所以新中国成立后，他是一个脱党分子，不是

---

　　①　杜松寿（1906—1991），陕西华县人，文字学家，世界语推广者。

共产党员。可是他的一切行动、思想都是跟了党走的。这时候他也是"牛鬼蛇神"，跟我们一同下平罗"五七干校"。在学习表态时，大家说到此生不再回本乡的时候，他就发言了。他说我从小就向往共产主义，今天才真正看到共产主义了。平罗这个地方的"五七干校"最好，这是我所向往的理想的地方，所以我到此地来了，当然一生一世不打算回去了。他讲了这个话，我们都大吃一惊：是真话还是假话？他讲了这个话会不会受到严重处分呢？我们心里都为他担心。因为他几次被国民党逮捕，几次放出来，几次入党，几次被开除出党，所以他的头衔叫作"老叛徒"。奇怪，他讲了这个话以后，大家都没有说话，这一次的会议就结束了。后来也没有下文了，他也没有受到处分。这件事情让我始终不解。

因为我们是冬天到的，所以一眼望去看不到人，全是白花花的霜，没有草，没有树，没有绿的颜色，荒凉的样子真很可怕。有一个女同志，是北京师范大学毕业的，一直没有结婚，对革命事业一直很热心，想要入党，都没有被批准。她到了这里，看到当地的条件这么坏，就说要回去，她说死了骨头也不要撂在这个地方。结果第二天就开会斗争她。不过这个斗争会，跟在北京的斗争会很不相同。讲话、开会是紧张的，可是没有人动手，也没有人用恶声骂人。经过这些学习，大家都明白了，不仅是我们这批"黑帮"，就是"造反派"，也是必须一生一世在西大滩生活下去，这是我们大家共同的归宿。

在"五七干校"，除了自身的劳动之外，还要到当地农民家去，同吃、同住、同劳动。当时许多单位开会选出二十几个政治条件好的人——许多都是党员，第一批到农民家里去，去了解了解情况。这些人到农民家去了差不多一个月才回来。回来之后，就再也没有人到农民家里去的事情了。这件事情一直使我们不了解，为什么不让我们也到农民家去同吃、同住、同劳动呢？后来才知道，农民生活太苦了。当地农民主要就是养羊，也种点小麦，因为这个地方贫瘠，小麦也种不好。靠小麦不能养活人，小麦是用钱去买来的。哪里来的钱呢？养羊。养羊，放羊，是最重要的。

我们这个地方叫西大滩，后来才懂了什么叫"滩"。滩就是一个平坦的地方，有点水，可以放羊。这样我才明白，年轻时候在上海就知道，冬天穿的皮袍子，这个白的毛皮叫作"滩皮"。为什么叫"滩皮"呢？我一直不懂，到了这个地方才懂了。这种做皮袍子的白羊皮，是西大滩生产的。不仅西大滩，这一带还有其他什么滩都能生产这样的毛皮。后来听说，这个西大滩由于生产毛皮，在新中国成立前是比较富裕的。有一个回族的军阀——叫什么名字，我一下想不起来了。他跟共产党打仗，打败之后就逃到西大滩这一带，准备拿这个地方做根据地来反抗共产党的统治，后来被打掉了。据说，这些生产滩羊的地区原来比较富，因为"滩皮"是很值钱的。后来，不许他们走资本主义道路，每个人只能按规定养几只羊。因为限制比较严格，而且所有养的羊都是属于国家的，相当于牧民是由国家付工资来养羊的。这么样一来，宁夏这些产羊的地区，生活就困难起来了。老百姓的情绪不好，很不安定，山里常常有强盗出没。据说，国民党的特务常常空降到这一带。后来我们看到，一个赶羊的人赶一大群羊，身上穿一件羊皮衣，这个羊皮衣厚得不得了，是最厚、最好的羊毛。这个羊皮衣没有面子，面子是要用布做的，没有布，所以就用羊皮缝起来，很大，直接穿在身上。这件大羊皮袍子，男人穿它，女人也穿它，大人穿它，小孩也穿它，谁出去谁穿。穿得这个羊毛呵，都变黑颜色了，没法看。牧民的情况很是贫穷。

我们这些"黑帮"，不能跟农民接触，我们是专政对象，不能跟他们讲话。可是，其他的人不是专政对象，他们可以跟农民接触，可以跟农民讲话。我间接了解到，当地农民几乎没有几个人识字的，文化水平太低。农民的生活是什么样子呢？我自己没有机会去看，是不被允许去看的。但是听到去过的人讲，或者是跟他们住在一起的人讲，当地农民吃饭不愁。为什么呢？都是国家配给他们小麦粉，外面运来的，价钱很便宜。本地人就拿这个面粉做面条。煮熟了放点盐，没有酱油。很少人家里有菜，不知道吃菜，就是开水煮面条放盐，天天就这么吃。我们去呢，带了许多蔬菜种子。我们种的圆白菜产量很高，有多余的，就送给农民。农民说，这是什么东西呀，都不知道怎么吃。他们的生活很简单。赶羊一般都是一个人赶一群，一个人在山上，天亮赶出去，天快暗了赶回来。当然不可能读书了，一天到晚都是不讲话的，连讲话的人都找不到的。思想、知识怎么能够传播呢？

# 在干校种黄瓜和水稻

　　整个冬天，宁夏平罗看起来好像是一个死寂的地方。在这个地方一点光明、一点希望都没有。但是过了一个冬天，春天来了，春天来得很晚，出乎预料。什么时候是真正的春天呢？5 月 1 日。过了 5 月 1 日，豁然开朗，原来看不见的树，看见了，长出叶子来了，绿叶子长得很快。啊呀！看到了绿叶子使人愉快高兴得不知怎么形容，就像从地狱到了天堂，一下子从冬天到了春天。当地的河流本来没有水，到了 5 月 1 日就开闸——这个闸叫青铜峡，我现在记起来了。青铜峡不仅是一个水库，还是一个发电站，我们的电就是从那里接来的。5 月 1 日青铜峡开闸，水就流到河里，流到我们种田的小田沟里。

　　现在开始忙起来了，我们要种田了。这里种稻子要上面批准，因为水太少了，种稻子要用水灌溉。我们也种小麦，灌溉条件不好的地方就种小麦。我们种从北京带来的各种蔬菜。我先谈一谈蔬菜。带去的黄瓜种子，长出来好极了。我在全世界许多地方吃过黄瓜，我认为北京黄瓜是最好的。北京那个有刺的黄瓜，实在是好。我们带了这个黄瓜种子到宁夏去种，种出来比北京的还要好，几乎要比北京黄瓜大一倍，看起来都不像是黄瓜了。这是我们在宁夏的蔬菜里最重要的一种东西。这里种黄瓜的条件是这样好，我没有想到。

好多年之后，一直到今天，我都在想：宁夏种黄瓜的条件那么好，而黄瓜在国际市场上的价钱那么贵，为什么我们不多种点黄瓜销到外国去呢？而且黄瓜不容易坏。拉丁美洲特别是厄瓜多尔，种香蕉，销到全世界，变成大的产业。香蕉销出去是困难的，因为香蕉容易烂。香蕉价钱当然不便宜，可是黄瓜在国际市场上的价钱也很贵呀。宁夏那么苦，我后来一直思考宁夏经济发展问题，不仅工业有希望，农业也有希望，农业当中一项就是黄瓜。比如说吧，改革开放以后，我到奥地利首都维也纳，我吃到黄瓜，那个黄瓜比较短，可是很好。我就问，你们这儿生产黄瓜吗？他们说，不是的，我们的黄瓜是从以色列来的。以色列在沙漠里种黄瓜，种得很好，销到欧洲许多地方。这真使人惊奇呀！以色列沙漠里面能种黄瓜，销到奥地利，销到其他地方，而且价钱很贵，一根黄瓜差不多要五毛到一块美元。那么我们为什么不能在宁夏种黄瓜销到国外去呢？这个黄瓜就是在俄罗斯也是很贵的。这是我当时思考的问题之一。

我们带到宁夏去的经济作物，还有花生。在宁夏种花生完全失败。大大一斗的花生米，种出来只有小小半斗的花生米。当然要怪我们不会种，另外恐怕天然条件也不行。所以农业要因地制宜，用人工来改变自然条件，要有科学的根据。刚才讲到圆白菜，在宁夏种圆白菜，收成也是好极了。我们在宁夏种田，主要是水稻，可是宁夏是不适合种水稻的地方，不是土地不好，而是没有水，缺少灌溉。由于我们"五七干校"是中央派去的，所以有特权，可以种水稻，本地人不让种水稻。

种水稻，要下田，我当然也要下田。第一年，我跟大家一同种水稻，做了好多种工作。一种工作就是插秧，我插秧插得不好，也很慢，可是我还是插了。赤脚踩在泥水里面，这是我有生以来第一次的经验。田里的水有点暖洋洋的，并不难受。江南的水田里有蚂蟥，钻到人的肉里是很难受的。宁夏这个地方由于冬天冷得不得了，没有蚂蟥这样的东西。而且因为干旱，宁夏传染病也很少，这是一个好条件。种了水稻以后，我们搞到了一个旧的把稻子打成米的机器。运稻子，打场，这些农活是很辛苦的。那我就推三轮车，把谷子推到机器旁边，由他们把谷子打成稻米。这个工作是打稻场上比较轻的一种工作。我们一同下放的还有一位女医生，她也是和我做同样的工作，这个是比较轻的、比较优待的工作。

我们吃的大米，起初是北京运去的。自己收了第一季的大米以后，就吃自己种的大米。北京就运面粉来，补充我们的不足。在当地，我们的条件是最好了：有打谷子的机器；种小麦，也有下种的机器。这在宁夏是很少的。普通农民就没有这样好的条件，所以人家很羡慕我们，说我们是国务院"五七干校"，也就是"国务院"。后来大家不叫我们国务院"五七干校"，而叫我们"国务院"。我们下田劳动的时候，都穿最破的衣服。当地人就编了一些顺口溜，有好多句，我只记得一两句，说我们"穿得破，吃得好，人人一块大手表"。这是事实，"穿得破"，因为我们下田的时候穿得破。"吃得好"，我们的确吃饱了，肉很少很少，但是蔬菜、大米、白面粉都不缺少的——这是了不起的条件了。特别是我们大家都戴了一块手表，这是引人注目的，农民哪里有手表呢！

到了稻子收割的时候，天气还是比较暖和。白天在田里，天气挺暖和，夜里回到住处，天气还是很冷的。下田去劳动，不是劳动苦，是被蚊子和"小咬"咬得受不了。我们中午劳动的时候，蚊子很少，大概中午一过，蚊子就多起来了。很奇怪，在北京的时候，蚊子一般是天黑了出来，白天不太出来的。而那个地方呢，蚊子是白天出来的。这里蚊子是多到一个什么程度呢？你拿手在空中一抓，可以抓到100个蚊子，你拿手在光腿上一拍，一手全是蚊子。天稍稍晚一点，蚊子还没有消失，"小咬"出来了。什么是"小咬"呢？"小咬"是一种小虫，小极了，在北京不太见得到。这个"小咬"之多简直没有办法说。"小咬"是跟了风来的，一阵风来，"小咬"就像天上的雾一样来了。哎呀，这个"小咬"是千千万万，简直不计其数。"小咬如雾蚊如烟"，我做了一首诗，忘掉了，只记得一句。被这个蚊子、"小咬"咬了之后，人会受不了。所以后来我们下田一定把腿包起来，不能露出来，再怎么热也要包起来。脸要用朱罗纱、大边帽遮一下。戴了大的、乡下的凉帽，用朱罗纱盖在上面，不能有缝，有缝的话，蚊子、"小咬"就钻进去了。这的确是很可怕的。不过奇怪，那么多人被咬过，没有发生疟疾一类的情况。大概是这许多"小咬"和蚊子，它们本身还没有传染到那种毛病。夜里回到住的地方，在房子里，没有"小咬"，也没有蚊子，奇怪。所以回去擦一擦澡，睡在暖的、有炉子的房间里，还是挺好的。白天和夜晚是两个世界。

在平罗种田，我做的最困难的就是挑秧。秧是湿漉漉的，全是水。田埂很窄，大概只有五寸宽，有的地方还不到五寸，滑得不得了。没有办法穿鞋，因为都是泥巴。你穿了鞋，这个鞋就陷在泥里，没有方法走路，一定会跌跟斗。挑秧，要从田埂上走过去，挑到插秧的地方，这一段路是非常困难的。我做这个工作大概只做了三个半天。走这个又软又滑的小田埂，要有技巧。走快了不行，否则没有踩稳，人要跌倒的，那就满身都是泥浆了，而且还会被骂。走得太慢了也不行，太慢你的脚就粘住了。所以速度要掌握好，要一脚踩稳赶快往前迈，这样维持身体的平衡，不会跌倒。我呀，居然没有一次跌在田里，好些人挑秧都跌在田里。这件事情呵，我到今天还觉得对自己非常满意。我那个时候已经是 65 岁了，还能挑秧，在又滑又烂的小田埂上走。我今天还是很得意的。

我也参加了种麦子，那个工作很轻，因为有机器帮忙。在平罗这个地方，要有低而平的地方，才能开辟做稻田。稍稍有一点斜坡没有关系，也不能很高，这样的地方可以种麦子。稍稍高一点的，或者是小的丘陵起伏的地方，就不能开发种田。

# 奇妙的芨芨草

　　种完稻子之后，因为我年纪大，我被安排跟随几位女同志做比较轻松的劳动：到那些不能耕种的不毛之地去捡粪——主要是野驴粪、骆驼粪。捡粪的时候，我就可以看到真正的大地了。原来这一片大地，只有少数地方被开辟了种田——种麦子、种稻子，多数地方是没有开发，也无法开发的。因为这个地方是半沙漠，而且风很大，所以树长不起来，只有丛草，就是沙漠里一丛一丛的草。树只能生长在水沟的两旁，而且是人工种的，因为有水，长得比较好。我们经常到荒地上去捡粪，荒地上草是很少的，难得有一点草，骆驼要找草吃也不容易。

　　这一丛一丛的草主要是芨芨草。这个芨芨草非常有趣，长老了的粗的芨芨草大概有筷子这么粗，很长，至少有三米长，可能还不止，可能有一两丈长。有些草是瘦的，瘦的芨芨草像牙签这么细。我们去捡粪，走了一段就可以看到一丛芨芨草，我们就每人捡了几根芨芨草带回来。我带回来一看，这个芨芨草很有用处。芨芨草外面是一层衣包起来的，把这个衣剥掉以后，里面的部分漂亮极了，像象牙一样，颜色很好看。我牙齿不好，我的牙齿基本是真牙，从那个时候65岁到今天91岁，还是一样，只有两个牙齿是假的，其他都是真牙。这个真牙慢慢稀了，吃东西容易嵌在牙缝里，所以一定要用牙签来剔。我带了牙签到宁夏，但质量很坏，一下子就软了，容易断。苦于没有适用的牙签，就尝试使用芨芨草。一试，效果不错，我就用它来做牙签。把皮剥了，用剪刀一剪，第一剪剪平，第二剪斜着剪，就剪出一个尖尖来了。噢，我用了以后觉得好极了，这样好的芨芨草，全世界没有，那么漂亮，像象牙一样。这个牙签好在什么地方呢？它比竹子做的牙签好，因为竹子做的牙签常常有刺，会刺你的嘴。木头做的牙签放在嘴里一会儿就变软，只有这种芨芨草做的牙签最好。我做了以后，感觉到自己好像发明了一样东西似的。我自己做，自己用，也送给一些朋友用。一直到后来从"五七干校"回北京，我还带了一大包，现在已经用完了。

我当时就想，这个芨芨草是当地的一宝。这个宝贝当地用来干什么呢？当地用来造房子、造屋顶、造帘子、造席子。他们要的是比较粗的芨芨草，细的芨芨草他们不要，就当柴火烧了。我觉得太可惜了，我想如果利用这个细的芨芨草来开一个牙签加工厂，外销出去，该有多好。当地很穷，没有什么副业生产，我想这是一个可以发展的副业生产。我到今天还是这样想的。在宁夏的时候，起初我设想种黄瓜帮助宁夏发展经济，那么手工业也应当发展，那么多人空闲着没有事做，我想可以利用芨芨草做牙签。

去捡粪要在荒原上走。这个宁夏是贺兰山的一个缺口，也可以说是风口上。一阵风来，大得不得了，一下子来八级大风，风之大是惊人的，吹起来猛极了，可以把人都吹走了。一下子就来了，可是待了一会儿一下子就没有了，这个风很怪。我们去捡粪的时候，上午比较早，很冷，穿了好多衣服。要用很长的围巾，包了嘴和脖子，害怕一阵风把沙吹到嘴里去。还要戴了帽子，用绳子拴起来，不然帽子会被吹掉的，有时即使这样武装，也没有起作用。有一次，忽然刮起一阵大风，我们只能蹲下来，闭了眼睛。这个沙像是许多冰雹一样打在我们头上、身上。等大风过去了，我们才能站起来。我发现我的帽子也没有了，围脖也没有了，都被吹掉了。

# 几件让人难受的事

在稻田里劳动的时候，我看到一些使我很难受的事情。

有一个同事，叫陈光垚①，他是最早提倡简化汉字的，对汉字简化做了许多研究。他下放的时候，身体已经不大好，到了"五七干校"，平时看起来挺好，可是经常会吐血。吐血不是一两口，而是一下吐好多血，即使这样，他照样下田劳动。有一次，他在田里劳动，离我有一段距离，我远远地看到他又吐血了。吐血之后，等一会儿他又坚持劳动。哎呀，我对他非常担心！结果，还好，一直维持到大家都从"五七干校"回来，但是回来大概一年不到，他就去世了。去世以后，他的著作没有人给他整理，因为他的儿女年纪小，而且不是搞这一行的。像这样悲惨的事情常常发生。

在"五七干校"时，有一天，忽然听到召集，要开紧急会议。也不知道什么事情。开会都是在广场，大家都坐在地上。开会是为了

---

① 陈光垚（1906—1972），20 世纪 30 年代就公开倡导中国汉字简化的社会运动，主张普及民众教育。1949 年后经吴玉章介绍，到中国文字改革委员会从事简化字研究，积极参与汉字简化方案和字表的编订工作。

斗争一个人——叫什么名字我忘记了。这个人是解放军，以前是长征时的一个军官，大概是比较大的"走资派"吧。他虽然在"五七干校"，可是仍然被隔离起来。平时我们看不到他这个人，只听到控诉他的罪名，说他到了"五七干校"，还不安定，还不好好改造，还要作诗，他的诗写得又不通。什么诗呢？我只记得两句，"当年带兵十万，今日养鸡十二"。还有其他的话，我记不清楚了，反正他到了"五七干校"很不满意。于是就开大会斗争他。这个人的名字我早已经忘记了，后来的情况也不清楚了。

还有，到了"五七干校"我才知道，国务院直属单位下放 5000余人，其中有一些是干部的子弟，这些干部子弟当中竟然有痴呆儿。比如有一个孩子，大概十五六岁，就住在我们附近。一天到晚什么也不会做，也不怎么讲话，看到炉子就说"灭了，灭了"。有些人听他这样讲，就打他。这是不应当的，他只是说"灭了"，为什么要打他呢？许多人都打他。哎呀，我实在是看不下去。后来我才知道，痴呆这种病可能是遗传的。照道理，痴呆者的父母结婚，应当先做绝育手术，不应当生孩子，害了后一代，也害了自己。把痴呆儿带到"五七干校"，这个父母也很苦，天天看这个惨劲。这件事给我印象很深刻。所以中国人结婚，一定要经过医生检查，凡是有严重遗传病的，可以结婚，但是要做绝育手术，不要生有毛病的第二代。

在种田打场的时候，我还看到另一件事情，心里觉得很不舒服。我的同事倪海曙，他的个子很大，人家以为他个子大一定力气也很大，就让他去跟另一个人一起赶马车。两匹马拉一个车，上面要堆很多东西，结果车子翻了。他一条腿受了伤，好多天都不得好。总算还好，没有变成残废，那个地方是没有什么医疗的。这件事情我心里实在觉得不舒服。

# 和林汉达一起看守高粱地

田里的工作忙了一阵，就快要到秋收的季节了。这个时候就叫我和林汉达两个年纪比较大的人一起去看守高粱地。我那个时候是六十五六岁，林汉达比我还要大好几岁呢。我们就到一个土的山冈上去看守我们种的高粱。那个地方没有稻田，只种高粱，是我们"五七干校"种的高粱，怕人家来偷。那个地方方圆几十里都没有人的。我们所有的人都在围墙"站"里面住。这个"站"是很大的，围墙很大，像一个小的城堡一样。外面种的田，没有人看守就有人来偷。不仅是晚上来偷，白天也要偷，晚上偷的最多。我们种的稻子，成熟的时候，就被人家偷走过。半夜里，有人赶了马车，来割了好多稻子，半夜里面偷了就走。高粱地那边更荒僻，白天都有人来偷，所以让我们去看守。

看守有规矩：第一，不许坐下来；第二，不许站定了不动，要走来走去；第三，两个人不许聊天。我们奉命前去，第一天我们很规矩，按照这三条做，没有讲几句话。第二天我们就不太规矩了，为什么呢？没有人来看守我们，是我们看守高粱。其实，走来走去没有意思，站了一样好看守，不仅站了可以看守，坐了也可以看守。因为这个土冈比较高，一眼看下去都很清楚。所以我们走了走就停下来了，不仅停下来，还坐下来了，不仅坐下来，两个人还聊天了。所以这三条我们都没有遵守，就两个人聊天。林汉达很会讲话，肚子里的故事也很多，讲了许多笑话，非常有趣。林汉达原是教育部副部长。新中国成立前他反对国民党，"反右"的时候他变成了"右派"。我问他，你怎么会变成"右派"的呢？他说，变"右派"很容易，怎么呢？他说你看我这个腿是右腿吧，我向后转就变了左腿了嘛！那个时候我一向后转，就变成"右派"了。他说做"右派"不稀奇，还说"反右"的时候假如鲁迅还活着，一定是个大"右派"。他还讲许多有趣的故事。比如说，报纸上登出来有名人物的寡妇不叫寡妇，叫遗孀。他就问一个扫盲的学员，你读了这许多书，你知道什么叫"遗孀"嘛？那个扫盲的学员说，我知道，遗孀就是一种擦脸的白玉霜。他说，有白玉霜，有"遗孀"，还有"蝶霜"。

我们看高粱，这是最轻松的劳动，也没有看到什么人来偷高粱。高粱在那个地方长得并不好，稀稀拉拉的。一个人要穷到来偷高粱，这个人也许是穷得不得了了。当地老百姓的生活是非常苦的。大概上面有指示，像林汉达和我这样年纪比较大一点的，后来都不做重劳动了。到田里去种田，我并不觉得苦，困难在于田离我们住的地方，近的有10里路，远的有20里路，走过去、走回来很不方便。特别是走回来的时候，天快暗了，路上是很不平，而且人已经累了。不是一条铺好的路，地上高高低低的，等到走回来，常常冠状动脉疼。不过我还好，我走不动了，冠状动脉疼，回到住处休息一会儿就好了。所以我在那边的时候，身体条件还是顶得住的。有人说，宁夏这个地方，虽然许多条件很不好，但是一个条件好，就是不大有传染病，比较干燥，对于健康还是好的。后来我跟别的"五七干校"相比，我知道这个话一点也不错。这是国务院对我们这些人的一个优待。

# "白菜原理" 探亲十天

1970年冬天，田里没有种植和收获的劳动了，但是有土方工程。土方工程是很辛苦的，是为第二年准备。宁夏这个地方很有意思，每年5月1日开闸放水，这个荒僻的沙漠，立刻变成江南一样，树木绿了，草也长出来了，很好看。可是到了10月1日就关闸了，水没有了，树慢慢地萎下去，叶子也没有了。在这个水沟旁边的树变成了树干干。

这个冬天，我被安排与一个小姑娘看白菜，她领着我去。听说白菜是天津运来的，一大车一大车的，好极了。这种白菜，北京没有，圆圆的样子，也不是天津白菜，是另外一个品种，是非常好的白菜。我们由小姑娘领导，把白菜搬到白菜库里去。白菜放到库里还不行，因为库里半夜里太冷，还要生炉子。节省煤炭，白天不许生炉子，天快黑的时候才生炉子，也不许火太旺，清早就让它自己灭了。这个白菜库是用毛柴、稻草等盖起来的草房子，盖得还挺好的。这个白菜运来的路上不免有些弄坏的、撞破的、冻坏的。这样就要赶快把坏的白菜拿掉，运到厨房里去吃。坏的白菜先吃掉，好的白菜先储藏起来。想不到这个白菜在宁夏大概是水土不服，很容易坏。隔几天又发现一些白菜坏了，有点烂，有点冻坏了的样子。赶快又把这个坏的拿出来，整理一下，送到厨房去。隔几天，照样又有一批坏了，赶快送去吃。白天太阳好的时候，还要把这个白菜搬出来晒晒，搬出搬进，所以很忙。选那些坏的拿去吃，有趣的事情就是，一直都是吃坏的白菜，坏了就吃，坏了就吃，从开头到吃完，全吃的是坏的白菜。这使我明白了一个原理，这个叫作"白菜原理"，好的不吃，吃坏的。不坏不吃，坏光吃光。这个原理可以运用到许多社会科学上面去。

我的眼睛有毛病，叫作"原发性青光眼"，每天要点一种药，叫"毛果芸香碱"（Pilocarpine）。这个药在北京药房买不到，只能到医院去配，每次给很少一点。因为这个药有毒，而且毒性很厉害，怕人吃了自杀。我下放"五七干校"时，医生就多给了我几瓶，大概一二十瓶，很小的小瓶，一瓶大概是5CC吧，已经算给得多了。他说他也不敢给我更多，因为会违反规定。所以后来我常常让我爱人到医院去配，配了之后到邮局寄给我。情况还好，邮局寄来给我，我都收到了，也没有弄坏。当时我的爱人到医院去拿，医院不给，这个有毒的东西怎么可以给你呢？你又不是病人。所以我爱人要到本单位去拿一个证明信，再到医院去才可以拿。拿证明信发生困难了，当时留守在北京的几个人当中有一个人说我们不能给。因为机关给证明信去拿药，是一种特别优待，而我是"黑帮"，虽然下放之前已经声明，不是"现行反革命分子"，可是"反动学术权威"的帽子还是一样的，所以不给。不给呢，我爱人就不走，就待在办公室里。最后呢，还是拿到了证明信，药再寄走。这件事在"五七干校"的时候是一个麻烦事，就为了这个眼药，要不断拿药、不断寄药。在北京这是一个麻烦事情，在"五七干校"也是一个麻烦事情。

大致在1971年的春天，北京是春暖花开了，可是宁夏还是一片白茫茫的，春天还早得很呢。这个时候，好像政策稍微放宽一点，让一部分人可以回到北京家里探亲十天。十天后一定要回来，不能多一天，多待一天就是对毛主席不忠。这个"忠"字引起了我们的回忆。

在"牛棚"里的时候，要"早请示，晚汇报"。什么叫"早请示"呢？早上要对毛主席像行三鞠躬礼，要念毛主席语录，还要交代罪行。"晚汇报"也是一样的，比早上还要严格，每次都要喊很多遍"毛主席万岁！毛主席万岁！""毛主席万寿无疆""林副主席永远健康"，要不断这样喊。这次让我们回家十天，当然很好了。我回到家，发现家里的房子已经是锁起来了。我的儿子、儿媳妇在北京中关村，在中国科学院。他们不是"走资派"，也不是"反动学术权威"，但是是高级知识分子，也被下放。他们被下放到湖北一个地方，只剩了一个小女儿在家。我的爱人就只能到中关村去照顾这个小孙女，同时也避开沙滩，因为在沙滩我们是"黑帮"家庭，不断有人来冲击我们。

那么我回来以后，也只能到中关村去。但是这个时候，中关村的家也没有了。我的儿子有一位老师，是中国科学院大气物理研究所的副所长，我的儿子是研究员。这个老师就对我儿子说，我家里有四间房间，三间小的卧室，一间大的客厅，你赶快搬到我家里来，因为你不搬来呢，别的人就要进来占领我的房子，来一个跟我难以相处的人，就会很不愉快。许多人家就因为这样的事情，闹得不开心。老师、学生、同事都变成仇敌。而我的儿子跟这个老师的关系很好，于是就搬到老师家里去，住在他家的大客厅里。我回到北京呢，也住在这个大客厅里面。这个老师的太太跟我爱人的关系也非常好。他的老师没有被定为"反动学术权威"，但是也受到了冲击，因为他是高级知识分子。他们一家，夫妇两个人，有三个儿子，三个儿子那个时候都没有结婚，有的还在学校里读书。那就挤在三个小房间，在当时来讲，已经是很宽畅的了。我们一家，就住在他们这个大客厅里，所以回家十天就这样子一个情况。

在北京待了十天之后，我就准时回到平罗"五七干校"。回去以后，发现"五七干校"的气氛，跟以前很不一样，好像没什么事情好干，很少人在劳动，也没有人叫我去劳动。

# 用《新华字典》做研究
# 大雁粪雨的奇观

于是我变得无事可做了。我带了一本《新华字典》去，我就利用这个《新华字典》做字形的分析。因为汉字中有的是一个单元、一个符号的，所谓"文"，有的是几个符号合起来的，叫"字"。我就分析这个合起来的"字"里面有多少个"文"。就把汉字分为可以做偏旁的、可以做偏旁部首的、可以独立成为字的符号，以及由两个符号结合起来的——比如会意字、形声字，我就分析这个。为什么要分析这个呢？经过这样的分析，就能知道平时用的《新华字典》7000多个字中的基本符号、基本部件有多少个。我分析出来，有一千几百个基本部件，而复合以后——含复合字，有6000多个。所以如果认了这1000多个基本符号，就比较容易认那6000多个字，不过读音不行。经过我的计算，形声字的声旁读音，只有大约1/3能够表达声和韵的，因此2/3的形声字，都不能依靠声旁来读音。当然这是讲现代读音了。我带去一些纸张，就拿这个东西做材料，因为我用一本《新华字典》做材料、做研究，这不犯法的。人家来看看，也就笑笑而已，也没有人来干预我。后来"五七干校"取消，我回到北京，就把这个材料整理一下子，编成一本书出版了，书名叫《汉字声旁读音便查》。

这个时候，"五七干校"是很安定的时候。在"五七干校"，我觉得有一个事情很好，我原来夜里常常工作，容易失眠，常常要吃安眠药。到了"五七干校"之后不用动脑筋了，这个失眠就好了。后来我回到北京，一直到今天，基本不吃安眠药了。这个是对我的健康大有好处。

我们这个社会是千层饼，不仅有阶级，还有阶层，而阶层里面还有阶层。我们单位当时人很少，下放的时候一共也不过七十来个人。在"五七干校"，跟我住在一起的，就没有这么多研究员。他们把知识分子安插在劳动人民中间一起生活。一个房间有六张床，一排，每一张床都很窄很窄，都是自己带被窝去的。一个个人排队，像沙丁鱼一样排起来睡。我的房间里面有传达室里的人，有信差，有扫地的，有一个算级别比较高的是总务科长，连我，一共六个人，睡一个炕，非常拥挤。宁夏的夜里是很冷的，所以挤一下子只有好处，没有坏处。由于都在一起，我就了解到，同一个单位的劳动人民，他们的被窝是又旧又脏、又厚又硬。他们都是北方人，而一般的北方人，除了城里已经过上现代化生活的人，他们睡觉时是不穿衣服的。这个情况我很早就听说，但是没有看到，到了"五七干校"才第一次看到。他们的被窝很厚、很硬，没有什么添盖被子。他们睡觉时都把衣服脱光了。为什么要脱光呢？两个原因，一个是习惯，一个是爱惜衣服。因为睡觉时很容易把衣服弄破。可是我看，这个习惯不是坏习惯，倒是很卫生的，因为老穿了衣服呵，总有东西裹在皮肤上，接触空气就少了。睡觉之前几分钟，他们有的时候讲讲笑话，讲讲北方农村里的事情，这些都是我向来没有听到过的，这增进了我对劳动人民生活的体验和了解。

回北京的人，纷纷都回到"五七干校"了。人都到齐了，又重新开始劳动，同样种稻子、种麦子。年纪老的人，不再要求下田了。把我们留在"二站"住的地方——那个有围墙的"小城堡"里，做比较轻的劳动。比如，用一种简单的工具搓绳子，等等。

有一天清早，大概是夏秋之间，上面忽然动员，叫我们清早四五点钟到广场去集合。我上次讲过了，这个广场就在城堡里面。我担心会开得长，太阳会很厉害。四五点钟比较冷，到了十点钟左右呢，就热得不行了。那时的天气，中午像夏天，夜里像冬天。于是我就准备了一个很大的草帽。那天，因为清早比较冷，很少人戴草帽去，我是预备中午热的时候防晒用的。这次不是开斗争会，是去听报告，讲的是国家的形势，说这个形势好极了，形势大好，不是小好，就反复讲这些话。

这时天空里不断有大雁飞过。宁夏平罗这个地方，一年到头，都有大雁飞来飞去。在古代戏里，常常说"鸿雁传书"，到了宁夏就体会到，鸿雁传书可能是真的。大雁害怕烟囱，害怕人多的地方。它迁徙的时候一般要避开像北京这样的大城市，所以现在大城市里，天空再也看不见鸿雁了。可是在宁夏这种地方大雁是很多的，有的时候是两个礼拜日夜不停，一天要飞过几万只大雁。离开我们大概30里路的地方，有一个很大的芦苇荡。这个芦苇荡是大雁的中间站。有的大雁直接飞过我们的地方，有的大雁就飞到这个芦苇塘休息，休息若干天再飞走。我们每天晚上都有人值班，出去四面巡守，因为害怕有特务来。有人巡守到芦苇荡边上，才知道大雁也有守卫。我们夜里有守卫，它们夜里也有守卫。听见有人接近，第一层守卫的大雁就叫，这个叫声在床上隐约能听得见；有人再走近一点，第二层守卫的大雁也叫起来，那听起来叫声就更大了。再走近，超过它的第一道防线之后，那所有大雁都叫起来了，上万只大雁在叫。哎哟，声震天空，可怕得很。我是没有去，我没有晚上巡逻的任务。他们去巡逻的人，是有这个经验的。大雁叫起来的声音，简直可怕得不得了，可以说任何野兽也不敢再接近它们。有时巡逻的人带了电筒，就向它们照一照。这一照啊，事情坏了，大雁都飞起来了。大雁起飞时这个翅膀拍的声音，据他们来讲，真是震天动地，不得了。这时候巡逻的人也害怕了，就回来了。但他们在芦苇荡的边上，捡了许多大雁的蛋，回来煮了大家吃。这个大雁的蛋不好吃，一股腥味，比鸭蛋还要腥。从这个地方就可以知道，书上所讲，鸭子是大雁变来的。浙江不是有一个山，叫雁荡山吗？为什么叫"雁荡山"，从这个地方的经验，我们就明白了，当时取这种名字，并不是凭空想象的，很可能古代取这个名字的时候，常常有大批的大雁飞过，因为雁荡山上有一个湖，也是很大的。凡是有湖的地方，都是大雁群飞过时休息的中间站。

这一天"五七干校"开会，我带了一顶大草帽，是比较硬的一种草帽，可以防雨。其他人都没带。这时发生一个奇怪的事情，一大群的大雁飞过我们的头顶，大雁之多，真是密密麻麻、劈天盖地。大雁在空中是有指挥的，一只领头的叫，其他的也都叫。有的时候大雁排成"一"字形，有的时候排成"人"字形；有的时候是很多"人"字形排在一起。这群大雁飞到我们头上时，有一只大雁一声怪叫——这个叫声跟我们平时听到的不一样，所有的大雁都开始拉屎了。它们拉大便都是集体化的，可见大雁的军事化程度，比我们集体化水平高得多。有意思的是，这一声"拉屎"的命令，大便像下雨这样下下来，我帽子上全是大便，我的帽子遮不到我的全部肩膀，肩膀的两边不能完全遮住，所以肩膀两边上都是大便。由于我戴了这个帽子坐在那里，所以我身上大便很少，其他人就狼狈不堪了，不仅衣服上是大便，头发里也是大便。这个大雁的大便落到头发里，很难洗。这是一个奇怪的遭遇，这件事情是我永远不会忘记的。

# 奇怪的如厕习俗　开办造纸厂
# 人性的"原始状态"

　　谈到大雁大便，想起人的大便来了。在我们"五七干校"里，有北京式的古老蹲坑，就是一排，一个洞一个踩脚的地方，再一个洞一个踩脚的地方，每个洞之间没有东西隔起来的。女厕所有一块板隔开，要自己带手纸去。有一次，我们到当地一个单位，这个机构在当地还算比较高级，偶尔会使用他们的厕所。一到那个厕所就很有意思，这个厕所不只是一个台阶，是三个台阶，三个台阶爬上去，差不多像有二层楼高的样子。地面很干净，撒了石灰，但是没有手纸。我很细心，每天清早出门一定要带上充足的手纸。在这个地方，我就了解了当地人是怎么样拉屎、怎么样擦屁股的。这个地方还算比较讲究，一个坑的两面都有隔板架起来，而且不是很多坑连在一起的。厕所里有一个小木头架子，上面放一个很大的碗，碗里装满了清水。我去上茅房之前，人家就关照说，你上茅房用过清水之后，要把它倒掉，到下面的水缸再舀一碗清水，放在原来地方。后来我就明白了，当地人大便之后要用左手把大便刮干净，再将手放在碗里洗一洗，手洗干净之后再把水倒掉，然后换一碗干净的水，预备下一个人用。我因为带了手纸，所以我就不用这个水。

这个情况，印证了我听到的一些情况。在印度，在南洋，在中亚、西亚，许多国家都这样，右手是用来吃饭的。他们吃饭有碗、碟子，但是没有筷子。吃饭是用右手抓着吃的，左手呢，是擦屁股的。所以在这些地方，千万不能用左手拿东西给人家吃，也不能用左手拿东西给自己吃。所以左右手是分工的，有上下之分：右手管上面进口，左手管下面出口。

宁夏当时没有纸张。"五七干校"是许多单位一个共同的学校，下放的时候，每一个单位都带了一点福利金，必要的时候可以帮助这些下放的人的生活。这些福利金是哪里来的呢？就我们单位来讲，是我们平时写文章的稿费，稿费要拿 20% 预留下来做福利金；可能还有其他的来源。到了平罗之后，由于没有纸张——特别是没有手纸，"五七干校"的领导们就开会，说能不能这样子，我们把所有的福利金凑起来，捐给本地买一套机器，利用当地的麦秆子、麦草来生产纸张。这个建议得到当地的欢迎，就派了几个人到上海去。碰巧上海生产了六套小型的所谓实验工厂的设备，叫 Pilot Plant。实验工厂，就是最小的造纸厂。于是把这个设备买来，开工造纸，很成功。我没有去看过这个工厂，因为不够资格为这个工厂劳动。到工厂去劳动就变成工人了，那就是阶级大大上升，我们是"坏阶级"，不能去参加这个劳动的。造出来的纸相当好，不舍得用来做手纸，就供应宁夏做文具纸。我听说，一直到很晚，差不多到 80 年代底，宁夏还是靠这个造纸厂在造纸。

这时候，我们被管理、被专政的情况越来越松，几乎没有管理了，而且越来越平等。原来的造反派对我们也越来越友好，大家也慢慢地活泼起来了。活泼的情况从两点来表示：一是他们主动地找我们这样这些所谓知识分子或者"反动学术权威"聊天；另外，男女之间，当着人家面打情骂俏的越来越多了。

我跟林汉达白天看高粱的时候，有人就对我们说，你们看高粱也好，看麦田也好，可以带两个望远镜去。我们说我们没有望远镜，他们说办公处有，可以问他们借。为什么呢？说你们可以看到，我们"五七干校"的男男女女到麦田里、到高粱田里去野合。林汉达就真的去借了两个望远镜。办公处为什么要准备望远镜呢？是为了防人家来偷东西的。我们一方面看是不是有人来偷东西，另外一方面也是无聊，就看看是不是真的有人在野合。起初看，没有发现，后来林汉达不想看了，随便去看鸟。那个芦苇荡离这边很远很远，高粱地这边的鸟很少，很不容易看到一个鸟。后来无意当中看到有两个人，的确在高粱田边上野合。因为这个地方白天没有人的，几十里路也不容易看到一个人的。所以人到这个地方就野了，就真正解放了，人恢复自然了。

# 和当地农民谈宁夏的发展潜力

此外，还有人找我们聊天，问许多奇奇怪怪的问题，特别是问国外的情况。"五七干校"的人都是从北京来的，而本地人对外国的情况是不了解到极点，许多问题非常奇怪。有的问题是比较认真的。有人问我，你在外国，有没有见过这样落后的地方，宁夏这个地方有没有前途？这个问题是一个宁夏的农民问的，这个农民是被请来指导我们种田的。从谈话看起来，这个农民是上过小学的。我说我看宁夏是很有希望的。他又问我，说宁夏跟外国比，能不能比？他是开玩笑的，意思是，绝对不能比的。我说可以比，我说外国也不是一开始就经济发达的，是人为地慢慢把经济发展起来的。我说欧洲有一个小国家叫瑞士，是非常发达、非常富的国家，但是它不是原来就富有的。我说500年前的瑞士，穷得没有办法，生了男孩就卖出去当兵。到现在，罗马的教廷，还有一二十个兵是瑞士人，这些士兵穿了古代的衣服，作为保卫这个地方的象征，这也是古代瑞士男子被卖出去当兵的一种习俗。瑞士是在山上，缺少资源，没有燃料、没有煤，在山上很难种田，许多地方都是终年积雪的，山下也没有很多水源。就是这么一个地方，它怎么发展起来的呢？它不能靠挖煤矿，就是靠发展钟表工业。这个钟表工业有一个好处，材料用得很少，主要靠人工来精制，做出来可以卖很多钱。就是这么一件工作，越做越好，变成瑞士一个支柱工业。

我说瑞士是这样发展起来的。当然后来不仅是做钟表，特别是"一战"、"二战"之后，它也做其他的，比如染料工业。染料工业是依靠煤，瑞士没有煤，但是染料工业需要的煤并不多，只要少量的煤就好了。通过化学方法，使用煤作为原料，使它变成染料产品，价钱就很贵。这些都是采用不多或廉价的原料，做出成品以后有很高附加值的工业。还有玻璃工业，lens工业，lens就是用于制作望远镜的玻璃镜头、照相机玻璃镜头。这也是只需要一点点原料，就能生产大量的财富，诸如此类。我说这些在宁夏完全可以做，而且宁夏条件比他们好，宁夏有煤。我说你们有了煤就不怕了，煤可以发电，有了煤就是有了动力，有了电就可以打井，水也来了。有了煤可以发展煤的化学工业。我说德国怎么强盛起来的呢？一个重要的原因就是德国人发展了煤的化学工业，宁夏完全可以这样做。我听说宁夏贺兰山里有天然气，自然燃烧，据说已经烧了几百年了。这个天然气可以利用，那既是燃料又是原料。贺兰山里有色金属也很多，完全没有被开发。宁夏当时人口500万，瑞士人口也是500万，人口也是一个生产资源。有了人就能办事，就能生产。我给他们讲，他们似信非信，可是我是很认真跟他们讲。我说我不是开玩笑，我认为宁夏如能人为地好好建设，完全有条件发展到像瑞士那样。

我听说，当时中央每年资助宁夏大概是四亿人民币。宁夏处于畜牧时代，手工业很不发达，没有什么工业，搞经济的人不懂经济规律。当时有一个什么工业厅，搞什么呢？他们要生产汽车，这个宁夏怎么能生产汽车呢？当时每个省都要生产汽车，这是一件大事情。宁夏也生产一种汽车，叫作"六盘山"牌子的汽车——因为当地有座山叫六盘山。可是不久由于生产汽车就闹起来了。闹什么呢？公共汽车没有了，长途汽车都停了。怎么一回事呢？它不会造汽车，就把修理公共汽车的零件都收集起来，把它们装配起来，不就成了一部汽车吗？这个汽车就被说成是自己造的"六盘山"汽车。可是这样一来就麻烦了，原来的公共汽车坏了，就没有方法修理了。这都是经济计划不对头。

当地没有工业，几个县只有一两家小的打铁店。打铁店不会打镰刀，所以我们的镰刀都是从北京带去的。人家看到我们的镰刀，是羡慕得不得了。慢慢地，有人到我们干校来，知道这个"五七干校"跟那些劳改犯不一样，他们就叫我们"国务院"。他们到了我们这里很高兴，好像到了城里一样，看到我们的镰刀都羡慕得不得了，看到我们什么破烂东西都很羡慕。后来我才知道，我们"五七干校"请本地极少数几个老农民来指导生产，这种事情在当地人看起来真是一个太好的工作机会。

# 林彪死了　尼克松来了

　　大概是 1971 年的 9 月中的一天，天气相当冷，上面临时紧急召集开会，我们都去了。可能是北京来的一个人做报告，这个人好像没有见过。开头还是讲这个形势很好，那我们觉得这样的报告听了很多了，形势总归是好的呀！后来讲下去呀，不对了，说是有一个什么"五七一工程"，是林彪主持的，林彪的儿子林立果如何如何；再听下去，说林彪叛国，林彪死了。我们听了，不大听得懂。他做完了报告，好多人举手，要求他把事情讲得更清楚一点。那么他把这个最重要的部分——就是"林彪叛国死了"这件事，讲清楚了。这件事情一出来，大家觉得奇怪得不得了，怎么可能呢？

　　我们听了这个报告，听到林彪叛国而死，始终不敢相信。林彪是宪法里规定的接班人，他为什么要叛国呢？回头就分组要讨论这个事件。在分组会里，许多人就提出问题来。由于他们事前已经开过会了，小组长他知道一点，他说，"五七一（读 yao）"就是"五七一（读 yi）"，"五七一"就是武装起义，是指林彪和他的儿子林立果还有其他几个人，要武装起义，推翻毛主席。因为他等不及接班了，要抢班。另外小组里有一个人说，噢，怪不得，今天清早天还没有亮，

366

有一个某某人的儿子，跑到"五七干校"的办公室，去告发他的父亲，说他的父亲变成了反革命了，他的父亲跟他的母亲说，林彪造反了。这个林彪，天天要我们念"毛主席万寿无疆""林副主席永远健康"。诬蔑林彪造反，是大罪呵，所以他的儿子听到了，就去告发。于是这个人说，难怪发生这样的事情。林彪事件发生以后，"五七干校"就像散了板一样，各种小道消息也传进来了。从小道消息知道，林彪偷了一架飞机，飞到蒙古的温都尔汗，飞机没有汽油了，想着陆呢没有飞机场，就撞在地上烧起来，自己烧死了，他老婆也烧死了，儿子也烧死了。这些话是不是事实，在当时谁也不知道，不过感觉到形势将会有很大的改变。林彪死了以后，这个农场的劳动更是松松垮垮，很随便了，我们年纪比较大一点的、还有许多女同志，根本不下田，甚至有的时候无事可做。

一直等到1972年2月，传来非常奇怪的消息，说是美国总统尼克松到了北京，见毛主席，恭恭敬敬把毛主席当成老师，毛主席很高兴。同时还传来许多很有趣的传闻，大多数我记不得了，只记得一个故事，说尼克松来的时候，带了许多新闻记者。有一个新闻记者就拿了一本小红书——《毛主席语录》，这个语录上首页就是毛主席像，第二页是林彪副主席像。这个记者指着这个林彪副主席的像，在马路边上问一个十几岁的孩子："这个人到哪里去了？"这个孩子是北京人，回答他说："嗝了。"这个记者在中国留过学，懂中文的，但是这句话不明白，就继续问。这个小孩又说："嗝屁了。"记者还是不懂。小孩又说："嗝屁着凉了。"这个记者更不明白。这个小孩接着说："嗝屁着凉，一个大海棠。"呵，这是什么意思啊？这个记者更莫名其妙。后来这个记者就问其他的人，其他的人就笑笑，告诉他：死了，这些话都是"死了"的意思。

这个北京土话跟普通话相差很远，我也不懂，虽然我在北京已经住了好多年。后来我回到家里，问我的孙女儿，她懂。为什么呢？北京的幼儿园孩子们玩这个洋娃娃的时候，一个娃娃一倒下去，就说"嗝了"，一倒下去就说"嗝屁了"。我孙女儿的幼儿园里有这些话，大人就不讲这些话了。这些大概是儿童语言，是方言土话。我在"五七干校"听了这个故事，觉得很有趣，因为它跟语言学有关系，说明北京话不是普通话。

又过了一段无所事事的日子，通知下来了，让"五七干校"的人分批回北京，"五七干校"就交给本地人。怎么交都有安排，有一个计划，有一个交代。听说本地人高兴得不得了，接管"国务院"，这个地方条件特别好。

# 回到北京
## 反对简化《汉语拼音方案》

我同张允和从苏州回到北京，大概是在 1972 年的春天，可能是早春季节。

回到北京后的一个时期里，我们还是没有房子住。我只能住到我的爱人和孙女儿借住的我儿子老师的家里。住了相当长一个时期，才安排我们回到我们原来住的地方。原来住的地方，本来有四间房子。四间中有一间特别大，现在都被别人抢占了，住在我们家里。这个抢占房子的事情——造反派抢占"黑帮"的房子，在北京很普遍，被认为是当然的事情。后来大概是领导安排，还给我们两间，这两间不是大的，一间是小的，一间是中等的。最大的两间房间没有还给我们，可是我们已经觉得很满意了。

回到北京的印象是中央政府和北京市政府基本上处于一个瘫痪状态。政府重新组织了，但好像不急于发挥作用。老百姓好像生了一场大病刚刚痊愈，不太强健，大家都觉得前途茫茫。我重新回到了文字改革委员会。名义上工作恢复了，待遇恢复了，实际上没有什么工作好做。领导班子还是"文化大革命"时的班子，他们不希望许多老年人再做工作。

领导还是组织我们学习，学习要到办公室。但是原来叫"中国文字改革委员会"的机构已经被取消了。我们不过是借这个办公室，开会、学习而已。这个时候，我们好像是没有人管了，我就自己进行研究工作。我的书大部分已经没有了，但是语言学、文字学的书丢得很少，基本上是留着的。所以剩下的两间屋子，除了放张床，都放满了书。我就重操旧业，不论外面怎么样，反正我就做我的研究工作，所以心情很平静。刚回到北京，我的工资还是只有35块钱一个月，实在是不够用。不够用我就想办法，向没有问题的家庭借了一点，好在所需很少。隔了一阵，又叫我们去开会，宣布你们从"五七干校"回来了，恢复原来的工资。噢，这是出乎我们的预料。恢复原来的工资以后，我就感觉到工资太多了，用不了了。再隔一阵，又叫我们去开会，说以前扣的钱，现在都还给你们。这一还又多了不少钱，我就像是忽然发了财，这样生活越来越安定。

从"五七干校"回到北京，讲清楚不再去"五七干校"，是1972年4月。所以我一共在"五七干校"待了两年四个月，这个经验非常有意思。这几年别人也不来打搅我们了，马路上的大字报也没有了，原来贴的也都洗干净了。政治气氛、社会气氛好像是在等待什么事情发生一样。我们还是要到办公处学习，但不用每天去了，每次去学习，也是分小组。一到小组学习的时候，公家有报纸，我们首先看《参考消息》。大报之类没有人看，看完《参考消息》之后，再开始聊天。

我们是先回来的，叶籁士回来稍微晚一点，也可能晚一年，我记不清楚。叶籁士还没有回来的时候，就有一个人来找我，他说他是郭沫若的秘书，问叶籁士哪里去了？我说叶籁士还在"五七干校"。他说你能不能叫他赶快回北京，我说我没有这个权力，你要去跟现在的头头讲。他去讲了，后来叶籁士回来了。叶籁士回来以后，郭沫若①找他谈话，原来郭沫若是得到上面的意思，文改会要恢复工作。叶籁士觉得非常为难，他说我们自己也被批判了，这个工作是一无是处，怎么恢复呢？因为"文化大革命"中，批判我们的许多问题当中，就说是汉字不应当简化。还有的批判意见，又说汉字简化得不够。这些意见，一致反对汉语拼音，认为这是帝国主义的东西，而且太难，《汉语拼音方案》太复杂。现在回来想了，我们做文改工作，除非是这样，首先把《汉语拼音方案》简化了。怎么简化呢？比如说，把"y"、"w"这种字母就不要了，等等，搞一个很简单的简化方案。他找了几个人搞简化方案，我不属于这个简化方案的小组的成员。这个小组的人老来告诉我，说想怎么样怎么样简化。我说，不行，《汉语拼音方案》并不复杂，这个"y"、"w"是必要的，没有的话，许多音节就分不清楚了。另外《汉语拼音方案》有许多用处，不仅是为汉字注音。我的话他们也不听，结果搞简化方案，还开了许多会，跟各省开会，准备推广。我说《汉语拼音方案》是全国人民代表大会通过的，你要修改也必须由全国人民代表大会通过，怎么可以偷偷地修改呢？而且你这样修改，有几个人赞成呢？后来改来改去也改不成，因为一拿出去，反对的人很多。简化方案就没有搞成功。

这时候，要修订《新华字典》，就发生了一个问题。《新华字典》要不要注上汉语拼音？如果不注汉语拼音，那么怎么办？听说这件事情一直报告到周总理那里，周总理指示：《新华字典》还是要注音，还是用原来的《汉语拼音方案》。另外还牵涉人民教育出版社出版的小学教科书，要不要用注音，要不要用《汉语拼音方案》。许多方面对这个人民教育出版社施加压力，叫他们不要注音，这件事情人民教

---

① 郭沫若（1892—1978），四川乐山人。中国作家、诗人、历史学家、考古学家、古文字学家、社会活动家。

育出版社是顶住了。人民教育出版社说，我们编这个教科书，没有注音，我们怎么编呢？教小孩认字怎么认呢？用旧的注音符号大家都不会，好多年都不用了，用反切更不合适。这件事情听说也是闹到周总理那面，才决定沿用《汉语拼音方案》。这两件事情说明《汉语拼音方案》已经变成一个不能缺少的东西了，已经变成一个不能随便改变的东西了，这是《汉语拼音方案》的成功。

这里我还要补充一句。我最后一次从"五七干校"回北京的时候，我爱人张允和住在我们的一个朋友家里。朋友叫作胡子婴，她当时是商业部副部长。我爱人带了孙女儿，住在她家里，给她做家务，实际是做保姆。

这时候，从1972年到1975年，这三年，文改会并不存在，但好像还有一个小组的样子，还是做工作，主要是想简化《汉语拼音方案》，没有做成功。我是很明确的，反对这样简化。

# 听闻"四五"运动

1976 年，大概在 4 月间，因前列腺的问题我住进了协和医院——当时的名称叫"首都医院"。这个协和医院在"文化大革命"中被改成"反帝医院"，因为它以前是帝国主义办的。"文化大革命"结束之后，又改名叫"首都医院"；最后隔了好多年，再改回原来的名称"协和医院"。切除前列腺是一个比较大的手术，住院期间，医生要先给我做检查，观察之后准备动手术。在住院观察的时候，我就整理《拼音化问题》的书稿。后来这本书稿交给文字改革出版社出版，出版的时候已经是 1980 年了，前后经过三四年的时间。

我在医院里编这本书的时候，和一位蒙古族的病友住在一起。这位病友的夫人在北京某个工厂工作，她每天下午下班之后都会来看他。她来看她丈夫的时候，都会描述她一路从工厂经过天安门到协和医院的见闻。当时中国发生了一件大事，周恩来总理逝世了。于是群众自发到天安门广场上悼念周总理，扎了很多小白花，放在天安门前的无名英雄纪念碑周围。纪念碑上贴了许多条幅，都是群众纪念周恩来总理的话。上面还拉了不少绳子，便于挂条幅、白花……我因为在病房里，看不到现场的情况，每天都是由这位蒙古族病友的太太详细讲述她所看到的情况。这个纪念周恩来总理的群众活动，是带有明显的反"四人帮"的味道。后来呢，江青他们就要镇压，起初是零星地镇压，后来是大规模地镇压，大规模镇压的那天是4月5日。4月5日那一天可能是清明节，或者是清明节前后，当时我在医院里。这位蒙古族病友的太太，恰好在这一天镇压的时候经过天安门，她害怕这个"动乱"，就从广场旁边走，好不容易才走过了广场。她是目睹了天安门清场的，情况就知道得很清楚。

这是1976年的"四五"运动。很有意思，1919年有五四运动，1976年有"四五"运动。我每次翻看我这本《拼音化问题》，就联想到"四五"运动的事情。

"四五"运动期间，抓了很多人，还把许多人的名字都弄错了，闹了不少笑话。北京某研究所有一个青年助理研究员，是福建人，年底放假回老家，家里人见到他回来，非常诧异。原来他家里人不久前听到消息，说他因进行反革命运动已经被镇压了。

还有一个青年，被逮捕后下落不明，家里只剩下一个年轻的老婆和一个一岁的孩子，家里人都非常悲哀。而且这样一来呀，她们的生活非常困难，因为反革命的家属很难找到工作。这个年轻的母亲就带了一岁的孩子，在北京远郊区的一条河边哭，准备要投河。当时有一对快要结婚的情侣，正好到远郊区清静的地方去散步、幽会。他们远远地看见一个女人抱着一个孩子在河边哭，就感觉到情形不妙。他们一边玩，一边留意，远远留意着这个女人和小孩。后来，看到这个女人抱了孩子往河里一跳，男的就想赶快去救她，女的不让，两个人就闹起来了。男的执意要救，就跑到河边跳下去，把这个母亲和孩子都救上来了，还想办法通知公安局派救护车来将这母子俩送到医院。这个男的，一直陪了这对母子到医院。这件事情使这对情侣闹矛盾了，女朋友不让他救，男的偏要救，两人就闹翻了，后来就不结婚了。那个男的很好，觉得这对母子很可怜，在她住院时，隔三岔五就去看望她。等她出院之后，他觉得她非常困难，还给她提供帮助。这样，这个男的跟女朋友是吹了，对这个想投水自杀的女的倒有了感情了。差不多隔一年，他们就结婚了。结婚之后一年，发生问题了。那个已经被镇压、已经"死掉"的丈夫回来了！原来的丈夫回来，发现母子俩不住在家里，太太已经嫁给别人，搬到别人家去了，就闹起来了，一直闹到法院。后来怎么解决，我就不知道了。

# 唐山大地震 "四人帮"垮台

　　1976 年，是一个多事的年份。4 月，我住院切除前列腺，因为前列腺的问题越来越严重了。切除前列腺是一个很大的手术，就在我住院等待动手术的时候，北京发生了所谓"四五事件"。7 月间，北京又发生了大地震！这个大地震的震中在唐山，所以叫"唐山大地震"，但是北京震感也很厉害。这个地震发生在天亮之前，当时忽然大地震动起来，我们都被房间的震动搞醒了。我起来一看，窗子外面一片通红。我想不好，说不定有火灾。我睡在一个小床上，我爱人跟孙女儿睡在一个大床上。她们醒了起床找鞋子，找不到了。我们的房间是一大间，中间隔开，隔开之后，外面半间还可以放一张床，可以放一个吃饭的桌子。那时，我上海外甥的女儿也住在我家，她刚初中毕业了，没有到北京来玩过，放假到北京来玩几天。当时床震动之后，她以为是半夜里有什么人来抓她，就醒了。我们起来听到外面一片人声："地震！地震！"这样我们才知道是地震。我就对我爱人、孙女儿以及这个小客人说，我们赶快到房间外面去，万一屋顶塌下来很危险。我们跑到外面去的这个时候天亮了，地还在震。这个地面很有意思，地本来是硬的。我站在这个很大的天井里面，看到这个地如橡皮一样在动。天井里面有一条很小的水沟，水沟里面有一点点水，一震动呵，那么一点点水都震动到小水沟外面来了，可见这个地震是很厉害的。不过我们运气很不错，我们大院虽有人受伤，但是没有死人。我们沙滩这一带非常大，住了很多人家，许多人家的房子都倒下来了。有一家的墙倒掉了，房间变得像戏台一样。有一家房子倒下来，把大门堵住了，不能出来，好久好久别人才把他救出来。我们隔壁也是一个大院，他们要经过一个很长的过道，走到大门外面去的。大家都害怕，都从这个过道里面走到外面去，结果上面的瓦片掉下来，有的人就被砸死了。这一次的大地震是很厉害的。我的儿子在中关村，他害怕我们在大地震里受灾，一口气从中关村骑车赶到我们这里。很幸运，我们这里没有什么大事情。由于大地震的关系，我们单位和人民教育出版社，就把总的大门关起来了，不让人随便出去，因为外面很乱，也不让人随便进来。为了安全起见，就把大门关起来了。

这个时候，我们的一个美国朋友，刚刚从美国来，住在当时的华侨饭店。那时的华侨饭店还是老的房子，没有盖现在这个房子。他们在华侨饭店，旅馆叫楼上的客人统统下来，都待在楼下，把铺盖摊在楼下睡觉。他们来看我们，只能在大门口讲话，不许进来。这个情景是狼狈得不得了，的确是一个很少有的经历。

大地震的第二天开始，下非常大的雨。我们不敢住在房间里，于是就在几个卡车上架了个棚，住在里面。隔了一天，我们的行政负责人就对我说，为了安全起见，你们还是到南方去吧。我说，好。因为在北方，这个情况一下子恐怕不得安定。于是就联络买了飞机票，飞到上海。那个时候飞机很少，到了机场，我们的航班还没有来。来了另外一班临时从唐山来的飞机，是从唐山逃难逃来的。我们要逃到上海，唐山人要逃到北京。从唐山人来看，北京还是安全的。

这些唐山来的人讲，啊呀，不得了，唐山是整片房子倒掉了，死了很多人。当时死了多少人也搞不清楚，各种人的讲法都不一样。这些坐飞机从唐山来的人，有的人是吓呆了，有的人在哭，有的人是诉苦……一片惨相！

我们的飞机来了后，我们就坐了飞机到上海。我们认为上海是很安全啦，想不到上海的人也在打算逃难，他们也感觉到地震，虽然是很轻微的。到了上海，心想地震就地震吧，你还能逃到哪里去呢？我们就在亲戚家里住了一阵子。地震的消息，种种乱七八糟的消息不断传来。有一天夜里，有一个朋友打电话给我，说出了大事情！什么大事情呢？他说毛主席去世。那个时候我们没有电视，就听广播，知道毛主席真的去世了，广播里不断地播放哀乐。

不多几天，又出了大事情了！说江青他们这一伙人被抓起来了，说他们是"四人帮"。起初没有"四人帮"这个名称，是后来才有的，说"四人帮"三个字是毛主席讲的。四个人，就是以江青为首，王洪文、张春桥，还有姚文元。我住在亲戚家，亲戚家没有电话，我走到大门口去不断打电话，向我在上海的几个熟人打听消息。一天晚上得到确切消息，说"四人帮"被逮捕了。听说那天晚上，交通大学首先组织一个小队，要出来宣传反对"四人帮"，被警察局抓起来了。

可是第二天，消息已经改变，说现在上海已经正式接到通知，说"四人帮"是坏人，已经被抓起来了。得到这个消息，整个上海沸腾起来了，很多很多人都写大字报，贴在马路上。原来上海的大字报，"文化大革命"当中的大字报，贴到后来没有劲了，大家也不贴了，大字报都被清理干净了。这时候大字报又贴出来了。这些大字报内容之猛烈、数量之多是惊人的。有的大字报就是控诉"四人帮"的罪恶，控诉"文化大革命"的罪恶。有的大字报写得真是好哇，真是了不起。有的墙壁上贴满了图画。半夜里也有人贴，整个上海贴满了大字报。上海有的房子是中国最高的，不知道他们用什么方法，那么高的墙上都贴了大字报。这时的大字报跟"文化大革命"的大字报完全不一样。"文化大革命"的大字报是奉命来造反的，这时的大字报是人民心中真正想说的话。这些大字报的目标是控诉"四人帮"，实际是控诉这几十年来一切的坏事情，特别是"文化大革命"当中的坏事情，人民心里的话都写出来了。我看到有新闻机构用录像机拍这些大字报，我想，假如这种录像还保留着，将来播放出来，是很好的历史记忆，也是中国历史的一个很好的记录。

# 苏州过冬　票证时代　巧吃刀鱼

　　我到上海一方面是避开大地震，一方面是养病，因为我开刀切除前列腺以后，身体还没有完全恢复。待了一阵，我们觉得不会那么快回北京了，就想去苏州过冬，去苏州养病，因为苏州比上海更安静。于是，我们就到了苏州。我们在苏州原来有家的，在抗日战争当中毁掉了。张允和家的房子在苏州是很多的，但是已经都被公家占用了，还不算没收。房子都被占了，自然没有房间让我们住。张允和有个弟弟，在苏州做中学校长，他的家里人多房子少，也没有办法住。于是我们只好住到一个朋友家里，是张允和的结拜姐妹，叫王遗珠①，是小学教师。这个女人了不起，她的丈夫在新中国成立初期被镇压了，她一边带四个孩子，一边做小学教师，四个孩子都教育得很好。她家里有几间旧的房子，就腾出一间来给我们住。

　　在苏州有一个问题，冬天很快就来了，我冬天很怕冷。于是苏州的亲戚朋友就帮忙，首先要去借一个火炉。但有了火炉没有煤，也没有煤饼烧，因为苏州当时的煤饼紧张得不得了，每家配给多少块煤

---

　　① 王遗珠（？—？），女，张允和朋友，小学教师。

饼，都是有限定的。苏州的一块煤饼只有北京的半块那么大，配给的煤饼烧饭还不够。所以当时苏州人通常一天只烧一次饭，如果烧两次，煤饼就更不够用了。有一些人口少的人家，就两家合起来开火，这样煤饼勉强够用。我们运气好，一个朋友的姐姐在苏州，户口也在苏州，这个冬天她暂时离开苏州，她家里有配给的煤饼。她离开苏州的时候，就把多余煤饼让给我们烧，使我们不至于受凉。这是我们的运气好，有朋友帮忙。

苏州不仅是烧饭的燃料非常紧张，其他东西也很紧张。在北京买东西也都要有券，用什么券买什么东西，有一个本子。这个本子要登录什么东西买多少量，不能随便买。苏州更紧张。我一个人到苏州最大的观前街，去买手纸——又是手纸问题。我看那里大多数手纸都不好，一直逛，终于在一家店里看到一种比较好的手纸。我说，我要买手纸。他说，你的票呢？我说，什么票呵？他说，你买东西不带票，那你怎么买？噢，我说，买手纸要票呵？那当然啦！那我就回到王遗珠家，告诉她，我到观前街买不到手纸，他说要票，不知是什么票呵？她说，苏州买什么都要票，现在一共有 51 种票。她就拿出一个夹子来给我们看，一种一种的票，买什么东西都要用票，没有票买不到东西。她说你要买手纸，我这儿还有手纸票，你去买吧。我就拿了这个票，再去买手纸，还是到那个店。我给他票，他就拿出来一叠手纸，很坏很坏，粗糙得不得了，颜色是黄而黑的。我说，我不要这个坏的，我要这个好的。嗨，他说，那个是摆样子的，根本不能卖的，卖了这一叠就没有了。结果呢，我拿了票也没有买到手纸。后来我们这个朋友另外帮我们想办法，买到了手纸了。怎么买到的呢？用买卫生纸的票去买女人用的卫生纸，买来以后自己裁，裁成小块做手纸，这样解决了手纸问题。

这个时候苏州的日常供应比北京还紧张，北京当时买菜已经是非常困难的。我们家买菜，要清早五点钟起来，走相当长一段路，坐电车要坐五站路，到一个叫朝内市场的地方去排队。队伍非常长，从市场里面一直排到外面，排到马路上还拐了很多个弯，你想找这个队伍的尾巴都不容易。还有一个困难，比如这个队伍是买青菜的，那你买了青菜再去买肉，那肉就早已经卖完了。所以，熟人之间会相互照顾，你买肉多买一点分给我，我买青菜多买一点分给你，可是肉也是有限量的。这样相互照顾，我觉得已经是很困难了。苏州的菜场，跟北京一样都是公营的，不能私营，私营就是走资本主义道路。私营的菜场，我看倒是没有人排队，为什么没有人排队呢？后来我才弄清楚了，因为里面没有菜，你要买菜很困难。有农民拿了菜到城里面来卖，那是黑市，如果被抓住了，是要被关起来的。有一天，有个女农民，拿了一个篮子，头上包块布，到我的朋友家来。她篮子里有几个荸荠，荸荠是他们乡下田里的一种副产品，想卖给我们。我们很高兴，就买了这个荸荠。当时，把自己的荸荠拿到城里面来卖，这是非法的。所以要相熟的，跑到你家里来卖才可以，马路上交易是不行的。马路上停下来卖荸荠，警察会抓的。从我们住的这个王家的窗子可以看到外面楼房，看到一条小马路的拐弯地方，有一个炉子，在卖烤白薯。噢，这是好东西，我就去买回来吃，高兴极了。可是隔了两天，炉子没有了。我就打听，街坊上的人说，被警察抓走了，不许在此地卖。卖烤白薯也是走资本主义道路呵。噢，我才懂了。当时生活艰难到这样一个程度，但是这个事情是很有趣的。

我们住在苏州的时候，张允和的弟弟听说我喜欢吃鱼。在北京没有什么鱼的，这个鱼当中最好吃的叫刀鱼。刀鱼大概是江阴到苏州这一段长江的水域才有，其他地方都没有，很多地方根本不知道有刀鱼。为什么会谈到刀鱼呢？也是凑巧，我们这个朋友家里挂了一副对子，写的就是刀鱼，这样就谈起刀鱼来了。张允和的弟弟说他有办法买刀鱼，他这个兴致还是很高的。怎么办呢？天不亮就到城外买刀鱼，城里面是不可能买到的。他居然买来了刀鱼。刀鱼要清蒸，才好吃。大家吃刀鱼的时候，我就告诉他们，我从小就学会怎么吃刀鱼的，有一套本事，要先吃鱼，再吃饭。于是我就把刀鱼放在碟子里，表演给他们看，像医生解剖人体一样，把这个刀鱼慢慢地解剖开来，这样鱼刺就可以有秩序地拿掉，不会卡喉咙。吃刀鱼最麻烦就是刺太多，不好弄。于是我们吃刀鱼就吃得很尽兴。这是很有意思的，逃难当中、地震当中、国家动乱当中，我们照样吃刀鱼，这是一个难忘的纪念。我吃刀鱼的这一套技术，从小学的，多少年也没有用过，这个时候我才有机会表演一下。

# 凋敝的洞庭东山
## 人民公社是"井田制"

大概是在冬天，我的身体好起来了，我就到洞庭东山去了解情况。洞庭东山是我少年在苏州时常常去玩的地方。

一到洞庭东山，一路上我就发现情况不妙。先前这一条路两边有许多小店，小店里卖各种各样的东西——主要是手工业品，吃的东西也是多得不得了。现在一路上什么东西都没有，这使我感觉到一种苏州衰落的象征。到了洞庭东山，由于王遗珠的邻居和她的朋友写了介绍信，我就去看住在东山的两户人家。那是冬天了，我看到一个十几岁的小姑娘，脚上冻得很厉害，一块一块紫的，不穿袜子，裤子、鞋子也很破旧的。还有的小姑娘赤脚走路，不穿鞋。我就问，为什么不穿鞋？她们说，我们这里就是这样子的。我想起从前不是这样子的，从前东山是很富的，小姑娘都是穿新裤子、新袜子的。

东山这个地方新中国成立前是地主的世界，因此我想看看以前的地主现在的情况怎么样。我不好明说要去看地主，只好说我要去看看贫下中农的情况。因为我们在东山暂住的一晚是在一个农民家里，也是贫下中农出身的。但是他现在主要是靠打鱼生活，是为国家捉鱼的，所以他们的生活比较好。我想去看别的贫下中农，他们就介绍了一家。他们说如果是别人家，你白天去看，看不到，他们都在田里头工作。这一家是个老太太，不会到田里去，她一定在家。我就去看这个老太太。到这个老太太家，好阔气呵，她住的是地主的大房子。地主没有了或者是死了，不知道哪里去了，她就住了地主的房子，贫下中农翻身了。这个老太太住一个正卧室，房间很大，也很高，但是那么大的房间，里面只有一张方桌和一条长木凳，连床也没有。她就在地上铺点棉花或是稻草包起来的东西，算是一张床。

于是我想，地主是被打倒了，但是贫下中农并没有翻身。在苏州洞庭东山，地主是被打倒了，地主的大房子里已经没有地主家的人了，也没有地主的家具了。贫下中农住在里面，是空空如也，只有一张桌子和一条长板凳。按道理，一张桌子要有四条长板凳才能吃饭嘛，可是只有一条板凳。

我们去的洞庭东山这户人家，是打鱼的。当地有一个渔业合作社，他们告诉我，他们打的鱼——特别是太湖里的螃蟹，都是送到北京的。由于打鱼的，他们可以吃到螃蟹，而苏州人是好多年吃不到螃蟹了。他们告诉我，打鱼时，网里的螃蟹都要上交，不能自己吃，但是网外面有趴着的一些小螃蟹，是我们合作社的，大家可以分了吃。我们暂住的这家正好是主管合作社的，因此可以分到小螃蟹，而且如果别的人不要呢，他也可以买下来。由于我们是远道来的贵客，北京来的客人是了不起的，所以他请我们在冬天吃螃蟹。噢，这要在苏州的话，算是了不起的优待了，于是我们就吃到了太湖的螃蟹了。

由他介绍，我就去拜访人民公社的主任。这个公社主任的办公室，非常简单，一张小桌子，上面也没有公文，很奇怪。这个人很好，很老实。他就跟我谈，谈几件事情。一件事情呢，是现在上面一定要他们种双季稻。他说双季稻是双倍的劳动力、双倍的费用，结果只能增产20%，很难增产25%。如果种单季稻就不会亏本，单季稻大概1亩田产粮1000斤，因为苏州这个地方土地很肥，而双季稻顶多 1 亩产 1200 斤，种了双季稻就没有时间再种麦子，而种单季稻还可以种点麦子或者蔬菜。他说你是北京来的，还是全国政治协商会议的委员，你能不能跟中央讲一讲？我说，好，我回去我把你的话向上面报告。第二件事呢，他说组织农民去种田，农民是没有积极性。他说，明天清早你同我去看，怎么样排队，怎么样下田种地，他说这样子不行呵。第二天清早，天还没有亮，他真的带我一起去看。噢，吹哨子，农民集合，扛一把锄头放在肩膀上，没精打采。集合之后，立正、开步走，懒懒散散，没有一个人有精神的。哎呀，这样子怎么种田呢？我觉得农民很苦，我更感觉到贫下中农并没有翻身。这件事给我的印象也很深刻。

后来回到北京，看到报纸上还在宣传双季稻怎么怎么好，不许讲双季稻不好。再隔若干年，赵紫阳在四川才开始废除双季稻、三季稻——这是我听人家说以及在报纸上看到的。当时四川是提倡三季稻，赵紫阳就提出首先把中季稻种好，叫"狠抓中季稻"。他叫人家狠抓中季稻，意思就是说第一季、第三季可以马虎，甚至可以不种。狠抓中季稻之后，这个产量就提高了。实际上是把第一季、第三季取消了，三季稻变为了单季稻。这是我后来从苏州回到北京好几年之后的事情。从废除双季稻、三季稻开始，实际上是慢慢地结束了人民公社制度，这是一件大事情。

如果人民公社还不结束，那中国真是没有饭吃了。为什么呢？这个事情是很值得思考的。从零散的生产到集体生产，看起来真是一个进步。为什么不好呢？我后来慢慢地懂了，因为人民公社是从实物地租往后退，退到劳役地租，劳役地租是奴隶社会和封建社会初期的制度。这种制度在中国大概盛行于春秋战国时代，所谓"井田制度"。"井田制度"就是一种劳役地租。这种制度是很原始的，生产力水平很低。在中国要恢复这种制度是不对的。所以人民公社化的初期，就有苏联的大官到北京来，说我们搞农业公社失败了，你们不要再搞了。这个话当时我还不是很理解，现在看了苏州人民公社的情况，我的印象就更深刻了。

回到北京再重新整理自己的家。自己家是越变越小，但回到北京，总算可以安定下来做研究工作。

# "二简草案"被废除

　　这时候又发生一件事。"文化大革命"中，文改会的造反派积极提倡简化字。文改会本来内部一直在研究简化字问题，一直在收集民间的简化字，我认为这没有什么错。可是把这些简化字推广到社会上去，那是另外一回事，这是不能随便的。在中国，特别是在北京，从理论上讲，打倒"四人帮"以后，"文化大革命"就结束了，因为"文化大革命"是1966年6月开始，到1976年冬天，理论上说就算结束了。但实际上还没有完全结束，隔了好几年，一直还多少留有"文化大革命"的气氛、"文化大革命"的思想、"文化大革命"的习惯。这段时间，文改会还是由造反派控制的，因为"文化大革命"的后期，毛主席号召造反派夺了权。夺权以后，一直到1977年还是造反派控制文改会。这个造反派就把许多社会上收集来的简化字以及他们整理的简化字，搞成一个所谓"第二次简化字方案"。这个简化字方案在打倒"四人帮"之前就送到国务院去了，本来是准备推出第二批简化字，作为"文化大革命"的一个成果的。想不到"四人帮"忙得不得了。当时大概是"四人帮"的一个什么人，来代理国务院的秘书长的——当时国务院的一些领导人，还被关在监牢里面。

这个所谓代理秘书长，实际是他在管事。他忙得不得了，把这个事情压下来了。于是文改会的造反派就在报上发表文章，有两篇文章是很有意思的。一篇文章说，文字改革是无产阶级革命，资产阶级不应当参加。文字改革的一个角落也不能让资产阶级跑进来，这就是反对文字改革委员会的委员们，因为这些委员们都是资产阶级知识分子，而且是高级知识分子。还有，这个所谓《第二次简化字方案（草案）》，他们提到国务院，要求国务院在报上发表，立刻应用、立刻使用。虽然是草案，要立刻试用，可是国务院搁起来没有办。打倒"四人帮"以后，他们写文章，说国务院原来是"四人帮"操纵的，压制他们的革命运动，这个《第二次简化字方案（草案）》被压制了。这么一来呢，当时主管国务院的秘书长着急了，赶快在许多档案里找出这一份来，送到当时刚刚回到国务院工作的一些官员那里去签字。听说是一张纸上，有好多好多个框框，一个框框里是一个人签字。好多个人都签了以后，这个秘书长就把它发表在《人民日报》上。其他重要的报纸上也都公开发布了《第二次简化字方案（草案）》。这件事情引起了轩然大波。大陆许多人都反对，台湾借这个机会大肆反对文字改革、大肆批评共产党。

这个方案的特点是这样：它里面收集的许多简化字都是群众使用过的，但是问题都很大。还有他们创造了一些类推的简化字。比如说"蜈蚣"，蜈蚣是一种昆虫，有一个虫字旁的，他们把这个"虫"字拿掉，不是省事吗。这样一来，这个"吴公"是姓吴的老头子呢还是一条虫呢？就搞不清楚了。还有，"元旦"的"旦"和"鸡蛋"的"蛋"写成同样的字。还有，"椭圆"的这个"圆"字，本来是复杂的，他们把它简化了，写成这个"元旦"的"元"字一样，这一来这个"元旦"是一个圆的鸡蛋呢还是一年的第一天呢？都被混淆了。

这一发表，哎哟，抗议的信多得不得了。我是早已被打倒的，但是很多人不知道，很多人也写信给我。我想这个情形下不能不讲话了——好在这个时候，打倒"四人帮"以后我们可以讲话了，而且《光明日报》有一个"文改副刊"也恢复了。我就写了一篇文章，说这个"二简草案"不成熟，要好好研究，重新修订。不成熟在什么地方呢？因为这些字有许多的确是来自民间，但是有的字是在一个地方流行，在其他地方不流行；有的字在一种职业里流行，在其他职业里不流行。所以这不是"约定俗成"，是"约而未定，俗而未成"，这样推广是不行的。而第一次的《汉字简化方案》，是根据约定俗成的原理来制订和公布的，虽然有缺点，可是群众已经习惯了。第二，我说，第一次《汉字简化方案》公布是在50年代，那个时候大家都要改革；现在经过"文化大革命"，群众听到"改革"两个字就怕，就头痛，不想改革了。群众的心理状态就变了，那个时候的群众想要改，现在的群众想要安定、不要改。在这样一种群众心理、社会心理的情况之下，来推行改革，是逆水行舟，不行的。而且这个方案技术上是不成熟的。你内部研究研究可以，你拿出去是不行的。这篇文章发表之后，我收到很多来信，有些人赞成我的讲法，有的人反对我的讲法，说我背离了革命道路。"二简草案"这件事情把文字改革的名誉搞坏了，可以说一直到现在还没有完全恢复。这个中国字本来很乱，群众写字更乱。用字的人少的时候，你看到的乱少一点，用字的人越来越多呢，你看到的乱越来越多。你在一个地方不出门，只看到一个地方的乱，你出门到了几个地方，你就看到几个地方的乱。那么现在这些乱，都算账算到文改会头上来了，都认为这个文改的事情做错了，这是一个误解。这个"二简草案"是国务院拿出来发表叫试用的，虽然是试用，可是由国务院拿出来还是比较重要的，因此方案拖了好几年。

后来就组织了一个委员会，重新审定这个方案，我的文章就是说这个方案要重新审定。重新审定以后，把这个几百个字的方案缩小，缩小成为100个字左右。可是这个缩小的方案也始终没有能够定下来，一直拖了好多年。到了 1986 年前后——我记不清楚了，才废除这一个草案。所以《汉字简化方案》是没有第二个草案，这个"第二草案"没有变成正案，也就废除了。所以《汉字简化方案》仍旧是维持 1956 年公布的 515 个字的《汉字简化方案》。在 1964 年这个方案扩大成为一个《简化字总表》，就是 500 多个简化字，类推成为 2000 多个字，这个方案一直在中国大陆试行到今天。

改革开放以后，有人反对这个方案，说这个方案错了，是"极左"路线、是林彪路线搞的。改革开放以后，商品卖到外国去，有人说华侨只认识繁体字，不认识简化字，都用繁体字。台湾的东西也进来了，都是用繁体字。所以市面上繁体字、简化字非常乱，一直乱到现在——1996 年 9 月。乱在什么地方呢？乱在广告上，乱在马路边的招牌上，乱在商品包装的用字上，诸如此类。现在习惯说这些用字叫作"社会用字"，实际上这四个字是不大合理的、有问题的。

可是另外一方面，全国的教科书、杂志、报纸，都是统一的，还是维持原来这个《简化字总表》，以 1956 年《汉字简化方案》为基础，做标准。那么现在 1986 年，中国文字改革委员会已经改名为"国家语言文字工作委员会"，简称"国家语委"。国家语委还是维持、推行这个标准，这是国家规定的规范标准，还是维持这个。虽然有人反对，也没有动摇。难管理的就是马路边上的招牌，还有商业用字。这件事情对整个国家来讲，不是一个很大的事情，它基本上是一种技术性、学术性的事情，政治性也不是太强。

# "文化大革命"是历史的倒退

昨天（1996 年 7 月 13 日），我们对门的一位姚奶奶姚家珍[1]，来我家聊天。她是我从前的同事，一同下放到"五七干校"。她告诉我，我在"五七干校"有一次劳动时晕倒了。有一位同事叫孙坚[2]，把我扶起来，使我慢慢地醒过来。这件事情我都完全忘掉了，姚奶奶告诉我，我才知道。我现在连这些事情都记不起来了。这种事情在"五七干校"时很多，可见劳动强度还是比较高的。我前面讲过了，在那个地方，我们住的这一个有围墙的站。我听说一共有 24 个站，24 个站是一个劳动营的单位，一个劳动营的单位里面有好多个劳改站。究竟有多少个单位呢？我也不知道。可见在宁夏平罗这一带，是地广人稀，没有什么人的。很苦的地方，当时的劳改犯人数大概是很多的。

"文化大革命"被党中央称为"十年浩劫"。按官方的讲法，十年是从 1966 年到 1976 年年底。事实上还拖了几年，因为"文化大革

---

① 姚家珍（？—？），女，周有光住在北京沙滩时的邻居。

② 孙坚（？—？），周有光在宁夏劳动时的同事。

命"这一股风，你要把它改过来，还要经过几年的时间，大概到了1980年稍稍好一点。

讲一件小事情。文改会下面有一个文改出版社，存有1000多种书的纸版。在那个时候，纸版是一个出版社最重要的财产，它可以重新印书，但是这许多纸版在"文化大革命"当中都被烧掉了。文改会有一个办公楼，在南小街——就是靠这个出版社赚的钱，靠许多书赚的钱造起来的。造反派把这个出版社的纸版都烧光了，再想利用它们就困难了。这是很小的例子。这个破坏之大——物质的破坏、精神的破坏，真是无以复加啦。

所有大学都停了。后来理工大学的确恢复了，恢复了也不用招生的办法，因为考进来的大都是资产阶级知识分子的子弟，这些人都是属于"反革命的阶级"。所以就用选拔的办法，选拔工农兵革命子弟——叫作"工农兵大学生"，才小学毕业，有的小学还没有毕业，因为他们出身好，就进大学了。后来这一批工农兵大学生基本是什么事情也不能做，因为他们没有学嘛。大学教育，实际上是整个教育，停了十年，这一停十年，影响一代人。许多人说不是影响一代人，而是影响三代人。

# 身无分文赴巴黎参加 ISO 会议

　　下面我讲一下我参加国际标准化组织会议，使《汉语拼音方案》成为国际标准的这一工作的经过。国际上除联合国之外，还有一个规模很大的组织，那就是国际标准化组织。这个组织分了许多专门委员会，制订不同方面的国际标准。其中有一个专门委员会，叫作第46技术委员会（TC46），是专门管文献工作的。信息化时代，需要每一种语言有一个标准的用罗马字拼写的方案，这样在国际信息交流中就比较方便。比如说吧，一个地名如果用罗马字拼写有几个写法，那就很不方便。航空和其他方面都会发生混乱。所以每一种语言，这个罗马字拼写法都要有一个标准。如果一种语言的文字是罗马字，比如说意大利文、英文，那么就拿它本国的文字作为标准。可是如果这个国家采用的不是罗马字，那么就要定一个标准。定下的标准，不是改革它的文字，而是采用一种罗马字的拼写法，在国际上面作为信息交流的工具来使用。在中国，就是《汉语拼音方案》。1979 年之前，是台湾地区参加这个国际标准化组织，联合国起初也是它占着的。

　　1979 年年初，天还很冷的时候，忽然我们单位通知我，要我到巴黎去参加国际标准化组织会议。这个会议要研究怎么样规定汉语拼写的国际标准。当时，我有点吃惊。因为到了1979年年初这个时候，虽然我们这些人从"五七干校"回来，并且已经被"解放"了，工资也恢复了，但是实际上还是靠边站，还处在一种"被软禁"的状态，想参加国际会议是不可能的。忽然要我去参加，我就很奇怪。当然我也不问为什么，我也不问这个经过，叫我参加，那我就准备去参加。

这当中有一些有趣的事情。这个会议是国际标准化组织召开的，而它的经费是由联合国教科文组织给的，教科文组织是一直支持国际标准化组织的工作的。所以是教科文组织来信邀请我的，并且说，一切费用由他们负责。他们寄来了往返飞机票，法国航空公司的航班，从北京一直飞到巴黎。有趣的事情是这样，组织上给我看一张中国社会科学院油印的单子，上面规定，出国不能带人民币，一分钱也不许带，那么我就不带了。我们单位又告诉我，你的一切费用由教科文组织给，我们就不给你外汇了。好，这样我上了飞机，身边既没有一分钱的外汇，也没有一分钱的人民币，口袋空空地上飞机的。如果是别的人，或许就不敢上飞机了。半途中，或者到了巴黎，如果想坐个出租汽车你也没有钱呵，打个电话也没有钱。我想也不想，反正你要我怎么样，我就怎么样。我想问题不大，万一临时有什么问题，我还是有办法可以解决的。

结果呢，很顺利，到巴黎没有发生任何意外。一到巴黎，从飞机上下来，有一个大使馆的人来接我。接我的是一位女的，她说她是大使夫人，同时也是大使馆的秘书。所以我在巴黎的时候，一切招待都是她负责陪我，她给我开车。于是我跟随她，坐了汽车就到这个大使馆的招待所，放下行李。行李放下后她立刻就带了我到教科文组织去拿钱。有趣的是，教科文组织给我钱的这个人开玩笑说，我们此地的规定是有点不大礼貌，拿钱一定要自己来签字，所以要你自己来。这个我觉得是无所谓的。接下来他讲了一句话更奇怪，他说，我们邀请你三年了，你怎么都没来呢？我一听这话，非常困惑，但我也不好细问。为什么三年？为什么我没有收到信？一想也不好细问，我也就不回答。不回答，他也就算了，就不再追问。大使夫人跟我讲，你是教授级，按照规定你可以住在外面的旅馆里，那里比较舒服。我们这个招待所比较简陋，随便你住招待所或旅馆，都可以。我想我多少年没有到国外，从1949年回到上海之后，一直到现在1979年，我没有跟国外通过信，跟国外完全脱离关系。我觉得还是住在大使馆招待所好，我一个人住在外面也不一定好，所以我决定住在大使馆的招待所里。

后来我才了解，这个会我一个人去就够了，不必带人去的。但是呢，我们国家派了三个人跟了我去，另外还派了一个翻译。在巴黎开预备会，立刻就发生问题了。这个开会如果开一个总的会议，倒无所谓，开分组会的时候就发生问题了。因为分组，这几个人分在不同的组里，有的人懂业务，但不懂英语。不懂外语，开会就莫名其妙。翻译也很为难，这个翻译是外国语学院毕业的，英语很好。可这是专业性会议，他不懂专业，也无从翻译，是这么一个情况。这种情况，从改革开放开始，一直延续到1984年。1984年以后就慢慢地改变了。国家规定，出去开国际学术会议，必须既懂业务又懂外语。

# 华沙会议上的两次发言
# 外汇稿费需上缴

在巴黎开的是预备会，开完了预备会，把各国代表都集中起来，分批到华沙，正式会议在华沙召开。还有一件有趣的事情。在巴黎开预备会议，大家都讲英语，连法国代表也讲英语。到华沙正式会议就不一样了，必须是英语、法语双语言，两种语言都作为会议的语言。一个人讲英语，翻译把它翻成法语，一个人讲法语，翻译把它翻成英语，实在是浪费时间。可是按照会议的规定，从头到尾一直是英语、法语，法语、英语。我跟其他的代表一样，首先按照准备好的稿子发言，之后开会就是大家共同讨论、随便讲话。我准备好的稿子有两篇，一篇就是讲《汉语拼音方案》的历史背景，就是讲汉语用罗马字来拼写的历史背景；第二篇是讲《汉语拼音方案》的技术特点。为什么以前有国语罗马字？为什么以前有长期使用的威妥玛方案，还要另外制订一个《汉语拼音方案》呢？我第二次发言就讲这些。讲了以后，得到与会一些人的赞同。有一位告诉我，这个会就要像你这样的人来开才能解决问题。过去为中国语言的拼写法问题开了好多次会，都得不到结果，就是因为参加的人没有把问题说清楚。我的这两篇发言，后来稍稍压缩了一点，把它合成一篇文章，登在 UNESCO 的一个官方杂志上，这个杂志叫作《信息科学、图书馆学和档案管理》，是 1979 年第三期，这是 UNESCO 的一个专门的刊物。

关于发表这篇文章，还有一个有趣的事情。他们决定发表了，就给我一个简单通知，说很抱歉，我们这个杂志向来是没有稿费的，只能给你一点很少的补贴，给 300 美元。300 美元，在当时的中国人来看，是一个相当大的数目。那么我拿了这 300 美元，就交给这位大使夫人。我说，这个美元我带回去不方便，我也没有什么用处，我交给你，麻烦你代我买一点书。我告诉她我想要买的几种书。她把美元收了，过两天告诉我说，对不住，按照国家规定，你得到的外汇都要上缴。所以我不仅没有买到书，外汇也没有了。此外，我们去的时候就规定，我在国外只能用相当于人民币 20 块的外汇买东西带回来，不能多用。此外，UNESCO 给我的钱都要上缴。我用完了上缴，上缴还要有一个账单，我当然照这个规矩办理。于是这位大使夫人就问我，20 块钱你打算怎么用呢？我说，我的爱人喜欢绿色，我准备买一条绿颜色绿花的床单。她说，好，我陪你去买。她开了车，陪我到一个地方，把车子停在马路边上。她说，我们下来走一段就到一个店，这个店是专门卖处理品的，在这个地方，相当于 20 元人民币的钱可以买到一些东西。走了一段路，我们到了一个处理品商店。这个店一个门倒是相当大的，但是门口没有牌子，进去也没有人管，没有营业员，东西随便拿，也没有人把东西整理好，所以里面是乱七八糟的。我选好了一条，就拿到大门口，有一个人专门管收钱。大使夫人告诉我，说为什么我们的车子不能停在这个地方呢？大使馆的车子停在此地买处理品是很丢脸的，所以只能这样做。我很高兴，因为买的这条绿花床单是尼龙的，很漂亮，我们用了好多年。这也是一个有趣的事情。

# 张宁和的经历　巴黎与华沙两重天

在巴黎，空闲的时候，我打了一个电话给我的内弟张宁和①，他是我爱人的第七个弟弟。他娶了一个太太，住在比利时，他是音乐家。新中国成立初期，他回到中国，担任中央乐团第一任指挥，做了很多工作，中央乐团最早一批的音乐家都是他训练出来的。当时他的夫人也陪他一同回国，他的夫人是和他在巴黎一起学音乐的，是小提琴家。他的夫人很有趣，到了北京，也在中央乐团工作，给她每月150元人民币。人家问她，给你这点钱是不是太少了？她说，不少，150元人民币，一个月可以吃很多鸡呢！中国的鸡便宜。所以他们在北京工作，一点没有什么不愉快。但是后来事情越来越不愉快了，我们国家在苏联培养的音乐指挥回来后，就不要张宁和做中央乐团的指挥。因为在中国人看来，中央乐团的指挥，这是音乐界很高的地位，所以不能让一个非党员来做，而且还娶了外国太太，就把他调到"新影乐团"，就是一个电影公司的乐团。在那里，他工作也很好，

① 张宁和（1926—2004），张允和七弟，音乐家、乐队指挥，后定居比利时。

也没有觉得不愉快。每隔三年他们就回到比利时一趟，去一趟不到半个月就回来了。要去看看他的丈人、丈母娘，因为他的夫人是他的丈母娘唯一的女儿。第三趟去的时候，"文化大革命"开始了，他想去就不批准了，就不能去了。他问公安部为什么不能去呢？说现在国际形势紧张，很快要打世界大战了。他说我看外国的杂志，都说是世界不会打仗。而且他找到一个新闻，上面登了，说周总理也讲不会打仗。后来他还是没有办法去，就写信给周总理，他认识周总理。周总理看了信以后，亲自批示说让他去，这样他才去了。这一次去了，他就不回来了，他没有办法回来了。所以如果让他去，他都回来，前两次都是回来的，这一次他没有回来，因为开始限制他去国外。是这么一个情况，我是顺便讲一下。

我打电话给张宁和，他就与他的小儿子来看我。他的小儿子当时是小学生，在上课，这个时候不是放假的时候，可是孩子一定要来。那怎么办呢？功课怎么做呢？有办法，带一个打字机在汽车上。汽车一路开来的时候，小孩子就在汽车上打字写作文。小孩能用打字机，在中国是不能想象的，小学生在汽车上用打字机做作业，这在中国更是不能想象的。

巴黎是一个有名的历史古都，可以参观的地方太多，许多有名的地方我从前都去过。可是有一个地方我没有去过，这个地方是新造的，是一个很大的建筑，叫作蓬皮杜艺术中心，可以说是一个现代艺术宫，规模很大。那么张宁和就陪了我去看这个蓬皮杜艺术中心。里面包含艺术的各个方面，有陈列、有表演，规模之大是惊人的。这个艺术中心的房子非常特别，它不是一个古典式的艺术设计，而是把这个房子的外表设计成一个工厂模样。我看了一点都不舒服，觉得很难看。可是法国的艺术家，据说绝大部分都称赞，认为这是一个创造性的思想，工业化时代应当把工厂看成是美丽的，这一想法是真正全新的。这次在巴黎，我参观后留在记忆里的就是这个现代艺术中心。

一到波兰，气氛是完全不一样。巴黎是热气腾腾，好像是一锅刚刚煮开的水。一到华沙，就好像这一锅水，多少天都没有烧，冻冰了，气氛完全不一样。可是华沙有一点，给我的印象是很深刻的，就是我每次走在马路上，都看到修女、嬷嬷，宗教色彩还是很浓厚的。华沙在第二次世界大战中被完全破坏了，现在的城市是重新建设起来的，建设得很好，井井有条，而且没有豪华的味道，也没有高房子。让我觉得奇怪的是，这个城市的建设，比如马路旁边的标记、交通的标记，等等，一看就觉得完全是法国的样式。因为华沙，乃至整个波兰，受法国文化影响非常深。俄罗斯在帝俄时代，也是受法国文化的影响，帝俄时代在俄罗斯宫殿里都是讲法语的。所以一看这个华沙，可以说是法国的一个乡村城市，有这么一个印象。后来我回国，有人问我，对华沙有什么印象，我说印象很深刻。我说他们的文化思想在法国，他们的政治制度却是苏联的。头在西面、脚在东面，身首异处，我说这个国家不能长期稳定。这句话不幸而被我言中，不多几年，波兰就闹大事情了①。

---

　　① 　指 1980—1981 年间，由瓦文萨领导的波兰团结工会，发起了广泛的非暴力社会运动。

# 苏联见闻

在波兰工作完成后，本来应当回巴黎，再坐法航回来。我跟同去的几个人一商量，大家都愿意把机票退掉，重新买德国航空公司的机票到莫斯科，在莫斯科再坐苏联航空公司的飞机回北京。这样能顺便看一看莫斯科。这个莫斯科的印象是非常有趣的。莫斯科这个城市的设计非常豪华、雄壮，气派比华盛顿气派还要大，但是非常贫穷。我住在中国驻苏联大使馆的招待所里面，当时中国跟苏联的关系已经是很紧张了，大使馆非常大，招待所也大得不得了，但没有几个客人……

刚才有几句话，我没有讲完，现在我补充在这里。我到了莫斯科，住在大使馆的招待所。他们招待我住两个大房间，我说不要住这么大的房间，只要一个小房间就够了。他们说，你就住吧，好在这些房间都是空着。有趣的是，住在这个大使馆的招待所里，每一层楼的电梯旁边都坐了一个修理匠。他告诉我，你上去请注意，电梯有了问题你按一个红钮，我们就来修理。还好，我上上下下还没有遇到，据说这个电梯是经常出毛病的。这件事情使我想起了一段新闻。有一个美国新闻记者，很有名气，他的思想比较开明，写了许多称赞苏联的文章，所以苏联就请他去访问。他到了苏联，回去写了篇报道，也还

402

是称赞多，但对苏联的许多现实也进行了挖苦。其中有一件事情就是说苏联的洗脸盆很大，可是自来水龙头都是不灵的，出水口水出不去，进水口水进不来。他说大概苏联人把进水口和出水口装错了，把进水口装在出水口的地方。这是讽刺苏联的。苏联的房子规模都很大，但是枢纽问题没有搞好，就像这个电梯没有搞好。电梯上下怎么能够随便出毛病呢？这是很危险的事情啦。

当时苏联跟中国在外交上，表面上还是好的，暗中很紧张。我住在大使馆里时，有一天大使来找我。他说我们要跟你谈谈，要听你给我们讲讲在法国、波兰、中国知道的情况。他说我们在此地不能随便行动，我们了解的中国国内的情况和国际的情况太少了。我就答应了。于是，他们就约好了晚上开一个会，我看大使馆的人差不多都来了。让我吃惊的是，开始要聊天的时候，就把门关起来了，唯恐这个声音传到外面去，紧张到这个程度。我不是搞政治的，我知道中国的情况和国际情况是很少的，仅仅是在中国报纸以及外国报纸上看到一点。那我就谈我所知道的情况，以及我的看法，他们听了非常高兴。这件事情又使我吃惊。大使馆应当信息非常灵通的啦，居然消息如此闭塞，这个外交工作怎么开展呢？

我离开莫斯科的时候，还有一点卢布没有用掉，我就到市中心最大的一个百货公司去买东西，想把这点钱用掉。我看了某样东西不错，就说这个东西我想买，营业员说，对不住，这个是样品，没有货的。好，我选择另一样东西，又说这是样品，没有货。结果我这个钱实在是没有办法用出去，只好买了许多莫名其妙的东西回来。当时的苏联就是这样子。我回来坐苏联航空公司的飞机，飞机很大，一起飞就把客舱里的灯全关掉了，节省电。那么大的客舱，没有几个人，所以每个人都可以把座位放下来，睡在上面，每个人都睡在上面还睡不满。我才知道，苏联航空公司是如此经营的，肯定会亏本喽，反正都是国家补贴了。

# 《汉语拼音方案》成为国际标准
# 在中国召开国际会议

　　这次在华沙开会，是得到了法国、日本以及其他国家积极支持的。大家认为《汉语拼音方案》是很好的，应当作为拼写汉语的国际标准。之前的会议，都只是台湾地区代表参加会议的。台湾地区代表主张用威妥玛方案，他们没有主张用国语罗马字。按道理来讲，这是不对的。为什么呢？因为国语罗马字是南京政府在 1926 年公布的，国语罗马字的公布就是否定了威妥玛方案。怎么能在国际会议上主张用威妥玛方案而不用国语罗马字呢？这个道理是讲不通的。那么这次我讲这个道理，为什么不用威妥玛，为什么采用国语罗马字，得到与会许多人的理解。法国代表特别热心，他们提出，不仅要把《汉语拼音方案》定为拼写汉语的国际标准，还要请中国提出一个正词法，就是用汉语拼音来拼写汉语，怎样连写、怎样分词，也把它规定成为一个国际标准。这件事情是不可能的。为什么不可能呢？我在会议上就说清楚，这个正词法是一个复杂的事情。我说英语、法语的正词法能够规定下来是经过长期的历史演变才成功的，汉语还没有能够走到这一步。《汉语拼音方案》只能使每一个字的读音，根据它的标准读音拼写下来。分词连写大多数没有问题，但开始实行会有许多问题，特别在文言方面会有问题。所以我说，我们正在制订汉语拼音的正词法，制订好了，可以把我们的正词法作为国际标准的一个附件。我说这样做，符合事实的要求。其他国家都同意了，法国人还不完全同意。法国人他们代我们定了一个正词法，他们定的正词法是由法国的许多汉学家开会讨论的。但是跟我们的理解、跟我们的要求不符合，不能采用。

这次会议的内容，不仅是谈汉语、谈中国，还有其他国家的问题，我就不谈了。对于汉语拼音，是大家同意、会议同意、第46技术委员会也同意用《汉语拼音方案》作为标准。根据这一次的讨论，由这个TC46的秘书处去写一个文件。写好以后，下次开会再通过这个草案。下一次开会，本来想在1980年，1980年没有开成功，就改为1981年。他们都说，我们没有到中国去开过会，这个会是一年一个国家主办，希望下一次在中国召开。我当时觉得这是对的，但是我不敢答应下来，我没有这个权力。我说好，我回去向我国政府报告。

报告以后，我国政府好久没有做出答复，最后同意了。因为那个时候，1979年、1980年、1981年，中国的政治气氛一年年都在改善。在1979年的情况下，是不太可能同意他们来的。可是到了1980年，情况就变了，同意他们来。但是不能在北京开会，因为北京是首都。好多国家都有代表来，来许多"特务"怎么办？不行。就决定在南京开会，南京也没有合适的地方，就找了一个解放军的招待所——好像是空军招待所。在远远的一个山坡上，地方倒很清静，也很干净。这是1981年的事情，可能是到中国来的第一个学术会议。开会有许多问题，首先要复印材料，没有复印机。复印机用飞机从北京搬到南京。这个复印机老是坏，不知道哪里买来的，不是中国制造的，很不好用，所以有两个修理工人就站在复印机旁边，随时修理。

这个会议开得还是成功的。会议通过了一个草案，就是说明

《汉语拼音方案》的内容是什么，为什么要把它作为拼写汉语的国际标准。这个草案还要经过 TC46 的理事会开会通过，通过以后还要送到许多国家，经过通信投票同意后作为国际标准。当时台湾地区反对——台湾地区虽然没有参加这个会，但台湾地区还是反对的。不过，台湾地区不能影响法国和其他国家，但影响了美国和英国，所以国际投票时美国和英国投了反对票，其他国家投了赞成票。可是美国和英国他们有一个民主习惯，要遵守多数人的意见，3/4 以上的国家都赞成，就通过了。所以在 1982 年，投票得到了结果，《汉语拼音方案》就成为国际标准了。投票通过成为国际标准以后，这个国际标准化组织 ISO，要给它一个代码，《汉语拼音方案》作为国际标准的代码叫 ISO-7098。

这件事从外交角度来看是一件很小的事情，不是外交工作，只是一个技术工作。从文化角度来看呢，不是一件小事情。中国要加入到国际大家庭中去，要使中国的语言文字跟外国的语言文字能够方便往来，没有一个标准的罗马字拼写法是不可能的。有了一个罗马字的拼写法，比如说，外国人要在信息网络里面找中国的出版物，就能很快找到。只要把中国出版物的书名、人名，用汉语拼音写了，就能很快找到。否则，就很麻烦。所以这个《汉语拼音方案》成为国际标准以后，实际上是为中外文化增加了一个沟通上的桥梁。这个桥梁的作用看起来是很简单的，也可以说是微不足道的，但是它的影响是很大的，作用很大。一旦我们加入到国际信息网络中，这个作用就更大，所以这不是一个小事情。

# 应邀去香港演讲文字改革

　　下面我讲1980年，香港"中国语文学会"邀请我到香港去演讲的经过。香港有一个"中国语文学会"，是香港教育界组织的，主要由香港大学的几位研究语言学的学者，以及一些香港中学的语文教师组成。香港一向重视英语，日常用广东话。对中国语文，以中国内地为标准的白话文和普通话这一个系列的语言文字教育是不重视的，也很少研究。"文化大革命"后期，香港就组织了一个"中国语文学会"，提倡研究中国语文问题，提倡在香港学普通话、写好白话文，等等。这个学会成立的时候，我就觉得他们做得非常好。我就送他们一句话"厚今而不薄古"，意思是说，这个语文一定要重视现代的语文，但是古代的东西也要研究。这句话是怎么来的呢？在中国内地，在"文化大革命"之前，就从上而下地提倡，说要"厚今薄古"。我觉得这是不全面的，"厚今"是重要的，"薄古"也不对。香港人很喜欢这句话，后来他们就加了一句，叫作"重中而不轻外"，加得非常好。后来把两句话放在一起，都说是我讲的，这个是我不敢当的。

　　香港"中国语文学会"的一个非常重要的发起人，后来主持工作的叫姚德怀①。姚德怀是我以前新华银行的一个同事的儿子，新华银行这位同事叫姚庆山②，是一位很有名的经济学家，早年在国民党时期参加"中央研究院"，研究统计学和中国经济问题，很有水平，很有地位。以后他到了香港，做新华银行的重要工作。姚德怀是通过新华银行的经理徐湛新③写信给我，说希望跟我通信，研究中国语文问题。他就写信来问了一些问题，我就将我的看法回信给他，我随便写的，写得很草率，他就把我的意见整理了，变成一小段一小段，登在香港的一个杂志上。这个杂志叫作《抖擞》杂志。《抖擞》杂志是香港大学几个教授主办的，其中有一位叫梁鉴添④，是数学系的系主任、教授。当时姚德怀是这个数学系里一位年纪比较轻的教授。这个《抖擞》杂志，它是各方面的文章都有。姚德怀就在这个上面开辟一个栏目，专门谈语文问题。这个栏目曾经叫作《海外文谈》，后来又改为《语文杂谈》。这个栏目登出以后，受到香港的读者——甚至一部分内地读者——的注意，读者很欢迎这个栏目。这样专栏就继续办下去。姚德怀是一位数学家，但是他对语文非常感兴趣，也有很高的理解水平。香港的"中国语文学会"是姚德怀发起的，他团结了香港语文学界的很多人。

1980年，他们邀请我与我的夫人一同去香港，主要是给这个"中国语文学会"作一次公开的演讲，我就去了。我前面讲了，我是1949以后第一次去香港。也是我第一次到内地以外的地区去做演讲。这些事本来是很普通的事情，由于中国内地长期在封闭状态之中，所

---

① 姚德怀（1936—），祖籍宁波，香港中国语文学会理事会主席，《语文建设通讯》（香港）主编。

② 姚庆山（1911—1989），经济学者、银行家，姚德怀之父。曾任香港新华银行副经理。

③ 徐湛新（？—？），曾任香港新华银行经理。

④ 梁鉴添（1932—？），曾任香港大学理学院院长。

以好像是开天辟地的新事情了。1980 年 10 月 11 日，在香港的一个叫作"湾仔温莎公爵社会服务大厦"的礼堂，我做了一次公开演讲。我不清楚他们的海报是怎么登的，可能是登在报上，来听演讲的人，有各方面的社会人士，我讲的题目叫作"中国文字改革的现状和问题"。我说，汉字是中国历史上的宝贝，但是又是现代化的一个包袱，所以要进行文字改革，使我们的文字用起来比较方便。我讲的内容有三个方面：第一是汉字简化；第二是制订和推行《汉语拼音方案》；第三是推广普通话。

做这样一个公开演讲，有广播，在反对文字改革的香港，可以说在当时是一件冒险的事情。可是出乎我预料，反应还不坏。我讲完以后，有几个地方再请我去讲，要录音、录像，他们说你就照第一次的讲稿讲就是了。其中有一个天主教的文化机构——这个机构的名称我现在一时想不起来，要查。这个机构的负责人是一个女士，四十来岁。后来人家告诉我，她没有结婚，专门从事社会事业。他们这个机构有很好的录音、录像的房间、设备。她就叫我讲，讲了干什么用呢？她把我这个有录像的演讲送到有联系的十几个文化教育机构里，去放给他们的老师、学生听。她陪我去参观了他们的几个地方，有一个是残疾人的教育机构，是把职业教育教授给残疾人的。还有一个很有意思，是健康人的、青年的职业教育机构。这个职业教育机构里分了好多个项目，当中有一个项目是训练旅馆、饭店的服务员的。

在她这个机构下大概办了有 14 个单位。她告诉我，这些职业班的学生，出路很好，还没有毕业，外面就来预定了。这样一个机构的负责人，她来听我的演讲，对于文字改革问题感兴趣，叫我再到他们那里去录音、录像，在他们十几个单位里去放给老师、学生听，这是出乎我预料的。为什么呢？因为我原来想，这个文字改革问题，"中国语文学会"的会员可能感兴趣，一般社会上的人士不一定感兴趣。但是来听我演讲的人，不仅是语言界，还有一部分是银行界的，那是因为我从前在香港新华银行做过工作的关系。这件事情与我预料的不一样，我本以为就是到那边跟这个学会做一些学术上的探讨，社会上是不会欢迎的。但是那一次的情况，并不是这样子。

由于姚德怀是香港大学的教授，他介绍我去访问香港大学。我在访问香港大学的时候，他们组织了一个规模不大的演讲会，我简单讲了讲中国内地的情况。根据我的观察，香港大学的教授们对我，仅仅是有礼貌的欢迎。他们没有公开说反对文字改革，可是我的印象呢，他们对文字改革是不热心的。当时，我的希望不是要他们对文字改革感兴趣，我是看看这个香港大学怎么样。在我二十几岁的时候，在上海，当时的圣约翰大学的名气是非常响的。而香港大学在当时还是一个普通大学，在上海人的印象当中是明显排名比较低的。讲直率一点，就是说我们青年时代，上海人是看不起这个香港大学的。而现在香港大学发达了，上海这些教会学校都没有了，这个情况是变了。我在香港大学看到，他们正在大规模地建造房子，一切设备都很现代化，像这样设备好的大学，在北京都不容易看到。我听说香港大学的经费一年有四亿美元——我记不清楚是四亿美元还是四百万美元，反正是很大一个数目。一个香港大学得到的费用，据说是比北京所有大学加起来还要多。

# 香港的巨变及回归问题

这些话都不是正式听到的，就是随意、偶尔听到的。但是有一点是肯定的，香港非常富裕，香港富裕的情况出乎我的预料。1949年，我从国外回到上海的时候，首先在香港停留。那个时候香港并不富裕，我在新华银行工作，新华银行的总行在上海，一等分行设在广州，二等分行设在香港，可见香港的经济地位是并不好的。这次我去了，看到的情况完全改变了。香港"中国语文学会"是一个学术团体，是穷单位，没有多少钱的，所以他们招待我住在青年会。住青年会的人一般都是知识分子，都是穷的。但是对我来讲呢，已经是非常好了。1980年，北京还很少有设施这么好的旅馆。可是在香港来讲呢，青年会是一个廉价的住宿地方。给我印象非常深刻的是，1949年中国内地即将解放时，香港的英国人纷纷撤退回英国，当时的形势有人甚至讲，英国预备放弃香港。但是现在情况完全不一样了，香港是大大发展了，而上海是大大衰落了。上海的贫穷情况，在当时——1980年的时候，真是难以形容、难以想象。这一个变化给人印象太深刻了。上海封闭起来，香港变成中国唯一的出口，这是香港发达的重要原因之一。这一系列的大事情，特别是在我现在讲话的1996年，来回顾这些事情，回顾香港的 30 年，回顾 1980 年我到香港的情况，这个历史是一个很大的改变，这值得我们每一个人很好地思考。明年香港就要回归中国了。

香港的"中国语文学会"有一个杂志，大概是叫《语文建设通讯》①。这个杂志把我在新中国成立以后写的有关语文的两三百篇文章的目录都整理了，登在杂志上面。香港人的工作精神值得我钦佩。

新华银行当初在香港设立分行，要根据英国的法律，在伦敦登记，作为一个独立的银行在香港经营。登记以后拿到的执照要挂在银行的大厅里面。这个执照上写明，这个银行的主要的董事是哪几个人，我是其中一个，是代表新华银行总行的。新中国成立前夕，新华银行在香港不是一家大银行，只有一两个办事处。但是 1980 年我到香港时，已经发展到有 77 个办事处，在香港虽不是一家大银行，可也不是一家小银行啦，可以说是已经发展到一家二等银行了。这个银行一直到今天还存在，在香港回归中国以后肯定还会继续办下去。

我很感谢香港的老同事。香港新华银行当时的负责人，请我吃了一顿饭。在一个大厦的楼顶的转楼上，是比较高级的。吃饭的时候，按照外国的高级宾馆一样，点蜡烛。还有一个穿得非常漂亮的女摄影师来问我们，要不要摄影。她用很礼貌、很有广告技巧的方法来给我们拍照，拍了照以后，不要客人付钱，就记在那个主人的账单里面。这个事情我觉得很不好意思，拍了照，几分钟就拿来了，把照片放在一个塑料的、很精致的钥匙环里送来的。实际上她有点不由分说就让你拍照，是这么一种情形。

人的思想是会变的。30 年之前，我觉得银行全由国家来办理是

---

① 《语文建设通讯》，香港"中国语文学会"编辑出版，创刊于 1980 年，其前身为《汉字改革（香港）》。季刊，刊载各类关于语言文字的论文，每期 80 页，约 11 万字。

对的，银行让商人、私人资本来办理是不对的。可是 30 年之后的今天——1996 年，中国内地已经有很多外国的私人资本的银行来经营业务，同时也允许中国人用私人资本加入银行。在今天来看，把国内的新华银行以及其他所有私人银行都取消，对中国的经济发展并不一定是一件好事情。同时我记得很清楚，在新中国成立前，新华银行的经营理念是相当进步的，是很新式的，设备也是相当先进的。那个时候没有计算机，但是已经采用机械化的计算设备，特别是瑞士生产的计算器，一面记账、一面计算，非常好，已经接近今天的电脑了。可是新中国成立后全没有了。上海是一个金融中心，支票制度很发达。一直到今天，私人支票制度还没有恢复，可能不会恢复了，可能直接就用上信用卡了。但是信用卡在中国现在的情况之下，多数人不能用的，只有极少数人能用，因为穷，没有钱。

所以我 1980 年到香港去，实际上对语文问题并没有深刻的印象，真正印象深刻的是经济问题。这几十年的变化是非常大的，真正是一个历史的大转变。1980 年，香港回归中国这个问题还没有人提及，回归是后来的发展。

上面讲到新华银行，我还要补充一件事情。香港有一个国货公司，是新华银行的总经理王志莘创办的，当时由新华银行投资一小部分，此外还请其他银行、资本家共同投资参股办的一个国货公司。这在当时是一个爱国行动，因为香港地区商品交易量很大，但是中国国货没有地位，所以提倡国货销到香港地区、销到外国。这个国货公司在香港登记，要有一个董事会的名单，王志莘当然在里面，他把我的名字也放在里面，也作为一个董事。我是代表新华银行的，我自己没有钱。可是做了董事有一个好处，会给你一个优待券，到国货公司去买东西可以打九折。这个事情在今天来看不是一个大事情，但在当时由于中国商品要在国外争取市场，办这个国货公司是有意义的。一直到今天，这家国货公司还存在，当然在香港不算一个大公司，是一个中等的公司。

今天是 1996 年 9 月 16 日，这个时候离明年 1997 年的 7 月 1 日，英国将香港归还中国的日子，已经不到 300 天了。这个时候谈到香港，我顺便就谈谈香港回归问题。我上面已经讲了，1980 年我到香港，还没有香港回归问题。1980 年以后情况很快就改变了，英国同意把香港还给中国。现在香港归还中国，我看已经没有多大问题了，虽然香港总督彭定康①，跟我国的政策有些摩擦。不过这些摩擦我看都是次要的问题，主要方面没有问题。英国一定会把香港交给我们的，我的看法是香港不会发生什么大的动乱。一百多年之前，大英帝国把中国的大门打开了，对香港实行殖民统治。本来上海也是英国人控制的，但后来变成公共租界。再后来国民党把它收回了，所以上海早已经不受英国控制了。站在中国的立场来讲，香港能够收回，当然是一个好事情。

---

① 彭定康（1944—），1992 年被委任为末任香港总督，1997 年见证香港主权移交。

# 到夏威夷参加华语现代化国际会议

　　下面我要讲，1983 年我到夏威夷参加"华语现代化国际会议"的经过。1980 年以后，中国大陆跟台湾的关系稍稍缓和了一些，中国开始实行改革开放政策。实行改革开放立刻就遇到一个问题，台湾的语言文字跟大陆的不一样。大陆用汉语拼音，台湾不用。台湾用注音符号，后来他们又有注音符号第二式，是国语罗马字修改的。大陆推行一批简化字，台湾不用。大陆翻译的人名、地名，跟台湾不一样。比如，一个美国总统，大陆叫"布什"，台湾叫"布希"，香港叫"布殊"，一个人有三个名字。所有外国人的名字几乎都有三个，甚至超过三个。

　　新加坡在 1965 年独立，独立以后就发生问题了，使用什么语言、什么文字呢？一个国家一定要有自己国家的法定语言跟文字。新加坡规定：英语是全国通用的，是最重要的文字，是四种官方语言之一；第二是华语；第三是印度人的泰米尔语；第四是马来语。这个"华语"就发生问题了。什么叫"华语"？是方言还是普通话？新加坡决定用普通话，而且以北京的普通话作标准。汉字呢，新加坡采用中国大陆用的简化字。注音呢，新加坡也采用中国大陆用的拼音。新加坡

415

虽然是一个小国家，但是它是一个独立国家，它的语文政策跟中国内地一致，与香港不一致，与台湾也不一致。香港就在广东旁边，可是香港在1997年回归之前，被中国内地看作是"海外"，而不是"海内"。有一句话很有意思，在香港还有其他地方，说"海峡三岸"，实际上台湾海峡只有两岸，怎么来三岸呢？我就不懂了。问了香港人我才知道，"海峡三岸"就是指大陆、台湾、香港，这个说法非常有趣。香港在语言文字方面是跟了台湾走的，可是有一点很不一样，就是香港除英语之外，用广东话，不用普通话。

那么中国人——或者说"华人"，这个语言文字不统一，是很糟糕的事情。这个问题应当召开国际会议，让大家来研究研究，但是一直开不成。不仅是语言学界，还有其他方面，台湾、大陆的学者还很难共同商讨学术问题。一直到1983年，美国人着急了。美国在夏威夷有一个"东西方中心"（East West Center），实际是美国出钱办的。作为一个国际机构，它的理事来自许多国家和地区，其中也有中国人。这个"东西方中心"跟夏威夷大学联合，召开一个会议，叫作"华语社区语文现代化和语言计划会议"，简称叫"华语现代化国际会议"。召开这个会议就是要研究汉语，整个华人的语言文字问题。像这样国际性的语文会议——也是语文现代化会议，在第二次世界大战以后举行了好多次，讨论的中心问题都不是中国问题，而是东南亚的问题。也有其他国家的问题，但主要是亚洲国家的问题，因为这些国家独立之后都有语言问题、文字问题。

这是第一次由他们召开的讨论中国的语言问题，或者叫华人语言问题的会议。这里面有一位重要人物，叫德范克①，他是洋人，英文

---

① 德范克（John De Francis，1911—2009），美国汉学家、语言学家、夏威夷大学教授。曾编辑初中高级汉语教材，是当时美国汉语教室最广泛使用的资源。

名字叫 John De Francis。他在美国教中文、研究汉语，出了许多书，是语言学家、文字学家。他跟我很好，会议召开之前，他就写信告诉我，他们邀请了几个人。不是请中国政府来推荐人，而是按照国际学术会议的方式，由他们指定人。他们邀请了六个中国人：我、傅懋勣①、陈章太②、刘涌泉③、范继淹④、黄国营⑤。他们邀请了中国台湾地区的九个人，实际去了五个人。此外有来自香港地区、新加坡、美国、孟加拉国、澳大利亚、法国、德国、荷兰等国家的学者。参加会议的有 11 个国家和地区，都是研究华语的，到会有 60 多人，这是一次非常重要的华语国际会议。中国大陆方面被邀请的人当中还有一个人叫黄典诚⑥，黄典诚被邀请了，但是中国大陆方面不同意他去，于是黄典诚写了论文，由我们带去，请一个人代他念这篇论文。

　　会议在夏威夷的檀香山举行，日期是 1983 年 9 月 6 日到 11 日。我们申请出国，上面同意了。但是立刻发生一个问题，往返飞机票的费用、出去要用的钱，这个外汇哪里来呢？1983 年申请外汇是不容易的，因为这不是国家派人出去，于是就去不成了。我没有办法，只能把这个实际情况写信给德范克，我说我们被批准参加开

---

①　傅懋勣（1911—1988），山东聊城人，语言学家，研究中国少数民族语言文字的著名学者。

②　陈章太（1932—），福建永春人，语言学家，国家语言文字工作委员会语言文字应用研究所研究员。

③　刘涌泉（1929—），河北交河人，语言学家，曾任中国社科院语言所应用语言学研究室主任。

④　范继淹（1925—1985），重庆人，语言学家，曾任中国人工智能学会副理事长，中国"计算语言"的开拓者之一。

⑤　黄国营（1932—），清华大学中文系教授，清华大学语言学研究中心主任。

⑥　黄典诚（1914—1993），福建龙溪人，语言学家，厦门大学中文系教授。

会，但是时间那么急促，要申请外汇是不大可能的。他们也着急了，如果中国大陆没有人去，这个会议就没有意义了呀。后来德范克就跟美国不知道哪一方面协商，搞到了钱，就打电报来说，飞机票由他们寄来，到那边去的一切费用、生活费用都由他们负担。这样我们就去了。

# 《汉语拼音方案》在华语文化圈的影响

　　这次会议开得很好，这是国际上第一次用学术态度讨论有关语言文字问题。特别是台湾与大陆，交流各自的情况。我的论文题目是"中国语文的现代化"。其中谈三个问题：一个是谈中国的共同语和标准音；一个是谈中国的汉字整理和现代汉字问题；第三个问题，谈拼音和正词法。我的论文较早就寄去了，会议代表到开会的时候都详细看了。会上，特别是台湾地区的代表，非常注意我的这篇论文。我这篇论文写得很长，开会给我充分的时间进行阐述。但我想，我要宣读那么长的论文，搞得大家都要睡觉了。我就临时改变了策略，因为我的论文大家都看了，我就不读这篇论文，只做了一个比较短的发言，这个短的发言的题目就叫"双语言和双文字"。因为这个会议是一次正规的国际会议，会议语言是完全用英语，虽然研究的是华语，可是会议不能用华语——在国际会议上常常是这样子的。我们去的六个人当中有一位不会英语，他的论文是华语。有一位美国朋友，是华人教授——参加这个会议的都是教授级的人物，他就将这位中国朋友的论文翻译成英文。

　　台湾的论文就讲台湾的情况。给我印象最深刻的就是台湾推行

"国语"，非常成功。我也是讲大陆的情况，双方都不批评对方。新加坡也是讲新加坡的情况。新加坡有一位发言人讲，他说台湾批评新加坡，为什么不跟台湾走而跟大陆走？说这叫"侍大主义"。他说我们不是"侍大主义"，而是因为这个华语的根子在中国大陆，政治是可以改变的，语言不能轻易变化的，所以我们要跟大陆走。同时，新加坡说，我们认为简化汉字有好处。另外，《汉语拼音方案》比其他的方案都好。他们是站在第三者的角度讲这个话，很有作用。所以这个会议里面，虽然有许多国家和地区的学者发言，但是中国大陆和台湾地区以及新加坡的发言最为重要。

国际学术会议向来是不做结论的，而是事后选择重要的论文发表。我回来后，我的论文由我国教育部的杂志《教育研究》在1984年1月发表的。1983年写的文章，1984年发表的是中文版。论文的英文版，发表在一个国际杂志《国际社会语言学》的第五十九期上。这个杂志在国际上很有地位，由一个国际社会语言学的团体主办。杂志的编者和名誉编者，是全世界很多国家和地区的语言学家，大概隔几年换一些人。第五十九期是由一位语言学家做主编，这位语言学家是"语言计划"这一门学问的权威，是挪威人，他没有中文名字。最近他来信，说他在香港一个大学里讲学。这期杂志开头，就是这位先生写了一个简单的前言。他当时是"东西方中心"的文化和交通研究所的负责人。这期杂志第一篇就是我的文章。大家都有一个愿望，希望中国内地、香港地区和台湾地区以及新加坡等把华语的规范化提高一点，可以将共同的东西先共通起来，消除一些分歧。

会议召开后，对台湾地区的影响很大。台湾地区代表，主要是一位姓李的语言学家，他原来在台湾是主办华语教育、国语教育的。1983年之前，世界各国——特别是欧美各国，要学中文都是到台湾去学，不是到大陆来学。大陆招收外国留学生来学中文是1983年以后慢慢发展起来的。这一位李先生，后来听说他离开了台湾，好像是做"驻"美国的联络员，实际上地位与"大使"差不多。这次会议的召开，使台湾了解到，汉语拼音已经是国际标准了，很受国际的欢迎。而国语罗马字推广不开，注音符号当然更推广不开。注音符号是汉字形式的，你到外国去给个名片，都没有人认识。那怎么办呢？台湾就修改国语罗马字。国语罗马字的最大的特点，就是标调用字母拼写法，用字母的拼写变化来表示声调。而汉语拼音是用上加符号，国语罗马字难学就是这个声调的表示。于是台湾修改国语罗马字，把它改为"注音符号第二式"。这个"第二式"跟《汉语拼音方案》非常接近，只有两三个字母不一样，最大的改变就是放弃了字母标调法，而改用符号标调法。这一改跟《汉语拼音方案》非常接近，但是他们还不能采用《汉语拼音方案》，因为这是一个政治问题。"第二式"的公布是在1986年。这件事情，我认为应当欢迎，因为它跟《汉语拼音方案》接近了。将来可以商量，将这个方案共同化，采取一个方案——或者他们采取我们的《汉语拼音方案》，或者共同商定一个大家同意的方案，能够统一是非常好的。

香港虽然跟内地在文字语言方面都不一致，但是香港是跟台湾走的，只要大陆与台湾的统一了，香港就没有问题了。简化字问题也是这样，还有许多翻译的地名、人名和科技语都是不一致的。要怎么样把它统一起来，这是一个很大的问题。这次会议中还有一个问题，是当时中国大陆不大注意的，就是台湾地区非常重视英语，新加坡是用英语作为主要语言，而中国大陆不重视英语，这对中国大陆与国际联系、发展科技是不利的。所以有的外国学者主张，中国大陆要重视英语教育。自从改革开放以后，我经常参加国际的学术会议，差不多一两年就有一次，其中我认为最重要的，就是1983年这个"华语现代化国际会议"。

# 夏威夷土著文化
## 中日美文化在夏威夷

　　我在夏威夷的时候，这个"东西方中心"正好举行另外一个会议，叫"太平洋盆地语言和文化会议"。这个会议也在檀香山举行。因为已经在那边了，他们就临时给我请帖，请我参加他们的会议。第二次世界大战以后，这个太平洋虽然很大，实际上已变成美国的内海。本来日本是希望把太平洋变成它的内海，但是失败了；而美国成功了。美国对太平洋盆地很多国家——有些是很小的岛国——的语言、文字、文化的问题，非常重视。美国在夏威夷成立两个大学，专门教太平洋盆地的学生。太平洋盆地的许多国家，原来都是很落后的，有的甚至还不知道穿衣服。美国成立这两个大学就是使他们受教育。美国讲得很明白：第一是要维持、发展太平洋盆地这些国家原来的文化；第二是要使他们提高科学技术，参加国际活动。这些国家的人到夏威夷来进美国大学，不要钱，由美国人出钱。这些人大学毕业以后都不愿意回到本国去，穿了西装，讲英语，变成了美国人。所以美国没有能够达到保持和发展他们本地文化的目的，相反，本地的语言、文化都在消失当中，这是一个问题。

由于种种原因，我们中国实际上在太平洋地区没有什么影响。中国也是太平洋沿岸的国家，中国应当注意、重视，甚至参与太平洋的事务，但是我们现在还没有这个条件。我参加这个会议是偶然的，因为我人已经在夏威夷，否则他们也不会邀请我。可是参加这个会议非常有意思，接触到许多太平洋小国家的人，了解到他们的问题。其实太平洋的许多小国家的语言、文化问题可以拿夏威夷来说明。夏威夷在第二次世界大战以后，变成美国的一个州——就是一个邦，一个State。美国规定，联邦所属领地内任何地区要成为美国的一个州，要全民投票，要3/4以上的人投票同意，才能够加入。当然美国是很希望夏威夷成为美国一个州的，投票结果是绝大多数夏威夷人都愿意加入美国。第二次世界大战以后的变化，在夏威夷是非常大的。第一个大变化，本来日本要去抢夏威夷这个地方的，但是失败了。失败之后，日本以私人、商人身份移居到夏威夷的人数越来越多，夏威夷居民很大一个比例是日本人。我不知道有百分之几，反正经营得像样的商店，都是日本人开的，所以日本人打仗是失败了，但是它得到了夏威夷了，可以这样说。另外一个，夏威夷的文化属于波利尼西亚的文化——波利尼西亚就是"多岛地区"的意思。这个波利尼西亚不仅包括夏威夷，还包括其他一些岛。他们的语言和文化能不能保留下来？我看非常困难，夏威夷人已经很少了，夏威夷人都不大愿意讲夏威夷话，甚至于不会讲夏威夷话。

"东西方中心"举办这个会，他们需要有夏威夷的学者参加，但很难找。好不容易找到一位女教授，夏威夷人。她是在夏威夷开课，这个课就叫"夏威夷文化"。那不是很好吗？当然很好，但是情况很有意思。开会的时候，我特别注意她，因为我想知道更多的关于夏威夷的情况。起初，她的座位跟我比较远，我没有机会跟她讲话。后来碰巧有一次开会，她坐在我旁边，她非常胖，夏威夷人的体形就是又高又胖。我就在休息的时候跟她谈，了解了更多一点夏威夷的情况。

谈了以后我很高兴，我遇到一位夏威夷人，而且是夏威夷的学者。谈到最后，就听到奇怪的事情了，原来她的父亲是华侨，母亲是夏威夷人，是这么一个情况。所以你今天要找一个知识分子且是真正的夏威夷人还真是不容易。

夏威夷地名都是夏威夷语言，夏威夷语言是非常容易学的，它这个语音是非常简单的。可是除了几个大家都会讲的、跟旅游有关系的词语之外，夏威夷语是在消失当中，夏威夷人绝大多数已经不讲夏威夷语了。

夏威夷有一个波利尼西亚文化馆，这个文化馆规模不小，里面陈列了许多夏威夷的东西。当中有一件事，给我印象深刻。夏威夷从前还是独立王国的时候，这个国王要穿一种鸟羽制作的大衣，这是最珍贵的。什么鸟羽呢？有一种鸟，它的毛是红的。要把这种鸟抓来，把它的红的毛拔下来。这种红鸟小得不得了，是很小的小鸟，所以做一件大衣要抓许许多多的红鸟。为了国王的这件红羽大衣，结果就把夏威夷这种红鸟都捉光了，这种鸟就绝种了，今天已经没有这种鸟了。

我有一个习惯，到什么地方，都要去了解当地的风俗人情，要去尝试当地的生活，特别要吃当地的食物。夏威夷的一位教授，他请我吃饭，问我要吃什么菜，我说我要吃夏威夷菜。他大笑，他说我什么都可以请你吃，就是不能请你吃夏威夷的菜，所以我没有吃成。后来我就跟我的朋友德范克讲，我说我要尝一尝夏威夷菜。他说，实在难吃，你不要吃吧。我说，不行，我就是要尝夏威夷的菜。他说，好，我陪你去吃。他陪我去吃，在夏威夷要找夏威夷的饭店还真不容易，找了半天找到了一个很小的饭店，价钱相当贵。吃什么呢？夏威夷人最重要的主食是木芋粥。我没有见到，据说这个芋头是很大的，把这种芋头砸烂了，放点水，熬成粥。这有点像中国麦子熬的粥，黏糊糊的。熬烂了以后没有粒子的，颜色有点黑漆漆的，有点怪味，实在是不好吃，可是我还是把它吃掉了。此外呢，就吃生肉、生鱼，也不好吃，反正的确是很难吃。我到世界各地，我都要吃当地特别有风味的东西，恐怕最难吃的就是夏威夷菜了。但是我很高兴，我吃到夏威夷菜，吃到夏威夷当地人吃的饭了。吃完了，我跟老板聊天，这个老板也不是夏威夷人，是老华侨，但他的太太是夏威夷人，所以会做夏威夷的菜。这个夏威夷菜，这种店现在是没有什么生意了，唯一的顾客就是旅游者。游客就是要来尝尝这个特别风味，这样可以赚一点钱。

所以整个夏威夷文化只能在博物馆里面看了。夏威夷文化博物馆还有表演，表演他们夏威夷人的舞蹈、习俗，特别是草裙舞。夏威夷的草裙舞是很有名的。去看夏威夷草裙舞有一个奇怪的事情。因为我早已知道，特别是在电影里面看过夏威夷舞，夏威夷草裙舞本来是不穿衣服的。什么叫草裙呢？就是用草做一条裙子，里面没有另外的衣服的，跳舞的时候这个裙子甩动是很美的。但是在夏威夷博物馆里看到的草裙舞呢，女孩子都是上面穿了衣服，下面穿了长裤子，外面穿草裙，所以原来的风味没有了。更有趣的是，到夏威夷去的人，度假的居多，都是在夏威夷海边游泳，都只穿泳装。他们跑到城市里的街道上买东西、到博物馆里来看表演，也是穿海边上的泳装，男人的泳装就是一条短裤，女人是一条三角裤再加上一个非常小的奶罩，几乎是裸体的。所以奇怪的事情是，看舞蹈的人几乎是裸体的，而跳舞的人却穿得整整齐齐，外面罩一个草裙，正好相反。后来我的朋友告诉我，为什么这样呢？起初都是照夏威夷原来的习惯，不穿衣服，就穿草裙，但是后来找不到夏威夷的人来跳舞，就找大学里的女学生。女学生为什么要来跳舞呢？跳舞拿钱比较多，她们读书要钱。这一来教会就提出抗议，说怎么能够让女学生裸体跳舞给人家看呢？抗议之后就不敢了，跳舞还照样跳，但是要穿衣服了。这说明当地的传统文化在消失，很难挽回了。

在夏威夷，我想要买一件夏威夷的礼物，送给我一个外国朋友。买什么呢？看来看去，我看到一个中国的瓷器店，我就买了一个茶壶、四个小杯子，很有中国风味，我觉得很好。可是买回来仔细一看，是日本货，买不到真正的中国货。当然我也只能把它送给外国朋友，外国朋友当然很高兴。这说明日本文化的确是无孔不入。日本是一个海洋国家，它要渗透到夏威夷去，是比较容易的，夏威夷就人口数量来讲，很快主要变成日本人了。夏威夷的确是一个非常优美的岛，本来是一个岛国，现在是一个岛州，房屋建筑非常好，都是美国式的，实在是一个理想的居住地。所以有些有钱的华人也在夏威夷住下来。在夏威夷，你一定会想到日本、中国、美国的关系。日本军事失败了，经济胜利了；中国呢，第二次世界大战之后，中国也算是一个战胜国，可以说是在打仗上我们胜利了，但是经济失败了；美国则把夏威夷变成它的一个州，但是人口越来越多的是日本人。有人就说，将来如果有政治变化，这个夏威夷会变成日本的一个州，而不是美国的一个州了。

# 在美国讲学旅行　探望张元和

下面我谈谈，1984 年我到美国讲学旅行的经过。

改革开放以后，邓小平到美国访问，中美关系改善了，商定中美要做一系列的文化合作项目，其中一个项目就是翻译美国出版的《不列颠百科全书》。不是全部翻译，只翻译其中十本，就是简编，短条目，另外加以补充。这项工作是邓小平批准的，由中国和美国联合成立一个编审委员会，美国三个人，中国三个人，另外美国有一个秘书，中国有一个秘书。这个委员会在中国负责具体工作的是中国大百科全书出版社，出版社的社长兼总编辑是姜椿芳①。姜椿芳是一位很有学问的老共产党员，他主持这项工作。他指定的副总编辑刘尊棋，负责翻译《简明不列颠百科全书》的工作。三个中国人，一个是刘尊棋，一个是钱伟长，一个是我；美国三个人呢，一个是美国

---

① 姜椿芳（1912—1987），江苏常州人，翻译家、教育家，曾任《中国大百科全书》总编委会副主任。

《简明不列颠百科全书》的副总编辑，叫吉布尼①，英文名叫 Frank，我们就叫他 Frank；还有一位叫 Solomon，中文写作"所罗门②"，他是美国一位很有影响的活动家，后来他曾担任美国的助理国务卿；还有一位是地理学家金斯伯③。

这项工作从 1980 年开始。本来规定一年开两次会，一次在中国，一次在美国。后来中国为了节省外汇，就改为都在中国开会，所以这几个外国人经常到中国来。到了 1984 年，这项工作已经做了一大半。《简明不列颠百科全书》编委会为了感谢三位中国人的参加，分别邀请这三个人到美国去，或者去休假旅游，或者去做讲学旅行。

他们请我就采取讲学旅行的方式。在这个讲学旅行当中，一切旅行的费用都由他们负责。去之前，按照美国的习惯，由我准备几篇学术演讲稿，我就准备了七篇演讲稿，七个题目，把题目和大纲寄给他们，由他们来安排到哪些大学讲，讲什么题目。他们的办法是这样的，他们的秘书叫 Dr. Dale Hoilberg，中文名字叫何德乐④。由何德乐以《简明不列颠百科全书》的名义，写信给很多大学，问他们愿意不愿意邀请这个人来演讲？这几个题目当中，你愿意他讲哪一个题目？有的大学不需要，不需要它就不答复你了；有需要的，它就答复

---

① 吉布尼（Frank B. Gibney，1924—2006），美国记者、编辑、作家和语言学家。《不列颠百科全书》编纂委员会副主席，《简明不列颠百科全书》中美联合编审委员会美方主席。

② 所罗门（Richard Harvey Solomon，1937—），1989—1992 年任美国副国务卿，《简明不列颠百科全书》美方编委。

③ 金斯伯（Norton Ginsburg，1921—2007），美国地理学家，芝加哥大学教授，曾任美国地理学会主席，《简明不列颠百科全书》中美联合编审委员会美方编委之一。

④ 何德乐（Dr. Dale Hoilberg，1927—），美国汉学家，《不列颠百科全书》总编辑，《简明不列颠百科全书》中美联合编审委员会美方秘书。

你。这也是一种学术推销，是用做生意的方法来进行学术活动，这在美国是常用的。

美国给的费用，可以供两个人旅行，所以我同张允和在1984年10月10日坐飞机到旧金山。我记不清楚，降落在旧金山哪一个飞机场，大概是奥克兰（Oakland）的机场。由于现在的轮船越来越大，所以旧金山的码头变成了一个旅游码头，而不是生意码头了。做生意的货运轮船绝大多数都到奥克兰，奥克兰有一个新码头，都在那里停靠，而不在旧金山。由于这个奥克兰跟旧金山很近，所以一般还是讲旧金山。张允和的姐姐张元和就住在那里。这位老太太的儿子、儿媳妇，还有孙子在台湾。女儿呢，我们去的时候，女儿还在国内，后来女儿、女婿也都到美国去了。但是女儿、女婿去了也是在美国东部，跟她不在一起，她是一个人独立生活。她没有钱，就靠美国的养老金和保险金生活。她就优哉游哉地专门研究昆曲。她收集各种昆曲的录像带，几乎是齐全的。她自己当然对昆曲的研究是很精通的。她在奥克兰没有家，就一个人，住在她一个学生家里，这个学生对她好得不得了。她这个学生是女的，有两个孩子，丈夫一清早就出去办公了，所以这个家里有她帮忙照顾也是他们很需要的，他们相处得很好。我们去呢，就住在他们那个地方，也并不很宽敞，她住一个小房间。我跟张允和去了，他们就把她的小房间让给我们两个人住。她住在客厅里面，客厅很大，没有什么人住的。这是短时间的事情。

# 现代化城市圣巴巴拉
# 旅馆和女服务员

　　我们住下来之后，休息了三天。10 月 14 日，我就按照规定的行程，到 Santa Barbara——圣巴巴拉市。Santa Barbara 是旧金山往南，在加州西海岸靠南面的一个城市。这个城市在美国的中等城市中还算比较小的，可是非常现代化。我所看到过的美国城市，这是一个最先进、最现代化的城市了。这个城市是没有烟囱的城市，工厂都是用电，静悄悄的，没有污染。所以美国总统以及许多明星、有钱人、大富翁——甚至于外国的大富翁，都住在圣巴巴拉市。比如说，伊朗国王的妹妹是非常有钱的，她就住在圣巴巴拉市，她在圣巴巴拉市有一个很讲究的别墅，一个很大的花园草地。这种花园完全采取美国式，没有围墙，只有很矮的、一尺多高有点像冬青那样的矮小树木隔成的围墙。你要想进去，一跨就跨进去了，可是没有人跨进去。外面汽车开过去，完全可以看得见，是开放式的。中国所有讲究的房子都是封闭式的，都是围墙围起来的。这一点是很不相同的，也可以说是东方文化跟西方文化不同。当然，西方在古代也是封闭的，许多堡垒都是封闭的，它的开放是后来的变化。圣巴巴拉市给我的印象非常好，所以我首先谈谈它的情况。我们开了汽车，在城里兜圈子看看，自然是井井有条，街上是很少人走路的。

使我感兴趣的是一些小事情。什么小事情呢？他们把我安排住在圣巴巴拉市的一个乡村别墅宾馆里面，这是高级宾馆。这个宾馆的名字叫作 El Enconto Hotel（埃尔恩坎托）①，El Enconto 是西班牙语。这个宾馆像是一个花园，我住的房间是套间，有很大的两间。玻璃窗非常大，有一面玻璃窗跟墙一样高，一直到地上，就是说这一堵墙整个是玻璃的。清早你一起来，就可以看到，玻璃墙外有很多花，小鸟就在墙外飞来飞去。特别有趣的是蜜蜂鸟②。圣巴巴拉市蜜蜂鸟比中国的大，它就在墙外面的花丛里吃蜜。我可以看得很清楚，它不是停在花上吃蜜，是一边飞一边吃蜜。它可以用飞行使它的身体稳定在空中，一根很长的像针管一样的嘴，在花瓣里吃蜜，非常有趣。这个宾馆里的服务员是很少的，要按电钮或者打电话，才有人上来服务。但是每天早上和晚上，一定会有服务员来整理房间。这个服务员是个女的，大约三四十岁的样子，墨西哥人，讲西班牙语。他们叫她西班牙人，其实不是西班牙人。那个招待当然是很讲究的，每天除吃饭之外，还送给我房间一大篮子的各色水果。有木瓜（papaya），是美国人喜欢吃的，还有其他水果，有五六种。每天送那么一大篮的水果给我，我只吃一两个。第二天她拿走了，一会儿又换另外一篮不同的水果，又是一大篮。

我就问这个女的服务员，你住在哪里呀？她说，我住得比较近，叫什么什么街。她说，我是来工作的，做完了就回家。后来他们带我参观城市，汽车开过她讲的那条街。我说，我倒想看看这里的人家。他们说，这条街上的人家，都是墨西哥人，是做服务员这一类工作

---

① El Enconto Hotel，圣巴巴拉市著名的度假酒店之一。

② 可能指的是吸蜜蜂鸟（mellisuga helenae），一种重约 1.8 克、长约 5 厘米的最小的鸟，曾产于古巴等地。

的。我说，我能不能去看看他们家的情况？他们说，可以。就把汽车停下来。有一家，他们认识的，就敲敲门，按电铃，有人在家。一看，是四间房屋，两层楼。这个家比我今天在北京的公寓要漂亮得多了，实际是一个小花园，尽管花园很小很小，不像有钱人家里的那样大。楼上看样子是两间正式房间，另两间有点类似阁楼，下面四间是正式的，而且相当讲究。像这样做保姆的家，恐怕中国的高级知识分子要有这样的生活质量，还不是十年二十年能够做到的。

# 在圣巴巴拉市的两次演讲

为什么要从奥克兰到圣巴巴拉呢？因为《不列颠百科全书》的副总编吉布尼的家在圣巴巴拉，因此他平时在圣巴巴拉的时间比较多。《不列颠百科全书》的总公司在芝加哥，他到总公司去的时间比较少。因为他们的电话太方便了，基本都是电话联系，在两个地方办公跟在一个地方办公没有什么区别。所以他安排我到了奥克兰之后，就去圣巴巴拉。日程已经安排好，14 日我到圣巴巴拉，15 日在圣巴巴拉大学——就是加州大学圣巴巴拉分校——做演讲。他们指定我讲的一个题目，是我原来写的七个讲稿中的一个，叫作"字母之路"，这里实际上是讲东西方的文化关系。我说，从中国到西方去有一条路，叫作"丝绸之路"；从西方到中国来，也有一条路，叫作"字母之路"，这个字母是从西方到中国来的，主要讲这个历史过程。我说，非常有趣，3000 多年之前，相隔不止 10 万里，相互根本不知道，向来不来往。现在中国的汉字、西方的字母走到一起来了，罗马字母居然站在汉字的旁边来帮助汉字表音，这是文化的一个非常有趣的发展。我从这些历史，最后归结到中国的文化要现代化这么一个问题上。圣巴巴拉分校的老师和学生对我这个演讲是很感兴趣的。

10 月 16 日呢，又是一个演讲。演讲大概是在一个俱乐部，我现在记不清楚了。因为当时的笔记，我现在找不到了，我的回忆记不详细。我只记得这次演讲的观众不是大学的学生，是社会上的人士。这次演讲会的经费是一位华裔太太承担的。她丈夫死了，留下一笔相当大的遗产，她就经常捐钱给这个俱乐部，也经常捐钱给很多大学。这次她出费用，她自己也来听演讲。我估计她五十来岁的样子，兴致勃勃地来听我的演讲。这次我的演讲是他们指定的题目"中文的信息处理"。我讲中文如何处理信息，怎样输入汉字，怎样解决同音词、同音字的问题。我用很浅近的语言来讲，归结到中国要走上科学技术的道路，走上信息化时代。这个演讲引起了比较强烈的反响。这位捐钱的夫人，她问了一些问题，其中有一个问题是：我们听到中国能够往前走，非常高兴。但是我们很着急，能不能走得快一点？她是华裔，华裔的根还在中国，他们都希望中国好起来，当时中美关系比较好，那么中国搞四个现代化、改革开放，他们觉得是有希望了。这天的晚上，是在吉布尼家里参加宴会，来了二十来位圣巴巴拉分校的、有名的教授。虽然是家里的宴会，但是很隆重。这个吉布尼的家，当然不用说，是很讲究的。这是一个花园洋房，虽然花园不算很大，但也相当大了，可以说家里是应有尽有。

大概是 17 日吃晚饭的时候，吉布尼又请了一两个朋友陪我，到圣巴巴拉的某个地方——我现在记不清楚名字了——一个高级饭店去吃晚饭。照外国的规矩，在这个高级的饭店吃晚饭，是不点电灯的，都点小的蜡烛。进去坐了一会儿，眼睛就亮了，照样可以看得清楚。那么吉布尼就告诉我，在哪个桌子上是哪一位：穿什么样衣服的，是很有名气的一位电影明星；还有哪一位是什么华盛顿来的部长。反正到这个地方吃饭的都是美国的上层人物。由于圣巴巴拉的生活条件非常好，所以当时的总统里根，每个月都到圣巴巴拉去度假。

到了圣巴巴拉我才知道，美国现在的发展跟从前很不一样。从前是发展大城市，那是半个世纪之前，是我从前在美国的情况。现在是发展中小城市，中小城市的生活条件非常好，卫生条件也非常好，黑人较少。因为黑人在这种地方不好找工作，跟大城市的情况不太一样。今天许多人到美国，还是看大城市，不看中小城市，那是不能理解美国的。因为美国汽车普及了，公路发达了，所以许多人都住在中小城市，再加上飞机很方便，远一点都没有关系，这是一个很大的变化。

# 在芝加哥大学演讲

10 月 18 日，吉布尼陪了我，一起到芝加哥。芝加哥，大家都知道，原来是美国的一个钢铁城市，一个很大的城市，非常发达。但是现在，跟美国其他大城市一样，治安不太好，有很多黑人在马路上抢劫。所以晚上一个人出门不敢在有些马路上散步，出去都是坐汽车。吉布尼跟芝加哥大学关系很密切。《不列颠百科全书》本来是英国的——英国是不列颠嘛。第二次世界大战期间，英国没有钱了，把这个"百科全书"的牌子卖给美国，美国就把它整个买下来，在芝加哥重新进行编辑、出版，在美国发行。这个钱大概是从芝加哥大学的基金里拿出来的，因此《不列颠百科全书》跟芝加哥大学有密切关系，吉布尼跟芝加哥大学也有密切联系。所以到了芝加哥呢，吉布尼等于回到家了。

到了芝加哥，芝加哥大学请我演讲。具体是哪一天，我记不清楚了，可能是 23 日。他们要我讲的题目大概是"中文信息处理和现代汉字学"。我是这样处理的，只讲了不到一个小时——讲长了人家不愿听，接下来呢我就放一个录像。这个录像就叫《汉字》，是北京语言学院做的，我是这个录像的顾问。做这个录像，是为了给北京语言学院的外国留学生看的。有关于汉字的历史，汉字的学习方法、问题，等等，这里面都有。在芝加哥大学，我的感觉是非常亲切。这些教授们，大概是因为吉布尼的关系，跟我很融洽，不是一种陌生的热情，而是本来就很熟悉的那种热情，所以我觉得很愉快。只有一件小事情有些麻烦，我不大了解，中国的录像设备，它的制式跟美国的不一致，所以我的录像带带到芝加哥不能播放，我们是采取欧洲制式，而不是美国制式。据说在我们定下这一个政策的时候，我们跟美国的关系还不太好，所以中国想靠拢欧洲。可是后来跟美国往来多了，这件事情搞得中美录像带相互使用时很不方便，当然也不是完全不能用。那么芝加哥大学为了这件事情颇费周折，他们好不容易找到一个地方，有这一种可以放欧洲制式的录像机，据说还是花了200块钱租来的。这使我知道，中国的科技跟国际接轨，应该怎样接，是值得研究的。

在芝加哥，他们安排我住在一个高层宾馆里，在一个湖的旁边，风景很好。房间里有说明书，这个房间一天要两百几十美元，在美国不是最高级的，大概也是中等吧。房间是一个套房，两个房间，一个卧室，一个起居室，当中的墙是活动的。我是一个人住在那里，所以我去的时候，当中的墙就拉开了，就变成一个很大的房间。使我觉得奇怪的是，这个房间本来一半是睡觉的，有一张很大的双人床。这个套间里当然有电话，双人床的两边各有一个分机，所以卧室里一共有两个分机。另外一间起居室，也可以办公，里面的书桌上也有一个分机。因此，这个大套间里有一个电话、三个分机。当时美国还没有移动电话，也没有移动的分机。我就看看这个电话是哪里生产的，一看是台湾生产的，这使我很感兴趣。这些都是小事情，但是关注这些小事情，可以了解他们的生活，甚至从他们使用的东西上可以了解到贸易情况。

# 讨论"同音词恐惧症"

　　10 月 24 日，我就离开芝加哥，到伊利诺伊州（Illinois）的厄巴纳香槟城（Urbana-Champaign）。这个地方有一所有名的大学，就是伊利诺伊大学。伊利诺伊大学的中文系的负责人是一位华人，他的名字叫郑锦全①。这个郑锦全教授对文字改革很感兴趣，曾经写了一篇文章，支持简化字，讲了许多很好的道理。可是由于美国的留学界、华人的留学界、美国的华人社会，当时绝大多数是支持中国台湾的，不支持中国大陆，所以他发表了这个文章，许多人就骂他。可是他没有动摇，还是坚持他的观点，觉得文字改革是有好处的。我到了那里的任务，也是做一次演讲，讲的题目我不记得了。这一次演讲完了，有比较长时间的讨论。听我演讲的，大多数都是大学教授，他们提出的问题中，最重要的问题就是同音词问题。同音字、同音词有那么多，这个拼音就不能发挥作用了。我解释说，除了说明拼音不是正式文字，是帮助汉字注音的，此外还有我对这个同音词的看法。我说，我在许多文章里也讲过，就是有好些所谓"同音词"的，实际不是

---

① 郑锦全（1936—），语言学家，台湾"中央研究院"院士。

同音词。比如，一个是文言，一个是白话，文言属于古代汉语，白话属于现代汉语。这两个词同音，这实际不是同音词，因为我们写白话文就不一定要用，甚至于完全不用那个文言。现在误解了，把同音字和同音词混起来了，假如把它们分开，分析以后，这个同音词就并不多了。我就讲我的一些理解，以及我对这个问题做过的一些研究。我说，不要对这个同音词发生恐惧，我说现在到处都有同音词恐惧症。我提出"同音词恐惧症"，他们很感兴趣。虽然在伊利诺伊大学这次有辩论，有不同的意见，大概是由于郑锦全教授过去做的工作的关系，他们对于文字改革问题是很认真考虑的，所以我觉得谈得非常有意思，意见不是一边倒，有争论。但是这种争论是高水平的争论，我觉得很好。

随后郑锦全教授带了我去参观伊利诺伊大学一些研究语言的新设备、新成果，那真是很值得我们学习。后来郑锦全教授跟文改会建立了很好的关系，大概隔了两年，我们请他到北京来讲学，在文改会讲学，也到几个大学去演讲。

# 探望表弟　美国式家庭生活

　　从厄巴纳（Urbana），我又到安娜堡（Ann Arbor），我记录的日期是 10 月 26 日。26 日到密歇根州（Michigan）的首府。到安娜堡不是去讲学，不是去演讲，而是去看望我的一个表弟。因为事前约好了到他那里去休息几天。一直陪同我的，是《简明不列颠百科全书》美方的秘书何德乐先生。他说他有一位很要好的朋友，他们愿意开汽车把我送到安娜堡，不要坐飞机，也不要坐公共汽车。一方面可以省点钱，另一方面可以看看沿途风光。他们两个人轮流开车，想不到这个路程相当长，他们两个人开车是很累的。把我送到之后，他们还要回去。这件事情让我非常感谢他们。

　　在安娜堡的表弟姓屠，就是我姐夫的堂房弟弟，叫屠果。他在美国大学毕业以后一直在美国工作，在安娜堡一个很有地位的机械制造厂做工程师，后来做总裁。他是在美国比较成功的一个工程师。谈到这里，我要说一下，非常遗憾，他最近去世了。他的夫人是国民党时期一位交通部部长的女儿，一直在美国受教育。我在他们家里住了大概四五天，不到一个礼拜，充分了解了一个美国式家庭的生活。当然，他家里也是花园洋房，设备相当讲究，有许多东方的设备。养了一条很大的狗，这条狗很有意思，不仅可以看门，还可以给人做伴。一天辛辛苦苦工作下来，回到家里面，都要做家庭工作、清洁工作。比如，衣服是洗衣机洗的，还有烘干机烘干，但是熨衣服还是需要人工，整理还是需要人工。每到礼拜天，一清早就要起来，到花园里去割草。这个草长得很快，虽然有割草机，还是要人工操作。他的夫人问我，你家里平时吃点什么东西？我说，我们不讲究，不过是两荤两素一汤就行了。她听了大吃一惊，她说，两荤两素还说不讲究呵？我们这里做一荤一素一汤都困难了！这个说明生活的情况很不一样。他们实际上比我在中国吃得讲究，但是他们的菜样数不多、分量很大，因为样数多了做起来是很麻烦的。而且他们很少用油炒菜，这是美国的一种生活情况。他的夫人抱怨美国，就给我看她写的他们小孩小时候读书的经过，有点像小说，实际是生活记录。安娜堡是一个大城市，有不少黑人。在学校里，中国的孩子一方面受黑人欺负，另一方面受白人的欺负，搞得小孩子精神上很不愉快。

在安娜堡，我完全是休息，任何事情都不做，就是参观。我表弟陪了我去参观当地的许多文化设施，还开车将我送到何德乐先生那里。何德乐先生知道了我表弟的情况，他也说，我的表弟在美国是比较成功的。

# 重访纽约

11 月 3 日，我到纽约，到纽约市（New York City）。因为纽约是一个州，纽约市是纽约州的一个最大的城市，也是最大的商业中心。但是纽约州的行政首府不在纽约市，在另外一个地方。我到纽约，是事前和一个叫张治生①的朋友约好的。张治生对文字改革非常热心的，人非常好。他是从台湾去美国的，祖籍是福建。他的祖先是从厦门到台湾的。我住在他家里，那是另外一种情况。他是美国的技术工人，他一直做工人，乐于做工人。他住的房子是三间半，也算四间吧，有三层楼，是他自己的房子，有一个小花园，不是很讲究。他居住的区域是在纽约的黑人区，不是讲究的地区。我住在他家里很高兴，因为我可以看到一个工人家庭的生活，看到社会的另外一面。

第二天，就是 11 月 4 日，我另外一个在纽约的朋友吴文超②，约

①　张治生（？—？），1984 年周有光在美国旅行期间居住在纽约时的朋友。
②　吴文超（1938—），生于香港，"美洲中国文字改革促进会"发起人、执行干事，香港中国语文学会的永久会员和《语文建设通讯》的编辑委员。

442

我一起吃饭。吴文超是在联合国做翻译工作的，联合国的翻译人员待遇是很高的，一年有十万美元。他的家庭很讲究，跟张治生完全不一样，当然在美国不算最讲究。吴文超请我吃饭是很隆重的。

11月5日，我去看我的一个老同学，叫翁之达①。翁之达以前在美国一家大银行里工作，他是我的同班同学，他的儿子是我的干儿子。他有好几个儿子、女儿，都受了很好的教育。他已经退休了，住在一个公寓房子里。这个公寓房子，在美国来讲并不讲究，可是在中国来讲是很好的。

我又去看另外一个老朋友，也是同学，叫章午云，以前跟我一起工作的。他是经营进出口的，不仅是中国跟美国之间的进出口，并且也经营美国和其他国家的进出口。主要是帮助其他的国家，如建设一个工厂要买哪些机器、怎样配套，做这个配套工程的工作。主要出口美国的机器，在其他国家设立工厂，或者是更新工厂设备。他经营得很成功，自己开一个公司，完全他个人的，是我的朋友在美国比较成功的一个。

这里面我要讲一个小的插曲。章午云的办公室，在纽约世界贸易中心里。这两个高房子是当时美国最高的建筑，从办公楼来讲，也是最豪华的。地铁可以一直到这个办公楼的地下，从地下出来就是办公楼的地下层。这个大楼里有非常讲究的饭店。章午云就请我中午在一个讲究的饭店吃便饭。陪我去的是张治生，他是一个工人，他很随便，那次他陪我去，就穿了一件平时穿的西装，也没有系领带。可是到这个饭店就发生问题了，进这个饭店吃饭是必须系领带的。服务员在门口非常有礼貌地说，我来帮助你整理一下，就拿了饭店里准备好的西装、领带，给他换上，这样子再进里面去吃饭。这也说明美国社会的阶级性，工人阶级是比较随意的。

①　翁之达（？—?），周有光大学同学，后定居美国。

我又去看另外一个人，这个人是纽约公共图书馆中文部的负责人，叫朱光复①。他是台湾大学毕业的，到美国去读书，此后就一直在这个图书馆工作。这个朱光复、张治生和吴文超，他们三个人在纽约有一个"中国文字改革促进会"。他们三个人是"促进会"中最重要的人物，是文改的积极分子。朱光复就带了我参观这个公共图书馆，半个世纪之前，我在纽约每天晚上都到这里去看书。我一看，这个处在纽约市中心的图书馆，它的大门外面都有很讲究的雕塑——石头的雕塑、雕刻。我就讲了一句话，我说，呵，很好，这个图书馆还是几十年前的样子，没有变。这句话引起了朱光复的谈兴了。他说，是的，这个图书馆保留了没有变，因为它是一个有历史性的建筑，而且很有艺术价值。许多资本家捐钱给这个图书馆，成立了几个分馆，这个分馆我们没有时间去看，都是高楼，比原来的总馆要大得多。我看了里面的情况，最大的一个不同，现在都是用电脑查阅书目。原来的卡片查书的设备还在，但很少有人去使用了。

---

　　① 朱光复（1926—），浙江义乌人，美国纽约公共图书馆中文部负责人，兼任华文报纸《北美日报》社社长，并负责主编该报语文专刊。长期从事中国文学研究，发起创办中国现代文化研究中心。

# 开眼界：用电脑查书目

讲到这里呢，我还要补充一下。在伊利诺伊大学的时候，郑锦全教授告诉我，说他们用电脑查书，也要懂得怎样编码。什么叫编码呢？要查一本书，要输入关键词，书名、人名等几个字母，不能太长。要懂得一个简单的规则，把那些字母省略掉，这样就不方便。后来郑锦全教授就改进这个设备，只要将作者的名字输入进去，该作者的书目列表就出来了；只要将书名全称输入进去，这本书的目录也就出来了，所以完全不要编码。当时美国已经有几十个大学联合起来，成为一个电脑网络，只要用郑锦全教授设计的这种新办法，根本不需学什么编码，就可以查到书。而且你一输入，几十个大学的书都可以查到，不一定是查本校的书。可是这个网络跟纽约公共图书馆的网络还没有连上，它是许多个大学图书馆联起来的。这是美国图书馆电脑化的初期情况，今天又不一样了。若干大学的图书馆连接起来，图书馆的检索工作就方便多了。他一输入"周有光"的名字，立刻出来我的著作的目录单子，当中有两本书，是经济学的。郑锦全教授说，大概有两个"周有光"混在一起了。我笑笑说，不是的，这是从前我搞经济学的时候写的。

不过美国还没有采用汉语拼音，你要输入人名、地名，还得用老的"威妥玛拼法"。要改成汉语拼音不容易，有两个阻力。一个阻力呢，美国图书馆的馆长，绝大多数都是台湾地区去的。美国人不愿意读图书馆学，做图书馆的工作不能赚大钱。台湾人呢，苦一点无所谓，很多台湾人去读图书馆学。所以美国很多图书馆的负责人都是台湾人，他们反对汉语拼音。这是一个困难。第二个困难，美国的图书范围太大，要把"威妥玛拼法"改成汉语拼音要花很多钱、很多功夫，所以要改还是很不容易的。但我看到美国的图书馆已经用电脑检索图书了，这件事情使我觉得是开了眼界，因为当时中国只听说有这回事，还没有见到过。

# 在联合国语言学学会演讲
# 用英语讨论华语问题

　　在纽约的活动，主要是到联合国做演讲。由于吴文超的关系，我到联合国就非常方便。联合国有一个"语言学学会"。许多国家到联合国，都有语言问题，派去的人当中许多都是语言学家，他们当时成立一个语言学会，叫作"联合国工作人员的语言学会"。这个语言学会的会长是一位法国女士，很能干。他们就邀请我去演讲。讲的内容也是根据他们的要求，简单介绍一下中国文字的历史，然后讲中国文字怎样在电脑上使用。我根据他们的要求讲了。我把那个讲汉字的录像带也带去了。《汉字》录像的英文版搞得非常好，这个翻译也是我很满意的。是一个英国人在中国翻译的，他的父亲是英国的华人，母亲是英国人，所以他的英文非常好，中文也很好。很可惜，我现在身边已经没有这个英文版了，只保留了一个中文版。录像放完了以后，照外国的习惯，听的人提出许多问题，我答复他们。结束以后，这个联合国语言学会的会长，这个法国女士，就请我吃饭。她非常满意。她说他们经常请外国来的人演讲，但讲的题目听众常常不感兴趣。你这次讲的，大家兴趣非常浓厚。当时我去的时候，中美关系比较好，中国参加联合国的时间也不长，当时的气氛是欢迎中国，这也有关系。我觉得很愉快。

在联合国，除了这次演讲之外，我还做了两次小规模的演讲，都是面对中国人的，不用英语讲，都是用汉语讲的。一次面对是中国驻联合国的工作人员。联合国有一个中文处，中文处主要负责翻译文件，将中文翻译成外文，或外文翻译成中文。联合国有英文处、法文处，都是做翻译工作的。只有中文处的人员最多，翻译效率最差。为什么呢？我们的文字难度大。联合国的中文处采用了许多翻译的新办法，比如说，他们把常用的词、常用的词组、名词、常用语句，都输入在电脑里，遇到类似句子的时候不用另外翻译了，一按就出来了，诸如此类的工作做得很好。这个联合国中文处的人，都有很高水平，但是因为都是联合国招考录用的，中国大陆派出去的比较少。为什么高水平的人，愿意去做这个工作呢？因为联合国的待遇很高，当时十万美元一年，在美国算是高薪了，而且联合国的职员还有受到种种优待。

还有一次，实际上也是面对联合国的工作人员的。纽约的"中国文字改革促进会"请我去讲，当然也有许多联合国以外的人。在哪个地方，我不记得了，在一个楼里的一个小小的会议厅里讲。我把中国文字改革的情况，大体介绍了一下。他们在美国，不了解中国的情况，提出了许多许多问题。因为是"文改促进会"举办的，所以来的人都是对文字改革非常积极的。在这里面反对文改的人，是极少数了。问题是他们不满意我们文字改革的工作，因为我们做得太少了，他们希望我们做得更多一些。我就跟他们解释，为什么这个工作不能过快，为什么有些工作只能做到一定限度。这些情况他们在外国不大了解，我要给他们解释。所以这个会开得是很有成果的，非常有趣。

在美国，讨论华语的问题，要用英语来讲，这就说明华语的作用是有限的。除非全是华人，而且统统都懂华语，这才可以用华语相互交流，否则都是用英语。这件事在中国看来是好像难于理解，可是在国外，就觉得是当然的事情。国际上召开汉学会议，一向都是用英语的。你如果用华语，那一定要请人翻译，否则到会的人很少能够听得懂。可见得，虽然使用汉语的人口非常多，但是它是一个民族的语言，是一个国家的语言，缺少世界性。这是一个很大的问题。

# 美国大选观察
## 纽约黑人问题　在宾大演讲

　　在纽约，出乎预料地遇到一件事情，就是美国总统竞选。美国总统竞选通常都是在 11 月 7 日，这一天，我恰巧在纽约。那天晚上我就出去看这个竞选的情况，看他们怎么投票。因为这是不容易碰到的，四年才这么一次。晚上游行、唱歌、支持什么人，这个还不稀奇，我最感兴趣是他们如何投票。每个人去投票，有一定手续，证明选民资格的有效性，没有作弊。这个投票，实际上进去拿了一张很大的纸——不是选票，是说明书。投票是按一个机器，它是跟电脑连在一起的。我在纽约看到有五个人竞选总统，其中有一个是共产党的代表。美国有共产党，共产党也提出总统候选人，所以假如把这些小党都计算在内，美国有很多政党，不是两党制度。所谓两党制度，就是有两个最大的党，其他小党是不可能被选上的。看这个投票过程，我兴趣很高，那一晚通宵都是投票活动。

　　看完之后，朱光复就陪我到他家里，在他家里的电脑上继续看这个投票结果。隔了两三分钟，就立刻知道全国的投票情况，什么人多少票、什么人多少票，都出来了。这个投票、选举的技术已经采用电脑，今天可能不稀奇了，那个时候恐怕只有美国是用电脑来选举，又快又准确。这件事情是意外的收获。

今天的纽约跟 50 年前的纽约是大不相同了。那个时候的纽约，美国大城市发展到一个高峰时期，现在的纽约在经济上仍旧非常重要，但是到处都可以看到它的财政困难：许多应当做的事情没有钱做，甚至垃圾处理都发生困难。还有更大的问题，纽约是黑人集中的地方。美国人告诉我，1949 年以后，到八九十年代，从统计来看，已经有一半黑人受过良好的教育，可以找到合适的工作，生活水平在中等水平或以上，有少数变成了大富翁。但是还有一半在水平线以下。纽约很大的不同，除财政困难之外，就是黑人太多。黑人有些没有受过多少教育，也有要钱、抢钱的，使人上下班——特别是坐地铁，感觉到害怕。有些地铁站上边，都写牌子提醒，为了安全起见，几点钟以后，在这里等车，最好集中站在某某地方——已经到了这种程度。纽约市的市长是黑人，很多大城市的市长也是黑人，因为他们在城市里的人口比较多。许多白人白天到纽约大城市来办公，晚上离开，所以他的户口登记不在城市里，不能在城市里选举。大城市趋向没落，中小城市发达起来，这是美国的一个很大变化。

我的同学翁之达告诉我，他每天清早、晚上出去散步，身边不能不带钱，又不能多放钱，随身就带 20 块钱。有黑人来，恐吓他、要钱，他就拿出 20 块钱来，跟人家说，我是退休的老人，没什么钱，只有这么点钱，给你吧。还有，一位朋友的妹妹在纽约，她是医院里的护士。她一个人，独身的——美国女人独身的很多。她租了一个公寓房子，早上出去，就把 20 块钱放在客厅桌子上，写一个条子说，你要钱就拿这个去吧，我是一个护士，没有钱的。到了这样一个程度，可见贫困和治安经常联系在一起。

我的印象，黑人在美国社会里要融合很不容易。在奥克兰，在张允和的姐姐那里，她的学生有两个上小学的孩子，孩子有小朋友。小朋友当中有一个黑人女孩子，她到他们家里来玩就非常高兴。她说，我是黑人，白人都不愿意跟我做朋友，就你们对我好，我很高兴，很感谢你们。所以黑人在美国，要和跟白人真正融合一体，是非常困难的。不过如果能有更多黑人，接受良好的教育，从事更好的工作，那社会可以更安定一点。

我在 11 月 10 日到达费城（Philadelphia）。费城是美国最早的首都，美国《独立宣言》就是在此地公布的。后来建造了华盛顿，从平地新建了一个城市，首都就迁移过去了。到费城主要是去看望我的一个朋友梅维恒①。他英文名字叫 Victor H. Mair，他是一个洋人，Mair 这个字刚好跟中国的"梅"相近。他研究东方文化，对于文字改革兴趣非常大，主张中国应当有拼音文字，跟汉字并用。他个人办一份杂志，就是完全用拼音的。他说，我办这个杂志，不预备长期办，就办这么几年，来证明拼音是可以作为文字使用的。他的夫人是一个华人，叫张立青②，也经常到中国来。费城是美国宾夕法尼亚州（Pennsylvania）的首府，在费城有一个大学，就是费城大学。由于梅维恒的关系，他们中文部请我做了一次演讲。这次演讲来听的人不是很多，他们都是受了梅维恒的影响，对于拼音文字的兴趣很大，认为中国应当采取拼音文字。所以这次演讲我没有遇到什么不同的意见，我觉得这样反而不能解决问题。可是他们有这么一股热情，还是很好的。我在宾夕法尼亚就住在梅维恒家里，他的家在乡下，他每天从乡下的家到学校里来，路上很远。我感觉，住在乡下而在城里工作，并不方便，可是他们已经习惯了。当然，在宾夕法尼亚又参观了一些地方，这些地方我虽然从前到过，现在再看一看还是很有意思的。

---

① 梅维恒（Victor H. Mair, 1943—），美国宾夕法尼亚大学亚洲和中东研究系教授。主要研究方向为唐代变文、中国通俗文学、敦煌学。

② 张立青（1936—2010），梅维恒夫人，《ABC 汉英大词典》的编委。

# 看望张充和　在耶鲁大学演讲

　　11 月 15 日，我从宾夕法尼亚到允和的妹妹张充和家里，就在康州的纽黑文（New Haven）。她住的地方叫 Hamden，原来属于纽黑文，现在属于 North Haven——地址没有改，只是区划改了。到四妹家的时候，实际上我的工作已经结束了，没有什么事情了。可是因为傅汉思①的关系，又请我在耶鲁大学（Yale）讲了一次课。我讲的仍旧是"中文信息处理和现代汉字学"。我带了一本中国大陆规定的、电脑用的汉字国家标准的小册子，他们很感兴趣。那个时候，他们还没有见过中国大陆这样一本小册子，他们就把它复印下来。耶鲁大学是反对文字改革的，但是对于汉语拼音不反对。他们在教学上就采用了汉语拼音，并且他们电脑里已经储存了汉语拼音。输入汉语拼音的时候，调号怎么打呢？调号打的是"1"、"2"、"3"、"4"，但是打印机打印出来呢，这个"1"、"2"、"3"、"4"就变成了声调符号，打在拼音规定的位置上了，而不是"1"、"2"、"3"、"4"了。这个设

---

　　①　傅汉思（Hans Hermann Frankel，1916—2003），犹太人，汉学家、耶鲁大学东亚语言文学系教授，张充和丈夫。

备在今天来看并不稀奇，可是在那么早的时候，在那么保守的耶鲁大学，就已经采用这样的方法，这是很好的。耶鲁大学在第二次世界大战的时候，就设计了所谓"Yale System"——耶鲁大学的一个汉语拼音方案，他们拼汉语、拼中国的普通话，就用他们的这一方案。他们这个方案是国语罗马字的改进方案，跟《汉语拼音方案》很接近。我们定《汉语拼音方案》的时候呢，也非常重视他们的方案，尽量采用他们方案的优点，这一点是共同的。

到了四妹那里，我就打电话到奥克兰元和大姐那里，希望她坐飞机到四妹这里来。她就坐了飞机来了。我们两个人在四妹那儿住了一阵，才从他们那里回国。在那里，除了到耶鲁大学去讲了一次课之外，此外没有什么事情。我们休息、看书，特别是看许多旧杂志。因为我们从旧的杂志里看到许多情况，得到许多我们在国内看不到的知识。

比如有一本杂志叫《国家地理》（*National Geographic*）。这本杂志在美国是非常有名的，是很古老的杂志，办得非常好，是高级杂志，是高水平的。我在这里面就看了新加坡独立的经过，很详细。其中有一段讲，新加坡是被马来西亚赶出来的，不是自己要离开马来西亚的。因为当时李光耀①认为新加坡那么小、那么穷，怎么能独立呢？只能依靠马来西亚，加入马来西亚。但是马来西亚讨厌他们，因为新加坡主要是华人。马来西亚一向是排华的。第二呢，中国大陆变成共产党治理了，华人就同情共产党，因此马来西亚更讨厌华人。还有，华人都穷，新加坡加入马来西亚以后，马来西亚的华人要超过50%，这对马来西亚的政权是很大的威胁。他们的政权是不能交给华人的，所以这也是不要新加坡的一个原因。还有就是，你要加入马来西亚，你就不能用华语、华文，完全用马来语来教育。这一点也是新加坡难于接受的，因为新加坡的人口73%或77%都是华人。新加坡

---

① 李光耀（1923—2015），曾任新加坡总理。

可以用马来语，可以用英语，但是要同时用华语。结果，就把它赶出了马来西亚。

我再去查别的书，特别是查《不列颠百科全书》。《不列颠百科全书》上说，新加坡是被马来西亚"请"出去的——用的字眼比较客气，实际也是赶出去的。所以新加坡的独立，在当时是万不得已、非如此不可的情形，没有出路了，受了压迫以后就奋斗，因此新加坡成了一个小国家、城市国家。但是由于样样事情走在正规上，发展很快。新加坡独立的时候是在中国"文化大革命"的前夜，"文化大革命"是 1966 年开始的，新加坡是 1965 年才独立的。我们"文化大革命"十年，十年下来，"四人帮"是被打倒了，但是这个"文化大革命"的遗毒一时去不了呵。"文化大革命"的遗毒还没有去掉，新加坡已经站起来了。十年工夫把一个国家建起来了，所以非常值得钦佩。

以后还要谈新加坡，有两次新加坡请我去访问，这个经过以后再谈。在四妹家里，我看旧的杂志、找旧的材料，就知道了许多事情，这些我在中国的时候是不知道的。

# 与《江青传》的作者交谈

年底到了。1985 年的新年，我们是在四妹家里度过的。对于他们怎样过新年，我也很感兴趣。张充和的丈夫傅汉思（Hans Frankle）是德国血统，血统里还有一点犹太血统，可是早已在美国定居，前两代就在美国定居了。1 月 6 日，傅汉思的一个学生，从纽约打电话来，请他和我及张允和等，到她家里去吃晚饭、聊天。这件事情是很有趣。为什么有趣呢？在江青还在台上的时候，有一个美国的历史学教授，叫维克特（Victor）①，到中国来了解江青②的历史，想写一本叫《江青传》的书。江青很感兴趣，多次接待她，把许多事情讲给她听。得到江青的同意，她都做了录音，回到美国就写了一本书。这本书是江青的一个传记，主要是江青自己讲的话，英文名字叫《江青同志》。我只看到香港新闻上说，香港出了这本书的摘要，名字是什么奇奇怪怪的《红都女皇》。书中的内容乱七八糟、莫名其妙，都是人家瞎编的。她这本书的书稿也没有给人看过，书还没有出版呢，

---

① 维克特（？—？），美国女学者。

② 江青（1914—1991），本名李云鹤，毛泽东第四任妻子。

香港都已经有许多书出来了，这个搞得她很被动。

我去美国的时候，维克特的这本书——就是《江青同志》——已经出版了，是在美国出版的。这个事情当时在香港地区、在国外、在中国内地都是一个轰动的新闻，所以跟傅汉思聊天的时候就聊到这件事情了。傅汉思说，噢，你们对维克特有兴趣吗？她就是我的学生呵！她经常来，我一会儿给她打电话。一打电话，这个维克特高兴得不得了，听说傅汉思的亲戚来了，就把我一同请去吃晚饭。吃晚饭的时候，当然谈的是一般的事情、一般的学术，谈政治谈得很少。当然谈到了这本书，谈到了江青，谈了不多几句。虽然不多几句，我觉得很重要。她告诉我，有一次江青请她到上海去会见她，江青问她，听说你喜欢游泳？她说，是的，我喜欢游泳。她说，那我请你在上海游泳。结果呢，江青请她到一个很大的游泳池游泳，进去以后没有人。因为江青跟她要游泳，这个游泳池就不开放了，这使她大吃一惊。还有，她写了这本书，她没有宣传，是外面的新闻记者乱猜、乱说。她并不隐瞒她有这么一本书稿，还没有决定到哪里去出版。此时就有人来约她吃饭，她就去了。那个人就问她，你这本书稿写好没有？她说，我写好了，我还要修订修订。那个人说，你这本书稿能不能卖给我们，我们给你多少多少钱。这个数目是相当大的，当然超过 100 万美元呵。这个维克特，她是哥伦比亚大学的历史学教授，没什么钱，她家里住的房子都是很普通的——当然也是一个小的花园洋房。她跟那个人说，我现在并不需要钱用。这样一句话就回绝了，那个人当然很失望，因为很怕她这本书出来搞成很不好的影响。结果不是这样，因为她很规矩，这是一本学术著作，就是引用江青的话，也是很斟酌的。里面没有渲染，没有那种故事性的、小说性的东西，都是历史性的内容。

因为这本书那么有名，所以我在张充和四妹家里就把它看完了。看了以后，对我来讲，并没有什么特别的感觉。当然，里面江青讲自己的一些情况，外面不知道的，那是有的。那些我看了，也并不觉得有什么了不起。所以这本书，它是规规矩矩的一本书，可是新闻界却是传得神乎其神，搞得莫名其妙，很有意思。我看了这本书，除掉江青自己讲的话——有些话在中国的立场来看是不应当讲出去的，没有什么不好。这本书不是一本坏书，这本书对中国也没有什么损害，可是因为新闻的传说，已经把气氛搞坏了。我在四妹那里，看到许多东西，每天清早到晚，就看书，看国内看不到的书，当然主要是学术著作。

我们一直住到1985年1月11日，才从四妹那里坐飞机，到大姐那里，到奥克兰，准备回国。在大姐那里又住了一阵，到了1月29日，加州大学的伯克利（Berkeley）分校——加州大学最有名的分校，有一位汉语的教授，叫张宏年①，他约我到他那里去吃便饭。他们是明显反对文字改革的，他们没有邀请我做什么演讲。只是在吃饭之前，相当于开一个很小的座谈会，他们提了一些问题，希望我讲一讲。他们的要求也很简单，他们主要的兴趣在简化汉字。他们希望了解简化汉字这个方案发布之前之后的经过，我就按照事实讲了一些。他们是出于礼貌，请我做一个简单的会面，因为我去了也没有去拜访他们，我本来不一定想跟他们联系。

到2月4日这一天，大姐张元和的学生张惠元②——我们叫小惠，提议到赌城去玩。她说，我们大家自己花钱，我来开车，到赌城雷诺（Reno）——因为雷诺比较近一点——去看一看、玩一玩。我们说，好。大家什么都准备好了，可是到了那一天，下雪了。下了雪这个公路上能不能走，不知道。小惠就打电话给公路局，隔一两个钟头就打一次电话，公路局随时就告诉你路上的情况。他们说，可以

---

① 张宏年（？—？），美国加州大学伯克利分校教授。

② 张惠元（？—？），不详。

走，没有关系，下了雪，路上是有雪的，可是扫雪车都把雪扫得很干净。这个公路局的消息非常灵通，而且把路上的情况告诉你，这个服务我觉得是非常好的。所以我们就冒了天气不好的危险，照样去了。到了那里就无所谓天气好不好，因为进了房子就无所谓了。我们在那里就看到他们那个赌城的情况。一进去，每人给你 25 块钱的筹码，送给你，不要钱，你可以赌，赚了钱你可以拿回去，输掉了就输掉了。

……①

---

① 因磁带问题，后面的内容已经丢失，讲述并不完整。因作者年事已高，无法复原当时所谈内容，故以省略号代之。

# 尾　声

这部书稿完成的时候，我已经 109 岁了。我以前说过"上帝把我忘记了"，把我遗忘在世上了。感谢上帝，让我在这个年纪还有一个清晰的头脑和思考能力。虽然我对个人生与死早已淡薄，但我所记忆的历史还在前行。

这部口述是在宋铁铮先生的建议和协助下，经过一年左右的时间，录了 30 多盘磁带。完成的时候已经是 1997 年了。我原想把我自己和家庭的故事通过口述保留下来，让后代和有兴趣的亲属了解我这一生所经历的大大小小的事件。后来，口述记录整理成文字了，就有人劝我出版。如今，我年事已高，无法再讲出更多的内容，所以，我同意编辑的意见，把我 1997 年以后最重要的访谈内容附录在后，作为一种延续。

85 岁时，我从办公室回到家里，工作和思考是我生活中的最大乐趣：我比以往更关心中国的发展和走向；关心整个世界不断出现的变化。我一直关心中国，我希望中国会变得更好、更有前途。虽然许多事还不尽如人意，但我还是相信人类发展具有某种客观规律。当然，我希望人们保持耐心和信心。

我的口述不完美，也不完整。我提倡"不怕错主义"，出现错误是正常现象，可以从批评指正中得到更为准确的意见，也可以增加读者与作者之间的交流。我非常愿意听到不同的意见和声音。

我的口述如果能让更多人关心中国的前途和历史，那是我期望看到的。

周有光
2014 年 3 月 16 日

# 附录　窗外的大树

　　我在 85 岁那年，离开办公室，回到家中一间小书室，看报、看书、写杂文。

　　小书室只有 9 平方米，放了一顶上接天花板的大书架、一张小书桌、两把椅子和一个茶几，所余空间就很少了。

　　两椅一几，我同老伴每天并坐，红茶咖啡、举杯齐眉，如此度过了我们的恬静晚年。小辈戏说我们是两老无猜。老伴去世后，两椅一几换成一个沙发，我每晚在沙发上屈腿过夜，不再回到卧室去睡觉。

　　人家都说我的书室太小。我说，够了，心宽室自大，室小心乃宽。

　　有人要我写"我的书斋"。我有书而无斋，我写了一篇《有书无斋记》。

　　我的座椅旁边有一个放文件的小红木柜，是旧家偶然保存下来的唯一遗产。

　　我的小书桌面已经风化，有时刺痛了我的手心；我用透明胶贴补，光滑无刺，修补成功。古人顽石补天，我用透明胶贴补书桌，不愧为炎黄子孙。

一位女客来临，见到这个情景就说，精致的红木小柜，陪衬着破烂的小书桌，古今相映，记录了你家的百年沧桑。

顽石补天是我的得意之作。我下放宁夏平罗"五七干校"劳动改造，裤子破了无法补，急中生智，用橡皮胶布贴补，非常实用。

林彪死后，我们"五七战士"全都回北京了。我把橡皮胶布贴补的裤子给我老伴看，引得一家老小哈哈大笑！

聂绀弩在一次开会时候见到我的裤子，作诗曰："人讥后补无完裤，此示先生少俗情！"

我的小室窗户只有一米多见方。窗户向北，"亮光"能进来，"太阳"进不来。

窗外有一棵泡桐树，二十多年前只是普通大小，由于不作截枝整修，听其自然生长，年年横向蔓延，长成荫蔽对面楼房十几间宽广的蓬松大树。

我向窗外抬头观望，它不像是一棵大树，倒像是一处平广的林木村落，一棵大树竟然自成天地，独创一个大树世界。

它年年落叶发芽，春华秋实，反映季节变化；摇头晃脑，报告阴晴风信，它是天然气象台。

我室内天地小，室外天地大。仰望窗外，大树世界开辟了我的广阔视野。

许多鸟群聚居在这个林木村落上。

每天清晨，一群群鸟儿出巢，集结远飞，分头四向觅食。

鸟儿们分为两个阶级。贵族大鸟，喜鹊为主，骄据大树上层。群氓小鸟，麻雀为主，屈居大树下层。它们白天飞到哪里去觅食，我无法知道。一到傍晚，一群群鸟儿先后归来了。

它们先在树梢休息，漫天站着鸟儿，好像广寒宫在开群英大会，大树世界展示了天堂之美。

天天看鸟，我渐渐知道，人类远不如鸟类。鸟能飞，天地宽广无垠。人不能飞，两腿笨拙得可笑，只能局促于斗室之中。

奇特的是，时有客鸟来访。每群一二十只，不知叫什么鸟名，转了两三个圈，就匆匆飞走了。你去我来，好像轮番来此观光旅游。

有时鸽子飞来，在上空盘旋，还带着响铃。春天的燕子是常客，一队一队，在我窗外低空飞舞，几乎触及窗子，丝毫不怕窗内的人。

我真幸福，天天神游于窗外的大树宇宙，鸟群世界。其乐无穷！

不幸，天道好变，物极必反。大树的枝叶，扩张无度，挡蔽了对面大楼的窗户，根枝伸展，威胁着他们大楼的安全，终于招来了大祸——一个大动干戈的砍伐行动开始了。大树被分尸断骨，浩浩荡荡；搬离远走。

天空更加大了，可是无树无鸟，声息全无！

我的窗外天地，大树宇宙，鸟群世界，乃至春华秋实，阴晴风信，从此消失！

周有光

2009 年 3 月 11 日，时年 104 岁

# 人物索引

（按拼音顺序排列）

# 周有光年谱简编<sup>*</sup>

1906 年 1 月 13 日（农历乙巳年十二月十九日），生于江苏常州青果巷，曾用名周耀、周耀平，排行六。

1912 年，6 岁（按周岁计，下同）。入育志小学。

1918 年，12 岁。小学毕业，去镇江中学读初中，因年龄小不适应，不到一年回到常州读书。同年，母亲率周有光等五个子女迁往苏州居住。先后住过十梓街、阔家头巷、孝义坊、凤凰街等处。

1919 年，13 岁。进常州中学。

1923 年，17 岁。在常州中学毕业，同年入上海圣约翰大学主修经济学，辅修语言学。

1925 年，19 岁。因"五卅惨案"，为抗议校方干涉学潮，退出圣约翰大学，改入光华大学继续学习。

1927 年，21 岁。在光华大学毕业，获文学士学位。先后在光华大学附中及光华大学教书。

1929 年，23 岁。随孟宪承去无锡的江苏省立民众教育学院工作。

———————————

\* 此"周有光年谱简编"根据陈光中先生提供的年表补充而成。

1930 年，24 岁。随孟宪承去杭州的浙江省立民众教育实验学校工作。

1933 年，27 岁。4 月 30 日，与张允和在上海八仙桥青年会结婚。10 月，与张允和去日本，考入京都帝国大学（现京都大学），专读日文。

1934 年，28 岁。张允和回国，于 4 月 30 日生长子周小平（周晓平）。

1935 年，29 岁。从日本回国，一面在光华大学教书，一面在江苏银行任职。同年，由章乃器提议，加入救国会。同年，张允和生女周小禾（周小和）。

1937 年，31 岁。"八·一三"事变后，全家逃难到四川。同年，应章乃器所邀，任工业经济研究所副所长，后去职。

1938 年，32 岁。任经济部农本局的重庆办事处副主任。

1941 年，35 岁。7 月，女儿周小禾因病夭折，时年六岁。同年，离开农本局到新华银行工作。

1942 年，36 岁。受基督教洗礼。

1943 年，37 岁。1 月，儿子周小平在成都寓所内中流弹，经手术后获救。同年秋，调西安工作，携家人同往。

1944 年，38 岁。因形势影响而率全家撤回四川。

1946 年，40 岁。回到上海，同年 12 月，被新华银行派往美国工作。业余从事语言文字研究。

1947—1949 年，与张允和乘伊丽莎白王后号豪华游轮到达英国，先后游览法国、意大利等地，后乘飞机返回香港。

1949 年，43 岁。避居香港，由章乃器介绍加入民主建国会。6 月，乘盛京轮回到上海，任新华银行秘书长，兼人民银行华东区第二业务处处长；在复旦大学经济研究所及上海财经学院任教，讲授经济学。业余从事语言文字研究。

1951 年，45 岁。任中国文字改革研究委员会委员。

1952 年，46 岁。因高校院系调整，14 个大学的经济系合并至上海财经学院，在该校任教授，兼研究处主任。

1955 年，49 岁。任汉语拼音方案委员会委员。10 月，到北京参加文字改革会议，正式进入中国文字改革委员会工作，任第一研究室（拼音化研究室）主任。

1956 年，50 岁。4 月，全家迁往北京。

1958 年，52 岁。参与起草的《汉语拼音方案》完成。

1965 年，59 岁。1 月，任第四届全国政协委员。

1966 年，60 岁。"文化大革命"爆发，受到冲击。

1969 年，63 岁。11 月，下放宁夏平罗西大滩"国务院直属口平罗五七干校"。

1972 年，66 岁。夏，回到北京。

1976 年，70 岁。逐步恢复工作。

1978 年，72 岁。任第五届全国政协委员。

1980 年，74 岁。参加翻译《不列颠百科全书》，担任《简明不列颠百科全书》（中文版）中美联合编审委员会中方三编审之一。

1983 年，77 岁。任第六届全国政协委员。

1988 年，82 岁。12 月 31 日退休，但仍继续工作。

1991 年，85 岁。正式离开工作岗位。

1997 年，91 岁。《世界文字发展史》出版，后列入"中国文库"。

2002 年 8 月 14 日，96 岁。张允和去世，享年 93 岁。

2005 年，99 岁。《百岁新稿》出版。

2006 年，100 岁。《见闻随笔》、《语言文字学的新探索》等出版。

2007 年，101 岁。《汉语拼音　文化津梁》出版。10 月，《周有光语文论集》获第五届吴玉章人文社会科学奖特等奖。

2009 年，103 岁。《中国语文的时代演进》等著作再版。

2010 年，104 岁。《拾贝集》、《孔子教拼音：语文通论》，香港天地出版社出版。同年，《朝闻道集》出版。

2011 年，105 岁。《拾贝集》在内地出版；《文化学丛谈》出版。

2013 年，107 岁。《周有光文集》（全十五卷），中央编译出版社出版。

2015 年，109 岁。《逝年如水——周有光百年口述》，浙江大学出版社出版。

2015 年，109 岁。《逝年如水——周有光百年口述》，香港中文大学出版社繁体字全本 2015 年即出。

# 周有光著作一览

1. 《中国拼音文字研究》，上海东方书店 1952 年 5 月版，1952 年 6 月版，1952 年 10 月版，1953 年 4 月版。

2. 《字母的故事》，上海东方书店 1954 年 11 月版；上海教育出版社 1958 年 7 月版；"周有光语文丛谈"，人民文学出版社 2009 年 10 月版。

3. 《普通话常识》，周有光等六人合著，文字改革出版社 1957 年 8 月版。

4. 《汉语拼音词汇》，周有光主编，文字改革出版社 1958 年初稿本，1964 年增订版，1989 年重编本；语文出版社 1991 年 1 月版。

5. 《拼音字母基础知识》，文字改革出版社 1959 年 2 月版。

6. 《汉字改革概论》，文字改革出版社 1961 年 11 月版，1964 年 9 月版，1979 年 10 月版；台湾尔雅出版社 1978 年繁体字版；日本罗马字社 1985 年日文版，译者桔田广国。

7. 《电报拼音化》，文字改革出版社 1965 年 1 月版。

8. 《汉语手指字母论集》，本社编、周有光等著，文字改革出版社 1965 年 1 月版。

9. 《拼音化问题》，文字改革出版社1980年3月版。

10. 《汉字声旁读音便查》，吉林人民出版社1980年12月版。

11. 《语文风云》，文字改革出版社1980年8月版。

12. 《中国语文的现代化》，上海教育出版社1986年5月版。

13. 《世界字母简史》，上海教育出版社1990年7月版。

14. 《新语文的建设》，语文出版社1992年3月版。

15. 《中国语文纵横谈》，人民教育出版社1992年11月版。

16. 《汉语拼音方案基础知识》，语文出版社1993年9月版，1995年6月版；香港三联书店1997年、1998年、2000年繁体字版。

17. 《语文闲谈·初编》（上、下），生活·读书·新知三联书店1995年5月版。

《语文闲谈·续编》（上、下），生活·读书·新知三联书店1997年5月版。

《语文闲谈·三编》（上、下），生活·读书·新知三联书店2000年3月版。

《语文闲谈》（初编、二编、三编），生活·读书·新知三联书店2012年7月再版。

18. 《文化畅想曲》，中国青年出版社1997年7月版。

19. 《世界文字发展史》，上海教育出版社1997年4月版；"世纪文库"，上海教育出版社2003年11月版，2011年7月版。

20. 《中国语文的时代演进》，"了解中国丛书"，清华大学出版社1997年11月版；"Pathways丛书"，中英文对照本，美国俄亥俄大学2003年版，译者美国张立青；中英文对照本，湖北教育出版社2010年1月版，译者美国张立青。

21. 《比较文字学初探》，语文出版社1998年11月版。

22. 《多情人不老》，"双叶丛书"，周有光、张允和合著，江苏文艺出版社1998年9月版。

23. 《新时代的新语文》，生活·读书·新知三联书店 1999 年 1 月版。

24. 《汉字和文化问题》，"汉字与文化丛书"，辽宁人民出版社 2000 年 1 月版。

25. 《人类文字浅说》，"百种语文小丛书"，语文出版社 2000 年 7 月版；"周有光语文丛谈"，人民文学出版社 2009 年 10 月版。

26. 《现代文化的冲击波》，生活·读书·新知三联书店 2000 年 9 月版。

27. 《周有光语文论集》（四卷本），上海文化出版社 2002 年 1 月版。

28. 《21 世纪的华语和华文：周有光耄耋文存》，生活·读书·新知三联书店 2002 年 7 月版。

29. 《周有光语言学论文集》，商务印书馆 2004 年 12 月版。

30. 《见闻随笔》，新世界出版社 2006 年 1 月版。

31. 《语言文字学的新探索》，语文出版社 2006 年 11 月版。

32. 《汉语拼音 文化津梁》，生活·读书·新知三联书店 2007 年 9 月版。

33. 《周有光百岁口述》，周有光口述，李怀宇撰写，广西师范大学出版社 2008 年 5 月版。

34. 《拾贝集》，香港天地图书有限公司 2010 年 1 月繁体字版；世界图书出版公司 2011 年 3 月版（2012 年荣获第七届中国国家图书馆"文津图书奖"）。

35. 《今日花开又一年》，周有光、张允和合著，中国文史出版社 2011 年 9 月版。

36. 《文化学丛谈》，语文出版社 2011 年 1 月版。

37. 《孔子教拼音：语文通论》，香港天地图书有限公司 2010 年 9 月繁体字版；世界图书出版公司 2011 年 7 月版。

38.《静思录：周有光106岁自选集》，人民文学出版社2012年1月版。

39.《晚年所思》，江苏文艺出版社2012年6月版。

40.《百岁忆往》，周有光口述，张建安采写，生活·读书·新知三联书店2012年11月版。

41.《周有光文集》（全十五卷），中央编译出版社2013年5月版。

42.《晚年所思2》，江苏文艺出版社2013年8月版。

43.《我的人生故事：周有光著作精选》，当代中国出版社2013年10月版。

44.《学思集：周有光文化论稿》，上海教育出版社2006年3月版，2013年12月修订版。

45.《百岁新稿》，生活·读者·新知三联书店2005年1月版，2014年1月修订版。

46.《百岁所思》，周有光著，庞旸编，百花文艺出版社2014年1月版。

47.《朝闻道集》，世界图书出版公司2010年3月版，2014年3月增订版。

48.《逝年如水——周有光百年口述》，浙江大学出版社2015年2月版。

49.《逝年如水——周有光百年口述》，香港中文大学出版社繁体字全本2015年即出。

# 周有光家族世系表

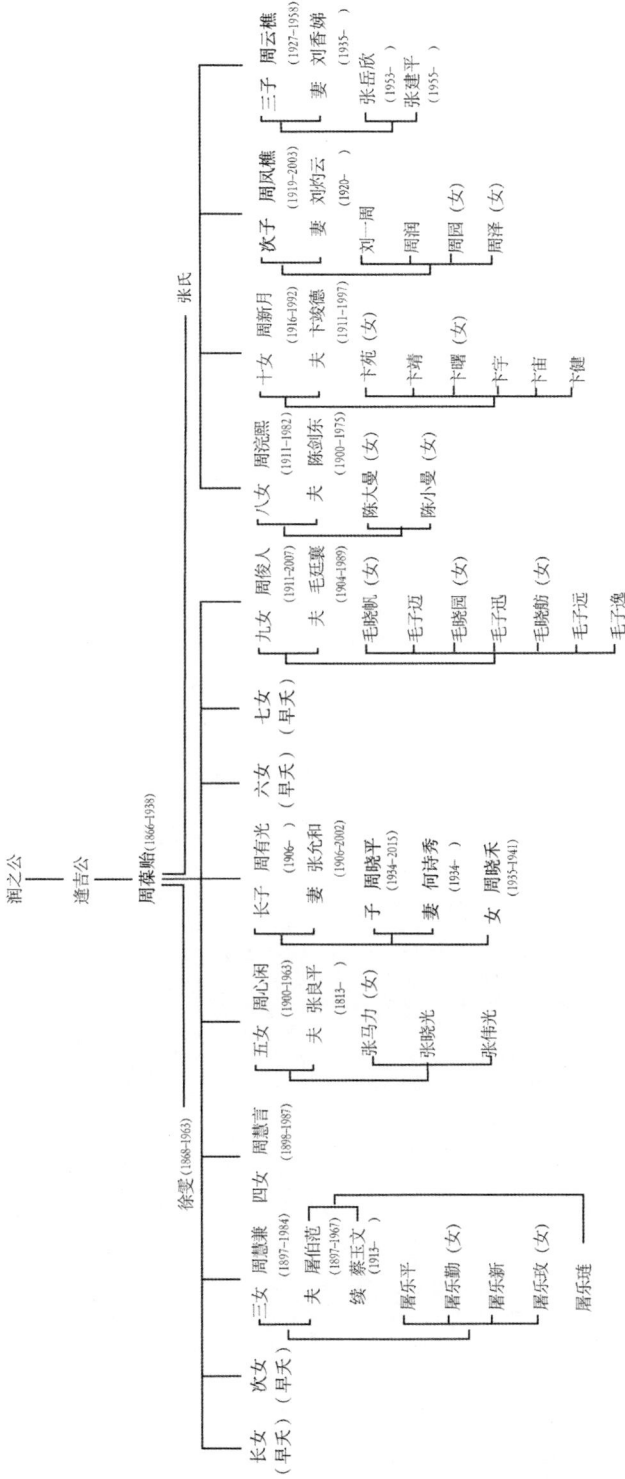

润之公 — 逢吉公 — 周葆贻（1866-1938）

徐雯（1868-1963）　　张氏

- 长女（早夭）
- 次女（早夭）
- 三女　周慧兼（1897-1984）　夫　屠伯范（1897-1967）　续　蔡玉文（1913- ）
  - 屠乐平
  - 屠乐勤（女）
  - 屠乐新
  - 屠乐玫（女）
  - 屠乐琏
- 四女　周慧言（1898-1987）
- 五女　周心渊（1900-1963）　夫　张良平（1813- ）
  - 张马力（女）
  - 张晓光
  - 张伟光
- 长子　周有光（1906- ）　妻　张允和（1906-2002）
  - 子　周晓平（1934-2015）　妻　何诗秀（1934- ）
  - 女　周晓禾（1935-1941）
- 六女（早夭）
- 七女（早夭）
- 九女　周俊人（1911-2007）　夫　毛廷襄（1904-1989）
  - 毛晓鲸（女）
  - 毛子迈
  - 毛晓园（女）
  - 毛子迅
  - 毛晓鲂（女）
  - 毛子远
  - 毛子逸
- 八女　周瀣熙（1911-1982）　夫　陈剑东（1900-1975）
  - 陈大曼（女）
  - 陈小曼（女）
- 十女　周新月（1916-1992）　夫　卜竣德（1911-1997）
  - 卜苑（女）
  - 卜靖
  - 卜曙（女）
  - 卜宇
  - 卜宙
  - 卜健
- 次子　周凤樵（1919-2003）　妻　刘灼云（1920- ）
  - 刘一周
  - 周涧
  - 周园（女）
  - 周泽（女）
- 三子　周云樵（1927-1958）　妻　刘香娣（1935- ）
  - 张岳欣（1953- ）
  - 张建平（1955- ）

# 张允和家族世系表

张树声（1824—1884）

张华奎（ ? —1896）

张武龄（1889—1938）

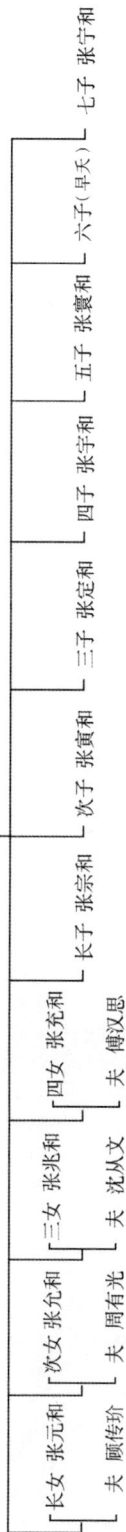

长女 张元和
夫 顾传玠

次女 张允和
夫 周有光

三女 张兆和
夫 沈从文

四女 张充和
夫 傅汉思

长子 张宗和

次子 张寅和

三子 张定和

四子 张宇和

五子 张寰和

六子（早夭）

七子 张宁和

# 鸣　谢

　　本书的编辑工作从 2013 年开始，持续了一年左右。周有光先生的研究者赵诚先生是这部口述的最早的读者之一，并且一直建议将此书正式出版。此后，著名编辑吴彬女士对本口述的原始文本做了基本的审读和编辑工作，并加上了各章节最初的标题；同时周有光先生的儿子周晓平先生核实了全文。周有光先生对其中一些错误亲自进行了订正，并确立了本书的出版原则。此后的编辑工作始终在周有光先生的指导下进行。

　　为慎重起见，2014 年 3 月，我们陆续将初稿打印后发送给一些专家、学者、编辑进行阅读、审核，并召集了相关的专家研讨会。这些专家和学者都认真、仔细地通读了全稿，无论是在会上还是通过邮件，他们提出了许多宝贵的意见，有的专家花费了很多时间、精力，对全书进行了逐字逐句的核校、编辑。苏培成老师对错别字、标点符号、表达规范方面进行了认真的校改；具有丰富的编辑经验和人文历史知识的邵燕祥先生，发给编辑满满几页审读意见，对其中存在的知识性错误和编辑方面的问题提供了高水平的修改意见；徐时霖先生在重点内容增加编辑注释、人物索引的修改以及历史常识方面提供了准确、周全的编辑思路；丁东先生对文稿的悉心校改，为我们在准确掌握某些重要历史片段方面提供了坚实的事实依据，同时也帮助我们避免了某些可能出现的、编辑中的失误。张森根、陈光中、赵诚等先生多年来一直在深入研究、关注周有光先生的思想，他们提供的建议是专业、广泛和富有价值的；郑勇先生从丰富的编辑审稿经验出发，给予我们必不可少的提醒和建议。张冠生先生在口述作品的写作和编辑方面很有心得和经验，他与上述及其他专家在本书的编辑凡例、处理方式和原则方面尽可能地给予了及时的指导、帮助和支持。

本书的出版也受益于周有光先生家乡江苏省常州市的一些文史爱好者的关注；周有光先生的外甥女屠乐勤、毛晓园、张马力女士对文本内容进行了细致审读，提供了她们必不可少的佐证资料，对其中涉及家族成员的背景情况给予了更为准确的说明与介绍。

在这里我们无法一一列举对本书做出无私贡献的更多专家和学者名字，这些名字远不止上述我们已经提及的几位；也无法完全说明他们的帮助对我们的工作来说是如此重要、及时和迫切。他们的无私帮助无疑提升了文本编辑工作的价值，使得我们在编辑工作中有可能避免许多错误和误区。

本书出版之前许多人已经了解大致内容，他们对我们工作的信任和支持使我们难以忘怀，这样的感情也同样存在于我们对作者的敬仰中。这位在世的最高龄的作者一直以高度的信赖支持我们的编辑工作，他自己曾经在书稿打印后重新审阅了自己的口述作品，并且说这是没有经过自己仔细修改过的作品，水平不高——自然这是他的谦虚之言。

很少有一本书会像这本书一样如此简朴又复杂，编辑过程如此备受关注和期待，这是作为编辑者的荣幸。在此，我们向所有为本书的出版付出艰苦工作和心血的专家学者，以及所有不断鼓励我们的人，致以最诚挚、最美好的感谢！

与此同时，我们将此书作为共同的成果献给那些在我们身后默默地支持我们完成这项工作的专家和学者。

叶芳

2014 年 8 月 2 日

图书在版编目（CIP）数据

逝年如水：周有光百年口述／周有光口述．—杭
州：浙江大学出版社，2015.5（2017.1 重印）
ISBN 978-7-308-14532-9

Ⅰ．①逝… Ⅱ．①周… Ⅲ．①周有光－生平事迹
Ⅳ．①K825.31

中国版本图书馆 CIP 数据核字（2015）第 061136 号

## 逝年如水——周有光百年口述

周有光　口述

| | |
|---|---|
| 统筹策划 | 叶　芳 |
| 责任编辑 | 陈丽霞（clixia@163.com） |
| 特约编辑 | 罗人智　隋　丹 |
| 封面设计 | 蔡立国 |
| 出版发行 | 浙江大学出版社 |
| | （杭州市天目山路 148 号　邮政编码 310007） |
| | （网址：http://www.zjupress.com） |
| 排　　版 | 浙江时代出版服务有限公司 |
| 印　　刷 | 浙江印刷集团有限公司 |
| 开　　本 | 640mm×960mm　1/16 |
| 印　　张 | 31.75 |
| 插　　页 | 2 |
| 字　　数 | 422 千 |
| 版 印 次 | 2015 年 5 月第 1 版　2017 年 1 月第 4 次印刷 |
| 书　　号 | ISBN 978-7-308-14532-9 |
| 定　　价 | 68.00 元 |

浙江大学出版社发行中心联系方式　（0571）88925591；http://zjdxcbs.tmall.com